U1017600

2024
镇江经济技术开发区年鉴

政协镇江市委员会经济技术开发区工作委员会办公室 编

江苏大学出版社
JIANGSU UNIVERSITY PRESS
镇 江

图书在版编目(CIP)数据

镇江经济技术开发区年鉴. 2024 / 政协镇江市委员会经济技术开发区工作委员会办公室编. -- 镇江 : 江苏大学出版社, 2024. 11. -- ISBN 978-7-5684-2312-0

Ⅰ. F127.533-54

中国国家版本馆 CIP 数据核字第 202421D21L 号

镇江经济技术开发区年鉴. 2024

Zhenjiang Jingji Jishu Kaifaqu Nianjian. 2024

编　　者/政协镇江市委员会经济技术开发区工作委员会办公室
责任编辑/汪再非
出版发行/江苏大学出版社
地　　址/江苏省镇江市京口区学府路 301 号（邮编：212013）
电　　话/0511-84446464（传真）
网　　址/http://press.ujs.edu.cn
排　　版/扬州皓宇图文印刷有限公司
印　　刷/扬州皓宇图文印刷有限公司
开　　本/889 mm×1 194 mm　1/16
印　　张/20.5
字　　数/554 千字
版　　次/2024 年 11 月第 1 版
印　　次/2024 年 11 月第 1 次印刷
书　　号/ISBN 978-7-5684-2312-0
定　　价/380.00 元

如有印装质量问题请与本社营销部联系（电话：0511-84440882）

《镇江经济技术开发区年鉴》主审

尹卫民　李朝阳

《镇江经济技术开发区年鉴》编审人员

主　　编　孙家政

副 主 编　王　文　张　静　吴　刚

编　　辑　梅贵根　宋艺卉　杨　青　吴江平　陆兵建

顾　　问　杨正宏

图文设计　戴　璐

封面设计　戴　璐

《镇江经济技术开发区年鉴（2024）》撰稿单位审稿人名单

（按姓氏笔画排序）

丁　玲	于晓飞	马文琦	王　政
王有平	王丽娜	王宏军	王祥英
占丰福	白金鑫	包　剑	冯太伟
冯晓波	朱忠元	朱莉莉	朱雪林
朱翠霞	仲文辉	任驭阳	刘顺鑫
孙建成	孙胜男	李月兰	李步红
李牧寒	李洪斌	李海俊	杨卫华
吴卫民	吴少华	吴春平	吴根林
邱文彬	何　祥	宋艺卉	宋淑蓓
张　平	张　芸	张　敏	张兴龙
陈　立	陈　涛	周习华	鱼鸿林
赵　红	赵德胜	赵衡泽	施凌云
贾华敏	钱　晨	徐仁兰	徐立萍
郭永娣	唐　伟	黄　进	黄建同
隋海鹄	葛欣鹏	蒋海燕	裴溪纹

编辑说明

《镇江新区年鉴》自2024年起更名为《镇江经济技术开发区年鉴》。《镇江经济技术开发区年鉴》是由镇江经济技术开发区党工委、管委会主办，政协镇江经济技术开发区工委主管，《镇江经济技术开发区年鉴》编辑部负责编纂的大型地方综合年鉴。《镇江经济技术开发区年鉴》的编纂以马克思列宁主义、毛泽东思想、邓小平理论、"三个代表"重要思想、科学发展观、习近平新时代中国特色社会主义思想为指导，坚持辩证唯物主义和历史唯物主义的立场、观点和方法，逐年记载镇江经济技术开发区经济和社会发展的基本情况，为社会各界认识、研究和发展经济技术开发区提供基本资料。

《镇江经济技术开发区年鉴(2024)》为总第5卷，记载2023年镇江经济技术开发区经济、社会等方面的基本面貌、发展状况，以及各行各业取得的新进展、新成就、新经验，全面反映镇江经济技术开发区高质量发展的历史进程。

全书采用分类编撰法，分类目、分目和条目3个层次。条目为记述体，其标题用黑体字加【 】表示。全书除彩页外，设立"特载""大事记""镇江经济技术开发区概览""中共镇江经济技术开发区工作委员会""镇江市人民代表大会常务委员会镇江经济技术开发区工作委员会""镇江经济技术开发区管理委员会""中国人民政治协商会议镇江市委员会经济技术开发区工作委员会""中共镇江经济技术开发区纪律检查工作委员会　镇江经济技术开发区监察工作委员会""群众团体""法治""经济管理""农业农村和服务业""工业""开放型经济""江苏瀚瑞投资控股有限公司""功能区建设""城乡建设与管理""生态环境建设""科学技术""教育""卫生健康""文化　旅游　体育""社会生活""镇(街道　园区)""人物　荣誉榜""附录"等类目26个、分目153个(副分目12个)、条目785个，另有表格44张、插图49幅。

全书所用稿件由经济技术开发区各部门、单位，各镇(街道、园区)专人撰写，并经各单位领导审阅，事实与数据均经过反复核对。数据以统计部门提供的为准，统计部门没有的，以相关单位提供的数据为准。文中数据以法定计量单位为主，部分也使用"亩"等常用计量单位。文中"镇江经济技术开发区""镇江经开区""镇江新区""新区"均表示同样的意思。全书设卷首中文目录、卷末主题分析索引等检索方法。为行文简洁，对部分机构(单位)名称采用习惯性简称，并在目录前配有《〈镇江经济技术开发区年鉴〉主要机构(单位)简称、全称对照表》。

2024年9月

《镇江经济技术开发区年鉴》主要机构(单位)简称、全称对照表

简　称	全　称
党工委	中国共产党镇江经济技术开发区工作委员会
人大工委	镇江市人民代表大会常务委员会经济技术开发区工作委员会
管委会	镇江经济技术开发区管理委员会
政协工委	中国人民政治协商会议镇江市委员会经济技术开发区工作委员会
党政办公室	镇江经济技术开发区党工委、管委会办公室
纪工委	中国共产党镇江经济技术开发区纪律检查工作委员会
监察工委	镇江经济技术开发区监察工作委员会
组织部	中国共产党镇江经济技术开发区工作委员会组织部
宣传统战部	中国共产党镇江经济技术开发区工作委员会宣传统战部
政法委	中国共产党镇江经济技术开发区工作委员会政法委员会
人大工委办公室	镇江市人民代表大会常务委员会经济技术开发区工作委员会办公室
政协工委办公室	中国人民政治协商会议镇江市委员会经济技术开发区工作委员会办公室
经济发展局	镇江经济技术开发区经济发展局
科学技术和信息化局	镇江经济技术开发区科学技术和信息化局
社会发展局	镇江经济技术开发区社会发展局
财政局	镇江经济技术开发区财政局
地方债务管理办公室	镇江经济技术开发区地方债务管理办公室
国有资产监督管理办公室	镇江经济技术开发区国有资产监督管理办公室
集成管理指挥中心	镇江经济技术开发区集成管理指挥中心
人力资源和社会保障局	镇江经济技术开发区人力资源和社会保障局
审计局	镇江经济技术开发区审计局
城乡建设局	镇江经济技术开发区城乡建设局
综合行政执法局	镇江经济技术开发区综合行政执法局
市场监督管理局	镇江经济技术开发区市场监督管理局
行政审批局	镇江经济技术开发区行政审批局
生态环境和应急管理局	镇江经济技术开发区生态环境和应急管理局
综保区管理局	镇江综合保税区管理局
总工会	镇江经济技术开发区总工会
团工委	中国共产主义青年团镇江经济技术开发区工作委员会
妇工委	镇江经济技术开发区妇女工作委员会
开发区法院	镇江经济开发区人民法院
国家大学科技园	镇江经济技术开发区国家大学科技园

丁卯街道	镇江经济技术开发区丁卯街道
新能源产业园	镇江经济技术开发区新能源产业园
丁岗镇	镇江市丁岗镇
平昌社区	镇江经济技术开发区平昌社区
新材料产业园	镇江经济技术开发区新材料产业园
航空航天产业园	镇江经济技术开发区航空航天产业园
中瑞生态产业园	镇江经济技术开发区中瑞生态产业园
招商中心	镇江经济技术开发区招商中心
土地储备中心	镇江经济技术开发区土地储备中心
不动产登记交易中心	镇江经济技术开发区不动产登记交易中心
瀚瑞控股公司	江苏瀚瑞投资控股有限公司
检察院	镇江市经济开发区人民检察院
公安分局	镇江市公安局经济技术开发区分局
资规分局	镇江市自然资源和规划局经济技术开发区分局
税务局	国家税务总局镇江经济技术开发区税务局
交通分局	镇江市交通运输局新区分局
消防救援大队	镇江新区消防救援大队
大路镇	镇江市大路镇
姚桥镇	镇江市姚桥镇
大港街道	镇江经济技术开发区大港街道
新闻中心	镇江经济技术开发区新闻中心
慈善总会	镇江新区慈善总会
关工委	镇江新区关心下一代工作委员会
档案馆	镇江经济技术开发区档案馆
中行大港支行	中国银行股份有限公司镇江大港支行
工行新区支行	中国工商银行股份有限公司镇江新区支行
农行镇江新区支行	中国农业银行股份有限公司镇江新区支行
建行镇江新区支行	中国建设银行股份有限公司镇江新区支行
交行大港支行	交通银行股份有限公司镇江大港支行
邮储银行镇江新区支行	中国邮政储蓄银行股份有限公司镇江市新区支行
华夏银行镇江新区支行	华夏银行股份有限公司镇江新区支行
中信银行镇江新区支行	中信银行股份有限公司镇江新区支行
江苏银行大港支行	江苏银行股份有限公司镇江大港支行
农商行新区支行	江苏镇江农村商业银行股份有限公司新区支行
民生银行大港支行	中国民生银行股份有限公司镇江大港支行
南京银行镇江新区支行	南京银行股份有限公司镇江新区支行

目　录

特　载

大 事 记

镇江经济技术开发区概览

中共镇江经济技术开发区工作委员会

镇江市人民代表大会常务委员会 镇江经济技术开发区工作委员会

镇江经济技术开发区管理委员会

中国人民政治协商会议镇江市委员会经济技术开发区工作委员会

中共镇江经济技术开发区纪律检查工作委员会　镇江经济技术开发区监察工作委员会

群众团体

法　治

经济管理

农业农村和服务业

工　业

开放型经济

江苏瀚瑞投资控股有限公司

功能区建设

城乡建设与管理

生态环境建设

科学技术

教　育

卫生健康

文化　旅游　体育

社会生活

镇（街道　园区）

人物 荣誉榜

附 录

索　引

特 载

年度要闻

中共镇江市委机构编制委员会办公室文件

镇编办通〔2023〕39 号

关于规范镇江经开区管理机构名称使用的通知

各市区委，镇江高新区党工委，市委各部委办局，市各委办局党组（党委），各人民团体党组，各直属单位党组（党委）：

根据《中国共产党机构编制工作条例》，为进一步规范使用机构名称，经研究决定，今后在公文行文、会议活动及其他场合中，凡涉及镇江经开区管理机构名称表述的，应统一规范为“中共镇江经济技术开发区党工委、管委会”或“镇江经开区党工委、管委会（简称）”，不再使用“镇江新区党工委、管委会”。

中共镇江市委机构编制委员会办公室
2023 年 12 月 15 日

镇江经开区获评江苏省知识产权建设示范园区

2023 年年底，江苏省知识产权局公布了 2023 年度江苏省知识产权建设示范（县域、园区）评定结果，镇江经济技术开发区成功获评江苏省知识产权建设示范园区。这是继获得国家知识产权试点园区、江苏省知识产权服务业集聚区后，镇江经开区知识产权工作取得的又一亮眼成绩。

党的二十大报告指出，要“加强知识产权法治保障，形成支持全面创新的基础制度”。近年来，镇江经开区不断优化知识产权发展环境，以支撑创新发展和优化营商环境为核心，加速推进知识产权创造、运用、保护、管理和服务全链条建设，知识产权事业得到蓬勃发展，知识产权综合实力显著提升。

量质并举　知识产权创造再突破

镇江经开区不断探索知识产权管理新思路、新模式，大力实施知识产权战略。开展知识产权质量提升工程，引导企业积极申报高质量专利，2023 年 1—10 月全区申请发明专利授权 355 件，较 2022 年全年发明授权量增长 64.7%。开展非正常专利申请整治，联系处理专利申请 150 件，撤回 132 件，申诉 18 件，撤回率 88%。开展优势企业培训，2023 年新增 4 家国家级知识产权优势企业。截至年底，全区共有国家知识产权示范企业 1 家、优势企业 10 家，获得中国专利优秀奖 6 项、省级专利优秀奖 7 项。

机制创新　知识产权保护再优化

经开区市场监管局联合 10 家单位建立“知识产权纠纷人民调解委员会”，为不同类型的企业提供多元化知识产权纠纷化解途径。通过知识产权联席会议制度，明确开发区法院、检察院、宣传统战部等部门在知识产权执法维权中的职责，建立健全知识产权行政执法与刑事司法相衔接的工作机制，为高效规范的调解服务提供制度保障。其中，办理的某加油站实施混淆行为案入选 2023 年镇江市“铁拳行动”知识产权执法保护典型案例。此外，针对上市公司东方电热和拟上市企业贝斯特的专利无效案，经开区知识产权局第一时间提供维权援助，最终帮助镇江东方电热挽回损失 5585 万元，贝斯特涉案专利全部维持有效，依法维护了企业合法权益，营造了良好的知识产权保护环境。

多点发力　知识产权服务再升级

以需求为导向，镇江经开区统筹开展知识产权公共服务网点布局，有效发挥服务网点作用，提升服务能力和服务水平。2023 年全区新认定市级知识产权信息公共服务网点 2 家。至 2023 年年底，全区建有国家中小企业公共服务示范平台 1 家、省级公共服务网点 2 家、市级 9 家，市级公共服务网点数位列全市第一。构建知识产权服务业集聚发展格局，2023 年，江苏省知识产权服务业集聚区顺利通过验收，集聚区范围内聚集线下服务机构 64 家，业务范围涵盖法律咨询、管理咨询、代理、培训、交易、托管、维权、金融保险等；并且加强知识产权服务机构与企业的线下互动，为企业提供专业化知识产权服务。点面结合、示范引领，对于促进专利技术转移转化，助力中小企业创新发展起到了很好的辐射带动和提升促进作用。

瞄准需求　知识产权运用再发力

2022 年 4 月，镇江经开区获批首个镇江市重点产业知识产权运营中心建设项目。该中心立足经开区，服务全市，以经开区“4 + 1”主导产业为运营重点。至 2023 年年底，运营中心发布了市重点产业知识产权运营服务平台，实施了 4 项产业规划类、6 项企业研发类专利导航分析，并建设专题数据库；开展了 3 场专利运营和产学研对接活动，同步深入企业调研，开展知识产权运营实务培训；围绕拓展知识产权运营模式，深入开展知识产权质押、担保融资工作。2023 年完成专利质押融资 33 笔，共计 5.64 亿元，创历年新高，质押笔数和质押金额分别较 2022 年全年增长 32% 和 61.1%。

做好知识产权工作是打造最优营商环境的切实举措。下一步，镇江经开区将不断推进知识产权高质量创造、高效益运用、高标准保护、高水平服务，提升示范区知识产权治理能力和治理效能，积极争创国家知识产权建设示范园区，努力开创具有开发区特色的知识产权工作新局面。

（宣传统战部）

镇江新区荣获“江苏省食品安全示范区”称号

2023 年 4 月，江苏省食品安全委员会发布江苏省食品安全示范县(市、区)名单，镇江新区荣获“江苏省食品安全示范区”称号。

近年来，镇江新区认真贯彻落实习近平总书记关于食品安全“四个最严”的要求，秉持“创建为民、创建惠民”理念，把“社会认可、群众满意”作为创建第一标准，落实“从农田到餐桌”的全链条监管责任，先后查处的售卖假酒案、无证从事食品经营活动案获得国家市场监督管理总局督办，并入选总局典型案例；镇江新区市场监督管理稽查大队荣获“全省食品安全工作先进集体”称号；食品检测“个十百千万”工程成为镇江样板；在全市创新建立“传帮带”模式的职业化专业化检查员培养体系，逐渐形成“政府监管、社会协同、公众参与”的共治大格局。

图 1－1　2023 年 3 月 27 日，新区领导检查农贸市场卫生情况

（新闻中心　供稿）

安全常抓，创建不止。新区市场监管局始终坚持如一，积极推进创建工作常态化，严格落实国家市场监管总局“两个责任”包保督查工作要求，不断压实企业食品安全主体责任；围绕重点时段、重点场所开展春秋季开学、反餐饮浪费、网络餐饮等各类专项行动，全方位筑牢食品安全屏障；聚焦外卖餐饮行业新就业群体，针对外卖送餐行业党建“空白”、服务“盲区”等问题，按照“党建引领、多方参与、行业监管”的工作思路，不断加强对外卖行业的监管力度；同时，全力推进网络餐饮阳光厨房工程，督促餐饮单位“阳光厨房”接入网络订餐平台，强化线下餐饮单位食品安全整治，不断创新食品安全科学监管模式。

镇江新区将持续坚持创建为民、创建惠民，总结创建过程中存在的不足，深入分析、拿出举措，提炼创建过程中的有效经验、做法，建章立制、巩固成果，树牢“食品安全只有进行时，没有完成时”的奋斗理念，切实守护广大人民群众“舌尖上的安全”。　（管委会）

镇江新区丁卯街道人民调解委员会荣获国家级表彰

2023 年 10 月 8 日，最高人民法院、司法部联合召开全国调解工作会议。会上，宣读了《司法部关于表彰全国模范人民调解委员会模范人民调解员的决定》，对江苏省 13 个集体和 33 名个人进行了表彰，镇江新区丁卯街道人民调解委员会荣获“全国模范调委会”荣誉。

近年来，在镇江市、区司法行政部门的指

导下，丁卯街道坚持以党建为引领，以践行新时代“枫桥经验”为抓手，按照“党政主导、司法主抓、社会联动”原则，将党建工作与人民调解深度融合，将基层党组织打造成为矛盾纠纷多元化解工作的前沿阵地。充分发挥“丁卯宜调解中心”“宜调解文化宣讲团”“丁卯街道百名老年人调解团”等服务品牌优势，紧盯矛盾纠纷产生、发展、演变三个阶段，重点突出在及时就地化解矛盾纠纷上下硬功夫，不断推进基层社会治理体系和治理能力现代化。其中，以江苏“最美法治人物”周秀琴为代表的人民调解员们，坚定为民服务意识，在弘扬新时代“枫桥经验”中展现新作为，以“一面旗”力量凝聚起人民调解“一盘棋”思想。

2023 年，丁卯街道持续优化“9311”调解体系，推动街道和社区 9 个人民调解委员会、3 个调解工作室、1 个调解中心和 1 个多元解纷工作站实体化运作，通过专业细分、诉源治理把矛盾纠纷化解在源头。由镇江经开区法院丁卯法庭与丁卯街道西苑社区居委会共建的“多元解纷诉讼服务工作站”，搭建起基层社会矛盾纠纷化解新平台。工作站整合吸纳社区干部、退休人员、网格员等加入调解队伍，形成丁卯街道、司法所、法庭、社区“四方合一”的纠纷解决机制，促进基层治理力量下沉一线，走到百姓身边，并通过线上“苏解纷小程序”及线下调解，实现及时就地化解矛盾纠纷，进一步提高了调解工作效率。

镇江新区正不断深化基层矛盾纠纷排查化解工作。区级层面持续加强顶层设计，镇级层面积极搭建“镇（街道）党（工）委—村（社区）党组织—党员中心户”三级组织架构，村级层面推动在职党员融入社区网格治理，更好带动引领身边群众。同时，发挥群众主观能动性，为基层社会治理夯实土壤。让群众成为治理的主体，把“话筒”交给群众，激发群众的主人翁意识，实现“人人能参与、人人获效益”，切实破解基层治理“可持续发展”的难题。不断完善矛调体系，为基层社会治理提升质效。加快推进“非诉讼服务中心”、一站式矛盾纠纷多元化解平台建设和有效运行，大力推进诉调对接、检调对接、公调对接、访调对接机制，发挥好全区骨干人民调解员作用，提升矛盾纠纷多元化解的实效性。

（政法委）

镇江国家大学科技园现代服务业集聚区被认定为省级高质量发展集聚示范区

2023 年 5 月，江苏省发展改革委公示了省现代服务业高质量发展“331”工程综合评价名单。“镇江国家大学科技园现代服务业集聚区”被认定为省级高质量发展集聚示范区，在全省 156 家示范区中名列第 37 位，在全市所有入选示范区中排名第一。

大学科技园牢牢把握高质量发展首要任务，始终坚持把产业链创新链深度融合作为发展战略，把做实做强产业集群作为“优先项”，坚定不移实施创新驱动核心战略，持续擦亮“创”“新”底色，推动科技创新“关键变量”加快转化为高质量发展“最大增量”。

始终坚持以企业为主体、市场为导向，充分发挥企业在创新发展中的主体作用，不断引导企业创新升级，通过近 12 年的培育孵化和创新成长，先后创成国家级小型微型企业创业创新示范基地、国家级众创空间、国家级高新技术创业服务中心等各类品牌 38 项。通过重点打造高能级服务平台，持续提升服务能力，不断做大做强主导产业，引导并带动园区服务业转型升级和高质量发展。

一是重点聚焦人才体系构建。以系统思维推动区域人才互融互通，先后引进各类创新创业高端人才 743 人次，持续放大大学园金字招牌，让园区与人才同频脉动，构筑引才育才“强磁场”“好生态”。举办高层次人才市情体验日、人才沙龙、企业家早餐会等专项活动年均30场以上，激发人才创新创业活力，加快形成人才集聚与产业升级的“正向循环”。

二是加速推进创新主体培育。深入实施创新型企业倍增、“伴飞”“展翅”“领航”和“啄木鸟”提升计划三大培育计划，依托研发双子楼、科技创新展示馆、国家科技企业孵化器等载体平台，重点打造“科创空间 + 社交空间 + 资源共享空间”有机融合。坚持“科企培育 + 创新赋能 + 金融支撑”齐头并进，加快构建高企、专精特新、独角兽多层次科技企业孵化育成体系。2023 年以来，共培育科技型中小企业 169 家、创新型中小企业 98 家、高新技术企业 96 家、专精特新中小企业 36 家，指导、帮办、协调企业事项 60 余件，扩容创新主体培育“蓄水池”，深耕一体化科创“试验田”，着力在园区实现“好风景”与“新经济”相得益彰。

三是全力做实产学研用赋能。积极“走出去”，主动“请进来”，联合江大、江科大、南工大等大院大所做优“党建 + 产学研用 + 育才”的创新模式，连续多年举办“大院大所走进大学园”等产学研用合作专题活动百余场，助力区域人才项目共享园区创新创业资源。合力共筑科技人才高质量发展共同体，打好产学研用“组合拳”，激活高质量发展“动力源”，切实把科技创新资源转化为区域生产力，全面发挥大学园科创高能级平台的辐射带动作用。

获评省级高质量发展集聚示范区后，国家大学科技园把改革创新作为增动力、添活力的关键一招，进一步强化创新驱动，集聚高端要素，激活高质量发展，全力塑造更多引领性、竞争性优势，努力以一域发力出彩，为全市高质量发展大局添力添彩。（镇江国家大学科技园管理办公室　丁卯街道）

东乡云飏汤制作技艺、竹马（东乡跳马灯）分别入选江苏省非遗项目

2023 年 11 月，江苏省政府公布第五批省级非物质文化遗产代表性项目名录，镇江新区东乡云飏汤制作技艺入选江苏省第五批省级非物质文化遗产代表性项目名录（传统技艺）；竹马（东乡跳马灯）入选江苏省政府第五批省级非物质文化遗产代表性项目名录扩展项目名录（传统舞蹈）。

长鱼汤，又名“云飏汤”，历史悠久，是镇江经开区大路镇地方传统美食。东乡长鱼汤制作技艺是镇江市级非遗保护项目，镇江经开区兴国长鱼汤店的许秋萍是东乡长鱼汤制作技艺传承人。古法长鱼汤制作需要经过八大工序：氽鱼、划丝、煮汤、炸丝、提浮、合汤、烩丝、配汤。长鱼汤的熬煮过程漫长，充分煮透长鱼骨头，将其中的营养完全释放在浓汤里面。“合汤”时打好的蛋花呈麦芒状，细如丝线，玲珑剔透，闲散流淌。长鱼汤入口清爽、滋润，定格东乡人记忆里的乡愁滋味，彰显东乡传统美食文化底蕴。“兴国长鱼汤”被评为“镇江十大农家菜”一等奖，该店也成为“大众点评镇江十大必吃榜”2022 年入围餐厅、餐饮网红店等。

图 1－2　东乡云飏汤

东乡跳马灯，反映南宋军队抗击金人的

战争场景，因表演时在竹扎布裱的战马内安装有灯（古时点燃蜡烛），故称马灯。参演人员全部彩装打扮，身穿战袍，头戴仿古头盔，骑着马灯，手持马鞭，由两马夫领舞，在节奏极强的锣鼓声和鞭炮声中随着令旗的引领和令牌的护卫，响亮登场，绕场一周，头尾相接，忽左忽右，忽东忽西，纵横交错，迂回穿梭，相继排出十多个阵形。在排兵布阵中时而音乐伴舞，时而锣鼓助阵，时而游龙翻滚，时而万马奔腾，给观众带来耳目一新的感觉。东乡跳马灯不仅走进了基层文艺演出现场，而且在中小学课堂和各级媒体宣传推广中成为民族文化的有效印记。

东乡跳马灯起源于丁岗镇华墅村，地处润东丹徒丹阳两县交界处，20 世纪 90 年代末成为镇江经开区的一部分。2010 年华墅村整体拆迁后，村民被安置到平昌新城居住，马灯项目由新润社区接管。社区的文化氛围非常适合“跳马灯”的生存发展，小区内建有文化广场，广场上建造了近百平方米的大舞台，有三支群众性文艺团队轮番演出。为更好地宣传非遗文化，丁岗镇在新润社区综合文化服务中心设立了“华墅马灯陈列室”供人们参观。同时在新润社区、宜居社区综合文化服务中心、新时代文明实践站以及平昌小学活动室等地点都设立了专门的活动室和课堂，用于开展非遗文化传承授课。

南宋右武大夫殷秉常曾指挥过抗金战役，为保家卫国作出过贡献，乞休后途经镇江，落户润东大港镇。殷秉常公逝世后，其二子殷英、殷华寻迁至此定居，殷华在村上建有府邸“华公别墅”，华墅村因此得名。拆迁前全村有 1600 余人，七成以上为秉常公后裔。相传明朝世宗年间，华墅村殷氏子孙为了纪念先祖殷秉常精忠报国的精神，创作了跳马灯这一传统舞蹈，传承至今已近 500 年。全套马灯用竹扎布裱，呈红、黄、白、黑、灰五种色彩，每匹战马由马头、马身、马尾三部分组成，每种颜色共两骑，分别象征一支部队。另有一尊象征吉祥如意的麒麟助阵，气势非凡。华墅马灯的独特之处就在于，整场马灯阵舞展现的是战争场景，展示的是中华民族不畏强敌，敢于斗争，一往无前的精神。

从明代到现在，在 400 余年的历史长河中，东乡跳马灯历经坎坷，但还是传承了下来，并在新时代大放异彩。2008 年以来，东乡跳马灯多次在“苏殷会”举办的祭祖、弘谱活动中表演，参加镇江“农行杯广场舞大赛”并获二等奖，参加镇江经开区马拉松开幕式表演和庆祝建党、建军、建国等庆典演出。2018 年，华墅马灯艺术团接受镇江电视台专访，与平昌小学和“牛威”教育机构联合开展了“小候鸟快乐成长，马灯舞星火相传”少儿马灯接力培训活动，为马灯艺术培养了一支新生力量；2023 年，多次参与镇江经开区举办的“百场文艺下基层”活动。

（宣传统战部　丁岗镇）

图 1－3　东乡跳马灯

图 1－4　东乡跳马灯

张君秋纪念馆开馆仪式暨张君秋大剧院首场演出举行

由中共镇江市委宣传部、镇江市文化广电和旅游局、镇江经开区党工委、管委会主办，张君秋京剧艺术研究会、镇江新区宣传统战部承办，中国工商银行镇江分行、北京京剧院、镇江新区旅游协会、江苏瀚瑞资产经营有限公司、镇江新区碧山堂文化艺术服务中协办的“寻‘根’故里，‘君’归有期”张君秋纪念馆开馆仪式暨张君秋大剧院首场演出，2023年12月15日上午在镇江经开区张君秋大剧院隆重举行。

镇江市政协副主席、经开区党工委书记路月中作了热情洋溢的致辞；镇江经开区管委会主任尹卫民为张君秋京剧艺术研究会会长、张君秋之子张学浩颁发聘书；张君秋铜像揭幕仪式、张君秋纪念馆揭牌仪式、张君秋大剧院首场演出启动仪式先后举行；张君秋之子张学浩，传人代表董翠娜、薛亚萍、张萍等，再传人代表集体登台，联袂演唱《女起解》选段，赢得戏迷观众的热烈掌声；北京京剧院开演了张派名剧《望江亭》，受到广大戏迷观众的热烈欢迎与好评。

原文化部副部长、全国政协京昆室副主任王文章，文旅部艺术司副司长何亚文，文旅部艺术司戏剧曲艺处一级调研员陈珺，江苏省文旅厅副厅长钱钢，江苏省文旅厅艺术处副处长沈旭东，中国戏曲学院学术委员会秘书长、科研处处长、院刊《戏曲艺术》主编吴新苗，镇江市文化广电和旅游局副局长吴银权，镇江市文化广电和旅游局艺术处处长贺华俊，《百年巨匠》摄制组导演寒冰，中国电影家协会戏曲电影专委会副会长、中国戏曲微电影网董事长梁汉森，中国戏曲学院附中原副校长、张君秋京剧艺术研究会副会长张可来，北京京昆文化艺术团团长赵羽，京剧学者封杰等出席。

当晚，北京京剧院演出了《卖水》《八大锤》《二进宫》，名家方旭、王茜、于欣泽等人倾情演唱，著名琴师裘新等乐师的演奏也可圈可点，让广大观众过足了戏瘾。

（宣传统战部）

“1+N”一体化注销，完善市场主体退出机制

“没想到现在注销企业都这么方便了，我们公司相关的许可证书比较多，按照以往先注销许可证书再注销营业执照的流程，原本做好了多跑几趟的准备，现在居然在一个窗口一次就能办理营业执照、税务、社保、危化品经营许可等多个注销事项，这让我们省了太多事了。”2023年8月上旬，在镇江经开区行政审批局政务大厅，镇江阿斯克贸易有限公司经办人王先生激动地说。

为持续深化商事制度改革，构建更加便捷高效的市场退出机制，镇江经开区在企业注销“一件事一次办”改革基础上，围绕企业准入、准营、退出的全生命周期，优化升级出台《企业“1+N”一体化注销改革实施方案（试行）》，对已取得相关行业许可的企业，将营业执照与涉企经营许可证书等注销事项进行整合，共梳理了可进行一体化注销的9类高频事项。

依托政务大厅设置的企业注销“一件事”专窗，镇江经开区进一步升级“1+N”一体化注销预检服务，组织行政审批、税务、社保以及各许可事项等部门为企业提供预检服务，实现企业注销精准告知和服务指导，打造“集成式”证照注销审批新机制，推动市场主体退出“只跑一次腿”的“集成式”注销服务模式，实行营业执照和危化品经营许可证、药品经营许可证等证照注销“一窗受理、并联审批、

一次办结”,实现企业注销一件事一次办结、整体退出,进一步提高了市场主体注销便利度。

下一步,经开区将继续优化企业“1 + N”一体化注销服务场景,进一步完善市场主体退出机制,全面提升企业登记便利度。同时,聚焦企业全生命周期,创新整合推出更多涉企便利举措,为推动全区经济社会高质量发展贡献审批力量。

(姚 俪 王 旭 王玉龙)

镇江经开区:党建引领村企共建助推富民强村

近年来,镇江经开区坚持党建引领,按照“试点先行、因地制宜、互利共赢、持续发展”的原则,实施推进“村企共建”行动,提高村级经济造血功能,不断夯实乡村发展基础。

构建挂钩帮促新格局。深入推进富民强村“六个一”挂钩帮促行动,以“第一书记”为工作纽带,联系各团队持之以恒开展帮促行动。加强与各帮促团队的沟通联络,通力合作实施帮促项目,推进帮促项目取得实质性进展,每季度组织帮促团队共建活动,逐步构建村集体与挂钩帮促团队合作共赢机制,增强团队凝聚力、战斗力。2023 年以来,挂钩帮促团队积极推进订单农业项目、农产品销售、志愿者服务、困难群众慰问等活动。“第一书记”联系挂钩单位助力乡村农产品销售达 23 万余元,多家企业共计认购经济薄弱村 180 亩订单农业项目。

推动集体经济新发展。建立健全农村基层党组织,以党性教育为抓手,开展全区村干部本领提升专题轮训,覆盖 134 名村干部。引导村“两委”科学制定发展规划,确立农村经济发展方向,挖掘本土特色农产品,打造区域品牌,持续发挥消费帮促的带动作用,提高农产品质量效益和市场竞争力。充分发挥机关部门结对共建村制度,协助村集体梳理闲置低效资产,分类处置低效厂房及闲置土地、学校、农房和办公用房等,建设粮食加工中心、职工宿舍等有效资产,形成稳定增收的物业产业。2022 年实施联合购置经开区国有资产商业用房帮促项目,总投资 1318 万元,4 个村村均增收 12 万元/年。

激活考核结果新动能。发挥党建工作成效考核“风向标”作用,牢固树立“首位意识、首位追求”理念,结合全区党建考核办法,将富民强村帮促工作纳入乡村振兴考核指标。对照考核指标内容开展“村企共建”活动,不断优化村集体收入结构,至 2023 年年底,全区 16 个村集体经营性收入超 120 万元。建立通报送阅机制,实行实时监测、动态跟踪,针对薄弱指标,多次专题调度,组织专业人士开展分析,制定收入达标路径,跟踪推进,确保顺利完成考核指标。围绕党建考核有关事项,建立日常考核机制,对重点监测指标完成情况坚持日常考核、重点登记、月度预警、季度通报,确保稳步提升。

(组织部)

新闻聚焦

编者按:2023 年 2 月 10 日,《新华日报》头版刊登文章《提质量优营商,做好项目招引大文章》,聚焦镇江新区主攻产业项目创新举措和阶段成果,展现开放发展高地现代化建设独特风采。

（年鉴编辑部）

镇江新区今年项目招引投资目标 380 亿元,占全市四分之一

提质量优营商,做好项目招引大文章

2 月 9 日,镇江市政协副主席、镇江新区党工委书记路月中带队前往北京,拜访中国航天科技集团公司、中国航发北京航空材料研究院、中国节能环保集团有限公司等央企,就在谈项目进行磋商。此前一天,镇江新区党工委副书记、管委会主任尹卫民一行刚结束为期三天的拜访上海、浙江客商行程。

项目招引是开发区的重头戏。2022 年,镇江新区实到外资总量、签约项目数量、入库列统投资等指标保持全市第一。2023 年,该区项目招引总投资目标为 380 亿元,占全市总目标的四分之一。"认真落实镇江市委'大体量要有大担当'的要求,做好项目招引这篇文章。"路月中说,要抓项目体量、招引质量、营商环境,确保全年新签约亿元以上项目 72 个,其中 10 亿～30 亿元项目不少于 8 个、30 亿元以上项目不少于 3 个。

紧扣产业主攻方向,攻坚重大项目

今年年初,镇江新区招商小分队飞赴瑞士、德国和意大利等国开展一系列境外招商活动,挖掘项目信息、推进在谈项目以及后续合作事宜。"集团对镇江新区的投资营商环境、产业配套及地理优势均非常满意。"法国汽车紧固件制造商阿雷蒙集团董事长安托万·雷蒙德表示,集团在新能源汽车连接件领域将有重大布局,希望双方加强合作、携手共赢。

镇江新区招商团队紧扣全市"四群八链"重点产业主攻方向,紧盯 500 强企业、央国企、上市公司,积极开展境内外招商,全力争取一批有支撑性、引领性的重大项目落户该区。

2021 年 12 月底,邀请项目方实地考察;2022 年 1 月,进行视频会议交流;2022 年 2 月,镇江新区主要领导带队赴项目总部,细化合作方案……在中航通飞大载重无人机项目团队负责人徐升华的招商日志上,记录着这一项目的推进日程。该项目由央企中航通用飞机有限责任公司与西安羚控电子科技有限公司的合资公司实施,建成后可年产大载重无人机 36 架、人影无人机 12 架,年销售约 10 亿元。

算好"两笔账",构建良性互动

在联博新能源汽车驱动电机定转子项目现场,记者看到,一期项目的钢结构框架已经建成,施工人员有的埋头抢抓地坪施工,有的全神贯注操控机械设备,有的加紧铺设屋面墙面瓦……"项目总投资 12 亿元,预计年产 20 万吨新能源汽车电机定转子。"项目负责人陈锡龙说,抢抓新能源汽车风口,项目母公司江苏联博精密科技股份有限公司上年利润同比增长 155%。

这一优质项目的落地,离不开镇江高新创业投资有限公司的资本投资。去年上半年,镇江高新创投出资 2000 万元,参投江苏

联博精密科技股份有限公司 A、B 轮融资，形成“以投资促进招商，以招商带动投资”的格局。

强化投行思维，镇江新区算好投入产出账、资源效益账，综合利用资源要素优势、资本市场力量吸引优质项目落户。目前该区新导入拟上市企业 13 家，成功参与其中 3 家企业股权投资，实现项目落地和国资增值互利共赢。

2023 年 1 月 17 日，金斯瑞生物发布公告称，其子公司蓬勃生物完成 2.24 亿美元 C 轮融资。镇江高新创投参与了 B 轮 3725.41 万美元的融资，蓬勃生物抗体药及基因细胞治疗药物研发生产基地项目总投资 4 亿美元，目前部分生产车间和实验室已投入运行。

强化营商服务，留住项目投资

在双峰格雷斯海姆医药包装（镇江）有限公司的生产车间，一个个制作成型的玻璃瓶随着传送带进入包装作业流程。“无论是疫情期间保障企业生产，还是连续三年大年初三给我们拜年，每一个小细节中都能感受到丁卯街道热情的服务。”双峰格雷斯海姆医药包装（镇江）有限公司负责人巢建峰说，有感于这里优质的营商环境，企业将总投资 2 亿美元的双峰格雷斯海姆疫苗玻璃生产基地暨总部项目放在了镇江新区，目前项目已顺利开工。

镇江新区加强对本土企业的对接服务，深入了解他们的投资意向，营造尊商重企的市场环境，尽最大努力、以最大诚意把项目留住、投资留住。

用手机地图搜索“万宝瑞达高新技术有限公司”，会跳出两个地址，分别位于金港大道南北两侧。这是该企业的新老两个厂区，其中新厂区为万宝瑞达功能性薄膜材料项目，总建筑面积达 4.5 万平方米，2022 年 12 月建成。项目全部投产后，预计将形成年销售 6 亿元的规模，今年公司产值同比也将增长 25%。

新华日报　2023 年 2 月 10 日

本报记者：晏培娟 钱飞 艾培；通讯员：王丽青

编者按：2023 年 4 月 17 日，《镇江日报》头版头条刊登《镇江新区：探索基层社会治理新路径》，分享镇江新区的相关经验做法。

（年鉴编辑部）

镇江日报

深化党建引领末梢疏通工程

镇江新区：探索基层社会治理新路径

深化党建引领末梢疏通工程

镇江新区：探索基层社会治理新路径

每天检查 1 次电梯、巡查 1 次燃气管道，检查 1 次消火栓，检查 1 次公共水管，为 1005 室高龄老人聂龙英读报 1 次，提醒单元里的居民出门关水、关电、关气……这是镇江新区丁岗镇新茂社区中心户马林记录下的工作日常。“虽然都是微末小事，但是能被居民第一时间想起，我能在第一时间提供帮助，让我觉得自己做的事非常有意义。”马林说。

“上情下达、下情上报”，中心户是居民与社区的联系枢纽。2022 年，市委启动“党旗‘镇’红、一线建功”工程，深入推进城市基层和谐善治先锋行动。镇江新区探索实践党建引领末梢疏通工程，在新茂社区率先试点。新茂社区共有居民楼 85 栋、211 个单元、4177 户，常住人口 7000 余人，是平昌新城 8 个拆迁安置社区中建成时间最早、占地面积最大、服务人口最多、人员构成最复杂的社区。马林对接的10栋2单元有34户常住人口。

深入推进党建引领末梢疏通工程是践行“以人民为中心”的政治要求，也是新区统筹发展与安全的现实需要。镇江新区通过党建工作从一个“点”、一条“线”，组成覆盖辖区居民群众的一张“网”，推动工作开展“一呼百应”。通过建立党员中心户（信息员）信息收集、巡访问访、鼓励激励等机制，推动风险隐患“源头预防”。通过优化诉求收集渠道、分流路径、办理程序、反馈机制，实现群众诉求“闭环办理”。

党建引领末梢疏通工程让基层社会治理的效率更高了。2022年10月以来，新茂社区主动发现并处置工单1014件、同比提高64%，接到居民投诉工单142件、同比下降22%，社区物业费收缴率提升了31%。联系服务群众的反响更好了。大路镇东岳村组建基层信息员24人，覆盖村民399户，有效解决了村庄建设、道路设施、邻里矛盾纠纷等68件事项，赢得群众一致好评。风险防范处置的能力更强了，镇江新区新材料产业园将末梢疏通工程与“手册”机制深度融合，进一步压实了各层各级的安全生产责任，守牢了统筹发展与安全的底线。

镇江新区试点推行党建引领末梢疏通工程，积极构建党组织领导下的网格化治理、数字化赋能、精细化服务基层治理体系，打通了区、镇（街道）、村（社区）三级，先后优化党支部36个、设立党群服务站28个，分类制定职责任务清单，明确70个“吹哨”报到事项，基层问题和风险处置更加及时畅通。

面向党员骨干、热心群众、物业、新就业群体等各类人员，新区通过组织发动、群众推选、个人自荐等方式，选聘2700多名中心户（信息员），第一时间动态掌握居民群众的服务需求。市委组织部副部长、市委“两新”工委书记郭鑫表示，党建引领末梢疏通工程坚持问题导向选题好，坚持“一把手”亲自抓力度大，坚持发挥党组织引领作用效果佳，坚持一线工作法工作实，形成条块参与、群众欢迎的良好局面。

社区党群服务中心为居民提供了文化交流的场所，爱心联盟传递了小社区有大爱心的正能量，百姓客厅营造了共建共治共享的浓厚氛围，安全堡垒引导居民树牢安全意识，邻聚空间展现出和睦融洽的邻里关系……共享稳定祥和的社区氛围正在日益浓厚。

市政协副主席、新区党工委书记路月中说，通过实施党建引领末梢疏通工程，可以更好地推动资源统筹、机制联动、力量下沉，打通基层治理“最后一米”，切实守牢安全底线，闯出一条基层社会治理新路径。一年多来，新区调动广大党员干部真正扑下身子去干，积极研究新情况、解决新问题、探索新规律，不断延伸为民服务触角，提高社会治理效率，以党建引领末梢疏通工程擦亮社会治理品牌。下一步，新区将在认真总结梳理的基础上，主动作为、通力合作、强力推进，以高水平的社会治理护航新区高质量发展，为中国式现代化新区新实践蹚出一条社会治理的新路径，合力打造社会治理经验升级版。

镇江日报　2023年4月17日

本报记者：刘晓明　解立文　李明明

编者按：2023年12月24日，扬子晚报网发布文章《镇江经济技术开发区：聚焦急难愁盼，交出民生建设幸福答卷》。

（年鉴编辑部）

镇江经济技术开发区：聚焦急难愁盼，交出民生建设幸福答卷

12月22日，镇江经济技术开发区举行“奋进新征程 建功新时代”系列主题民生建设专场新闻发布会。今年以来，镇江经开区坚持以人民为中心的发展思想，聚焦群众身

边的“急难愁盼”，持续推进民生实事、环境建设、公共服务等方面的建设，以更多惠民生、暖民心的举措，高效推进各项民生工作，取得良好成效，交出了民生建设的“幸福答卷”。会上，镇江经济技术开发区管委会主任尹卫民作民生建设主题新闻发布。

优先保障民生建设，破解群众“急难愁盼”。今年以来，经开区坚持民生优先，通过基层治理末梢疏通工程等多途径发现民生难点问题，跟踪督办人大建议、政协提案办理情况，为民生办好实事。其中，大港银山鑫城铃兰苑 2 栋、3 栋 100 余户居民无法安装天然气的难题全部解决，丁卯春晖路增设“礼让行人”标志，交通技术监控设备也安装到位，一批困扰群众数年的“急难愁盼”问题得到妥善解决。

统筹推进民生项目，“小而美”提升幸福指数。2023 年经开区实施了一批“小而美”的民生项目，完成丁卯谷阳新村二区、大港港中新村五区以及大港医院宿舍楼 3 个老旧小区改造，17 个小区雨污分流改造实现收尾，老旧小区面貌焕然一新，基础设施功能更加完备。同时，2023 年还实施了姚丁线 4.83 千米提档升级工程，区域农村道路坑洼不平的样貌彻底改观，周边群众的出行条件得到显著提升。

强化源头精准施策，推动人居环境全面提升。依托空气监测体系，经开区实现异味精准溯源、精准治理。截至 2023 年 12 月 21 日，经开区 $PM_{2.5}$平均浓度、优良天数比率两项指标均列市区前二。同时，经开区实施 8 项治水工程，水环境质量领跑全市。此外，有力推进铁路沿线、村庄环境整治，打造铁路沿线节点亮点 5 处，绿化造林约 930 亩，全区村庄环境面貌持续改善。

深度融合服务下沉，推动公共服务提质增效。今年以来，经开区积极推进政务服务线上线下融合，复杂事项办理环节同比减少 80%、时长缩减 70%、材料精简 45%，群众办事的获得感和满意度不断增强。同时，在医疗公共服务方面，建成“东三镇”（丁岗镇、姚桥镇、大路镇）无痛胃肠镜诊疗中心、瑞康数智骨科诊疗中心，以重点特色专科引领推动基层医疗服务能力全面提升。在教育方面，丁卯第三中心小学投入使用，区第二实验小学建设有序推进，全面完成公办义务教育学校教室灯光改造，教育硬件质量稳步提升。

在新闻发布会上，镇江经开区社会发展局、人力资源和社会保障局、城乡建设局以及行政审批局分别围绕医疗卫生、就业扶持、老旧小区改造以及政务服务等民生建设中的热点问题回答了记者提问。其中，在推进就业方面，人社局针对就业困难群体主动排查建档、精准服务，帮扶 1132 人实现就业，占就业困难人群总数的 92%；在老旧小区改造方面，城乡建设局积极倾听民意，注重面子，也注重里子，抓实工程质量，联动推进老旧小区改造建设，改善人民群众居住环境，提升百姓幸福指数。

扬子晚报网　2023 年 12 月 24 日

通讯员：钱钢　李长兴；记者：万凌云

编者按：2023 年 5 月 29 日，《新华日报》刊登文章《镇江小部件“托举”大飞机》，介绍镇江新区航空航天产业发展情况。

（年鉴编辑部）

镇江小部件“托举”大飞机

5 月 28 日，在镇江新区航空航天产业园菲舍尔航空部件（镇江）有限公司车间里，95 后装配工戴子轩和班组同事一起，为生产线上的飞机行李架安装线束和导轨支架。“航空部件的组装要求非常严格，我们按照作业指导书，精准控制螺栓扭矩和导轨间距，一个飞机行李架安装完成大概需要一天半时间。”戴子轩说。4 月以来，车间已安装完成 21 个行李架成品。

“目前国内民用客机行李架都是我们生产制造的，包括国产大飞机 C919、支线客机 ARJ21、新型涡桨支线飞机 MA700。”菲舍尔设计研发部综合技术室经理王海祥说，企业“拳头产品”飞机行李架稳居国内市场龙头地位，“我们产品的优势在于轻量化设计，在满足功能性各方面要求上，我们比国外产品平均水平减重 10%。”

作为 C919 九大机体结构供应商之一，航天海鹰（镇江）特种材料有限公司承担了后机身前段、后机身后段、副翼和垂尾复合材料零件的研制任务；江苏美龙航空部件有限公司是 C919 的“装修公司”，负责主货舱内饰及分舱板的工作包任务；江苏三明航空电器有限公司，承担 C919 机翼标识灯与探冰灯等系列照明产品……

“园区 5 家企业跻身 C919 大飞机协作配套供应商行列，提供 C919 总装所需的约 10% 的零部件、50% 的复合材料结构件和 90% 的客货舱内饰件。”镇江新区航空航天产业园管理办公室副主任周佳锋说，园区正大力发展飞机整机制造、航空航天新材料、飞机内饰和零部件、发动机关键部件、通航运营服务、职业教育技能培训等产业，去年完成工业应税销售 30 亿元，同比增长 11.84%。

新华日报　2023 年 5 月 29 日

本报记者：钱飞；通讯员：潘宇琴 官瑞雪 王伟

大事记

一月

4 日 镇江新区召开领导干部警示教育大会。

11 日 镇江新区召开"优化营商环境，助推开发区现代化建设"述职评议大会。

12 日 镇江新区召开优化营商环境主题新闻发布会，介绍新区营商环境建设整体情况，传递优化营商环境、激发产业动能的坚定信心决心。

16 日 市第一综合考核组到镇江新区开展综合考核工作并召开 2022 年度综合考核工作汇报会。

17 日 镇江新区召开党工委全体（扩大）会议暨 2022 年度"五争一创"总结大会。

29 日 镇江新区召开招引工作推进会。

二月

3 日 镇江新区召开 2023 年度党风廉政建设和反腐败工作会议。

6—8 日 镇江新区组织赴长三角地区开展招商活动。

8 日 江苏金农股份有限公司和江苏瀚瑞金控投资有限公司战略合作协议签约仪式在镇江新区举行。

9 日 镇江新区组织拜访中国航天科技集团公司、中国航发北京航空材料研究院、中国节能环保集团有限公司等央企，就在谈项目进行磋商。

同日 《2023 年江苏省重大项目清单》发布，镇江市入选的 13 个项目中镇江新区占 6 席，包括实施类项目 5 个（镇江奥音专业声学扬声器项目、镇江新区双峰格雷斯海姆疫苗玻璃瓶项目、镇江新区天奈科技碳纳米管导电浆料项目、镇江金东特种纸项目、镇江港大港港区码头及大港河港池改扩建工程项目）、储备项目 1 个（镇江新区中航通飞大载重无人机项目）。

10 日 《新华日报》头版刊登文章——《提质量优营商，做好项目招引大文章》，聚焦镇江新区主攻产业项目创新举措和阶段成果，展现开放发展高地现代化建设独特风采。

13 日 国家级经济技术开发区绿色发展联盟秘书处主任宋雨燕、江苏省商务厅开发区处四级调研员刘丹一行到镇江新区就国际合作产业园发展情况进行调研。

16 日 2023 年镇江市暨新区文化科技卫生"三下乡"集中服务活动在镇江新区姚桥

镇举行。

20 日　镇江新区召开一季度经济形势分析会。

同日　镇江新区召开政法工作会议。

28 日—3 月 5 日　镇江新区组织赴珠三角地区开展招商活动。

三月

1 日　镇江新区召开省安全生产第四巡查组巡查镇江新区工作反馈会议。

3 日　镇江新区召开“我在圌山‘郁’见你”系列文旅活动新闻发布会，发布会围绕“寻春、揽夏、访秋、品冬”主题，发布独具新区特色的系列文旅活动。

同日　台湾“一带一路”经贸促进协会厦门分会会长徐真率福建台商考察团一行到镇江新区，了解新区项目载体、投资政策、发展环境，寻求合作机遇。

5 日　十四届全国人大一次会议期间，中共中央总书记、国家主席、中央军委主席习近平来到他所在的江苏代表团，与代表们一起审议政府工作报告，全国人大代表魏巧（来自镇江新区永兴农机机械化专业合作社）围绕当好新时代“新农人”向总书记现场汇报。3 月 6 日晚，央视《新闻联播》对魏巧进行专题报道。

6 日　市人大常委会党组书记、主任李健带队，到镇江新区调研基层人大工作。

7 日　镇江新区召开安全环保、河长制工作暨“3·8”火灾警示教育大会。

同日　工业和信息化部、水利部、国家发展改革委、市场监管总局等四部门发布 2022 年重点用水企业、园区水效领跑者名单，金东纸业（江苏）股份有限公司继 2020 年后再次入选国家重点用水企业水效领跑者。

10 日　镇江地区规模最大的路灯改造合同能源管理项目——镇江新区路灯节能改造民生工程正式开工。

13 日　《人民日报》《新华每日电讯》《光明日报》《经济日报》《人民日报（海外版）》等央媒头版刊发《团结奋进，创造新的伟业——习近平总书记同出席二〇二三年全国两会人大代表、政协委员共商国是纪实》，记录了两会期间习近平总书记与代表、委员们深入讨论、擘画未来的生动场景。其中，谈到农业现代化，总书记与来自镇江新区永兴农机机械化专业合作社的魏巧代表亲切交流。针对乡村振兴中的人才建设，习近平总书记指出：“像魏巧这样的同志到农村去，很好！”

15 日　镇江新区市场监督管理局围绕中消协 2023 年消费维权年主题——“提振消费信心”，开展“3·15 国际消费者权益日”系列活动。

同日　由远森影业（镇江）有限公司、江苏金海创文化传媒有限公司等企业精心打造的都市爱情网络轻喜剧《后来遇见他》开机仪式在镇江新区举行。

16 日　镇江新区人大工委召开“助力项目攻坚　服务企业发展”专项工作部署会。

同日　镇江市委副书记、市委统战部部长巩海滨到镇江新区调研台资企业，推进在镇台企健康发展。

18 日　镇江新区第十二届中信银行·郁金香节在圌山脚下开幕。

20 日　镇江新区召开“散乱污”企业和废品收购企业安全环保整治工作推进会。

21 日　全国妇联书记处书记、党组成员杜芮率队到镇江新区调研，实地考察妇联开展乡村振兴巾帼行动、科技创新巾帼行动、推进妇女创业就业等方面的先进做法和经验。

同日　镇江新区召开指标分析推进会。

24 日　镇江新区召开农村工作会议。

28 日　应镇江新区科技镇长团邀请，南京工业大学数理科学学院专家组成考察团到新区开展访企拓岗交流活动。

30 日　镇江新区召开党工委理论学习中心组学习（扩大）会。

同日 镇江新区召开全区统一战线工作领导小组全体会议。

同日 市委副书记、市委统战部部长巩海滨到镇江新区调研拟上市企业。

31日 镇江新区召开2023年镇江新区组织工作会议。

同日 由镇江新区管理委员会与江苏大学共同主办、镇江新区招商中心和江苏大学校友企业联盟承办的江苏大学校友经济论坛暨企业家联盟年会举办。

本月底 中国石油和化学工业联合会化工园区工作委员会公布"2022年度绿色化工园区适用技术"目录,镇江江南化工有限公司"基于吸附机理的副产盐酸综合净化工艺"成功入选。

四月

3日 省长江干流联防指挥部防汛检查组到镇江新区检查长江段防汛工作,对新生圩、六圩埭、"两禁一防"指挥中心等开展日常巡查监测情况检查。

7日 镇江新区召开党建引领末梢疏通工程现场推进会。

8日 镇江新区政法委组织召开"弘扬践行新时代'枫桥经验'"人民调解工作座谈推进会。

10日 江苏常青树新材料科技有限公司成功登陆上交所,股票名称常青科技,股票代码603125,成为主板注册制全国首批上市企业之一。

同日 镇江新区召开2023年宣传统战工作会议。

11日 江苏省食品安全委员会发布江苏省食品安全示范县(市、区)名单,镇江新区荣获"江苏省食品安全示范区"称号。

13日 镇江新区召开全国文明城市创建工作推进会。

同日 镇江新区召开全国禁毒示范城市创建暨禁种铲毒工作推进会。

14日 瑞士商会(上海)董事会主席鸿志远率会员企业代表团一行到访镇江新区。

同日 镇江新区召开民营经济统战工作协调机制推进会。

同日 南京工业大学—镇江新区校地企合作签约仪式成功举行。

15日 镇江新区举行国家安全教育"江滩漫道"启动仪式和"国家安全进机关"专题教育活动。

20日 市政协副主席、镇江新区党工委书记路月中会见台湾工业总会理事长、联华神通集团董事长苗丰强率领的大陆经贸参访团一行。

25日 镇江新区举行2023年全国知识产权宣传周广场咨询活动。

26日 "乐游田园 四季精彩"——2023年大路镇乡村旅游季活动在东岳村开幕。

27日 2023年全国职业院校技能大赛智能飞行器应用技术赛项江苏省遴选赛在江苏航空职业技术学院举行,来自江苏省的21支高职院校代表队参加比赛。

28日 镇江新区召开庆祝"五一"暨劳模工匠先进事迹报告会,大会表彰了"五一劳动奖状""五一劳动奖章""工人先锋号""最美娘家人"获奖集体和个人。

30日 镇江新区召开房地产市场发展工作专题推进会。

本月 镇江新区第35个爱国卫生月主题宣传活动在大港街道瑞鑫嘉园举行。

五月

4日 江苏省文化和旅游厅正式公布第三批省级夜间文化和旅游消费集聚区建设单位名单,瀚瑞控股旗下瀚瑞资产下属文旅板块运营打造的镇江新区心湖微度假文旅生活圈入选。

4—12 日 镇江新区组织代表团赴德国、法国、英国开展经贸交流活动。

6 日 镇江新区召开一季度“五争一创”工作会议。

9 日 镇江新区召开全区秸秆禁烧工作布置会议。

10 日 镇江新区信访局和司法局在大港街道幸福广场集中开展《信访工作条例》暨人民调解宣传月活动。

16 日 由新华社、求是杂志社、光明日报社、人民日报社人民网等 18 家中央和省级媒体的新闻记者组成的采访团走进镇江新区，开展“高质量发展调研行”主题采访活动。

18 日 镇江新区召开驻镇高校专利技术推介会。

19 日 镇江新区召开瀚瑞控股 2023 年度经营发展大会。

20 日 公交驾驶员关爱日活动暨镇江新区旅游专线启动仪式在新区大润发公交枢纽站隆重举行。

23 日 镇江新区召开上半年经济运行分析会。

同日 镇江新区召开全区防汛抗旱工作会议。

同日 省民宗委副主任邓飞带队到镇江新区丁卯“红榴家园”服务站开展调研评估工作。

24 日 省委台办副主任孙继兵一行到镇江奇美化工有限公司开展调研。

25 日 镇江新区召开高质量发展综合考核分析推进会。

27 日 镇江新区 2023 年“圌山杯”化学检验员职业技能竞赛在镇江奇美化工有限公司举办，全区 15 家企业 95 名选手参赛。

30 日 下午 4 时（奥地利时间上午 10 时），在镇江新区管委会、奥地利霍恩埃姆斯科林尼总部、新宇环保集团（香港、镇江）举行奥地利科林尼高端表面处理中国总部项目线上签约活动，项目计划总投资 1 亿美元。

同日 镇江新区召开国家卫生城市复审工作部署会。

31 日 由镇江市科协、市应急管理局、镇江新区管委会等主办，镇江新区新材料产业园管办、镇江新区科协等承办的“慧安行动”启动仪式暨第七个“全国科技工作者日”活动在新材料产业园成功举办。

本月 “镇江国家大学科技园现代服务业集聚区”被认定为省级高质量发展集聚示范区。

六月

5 日 省科学技术厅公布 2023 年度省级工程技术研究中心绩效考评结果，镇江新区有 6 家企业的省级工程技术研究中心顺利通过考评，其中镇江同舟螺旋桨有限公司的省强度耐空蚀船用螺旋桨工程技术研究中心荣获唯一优秀考评。

同日 由中国石油和化学工业联合会化工园区工作委员会举办的“绿色化工园区环保千里行”系列活动在镇江新区新材料产业园正式启动。

6 日 江苏省人民政府公布《省政府关于公布首届江苏专利奖的决定》，镇江新区企业江苏天奈科技股份有限公司“一种高导电型碳导电浆料及其制备方法（ZL202010792085.7）”获优秀奖。

8 日 镇江新区召开便民服务中心现场推进会。

9 日 第二十三届中国 · 盱眙国际龙虾节——走进镇江暨 2023 丁卯美食文化季明都千人龙虾专场活动在镇江新区明都大饭店圆梦湖湖畔广场举行。

同日 镇江新区开展 2023 年度国际档案日展览活动。

10 日 首届“镇宗淄味”烧烤节在镇江

新区吾悦广场开幕。

13—16日 镇江新区组织赴深圳、上海、北京开展招商交流活动。

15日 由镇江新区管理委员会与商务部投资促进事务局共同主办、国际股权投资创新服务平台(GEIN)承办、中关村科技企业家协会协办的“专精特新企业镇江行”活动在镇江新区成功举办。

同日 《人民日报》头版刊登文章《风劲潮涌奋楫先(高质量发展调研行)——长三角地区奋力推动高质量发展》,其中,镇江新区企业航天海鹰(镇江)特种材料有限公司借力国产大飞机、拥抱产业创新机遇所取得的发展成果在文中被介绍。

17日 第三届中国·镇江国际菁英创业大赛镇江新区选拔赛成功举行。

20日 瑞士中国中心CEO率领企业代表团一行到访镇江新区。

21日 第五届镇江城市业余联赛龙舟比赛暨镇江新区第三届“心湖之光”龙舟邀请赛开启。

26日 镇江新区举办“慧创她时代 奋进新征程”女企业家交流发展大会暨“科技创新,巾帼行动”推进会。

27日 镇江新区召开庆祝中国共产党成立102周年座谈会。

28日 镇江市践行新时代“枫桥经验”推进基层矛盾纠纷多元化解现场观摩会在镇江新区召开。

29日—7月6日 镇江新区组织赴丹麦、瑞士、奥地利开展经贸交流活动,并参加“新时代、新机遇、新未来”2023中国镇江(欧洲)经贸合作交流会,与科林尼集团、索尔维集团和瑞士中国中心签订合作协议,项目总投资1.35亿欧元。

29日 台湾宜兰县农会理事长李竹春一行到访镇江新区,参观江苏润果农业发展有限公司、江苏汇鸿冷链物流有限公司,考察镇江新区投资环境及农业板块发展情况。

30日 镇江新区丁卯街道暑期美食文化季暨纬五路街区党建联盟启动仪式在永隆城市广场举行。

七月

1—2日 “魅力新丁卯,精彩车世界”暨“2023丁卯暑期美食文化消费季”之“请你来选车”活动在丁卯沃得广场举行。

3日 瀚瑞金控小微金融板块以数字人民币形式,为中小微企业江苏巴马型钢有限公司发放“小微企业流水贷”50万元。这是全市落地的首笔数字人民币“小微贷”业务,实现数字人民币推广运用的新突破。

4日 镇江新区平安法治“双月”推进会在大路镇召开。

同日 天津市台协荣誉会长罗文德率天津、厦门等地台商考察团到访镇江新区,考察产业项目、参观区内台资企业。

7日 镇江市民政局网站发布关于2023年度镇江市级地名文化遗产名录的公示,其中镇江新区有6处地名上榜入选,分别是圌山路、洪溪路、宜侯路、龙脊街、丁卯桥、韩桥。

14日 国家移民局副局长刘海涛到镇江新区武将社区移民事务服务站视察指导工作。

同日 镇江新区召开全民阅读活动领导小组会议。

17日 省农村住房条件改善和特色田园乡村建设工作联席会议发布第十一批次省级特色田园乡村名单,镇江新区大路镇东岳村徐家位列其中,成为全区首个“江苏省特色田园乡村”。

18日 人力资源社会保障部、农业农村部发布《关于表彰全国农业农村劳动模范和先进工作者的决定》,镇江新区富农农机机械化专业合作社理事长魏巧获评“全国农业农村劳动模范”。

同日 镇江新区绿色建筑和生态城区区

域集成示范项目通过省住房和城乡建设厅组织的验收评估。

19日 镇江新区"新农人"发展联盟成立仪式在江苏润果农业发展有限公司成功举行，魏巧当选联盟理事长。

同日 镇江新区召开全区污染防治攻坚大会。

20日 镇江新区召开党工委第五轮巡察动员部署会。

24—28日 镇江新区组织赴广西、贵州、广东、福建开展招商交流活动。

28日 镇江新区党工委、管委会、镇江市委人才办共同主办的2023年镇江新区人才市场化发展大会成功举行。

本月 八一建军节前夕，镇江新区党工委、人大工委、管委会、政协工委主要领导分别带队走访慰问部队官兵和消防救援人员。

八月

1日 镇江新区召开党工委（扩大）会议暨"五争一创"工作推进会。

同日 镇江新区召开镇江新区—合阳县苏陕协作党政联席会议。

同日 由中共江苏省委宣传部、江苏省文明办、江苏省文学艺术界联合会主办，江苏省文艺志愿服务中心、江苏省戏剧家协会、镇江新区新时代文明实践中心、镇江新区宣传统战部承办的"江苏省文艺志愿者走进镇江新区"活动成功举行。

2日 镇江市首家创新联合体"航空复合材料及部件创新联合体"在镇江新区企业航天海鹰（镇江）特种材料有限公司成立。

4日 镇江新区组织党政代表团赴新疆生产建设兵团第四师，考察调研援疆工作，看望慰问援疆人员，深化两地合作交流。

11日 镇江新区开展化工园区氯甲烷泄漏中毒事故应急演练。

同日 镇江新区开展退役军人与新区消防救援大队消防员文体竞赛活动。

19日 镇江新区举办2023年"中国医师节"庆祝大会，为2023年度"医疗服务明星""抗疫标兵""十佳医师"获奖者颁奖。

24日 国家发改委基础司副司长卓毓淼一行到镇江新区大路通用机场调研机场以及飞行服务站建设情况。

同日 镇江新区举办"织爱行动　宜童宜她"公益项目总结表彰会暨2023年度项目宣讲会。

27—31日 镇江新区组织赴澳门、深圳、东莞开展经贸交流活动及招商考察活动，参加江苏瀚瑞投资控股有限公司167.2亿日元境外债在澳门金交所上市活动；参加2023年镇江（深圳）合作交流恳谈会，镇江新区集中签约项目6个，现场签约61.6亿元，项目聚焦航空航天、新能源汽车零部件等产业，其中10亿元以上项目3个。

29日 镇江新区举行"慈善一日捐"暨"99公益日"捐赠仪式。

31日 台湾新北市绿色能源企业参访团访问镇江新区，新北市十余位企业家考察新区新能源产业发展环境，寻求投资合作机遇。

本月 在驻地某部队的支持下，历时两年的镇江圌山炮台遗址环境提升工程竣工。

九月

1日 镇江新区"80后新农人"魏巧亮相央视《开学第一课》，给全国中小学生带来一堂生动形象的实景课。

9日 由商务部投资促进事务局主办，国际股权投资创新服务平台（GEIN）、中国国际科技促进会母基金分会承办，母基金研究中心协办，镇江经济技术开发区和南通经济技术开发区管理委员会支持的第二十三届中国国际投资贸易洽谈会2023中外投资促进机构工作会平行活动——“硬科技产业资本招商对话会”在厦门国际会展中心成功举办。

11 日 2023 年镇江新区网络安全宣传周正式启动。

同日 瀚瑞控股集团与省交控人才集团举行战略合作签约仪式。

15 日 镇江新区召开档案工作综合检查评价暨村(社区)档案工作规范化建设现场推进会。

15—16 日 镇江新区党工委副书记、管委会主任尹卫民率考察团赴陕西省渭南市合阳县推进对口协作工作。

18 日 “乐游新区,文明相伴——‘文明旅游’志愿服务活动”在镇江新区圌山脚下举行。

20 日 镇江新区召开主题教育领导小组第一次会议。

20—22 日 中央广播电视总台首部全流程菁彩声制作广播剧《我们的田野》在“中国之声”播出,央视新闻、央视频、云听客户端同步上线。《我们的田野》广播剧原型人物之一魏巧就是一位镇江新区“80 后新农人”。

20 日 坤鼎镇江园区招商中心启用仪式暨镇江新区招商渠道合作大会在坤鼎镇江国际科技创新园举行。

22 日 镇江新区组织政协委员开展民生专题协商议事活动。

同日 镇江新区召开主题教育全体人员培训会。

25 日 镇江新区县处级以上领导干部学习贯彻习近平新时代中国特色社会主义思想主题教育读书班开班。

同日 “贯彻二十大 奋进新征程”——镇江新区“百姓名嘴”基层理论宣讲能手总决赛在丁卯街道丁卯社区新时代文明实践站成功举行。

27 日 镇江新区在中瑞产业园开展外事嘉年华活动。

28 日 镇江市道德模范与身边好人现场交流活动暨“大爱镇江 善行宜地”镇江新区“好人故事分享会”活动在镇江新区宜园举行。

30 日 全国第十个烈士纪念日,镇江新区在北山公墓烈士陵园举行向革命烈士敬献花篮仪式。

本月 镇江新区大路鸿渔家庭农场入选 2023 年江苏省“百佳家庭农场”。

十月

1—2 日 由长江国际音乐节和创娱无界联手打造的升级版音乐节——2023 长江·泡泡岛音乐与艺术节·江浙沪站在镇江新区心湖公园广场举办。

8 日 在最高人民法院、司法部联合召开的全国调解工作会议上,镇江新区丁卯街道人民调解委员会荣获“全国模范调委会”称号。

12 日 镇江新区召开 2023 年人大专项评议动员会。

同日 镇江新区开展 2023 年网络安全事件应急演练。

13 日 镇江新区召开企业发展相关问题调度会。

17 日 镇江新区“警通·昌和”便民服务点揭牌,成为全市首个设在社区警务室的公安政务服务“综合窗口”。

21 日 镇江新区召开“四上”企业培育及外资外贸工作推进会。

26 日 镇江新区县处级以上领导干部学习贯彻习近平新时代中国特色社会主义思想主题教育读书班进行集中研讨交流。

27 日 镇江新区召开三季度“五争一创”推进会。

28 日 镇江新区举办“主要领导说安全”专题宣讲活动。

30 日 镇江新区召开主题教育领导小组第二次会议。

31 日 众钠能源年产 5 万吨硫酸铁钠正极材料量产基地一期投产暨二期启动建设仪式在镇江综合保税区举行。

同日 全市首个刚性危废填埋处置项目——镇江新区危险废物安全填埋处置二期工程顺利竣工验收。

十一月

2 日 镇江新区召开沿江企业长江禁捕工作座谈交流会。

6 日 由商务部投资促进事务局和镇江新区管理委员会联合主办、镇江新区招商中心和国际股权投资创新服务平台（GEIN）承办的镇江新区外资企业（上海）圆桌会在上海成功举办。

7 日 省委常委、省委政法委书记刘建洋到镇江新区丁卯街道社会治理现代化指挥中心调研指导工作。

同日 镇江新区召开文明城市创建工作专题推进会。

9 日 韩国益山市代表团到镇江新区进行友好访问。

10 日 镇江新区召开人大监督镇（街道）国有和集体资产管理情况推进会。

15 日 镇江新区召开秋收秋种暨人居环境整治观摩会。

同日 瑞中创新中心携瑞士高新技术创业项目代表到镇江新区开展“瑞士创新企业中国行”活动。

16 日 镇江新区召开汽车零部件产业重点企业座谈会。

17 日 镇江新区召开学习贯彻习近平新时代中国特色社会主义思想主题教育工作推进会。

同日 奥地利百隆集团家族股东、首席执行官马丁·百隆一行到访镇江新区，实地考察科林尼镇江工厂及华科电镀园。

18 日 省质量发展委员会联合省市场监督管理局等八部门发布 2023 年度第一批“江苏精品”认证获证企业名单，镇江东方电热科技股份有限公司榜上有名，是镇江唯一获评企业，同时也是镇江新区首家“江苏精品”企业。

20 日 2023 华侨华人创新创业镇江洽谈会——德国博士团镇江新区项目路演对接专场活动在镇江国家大学科技园举行。

23 日 镇江新区召开“奋进新征程 建功新时代”系列主题项目建设与项目服务专场新闻发布会。

24 日 镇江经开区召开全区林长制暨森林防灭火工作会议。

25 日 由江苏省生物医学工程学会主办，南京大学（镇江）生命健康产业研究院、镇江新区科信局、镇江国家大学科技园管理办公室、南京大学镇江校友会承办的江苏省生物医学工程学会—镇江生命健康企业对接交流会举行。

28 日 镇江新区举行“奋进新征程 建功新时代”系列主题乡村振兴专场新闻发布会。

同日 第十九届枫叶国际教育博览会在镇江枫叶双语学校成功举行。

本月 江苏省政府公布第五批省级非物质文化遗产代表性项目名录，镇江新区东乡云飏汤制作技艺入选江苏省第五批省级非物质文化遗产代表性项目名录（传统技艺），竹马（东乡跳马灯）入选江苏省第五批省级非物质文化遗产代表性项目名录扩展项目名录（传统舞蹈）。

十二月

1 日 镇江新区举行“奋进新征程 建功新时代”系列主题推进社会治理现代化专场新闻发布会。

5 日　镇江新区召开网信工作会议。

5—6 日　在由镇江市应急管理局、镇江市人社局、镇江市总工会联合举办的 2023 年度镇江市生产安全行政执法比武竞赛中，镇江经开区代表队荣获“团体一等奖”，队员余宏杰、朱晶分别荣获个人一等奖、三等奖。

6 日　《镇江新区年鉴（2022）》荣获 2023 年全省年鉴质量评定“二等年鉴”。

同日　镇江大港港区船舶横越精准管控党建联盟工作会举行。

12 日　由中共镇江市委宣传部、镇江市文化广电和旅游局、镇江新区党工委、管委会共同主办的“寻‘根’故里·‘君’归有期”张君秋文化周活动正式启动。

同日　镇江新区首期以“链启芯程　智造未来”为主题的招商英语角汽车制造沙龙在中瑞产业园成功举办。

15 日　中共镇江市委机构编制委员会办公室下发《关于规范镇江经开区管理机构名称使用的通知》，要求今后在公文行文、会议活动及其他场合中，凡涉及镇江经开区管理机构名称表述的，应统一规范为“中共镇江经济技术开发区党工委、管委会”或“镇江经开区党工委、管委会（简称）”，不再使用“镇江新区党工委、管委会”。

同日　镇江经开区党工委主题教育领导小组第四次会议召开。

同日　“寻‘根’故里·‘君’归有期”张君秋大剧院及纪念馆开馆仪式在镇江经济技术开发区举行。

同日　由国际先进材料与制造工程学会（SAMPE）主办、镇江经开区管委会承办的“2023 国际先进材料与制造工程学会走进镇江”活动在镇江经开区成功举办。

本月底　江苏省知识产权局公布 2023 年度江苏省知识产权建设示范（县域、园区）评定结果，镇江经济技术开发区成功获评江苏省知识产权建设示范园区。　（党政办）

镇江经济技术开发区概览

区情概况

【地理位置】 镇江经开区位于长江下游南岸，镇江市区东翼，地理位置东经 119°40′，北纬 32°10′。镇江经开区地处中国沿海沿江“T”形产业布局的结合点，正处在华东地区的中心区域；东临上海、西接南京、北与扬州隔长江相望，处于上海经济圈和南京都市圈的交叉辐射范围内。经开区下辖丁岗、大路、姚桥三个镇和大港、丁卯两个街道，总面积 218.9 平方千米。

（国土空间规划管理科）

【地质】 镇江经开区位于镇江市区东部。在元古代震旦纪（距今约 7 亿年），地壳开始下沉为扬子海的一部分。其后 5 亿年间，地壳以下沉为主，海水时进时退，形成石灰岩、白云岩、页岩、砂岩、砾岩及煤层等地层，沉积总厚度近 8000 米。到中生代三叠纪末期（距今约 1.95 亿年），地壳发生一次大的造山运动（印支运动），地壳上升并从海底隆起成为陆地。接着在第二次造山运动（燕山运动）中，岩层发生褶皱，出现一系列北东—北北东向的复式褶皱；断裂继续加强，产生一系列纵向与横向的断裂，导致岩浆从岩断裂处入侵，形成大片火山岩覆盖区，火山岩最大沉积厚度达 3300 米，后期伴随含矿热液活动，在境内聚集，形成各种多金属矿藏。中生代以后，地壳活动渐趋稳定，奠定基本轮廓，形成如今的宁镇山脉的雏形。新生代第三纪（距今约 6500 万年），地壳相对稳定，地表不断遭受剥蚀、切割作用，形成低山丘陵地貌。有些因岩性软弱，被夷为平原沟谷，北部断裂带发育成长江。进入第四纪（距今约 260 万年），地表继续遭受风化剥蚀，随着长江的发育，地面长期经受河流侵蚀、切割、堆积作用，形成沿江地带海拔标高 20～30 米的Ⅰ级阶地和海拔标高 50～60 米的Ⅱ级阶地，这些阶地又在流水的冲刷切割作用下形成残丘、岗地。受茅山断裂和幕府山—焦山断裂影响，曾多次遭受地震袭击。据现有资料表明，自东晋元帝大兴三年（320 年）以来，镇江至少发生过 70 多次有感地震，其中震中在镇江或边缘的 5 级以上地震有 5 次，最大震级为明建文元年（1399 年）4 月 29 日和民国二年（1913 年）4 月3 日的 5.5 级。在全省地震综合烈度分区中，镇江属Ⅶ度区，是省内地震活动较多的地区。

镇江属扬子地层区的镇江小区，从元古界至新生界的地层出露基本齐全，总厚度约 1.2 万米，第四系松散沉积层广泛覆盖于基岩之上，沿江一带最为发育，最厚处达130米。震旦系上统上部至中奥陶系地层以海相镁质碳酸盐岩（白云岩）为主，夹少量石灰岩，是白云石的产生层位，分布在谏壁以东地区。九华山岩体西起九华山，东至谏壁西南侧，有九华山八公洞和狮子山铁、铜矿点，付角铜矿化点。谏壁岩体分布于丹徒镇、谏壁镇至青龙山沿江一带，已知矿产有谏壁钨钼矿床。火山岩分布在茅山、上党、北固山和圌山一带，其形成地质年代为白垩系下统，主要岩性有玄武岩、火山角砾等。

（年鉴编辑部）

【地貌】 镇江经开区为丘陵地貌，地质状况稳定，岩性均匀，无滑坡和地震灾害，土质多属黄土阶地，平整容易、黏性均匀，具有良好的地质承载力，平均为15吨/平方米，比上海浦东和苏州、无锡沿江地区高出一倍。属华南陆台下扬子准地槽宁镇“山”字形区。从元古界至新生界的地层出露基本齐全，总厚度约12千米，第四系松散沉积层广泛覆盖于基岩之上，沿江一带较为发育，最厚处达130米。

（年鉴编辑部）

【土壤岩石】 镇江经开区地处中国北亚热带低山丘陵地区的宁镇丘陵区。主要土壤类型有水稻土类、黄棕壤类、石灰岩土类。土壤类型以水稻土为主，占全区耕地面积的85%。土壤受地形、母质、水分条件和人为活动的影响呈现一定的规律性，形成低山区、丘陵地区、沿江圩区，土种主要以马肝土、黄沙土、沙底黄沙土为主要类型。土壤质地大多数为中壤土—砂壤，少部分为中壤土—重壤土，土壤酸碱度在微酸—中性—微碱范围。2015年，全区耕地土壤有机质含量范围为17.5～40.1克/千克，平均值为28.02/千克，属Ⅲ级水平（20.01～30.0克/千克），比第二次土壤普查（1979—1985年）结果19.5克/千克增加8.52克/千克，增幅43.69%；有效磷含量范围为2.4～58.1毫克/千克，平均值为12.4毫克/千克，属Ⅲ级水平（10.01～20.0毫克/千克），比第二次土壤普查结果6.67毫克/千克增加5.73毫克/千克，增幅85.91%；速效钾含量范围为62～149毫克/千克，平均值为78.45毫克/千克，属Ⅳ级水平（50～100毫克/千克），比第二次土壤普查结果72.65毫克/千克增加5.8毫克/千克，增幅7.98%；土壤pH值在5.2～7.9之间，平均值6.3，与第二次土壤普查结果5.7～7.9比较，差异不太大。

膨润土是由蒙脱石矿物组成的一种黏土岩，主要分布在句容市甲山、乌山和镇江经开区圌山。此三处的珍珠岩是良好的轻质建材原料，分布在镇江经开区的圌山及丹徒上党的土山，矿层赋存于侏罗系大王山组上部，一般含矿数层，矿层呈似层状，探明储量1010.38万吨，其中圌山达994万吨，化学成分包括70.43%的二氧化硅和0.83%的三氧化二铁等，膨胀系数一般在10毫升/克以上。沸石分布在圌山、上党土山，前者为小型矿床，后者为矿点，探明储量272.36万吨。沸石与珍珠岩、膨润土共生，以膨润土为主。一般沸石珍珠岩矿体的两侧及浅部与珍珠岩、膨润土矿体呈渐变过渡关系。矿石质量较好，斜方沸石含量69%以上。

宁镇山脉岩浆活动主要发生在燕山期，其次为喜马拉雅期。燕山期的岩浆活动具有多旋回、多阶段和多样化的特点，形成规模甚大的宁镇山脉火山－侵入杂岩体。其中谏壁杂岩体位于宁镇山脉东段，分布于镇江城区—谏壁—大港一带，总体呈东西向展布，长28千米，宽窄不一，基岩面积约60平方千米。白云石形成于700万年前，岩层厚度约620米。在大港一带，出露于新竹、青龙山等地段。

圌山岩石为火山碎屑岩。岩浆岩在镇江经开区境内主要有侵入岩和火山岩。侵入岩主要有谏壁岩体，分布于镇江城区—谏壁及大港一带，包括粮山、大港、南吕、钟家村4个岩体，呈东西向展布，长约10千米，宽3～5

千米，基岩面积约30平方千米，岩体岩龄102百万年；石桥解放桥岩体，呈椭圆形，长轴北东东向，岩体岩龄约142.6百万年。

火山岩分布于宁镇火山岩区中区的圌山一带，形成于白垩纪早晚期的火山活动，基岩面积约150平方千米，岩体厚度在477～2184米。境内古火山口在圌山龟山头东250米及北西600米处，其圌山火山岩岩龄约82.4百万年。（年鉴编辑部）

【气候】 镇江经开区地处北亚热带的北部地区，具有明显的亚热带季风气候特点，四季分明，雨量集中，光照充足。主要的灾害性天气有旱涝、连阴雨、暴雨、台风、冰雹、寒潮和低温冻害等。（年鉴编辑部）

【植物】 全区有各类木本植物192种（含变种）。自然植被以落叶阔叶林群落为主，主要组成树种有麻栎、栓皮栎、短柄枹、白栎、构树、黄连木、山槐、枫杨、乌桕、盐肤木、化香、茶条槭、苦楝等；常绿阔叶树有樟、苦槠、石楠、枸骨、胡颓子等，也分布有少量的毛竹、金镶玉竹、短穗竹林。常见的行道树有香樟、栾树、合欢、广玉兰、雪松、银杏、无患子、法桐、女贞、桂花、紫薇、夹竹桃、槐树、木槿等，林下灌木多配置金森女贞、雀舌黄杨、栀子、红叶石楠、龙柏、小叶女贞、红花继木、海桐等。攀缘性藤本植物常见的是野蔷薇、络石、南蛇藤、葛藤、紫藤等。主要引进的树种有杉木、落羽杉、水杉、湿地松、黑松、乐昌含笑、七叶树、香椽、红叶石楠、水果兰、黄金槐、喜树等。（年鉴编辑部）

【动物】 全区境内动物种类有近200种，但因工业发展、江滩开发、林木采伐、农药滥施等原因，自然环境有所破坏和恶化，一些野生动物难以生存而逐渐消失。20世纪60年代生活在境内长江段的中华鲟、白鳖豚、鲥鱼、刀鱼等在20世纪80年代后已难觅踪迹，低山丘岗区的狼、獐等较大型动物亦少见踪迹。境内的动物有：

1. 脊椎动物

鱼类　主要有长吻鮠（鮰鱼）、鳊鱼、鳗鱼、黄鳝（长鱼）、鲢鱼（白鲢）、鳙鱼（花鲢）、青鱼、泥鳅、鲫鱼（白鲫）、鳊鱼、草鱼、鲶鱼（鲇鱼）、鲤鱼、乌鳢（黑鱼、乌鱼）、鳜鱼（桂鱼、季花鱼）、鲈鱼、鲥里白（白鱼）、河鲀、鲟鱼（中华鲟）等。

两栖类　主要有青蛙、蟾蜍（癞蛤蟆）、蝾螈、金钱蛙、黑斑蛙等。

爬行类　主要有乌龟、鳖（甲鱼、团鱼）、蜥蜴（四脚蛇）、火赤练、乌风蛇、水蛇、青蛇、蝮蛇（土公蛇）、壁虎等。

鸟类　主要有鸡、雉（野鸡）、斑鸠、老鹰、喜鹊、燕子、麻雀、杜鹃（布谷鸟）、百灵、画眉、八哥、白头翁、猫头鹰、啄木鸟、野鸭、鹌鹑、鹧鸪、乌鸦、云雀、翠鸟、黄鹂、鸽子、鸬鹚（鱼鹰）、白鹭等。

哺乳类　主要有野兔、野猫、狼、狐、狗獾、獐、貂、猪獾、黄鼬（黄鼠狼）、水獭、刺猬、松鼠、蝙蝠、江豚（江猪）、鼠、野猪等。

2. 无脊椎动物

（1）节肢动物

昆虫类　昆虫主要有9目、62科、146种，包括蜻蜓、蝇、蚊、蝉（知了）、螳螂、纺织娘、柞蚕、飞虱、蝗虫、稻飞虱、麦黏虫、椿象、瓢象、天娥、白蚁、蝴蝶、蟋蟀、蚂蚁、天牛、萤火虫、金龟子、蜚蠊（蟑螂）、蜣螂（屎壳郎）、蝼蛄（土狗子）、蚱蜢、叩头虫、跳蚤、虱、臭虫、虻虫、胡蜂、蜜蜂、家蚕、蚜虫、棉铃虫、地鳖虫、螟虫、斑蝥、菜青虫等。

甲壳类　主要有虾、蟹、剑水蚤等。

蜘蛛类　主要有红蜘蛛、草蜘蛛、扁蜘蛛、狼蜘蛛、圆蜘蛛、麦蜘蛛、螨、蝇虎等。

（2）软体动物

主要有蜗牛、螺蛳、蛞蝓（鼻涕虫）、三角帆蚌、田螺、河蚬、河蚌、螺钉、蜗牛等。

（3）环节肢动物

主要有水蛭、蚂蟥、蚯蚓等。

（4）扇形动物

主要有血吸虫、绦虫等。（年鉴编辑部）

【水系】 镇江经开区属长江流域，长江镇江经开区段。西从镇江谏壁入境，经孩溪、大港，在姚桥太平河口出境。全长47.8千米，其中长江主航道长11.6千米、夹江长36.2千米。辖江面平均宽约1.53千米，江床主流水深平均15～25米，最深处50余米。常年最小水流量约2.9万立方米/秒，最大水流量约8.9万立方米/秒。长江经开区段不仅是长江的重要黄金航段，而且是全区境内提、引、蓄、泄的重要水道。沿江岸线已经基本形成具有一定规模的防洪挡潮、除涝、灌溉体系。区内以捆山河和太平河一纵一横为基本框架，与其他10余条区内河道构成经开区水系。以捆山河为界，以西为丘陵区，以东为平原圩区。

丘陵区河流较少，主要分布有新竹河（太平河西段，下同）、北山河、大港河、韩桥河、跃进河、桑村河、留村河、章村河、老山沟、杨树沟等10条河流，其中新竹河、北山河、大港河、韩桥河为入江河道，桑村河、留村河、章村河、老山沟、杨树沟汇入太平河后入夹江，跃进河经捆山河入江。

平原圩区内水系发达，有沙腰河、北何家港、南何家港、姚桥港、五房河等5条主要入江河港和其他数十条河流，呈横平竖直的方格网状分布。其中沙腰河为东部平原圩区南北向的主要引排骨干河道，三头通江，南何家港和北何家港承担着中部引排任务，姚桥港和五房河则为承担南部的引排任务的主要河道。区内分布有12条一级河道，总长度80.08千米；26条二级河道，总长度49.67千米；45条三级河道，总长度63.29千米。现状沟塘1532个，圩区河道总面积2.97平方千米，沟塘面积4.52平方千米，现状水面率约8.8%；山丘区河道总面积2.33平方千米，沟塘面积2.10平方千米，现状水面率3.8%左右。

丁卯地区有古运河，较大的支流为团结河、周家河、四明河。

经开区丁岗镇内现有坝塘水库和乌巷水库两座水库。坝塘水库集水面积0.62平方千米，总库容23.98万立方米，工程等级为V等，水库的主要功能为防洪、灌溉、水产养殖等。乌巷水库坐落在丁岗镇和京口区谏壁镇交界处，属长江流域太平河水系，集水面积为2.34平方千米，总库容40.19万立方米，工程等级为V等，具备防洪、灌溉、供水、养殖等功能。

镇江经开区河道历史悠久，秦代以前，区内河道就已存在，太平河、沙腰河等在明清时期均有记载。历代对区域性河道（除捆山河以外）均有整治，浚治频繁，其他大多在灾后整治。光绪十九年（1893年）疏浚太平河、沙腰河等；民国二十二年（1933年）疏浚沙腰河；民国二十三年（1934年）大旱，次年疏浚太平河等。（年鉴编辑部）

【建置沿革】 镇江古称“宜”，代表“宜文化”起源的宜侯夨簋于1954年在大港街道烟墩山出土。1992年5月，镇江经济开发区在丁卯设立。1993年10月，镇江大港经济开发区设立。1998年3月，在原有镇江经济开发区和大港经济开发区的基础上，合并成立镇江新区（镇江经济技术开发区，简称镇江经开区），总面积81.21平方千米，下辖一个镇（大港镇）和两个街办（丁卯街办、大港街办）。2005年12月，丁岗、大路、姚桥三镇委托镇江新区（镇江经开区）管理。2010年4月，经国务院批准，镇江新区（镇江经开区）升级为国家级经济技术开发区。（年鉴编辑部）

【户籍人口】 2023年，经开区发放居住证5844张，与2022年相比，城镇人口减少520人，全区户籍人口城镇化率87.59%。全区常住人口户籍72756户、人口181683人，其中男88542人、女93141人；全区流动人口86076人，其中男55842人、女30234人。

（公安分局）

【宗教】 至2023年年底,镇江经开区有佛教、道教、基督教三大宗教,2个宗教团体(佛教协会、基督教三自爱国运动委员会),42处宗教活动场所(1处寺观教堂、12处其他固定宗教活动处所、29处民间信仰场所)。宗教教职人员78人,三大宗教信教群众约1万人。（陈志勇）

【区划】 1992年11月,成立镇江市大港镇人民政府。1998年3月,镇江经济开发区丁卯街道办事处、镇江经济开发区大港街道办事处成立。大港街道办事处管辖原大港镇的大港、港东、韩桥、龙泉、横山、宏成、聂家、赵庄等8个村委会,余下村仍为镇江市大港镇管辖。

2006年1月,丹徒区丁岗、大路、姚桥等3个镇划归镇江新区管理。撤销大港镇,并入大港街道。

2015年年底,镇江新区下辖大港、丁卯2个街道办事处和丁岗、大路、姚桥3个镇人民政府。

江苏省镇江经济开发区成立至今,其发展演变过程分为3个阶段:第一阶段(1990—1998年),丁卯、大港作为江苏省镇江经济开发区的两个部分,“一块牌子、两套班子”先后独立建设;第二阶段(1998—2006年),镇江新区成立后,丁卯、大港作为江苏省镇江经济开发区的两个地区在江苏省镇江经济开发区与镇江新区“两块牌子、一套班子”的体制下共同运作;第三阶段(2006年至今),省政府将丹徒区丁岗、大路、姚桥三镇划归京口区管辖,市政府将京口区丁岗、大路、姚桥3个镇委托镇江新区管理。（年鉴编辑部）

【港口资源】 镇江经开区地面水来源为长江,主要水系属感潮河段。沿江岸线长达47.8千米。区内由捆山河和太平河一纵一横为基本框架,与其他10余条区内河道构成全区水系。有坝塘水库和乌巷水库两座,位于经开区丁岗镇境内。岸线资源丰富。大港西部沿江是经开区和丹阳市生活用水取水口;沿江具有建造港口的条件,尤其是大港有良好的深水岸线。

1982—2013年,先后经过四期工程建设,共建有2000吨级江船泊位1个、5000吨级江船泊位2个、2.5万吨级海轮泊位8个、3万吨级多用途泊位1个、5万吨级集装箱泊位3个、7万吨级散货卸船专用泊位1个、内河港池1座和浮筒泊位2个。（年鉴编辑部）

【交通优势】 镇江经开区拥有天然深水岸线17千米。大港港是国家一类开放口岸和上海国际航运中心的组合港,3条高速、3条铁路穿境而过,泰州长江大桥和五峰山大桥坐落于此,建有国内建设标准最高的大路通用机场,正在成为铁、公、水、空立体化交通枢纽。2020年12月11日,连镇高速铁路淮丹段(淮安东站至丹徒站)开通运营,标志着连镇高速铁路全线开通运营,连镇高速铁路在镇江经开区丁岗镇设大港南站。（年鉴编辑部）

【产业特色】 镇江经开区因港而生、依江而兴,20世纪末,在江苏沿海大开发战略中,引入奇美、金东两个百亿级龙头企业,带动形成化工、造纸等传统产业。2009年以来,发展新材料、新能源、航空航天三大新兴产业,C919大飞机10%的关键部件来自“镇江经开区制造”,“天宫二号”空间实验室使用的就是经开区的合金材料。（年鉴编辑部）

【区域规划】 镇江经开区的行政管理机构是镇江经开区管理委员会,代表镇江市政府对经开区的工作实施统一领导和管理。

从镇江经开区自身的国土空间格局来看,全区可分为丁卯和大港两个片区。丁卯片区着重加强与镇江主城区的融合发展,重点打造青创家园核心区域,重点发展片区级综合服务和科创研发功能。大港片区则致力于打造滨江宜居新城、开放的新兴产业港城、智慧的生态绿色城,形成港产和产城互动发展格局,重点发展各专业园区板块的产业项目用地,以及心湖、高铁站场周边区域的城市功能用地。

镇江经开区明确“智造高地，宜创新城”总体定位，围绕“一带一路一轴一组团”形成现代化产业布局。“一带”为滨江生态文旅休闲带，打造“江滩漫道”、现代农业田园风光，推动现代农业与休闲旅游协同发展；“一路”为以金港大道为核心，金润大道以北、圌山路以西，围绕新材料、新能源、航空航天、生命健康产业布局先进制造业集群，围绕高铁场站和心湖周边建设城市公园文旅生活圈，打造城市功能新门户；“一轴”为沿通港路“港产城”融合发展轴，以大港港区、综保区为核心功能枢纽，推动港产城融合发展；“一组团”即科技创新组团，建设丁卯高层次研发社区。坚持系统谋划、功能互补，打造引领镇江东翼发展的先进制造业园区、现代服务业发展集聚区、现代农业田园休闲区和高层次研发社区，成为镇江东翼产业协同发展区核心，站稳国家级经开区第一方阵。（年鉴编辑部）

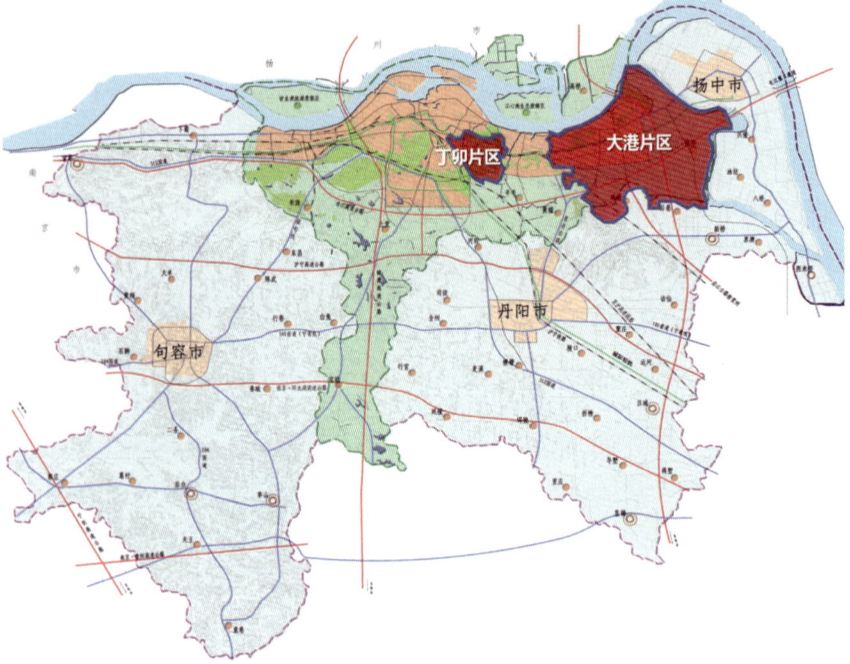

图 3－1　镇江经开区区位图　　（资规局　供稿）

风景名胜

【圌山风景区】　圌山　圌山历史悠久、风景优美、文化底蕴深厚，山形似一条腾飞的巨龙，横亘于长江南岸。原名瑞山，传说秦始皇认为“瑞”有王者之气，怕出圣人来夺其江山，便将“瑞”字的“王”字旁去掉，外加一个“口”，意在困住瑞气而不出。独特的地形地貌特征，造就了圌山丰富的自然景观环境，层峰峭壁，奇石嶙峋。圌山不仅有英武之资，兼泰山之雄与华山之险，而且不乏秀奇和柔美妩媚。景区内有众多的省市级文物保护单位，包括圌山塔、石观音殿、圌山抗英炮台遗址等。

“自古名山僧多占”，圌山风景区集雄、险、秀、奇四大特色于一体，成为历代僧侣结庐修行之所。极盛时期，这里仅尼姑庵便有数十座。现有西林寺、东霞寺、绍隆寺、楞严禅寺，长年香客信众络绎不绝。

关于圌山，民间留下了许许多多美丽动人的传说、逸闻，如圌山的来历、黄明节登圌山等，使圌山的自然美与人文美得到了融合和升华，成为十分宝贵的民间文化，特别是黄明踏青，更是成了一种乡俗。每年清明节后一天，镇江东乡及周边地区数以十万计的群众，前往圌山登山踏青祈福，这天被当地群众称为“黄明节”。

此外，历代文人墨客游圌山、醉花阴、听鸟鸣、凌绝顶、踏云层，无不为圌山风景区的美景所陶醉，留下了数以千计的诗词华章，为圌山增添了无穷的人文魅力。

报恩塔　圌山之巅耸立着一座雄伟的宝塔，称报恩塔。万里长江从吴淞口溯江而上，到达圌山江面，这里是航行者见到的第一座塔，故又被誉为“万里长江第一塔”。据史料记载，建塔人是明代崇祯年间东乡人士陈观阳，建塔意在勉励勤奋、知恩图报,故名报恩塔。

圌山炮台　著名的圌山炮台,扼守着长江的第二关。1840 年,英帝国主义发动了侵略中国的鸦片战争。1842 年 7 月 14 日,保卫镇江的外围战的第一炮在圌山关打响,并名垂史册。恩格斯曾高度评价镇江保卫战,他说:“如果这些侵略者到处都遭到同样的抵抗,他们绝对到不了南京。”

绍隆禅寺　坐落在圌山北麓五峰山下的绍隆禅寺始建于唐代宝历年间,寺内耸立着幢幢黄墙碧瓦的殿宇,钟鼓梵呗之声悠扬不绝。1983 年被江苏省人民政府批准对外开放,同时被列为全省十大重要寺庙之一。

康熙二十三年(1684 年),康熙帝到绍隆禅寺,发现该寺建在“龙地”上,遂赐该寺为(镇江)金山寺下院;康熙三十八年(1699 年)康熙帝再次南巡,为该寺书“灵觉宝寺”匾额。寺后五峰山麓,存有清代金山寺历任方丈墓塔,其中曹寅为之篆额的“金山江天寺铁舟海和尚塔铭”尤为珍贵。

华阳观　华阳观建于南朝宋元嘉三年(426 年),初名仁静观。北宋政和八年(1118 年)改称华阳观,是镇江东乡最大的道教圣地。该观存有堪称初唐妙品的《魏法师碑》,专家考证确认该碑是我国重要的石刻文物。

地热温泉　圌山不仅自然风光出众,而且资源丰富,近年来景区内又发现了地热资源。初步探明地热井热水温度大于 45℃,单井出水量每日超过 300 立方米。井水中各种矿物质含量十分丰富,适合开发各式温泉度假旅游产品,包括度假主题酒店、度假别墅、高端商务休闲俱乐部及发展特色生态文化旅游项目。　　(党政办公室)

【华山村】　华山村位于江苏省镇江经开区姚桥镇。“华山畿,君既为依死,独活为谁施?欢若见怜时,棺木为侬开!”这首南朝乐府民歌相传是《梁山伯与祝英台》这一广为传唱的爱情悲歌的雏形。宋郭茂倩的《乐府诗集》里记叙了这则感天动地的爱情故事。传说,南朝宋少帝时,南徐有一士子前往丹阳,途经华山时遇见一美貌女子,走后三天,士子因相思而逝。临终时嘱咐,灵车须载其棺木从华山经过。当灵车行至该女子门前,牛任凭拍打终不肯前行。该女子出门歌《华山畿》一曲后,棺木应声而开,女子纵身入棺而死。时人将两人合葬,名“神女冢”。2020 年 4 月,华山村入选首批江苏省传统村落名单。2022 年 7 月,入选全市地名文化遗产目录。　　(区新闻中心)

【赵氏佳城】　赵氏佳城位于镇江大港车碾口,为赵子褫陵墓,江苏省文物保护单位。赵子褫,字志南,北宋太祖赵匡胤六世孙燕王德昭的五世孙。靖康二年(1127 年)南渡金陵,建炎三年(1129 年)始迁大港而居。绍兴二年(1132 年),加授朝散大夫,赐田百顷,成为大港赵氏始祖,死后葬在乔木山北(古称仙墓山)。现存有赵子褫墓冢一座,坐南朝北,高约 5 米,周长约 15 米,墓制规模较大。墓前有供台、墓碑一方,墓碑上书“大宋散大夫讳子褫字志南赵公之墓”。墓圹占地约 500 平方米,原有护墓沟,宽 1.2～1.5 米,深达 2 米,跨沟有青条石,两旁植松柏或女贞;墓四周苍松翠柏,绿荫蔽日。在墓正北有黄麻石牌坊,为龙盘纹、云头柱,横匾上书“赵氏佳城”。陵园古木参天,一片郁郁葱葱。雨后初晴,阳光普照,雾气升腾,如烟如雨,景色壮观。　　(宣传统战部)

【孙家村遗址】　孙家村遗址位于镇江经开区丁岗镇原孙家村东侧。遗址顶面近平,平面近椭圆形,由台地和环壕组成,高约 4.5 米,面积约 1.2 万平方米。遗址台地外侧有环壕,顶部边缘有用黄土堆筑的环形土垣,具有小型城址格局。土垣内发现有土台、灰坑、窑等遗迹。中心位置的土台面积最大,平台呈长方形,其上发现有窑址;周围有呈圆形或椭圆形的小型土台,其中一些土台上有房址基址。土台之间的坑面积较大、较深,内有较多淤土,显然曾用于蓄水。

遗址顶部文化堆积厚约 3.5 米,地层年代为西周至春秋晚期,其中春秋时期遗物较为丰富。发掘出土了一些范、坩埚、鼓风嘴、砺石、铜器、铜渣等与铸造有关的遗物,范有陶范和石范两种,部分有浇筑使用痕迹;铜器多为工具和兵器,如斧、锛、镰、戈、匕、削、镞等。

孙家村遗址保存较为完整,布局特殊。结合考古过程中发现的遗迹、遗物,推断该遗址是一处铸造兵器和工具的遗址,是本地区目前发现的唯一一处吴国铸铜遗址,具有重要的文物价值。（宣传统战部）

【张家老宅】 张家老宅位于经开区姚桥镇华山村东北方向,原系晚清名臣李鸿章管家张麒麟的故居。该建筑坐北朝南,一落三进两厢房,共43间房。厅堂第一、二、三进均为七开间,东西厢房均为十一开间,总面积约1400平方米,均为青砖瓦木框架结构的晚清建筑风格。张家老宅整体布局完整,天井巷道四通八达,是华山村民用建筑面积最大、保存最为完整的明清古建筑群,为市级文物保护单位。（宣传统战部）

【赵伯先故居】 赵伯先故居位于镇江经开区大港街道石驳山西南方。故居始建于清道光年间,系晚清传统民居建筑,前后三进,建筑面积735平方米。大院前有门楼,内有明间过道、天井。前进两旁有厢房,中进为三间敞厅,天井内种植黄杨树。后进二层小楼为卧房,中为堂屋,赵伯先青少年时住在小楼东屋。后院为厨房。2008年,镇江新区实施原址复建,恢复故居原貌。2011年12月19日,江苏省人民政府公布赵伯先故居为江苏省文物保护单位。（宣传统战部）

【银山公园】 银山公园坐落在镇江经开区大港街道中心区域,北眺气势如虹的长江,南邻区行政中心,西近海德社区及中心商贸区,占地7公顷。银山公园于2007年5月28日开园,是供人们休闲、娱乐、健身,具有现代风格的开敞式公园。公园以葱绿秀丽的自然山峦、植物为主体,湖光山色,交相辉映,亭台楼阁,浮光跃金,奇石嶙峋,碧波闪银,嘉木幽竹,静影沉璧,鸟语花香,芬芳宜人。园内有中心广场景区、银湖水景区、银台观赏区和文化博览区,整个公园的生态格局多元新颖,园林景色令人赏心悦目,登高眺远,人与自然和谐相处。公园主要景点有昌平广场、园碑、映山湖、喷泉、临湖水榭、大港之恋——江南少女雕塑、和合亭、银台、凤凰阁、凤凰雕塑、放歌亭、江南小院、三让堂、健身广场、儿童乐园等。（宣传统战部）

【心湖公园】 心湖公园(城市中央公园)位于镇江经开区中心地段,为国家AAA级旅游景区,是公园滨水空间和景观空间相互融合的综合性景区。公园总面积106.67公顷。公园内水域面积达到46.67公顷,景观有音乐广场、音乐喷泉、游船码头、鲜花廊桥、荷塘茶室、沙滩风情、水上森林、水上花园、森林氧吧、浪漫花园、琴堤、自行车俱乐部、植物园、绿野乐园等,其中绿野乐园有海盗船、旋转木马等20个游乐项目。心湖公园自开放以来,举办了郁金香花展、彩灯盛典、风筝节、千人健步走、亲子大联欢等各类文化旅游活动。（宣传统战部）

国民经济和社会事业

【概况】 2023年,镇江经济技术开发区完成地区生产总值869.95亿元,比上年增长7.1%,人均GDP 32.62万元。其中,第一产业增加值7.08亿元,比上年增长2.8%;第二产业增加值544.79亿元,比上年增长6.5%;第三产业增加值318.08亿元,比上年增长8.2%。同口径一般公共预算收入40.41亿元,比上年降低7.1%。实现居民人均可支配收入57023.9元,比上年增长5.3%,其中,农村、城镇常住居民人均可支配收入分别为35468.2元和62418.9元,分别比上年增长7.3%和4.6%。（经济发展局）

【农业和农村】 2023 年,镇江经济技术开发区全年粮食面积 12.81 万亩,产量 6.01 万吨。其中,小麦播种面积 4.33 万亩,产量 1.54 万吨;水稻面积 6.58 万亩,产量 3.99 万吨;油料作物播种面积 0.79 万亩,产量 0.16 万吨。全年蔬菜播种面积 4.98 万亩,产量 10.24 万吨。2023 年市级“菜篮子”市长负责制评估获优秀等次。水产养殖面积 4200 亩,全年水产产量 2015 吨。2023 年出栏生猪 8.76 万头,比上年增长 29.4%,占全市比重 25%。创省级智慧牧场 1 个、省级生态健康养殖示范场 3 家。全区特色农业机械化率 74.84%,农机保有量 6300 余台。建设省级农业生产全程机械化智能化示范基地 1 个、市级“全程机械化 + 综合农事”服务中心 1 个。润果农业入选部级农业农村信息化示范基地,镇江新区入选省级数字乡村试点。在全市率先成立“新农人”发展联盟,入选全省“百佳家庭农场”1 家,新增省级示范家庭农场 1 家,建成省级高素质农民培育实训基地 1 家,全市率先开展家庭农场主养老保险补贴试点。推进村庄垃圾清理专项行动,大路镇东岳村创成全区首个省级特色田园乡村。开展“村企共建”行动,全区村集体经营性收入同比增长 5.1%,农村居民人均可支配收入增幅位列全市第二。 (社会发展局)

【产业发展】 镇江经济技术开发区产业结合省市、经开区的整体发展定位和要求,立足新型工业化发展实际,聚焦“四个一”产业(一个新材料骨干产业、一个新能源主导产业、一个航空航天新兴产业和一个生命健康未来产业)布局,配套四个产业园区(新能源产业园、新材料产业园、航空航天产业园、中瑞生态产业园),以及一个综合保税区。2023 年,工业应税销售 1267 亿元,其中新材料、新能源、航空航天、生命健康产业的应税销售额分别为 451 亿元、238 亿元、18 亿元、39 亿元。区内现有规模以上企业 447 家,实现规模以上工业产值 1278.1 亿元,比上年增长 3.2%,两年平均产值增长率为 7.6%。全年产值亿元及以上工业企业 145 家,实现产值 1187 亿元。其中,百亿级企业 3 家,实现产值 380 亿元;20 亿~100 亿元企业 8 家,实现产值 291.5 亿元;5 亿~20 亿元企业 32 家,实现产值 275.7 亿元。2023 年,镇江经开区实际到位外资及港澳台资 1.35 亿美元,进出口总额 368.6 亿元,其中出口额 235.3 亿元。

(经济发展局 科学技术与信息化局)

【城乡建设】 2023 年,镇江经济技术开发区实施城建类政府投资项目 28 个,项目总投资 6.87 亿元,完成投资 3.41 亿元。实施民生改善、安全提升、生态治理、产业配套等项目。加快推进产业类项目配套建设进度。为悦河湾、双峰、华科电镀、坤鼎产业园等一批优质企业的新项目加快建设道路、雨污分流、供电等配套设施,在道路等配套项目建设周期内采取定期上门服务、即时通讯、短信等方式,为企业的项目建设提供全方位的支持。实施一批提升城市形象的重大民生工程。实施丁卯街道谷阳新村二区、大港街道港中新村五区及大港医院楼 3 个老旧小区改造项目,涉及 1057 户、楼栋 25 栋、建筑面积 9.23 万平方米,总投资 2900 万元。改造内容包括建筑立面出新、雨污管网改造、架空线规整、道路改造、新增停车位、新建健身广场、增设电瓶车充电桩、景观绿化围墙修缮等,改善人居环境,提升城市形象。居安路、纬八路、百里环路等一批市政道路的建成,使城区出行面貌得到改善提升,为市民创造出了更加安全、便捷、舒适的交通环境。 (城乡建设局)

【生态环境建设】 2023 年,镇江经济技术开发区全区 $PM_{2.5}$ 平均浓度为 36 微克/立方米,优良天数比率达到 75.4%,两项指标均列市区第二;全年 5 个国、省考断面稳定达到Ⅱ类水标准,水环境质量全市领跑。全年共谋划 21 个环境基础设施项目,总计投资 32.7 亿元。累计完成 22 个项目污染物总量指标回收，储备各类污染物指标633吨，回收项目数和指标储备量居全市第一。中央环保督察交办的22件信访件、市长江经济带反馈的3个问题全面完成整改；全年环境信访举报受理量1118件，比2022年下降29.8%。相继出台5项管理办法，明确总量平衡、排污许可证核发、环境信访、污泥利用处置、危废许可证审批等领域本级管理办法，有效提升经开区生态环保工作效率和生态环境治理水平。开展“无废城市”建设，完成《镇江新区“无废城市”建设实施方案（2023—2025年）》文件的编制印发，全市首个危废刚性填埋场完成竣工验收，开展“无废细胞”试点建设9个。全面推进农业农村污染防治工作，按照国家“双60”标准，治理1个行政村、5个自然村；全区农村生活污水治理率达68.4%，治理1条黑臭水体，农村黑臭水体治理率达80%，超额完成年度目标任务。全年累计标准执法350家次、“双随机”执法检查企业113家、辐射执法34家，人均执法192次，立案查处环境违法行为45件，下达行政处罚决定书24件，罚款金额252万元，不予处罚、免于处罚企业17家，金额294.65万元。

（生态环境和应急管理局）

【文化旅游】 2023年，镇江经济技术开发区成功举办长江国际音乐节、张君秋纪念馆开馆仪式和张君秋大剧院首场演出，经开区知名度和美誉度实现新提升。丁卯马家山“悦读悦美空间”荣获省级“最美公共文化空间”；大港戏曲协会、丁岗华墅马灯艺术团获评省级“优秀群文团队”；全年累计开展各类文化惠民活动469场，人均接受文化场馆服务次数达6.03次，创历史新高。2023年，心湖微度假文旅生活圈成功申报省级夜间文化和旅游消费集聚区建设单位；无国界航空跻身江苏省体旅融合发展示范基地；东乡云飏汤制作技艺、东乡跳马灯入选江苏省非物质文化遗产名录。

（宣传统战部）

【城市管理】 2023年，镇江经济技术开发区高质量完成道路保洁、市政设施管护、市容秩序管理、城市及综合行政执法等工作。以党建为引领，探索铁路道口“设备、作业、管理、环境”4个标准化管理制度，晋元大道铁路道口被评为全市唯一的省级“铁路道口路地共建标准化示范基地”。推进全国“双城共创”（“文明城市”“卫生城市”）工作，全面完成16个省级垃圾分类小区、98个四分类小区建设任务。加强城市秩序管理，重点对擅自设置广告牌、随意倾倒建筑垃圾、违法建设、占道经营、带泥上路污染路面等违规行为进行查处。办理渔政违法案件32起，农资农产品违法案件5起，长江禁捕工作、农业案件查处走在全市前列。

（综合行政执法局）

【社会事业】 2023年，镇江经济技术开发区组织开展企业职工养老保险、城乡居民养老保险、被征地农民基本生活保障、经营权置换保障和机关事业单位养老保险统筹，提升社会保险覆盖面。全区企业职工养老保险涉及9.74万人，其中参保人数6.9万人、享受退休待遇人数2.84万人。城乡居民养老保险涉及人数2.55万人，其中参保人数0.18万人、享受退休待遇人数2.37万人。发放征地保障生活费人数11021人，全年发放征地保障生活费1.18亿元。发放经营权置换生活保障生活费人数16669人，全年发放置换生活保障生活费1.16亿元。探索社会救助主动发现闭环管理机制，开发建设经开区综合社会救助管理服务信息平台，主动帮扶因病致困群众60余人，常态化关爱服务“一老一小一群体”8700余人。扎实推进省市民生实事工程，完成北山公墓改造提升，建成1家省级未成年人保护工作站并实现服务镇级全覆盖，升级改造社区综合服务中心3家、示范性乡村互助养老睦邻点2个、城市社区助餐点3个，实施老年人适老化改造69户，全区新增备案养老机构2家、新增床位数111张，2家精神障碍社区康复服务示范点通过省级验收。（人力资源和社会保障局 社会发展局）

综　述

【概况】 2023年，中共镇江经济技术开发区工作委员会（简称经开区党工委）坚持以习近平新时代中国特色社会主义思想为指导，深入学习贯彻党的二十大精神和习近平总书记对江苏工作重要讲话重要指示精神，坚持实事求是、稳中求进，以党建全面引领“五大攻坚战”，迈出中国式现代化镇江经开区新实践的坚实步伐。全年完成地区生产总值870亿元，可比价增长7.1%；规模以上工业增加值比上年增长9%；一般公共预算收入完成40.4亿元；实际到位外资及港澳台资1.35亿美元，全市占比近1/3；完成外贸进出口总额368.6亿元，全市占比超1/3。

全年新签亿元以上项目72个、总投资328亿元，蓬勃生物、亨峰隆、众钠等一批优质新项目落户经开区。践行投行思维，参与联博、航材院等项目股权投资，取得良好效果。常青科技成为上交所主板注册制首批挂牌企业。持之以恒优化产业项目全周期服务，上半年省重大项目全部开工、三季度市重大项目全部开工。固定资产投资比上年增长5.5%，省市重大项目投资完成率全市第一。以科技创新汇聚发展动能，全年入库科技型中小企业397家，认定高新技术企业88家，新增国家级专精特新“小巨人”7家，工业技改投资总量居全市第一，高技术外资及港澳台资在全市占比超60%。持续深化“政银企共建+”，降成本、优结构，“千斤重担众人挑”的氛围更加浓厚。九大园区板块组建政银企工作专班，与30余家金融机构开展共建活动150余场。推广手册机制，在34个行业领域实施推广《安全风险点管控责任手册》，排查审核风险点10万余个，事故起数、死亡人数实现“双下降”，全年未发生较大以上及有影响的化工事故。持续改善生态环境，试点编制《生态环境风险点管控责任手册》，优良天数比率比上年上升，国、省考断面达标。探索“新农人”发展模式，在全市率先成立“新农人”发展联盟，为各类“新农人”主体争取农业项目9个，到位资金800余万元。以“订单农业”带动农民增收，建设订单基地245亩，争取共建资金117.7万元；4个经济薄弱村总收入突破700万元，全区村集体经营性收入比上年增长5.8%。全年全区农村居民人均可支配收入增长7.3%，增幅全市第二。持续抓好农村人居环境整治，高质量完成铁路沿线安全环境整治，打造连镇铁路沿线成片绿化造林及断山墩遗址公园等5个特色亮点节点，乡村面貌不断提升。持续深化党建引领末梢疏通工程，通过激发基层党员活力、带动群众共同参与，推进党建引领末梢疏通工程与基层治理、文明城市创建、全域管理等工作相结合，提升基层治理效能，全区投诉类工单首次同比下降，解决群众"急难愁盼"5000余件。坚持走群众路线，运用法治思维攻坚积案化解，成立平安建设专项资金，全区越级进京访量登记人次较2019年下降78.3%，十余件"骨头案""钉子案"得到化解。全年实现城镇新增就业人口7200人。完成党组织领导的校长负责制和幼儿园联合党支部优化设置，人均拥有体育场地面积稳居全市前列。建成综合社会救助管理服务信息平台，健全主动发现困难群众闭环管理机制，实现未成年人保护工作站镇级全覆盖。高分通过国家卫生城市复审，创成江苏省食品安全示范区和全市首家省级节水型工业园区。成功举办长江国际音乐节，建成运营张君秋纪念馆和大剧院。落实"同心+"五大专项行动，孚能科技创成全市唯一省级"红石榴就业行动"示范企业，成功举办外事嘉年华等活动。（党政办）

【政策研究工作】 2023年，镇江经开区统筹全区调研资源，全年组织部门申报区级重点调研课题55篇，为推进中国式现代化镇江经开区新实践提供科学决策依据。围绕中央、省委和市委关于全面深化改革的各项决策部署，紧密结合开发区发展实际，推进各项改革举措落实落地。组建重大项目推进办，通过集中办公、实体化运作、专职化服务，全力保障重大项目落地；深入开展"政银企共建+"，牢牢守住流动性安全，债务结构进一步优化；深化运用手册机制，推动风险隐患源头治理，切实守牢安全环保底线；探索"新农人"发展模式，以"新农人"培育带动产业发展，促进农民增收，助力乡村振兴；全域推广党建引领末梢疏通工程，以提升组织力和群众参与积极性为重点提高基层治理能力；加大改革经验推广力度，"党建引领末梢疏通工程""新农人、新农机、新服务"等特色鲜明的经开区经验多次登上新华社智库内参。（党政办）

【督查工作】 2023年，镇江经开区督查始终把强化督查督办作为抓落实的重要切入点，围绕"围绕中心抓督查，强化督查促落实"的工作思路，把发现问题和解决问题作为工作的重中之重，推动各项决策部署高质量落实。一是聚焦"五争一创"抓督查。按照党工委打好"五大攻坚战"的决策部署，制定并实施《镇江新区2023年"五争一创"活动实施方案》，将党工委"争"的要求分解到季度进行督查，每季度组织召开全区"五争一创"工作会议，对9家园区板块的10项重点指标完成情况进行系统梳理、通报排名，作为年终绩效考核额外加分、扣分依据，以督查切实调动园区板块"比学赶超""奋勇争先"的精气神和干劲。二是围绕党工委、管委会核心关切抓督查。紧密跟进党工委、管委会重大决策落实情况，对《安全风险点管控责任手册》编制运行情况、项目攻坚、优化营商环境等一系列重点工作进行专项督查，了解真实进度、深挖问题根源、提出工作建议，供党工委更好地掌握实情、指导工作。同时，密切跟踪市、区两级主要领导批示件，第一时间传达批示精神，及时反馈汇报，定期开展"回头看"，确保做到事事有着落、件件有回音。全年累计撰写编发督查专报50期、督查通报5期、督查提醒单9份。三是围绕"切实整治形式主义为基层减负"抓督查。坚持把整治形式主义为基层减负作为树牢"四个意识"、落实"两个维护"的重大政治任务，开展加重村级组织负担突出问题专项整治。完善村级组织统计数据"一套表"，健全村级组织党建、民生"两本综合台账"，认真落实村级组织主体责任、事项准入、负面事项"三项清单"。深化拓展"牌子乱象"整治成果，到52个村（社区）实地检查挂牌整改情况，清理《挂牌准入清单》之外的挂牌542个。规范村级组织的创建示范活动，排查2项不在市创建示范活动保留项目目录中的创建活动，已要求相关单位立即停止活动开展。减轻村级组织“指尖负担”，累计清理面向村、社区或延伸到村级组织的网络工作群组 60 个，其中微信工作群 55 个、QQ 工作群 5 个。持续扩大基层减负宣传效果，累计编发省、市平台宣传报道 11 篇，其中省级媒体 7 篇、市级媒体 4 篇。（党政办）

【保密工作】 2023 年，镇江经开区持续提升保密工作质效。一是健全组织领导，强化保密责任。更新保密工作组织领导体系，部署年度保密重点工作，召开区保密委员会全体会议、保密警示教育大会、党工委会保密专题教育，持续提升全区保密风险防范意识。二是紧盯宣传教育，狠抓能力提升。组织开展保密宣传月系列活动、“苏密杯”保密知识技能竞赛、保密线上教育培训。完成全区保密实训、新入职年轻干部保密常识培训，乡镇保密专题教育等工作，推动全区干部增强保密观念，锤炼专业本领。三是瞄准问题隐患，规范工作体系。聚力两个专项检查，全面排查风险隐患。紧扣定密管理和涉密人员管理两大管理，规范涉密文件定密程序，更新定密数据，严格管理涉密人员上岗、在岗、离岗离职。开展保密自查自评和年度保密检查工作，巩固保密防线。四是扎实工作作风，提升服务质效。高质量配合省保密局对经开区载体销毁工作开展调研，按月组织全区载体送销，参与企业资质认定，推动经开区保密工作再上新台阶。（党政办）

重要决策和会议

【党工委全体（扩大）会议暨 2022 年度“五争一创”总结大会】 2023 年 1 月 17 日，新区召开党工委全体（扩大）会议暨 2022 年度“五争一创”总结大会，市政协副主席、新区党工委书记路月中作大会报告，新区党工委副书记、管委会主任尹卫民主持会议，新区党工委、人大工委、管委会、政协工委全体领导，开发区法院、检察院主要领导参加会议。会议深入贯彻党的二十大精神、中央经济工作会议精神，全面落实省委十四届三次全会、省委经济工作会议和市委八届四次全会及市两会部署要求，总结上年工作、谋划今年任务，动员全区上下坚定信心、勇挑大梁，持续深入打好“五大攻坚战”，在新的赶考路上奋力谱写新区统筹发展与安全新篇章，全面推进中国式现代化新区新实践。会上，通报 2022 年度“五争一创”指标完成情况，新能源产业园、大学科技园、新材料产业园位列年度“五争一创”一二三名，中瑞生态产业园、新材料产业园、大学科技园分别获得“五争一创”最佳进步奖、最佳招引奖、最佳贡献奖，新能源产业园、瀚瑞控股、招商中心、生态应急局、姚桥镇、大港街道代表分别作交流发言。会议以视频会议形式召开，各镇、街道、园区设分会场。新区机关各部门、直属单位、国有公司、驻区单位主要领导，各镇、街道、园区主要领导，招商局各局长，驻区金融单位主要负责人，重点项目建设主体负责人，重点制造业、重点服务业和重点文化、旅游业企业负责人参加会议。（党政办）

【安全环保、河长制工作暨“3·8”火灾警示教育大会】 2023 年 3 月 7 日，新区召开安全环保、河长制工作暨“3·8”火灾警示教育大会，学习习近平生态文明思想和习近平总书记关于安全生产重要论述，落实上级关于安全环保及河长制工作部署，深刻汲取“3·8”火灾事故教训。市政协副主席、新区党工委书记路月中动员全区上下以更高站位、更硬举措、更实作风，持续深化安全环保攻坚战，以高质量安全环保护航开发区高质量发展。新区党工委副书记、管委会主任尹卫民主持会议。会上，新区党工委委员、管委会副主任陆建林通报“3·8”火灾事故调查处理情况，部署 2023 年全区安全生产和生态环境重点工作。新区党工委委员、管委会副主任王忠部署河长制工作。新区生态应急局、城乡建设局、新材料产业园、大学科技园、大路镇分别作表态发言。新区党工委、人大工委、管委会、政协工委全体领导,开发区法院、开发区检察院主要领导,新区机关各部门、相关驻区单位主要领导及分管领导,各镇、街道、园区主要领导及分管领导,以及60家重点企业负责人参加会议。 (党政办)

【党工委(扩大)会议暨上半年"五争一创"推进会】 2023年8月1日,新区召开党工委(扩大)会议暨上半年"五争一创"推进会,学习贯彻习近平总书记关于江苏工作重要讲话精神,贯彻落实省委十四届四次全会和市委八届五次全会部署。市政协副主席、新区党工委书记路月中动员全区上下保持定力、持续攻坚,推动"五争一创"工作干出新成效。新区党工委副书记、管委会主任尹卫民主持会议并传达市委八届五次全会精神。新区党工委委员、纪工委书记、监察工委主任田茂松通报上半年"五争一创"完成情况。新区招商中心、经发局、生应局围绕重点工作作主题发言,大学科技园作交流发言,航空航天产业园、新材料产业园作表态发言。会议以视频会议形式召开,各镇、街道、园区设分会场。新区党工委、人大工委、管委会、政协工委全体领导,开发区法院、开发区检察院主要领导,机关各部门、直属单位、国有公司、驻区单位主要领导,各镇、街道、园区党政主要领导,各招商局局长参加会议。 (党政办)

【三季度"五争一创"推进会】 2023年10月27日,新区召开三季度"五争一创"推进会,总结三季度"五争一创"推进成效,部署四季度重点工作。市政协副主席、新区党工委书记路月中动员全区上下以更加饱满的热情、更加充足的干劲、更加务实的作风,大干四季度,打好收官战,为全年工作画上圆满句号。新区党工委副书记、管委会主任尹卫民主持会议。新区党工委委员、纪工委书记、监察工委主任田茂松通报三季度"五争一创"完成情况。大学科技园作交流发言,新材料产业园、航空航天产业园作表态发言。会议以视频会议形式召开,各镇、街道、园区设分会场。新区党工委、人大工委、管委会、政协工委全体领导,开发区法院、开发区检察院主要领导,机关各部门、直属单位、国有公司、驻区单位主要领导,各镇、街道、园区党政主要领导,各招商局局长参加会议。 (党政办)

【主题教育调研成果交流会】 2023年12月21日,镇江经开区召开主题教育调研成果交流会,深入学习贯彻习近平新时代中国特色社会主义思想,认真贯彻落实党中央和省委、市委关于大兴调查研究的部署要求,交流前一阶段调研成果,探研明年工作的大方向、大思路,切实把调研成果转化为解决问题、改进工作、推动发展的具体举措,奋力推进中国式现代化经开区新实践。市政协副主席、镇江经开区党工委书记路月中主持会议并讲话。经开区管委会主任尹卫民、人大工委主任经山河、政协工委主任孙家政出席。省委第五巡回督导组成员,经开区党工委、人大工委、管委会、政协工委全体领导,经开区党工委主题教育领导小组成员,其他县处级以上领导干部,各参加单位主要负责同志参加会议。

(党政办)

组织工作

【概况】 2023年,镇江经济技术开发区共有中共党员12993名,基层党组织633个。深入推进党支部质量提升工程,累计创建"五星"标杆党支部3家,"五星"先进党支部17家,"四星"先进党支部155家。全区组织系统认真落实中央、省委、市委和经开区党工委决策部署,在服务大局中积极主动作为,为推动全区高质量发展贡献坚强组工力量。

（组织部）

【强化政治建设】 2023年，中共镇江经济技术开发区工委组织部（简称经开区委组织部）把学习贯彻习近平新时代中国特色社会主义思想和党的二十大精神作为首要政治任务，全力推动主题教育走深走实。坚持以“三张清单”（县处级领导班子、县处级党员领导干部、基层党组织三张主题教育重点任务清单）强规范、“三项机制”（重点工作提醒机制、理论学习述学机制、领导下基层调研指导机制）促落实、“三个融入”（融入日常、融入岗位、融入工作）防形式，形成润果党支部、航发优材党支部等学用结合的典型案例。高质量完成读书班、讲党课、大讨论等规定动作，全区基层党支部开展“铭嘱托　铸忠诚　强动力”主题党日活动2238次。坚持理论学习抓重点、典型案例解困扰、末梢疏通办实事、四下基层解难题、五大攻坚促发展，组织7个专题学习，举办基层党支部书记、党员轮训33场次，覆盖539名党支部书记、1.2万余名基层党员。党群同心“治荒”典型案例被省委主题教育简报刊载，中央巡回指导组、省委督导组、省委整改整治组以及省纪委、省委政法委主要领导给予充分肯定。

（组织部）

【坚持强基固本】 2023年，经开区组织部以党建引领末梢疏通工程为抓手，把党建引领融入全域治理、文明城市创建、街区管理各个领域，先后改建党支部68个，设立党群服务站325个，选配中心户1781名，信息员3256名，解决群众“急难愁盼”6376件，比上年增长近30%，党员组织生活参会率提高25.7%，党员参与治理比例提升33.2%，党员群众满意度得到明显提升。开展村社区干部队伍建设专题调研，梳理问题建议70余条，研究制定13项工作举措，调整102名村（社区）党支部书记，平均年龄下降至40.7岁，大专以上学历占比提升至93.3%。积极推进党建引领乡村振兴，委培“定制村干”13人，参与学历进修村干部25名。选派6名“第一书记”，累计落实订单农业项目9个，增加村集体收入61万元，4个经济相对薄弱村年集体收入超700万元。大力推进产业链党建，围绕“四个一”产业，成立党建联盟，组建“链上吹哨队”，深入107个重点产业项目，解决矛盾问题276个。

（组织部）

【探索基层治理】 2023年，经开区组织部开展“暖‘新’四季”活动，完善提升吾悦商圈党建、纬五路街区党建内涵，新建无国界党群服务中心，组织活动56次，推行各类服务30余项，惠及新就业群体500余人。2023年，党工委“党建引领末梢疏通工程”书记项目获评市委“基层党建十佳书记项目”，市级“五星”标杆党支部创成2个，成功创建“五星”党支部1家。

（组织部）

宣传工作

【概况】 2023年，中共镇江经济技术开发区宣传统战部认真贯彻落实习近平文化思想和习近平总书记关于做好新时代党的统一战线工作的重要思想，讲述经开区故事，传播经开区声音，凝聚经开区力量，为加快高质量发展勇担新的使命，奏响奋进强音。

思想理论武装入脑入心。突出“关键少数”。全年经开区党工委层面举办理论学习中心组学习（扩大）会18次；镇（街道）党（工）委中心组巡学旁听实现全覆盖。抓好“绝大多数”。扎实开展基层党员冬训，丁岗镇获评全省基层党员冬训先进镇；举办镇江市暨新区文化科技卫生“三下乡”集中服务活动，为广大群众送去七大类、26项文化科技卫生服务“盛宴”。加强阵地建设。建成全市首批4个“党的创新理论共享研读空间”；完成圌山炮台遗址环境提升工程，举办纪念抗英保卫战180周年诗词征集评选活动，不断深化爱国主义教育。

重大主题宣传出众出彩。经开区乡村振兴、航空航天产业高频次亮相央视、《人民日报》、《新华每日电讯》等权威媒体的重点时段和头版版面；“党建引领末梢疏通工程”“创造良好‘营农环境’促乡村振兴”等经开区特色经验登上新华社智库内参；“新农人”创业奋斗故事登上央视《开学第一课》“实景课堂”。全年“学习强国”平台发稿331篇；《群众》杂志首次刊发经开区外宣稿件；《新华日报》、江苏卫视等省级重点媒体发稿164篇，“交汇点”发稿361篇；《镇江日报》头版发稿57篇，实现周周有头版。

图4－1　2023年4月17日，新区召开党工委理论学习中心组学习会学习贯彻习近平总书记近期重要讲话精神

（新闻中心　供稿）

风险隐患防范落地落实。党工委层面专题学习研究意识形态工作2次；上报互联网有害信息460条；扎实推进“扫黄打非”工作，丁卯社区被评为2023年全省“扫黄打非”进基层示范点；网评工作在全国“创四优”竞赛活动中表现突出；相关案例获评全市“网络舆情会诊室”优秀案例一等奖和网络举报受理处置典型案例；累计编发《网络舆情专报》20余期，关停论坛违规账号20余个；完成《企业安全风险点管控责任手册》编制，累计排查审核1000个安全生产风险点；带头开展“主要领导说安全”活动；开展各类检查18次，发现并整改安全隐患201处。（宣传统战部）

【2022—2023年度基层党员冬训工作】 2023年年初，镇江新区宣传统战部、组织部联合印发通知，全面启动2022—2023年度基层党员冬训工作，要求坚持目标导向、问题导向、效果导向，坚持加快高质量发展不动摇，把冬训作为加油鼓劲提振发展信心、推动经济高质量发展的凝心工程。2022—2023年度新区基层党员冬训工作主要围绕深入学习贯彻习近平新时代中国特色社会主义思想、党的二十大精神、中央经济工作会议精神、省委十四届三次全会精神、市委八届四次全会精神和新区党工委全体（扩大）会议精神、加强党员干部党性修养教育、加强耕地保护政策教育宣讲等7个方面开展集中教育培训。冬训时间为1月下旬至4月中旬。

（宣传统战部）

【宣传统战工作会议召开】 2023年4月10日，镇江新区召开2023年宣传统战工作会议，深入学习贯彻党的二十大精神，认真落实中央、省市会议要求，总结上年工作、分析面临形势、部署当年任务，动员全区上下坚持守正创新、树立实干导向，为推进中国式现代化新区新实践凝聚强大力量。市政协副主席、新区党工委书记路月中作出批示。会上印发《2023年镇江新区宣传统战工作清单》《2023年镇江新区新闻宣传工作目标任务》。新区综合行政执法局、大港街道等单位负责人作交流发言。

（宣传统战部）

【网络安全宣传周】 2023年9月11日,2023年新区网络安全宣传周活动启动。活动现场发布2023年新区网络安全宣传周系列活动方案,并邀请江苏茴香豆网络科技有限公司攻防实验室负责人围绕数据泄露、网络攻击等网络安全事件开展科普宣讲。市"红网先锋"先进个人、江苏海诺信息安全技术有限公司副总经理李洋现场宣读《网络安全倡议书》。

为更好地组织开展宣传周期间的相关活动,新区制定并印发《2023年镇江新区网络安全宣传周活动实施方案》,围绕网安日、金融日、电信日、校园日、反诈日5个主题日,通过"线上+线下"相融合的方式,积极开展网络安全志愿服务、网络安全知识线上答题等活动,有效发动全民广泛参与,营造全社会共筑网络安全防线的浓郁氛围,进一步筑牢网络安全防线,为推动经开区高质量发展走在前列贡献网信力量。新区党工委副书记、政法委书记朱晓阳,新区党工委委员、宣传统战部部长蒋红武出席活动并分别讲话。

(宣传统战部)

【"贯彻二十大 奋进新征程"——镇江新区"百姓名嘴"基层理论宣讲能手总决赛】 2023年,镇江新区宣传统战部根据省委、市委宣传部统一部署,在全区广泛开展以"贯彻二十大 奋进新征程"为主题的理论宣讲活动,得到全区广大基层党员干部群众的积极支持和踊跃参与。全区各板块、各条线、各部门共举办主题宣讲比赛26场,近300名选手参与。9月25日,"贯彻二十大 奋进新征程"——镇江新区"百姓名嘴"基层理论宣讲能手总决赛在新区丁卯街道丁卯社区新时代文明实践站成功举行。

经过层层选拔,11名(组)来自新区各镇(街道)、园区板块及国企和教育系统的理论宣讲能手脱颖而出,同台展开竞技,尽展风采。他们用生动鲜活的宣讲形式、丰富多样的宣讲方式、"接地气冒热气"的宣讲内容,深情阐释对新时代、新征程的理解,进一步传播党的声音,凝聚奋进力量。经过激烈角逐,最终决出特等奖1名、一等奖1名、二等奖2名、三等奖3名、优秀奖4名。新区丁卯街道获最佳组织奖,新区大港街道、江苏瀚瑞控股、丁卯街道丁卯社区等单位获评优秀组织奖。

附:

"贯彻二十大 奋进新征程"——镇江新区"百姓名嘴"基层理论宣讲能手总决赛获奖名单

特等奖

周沿序(镇江新区公用建设发展有限公司)

一等奖

马黎忠 朱胜楠 孙 飞 刘蕙敏 凌志颖 傅安琪(镇江新区丁卯街道宣讲团队)

二等奖

吴 云(大港街道龙泉新苑社区)

郑立杰(丁岗镇人民政府党政办)

三等奖

李泽鹏 王 珍 肖文举 陶海潮(大路镇宣讲团队)

涂存红 张 威(中瑞产业园管办宣讲团队)

王 静(镇江市姚桥中心小学)

优秀奖

张星铄(航空航天产业园管理办公室)

张 平(镇江综合保税区镇江中远海运物流)

毛 鑫(镇江江南化工有限公司)

葛海伦(姚桥镇政法和社会事业局)

(宣传统战部)

【网络安全事件应急演练】 2023年10月12日,镇江新区开展2023年网络安全事件应急演练,通过实战演练系统检验新区网络安全监测预警和应急处置能力。新区党工委委员、宣传统战部部长蒋红武参加活动。活动现场,江苏茴香豆网络科技有限公司的工作人员随机选择两家网站,向参会人员展示对网站的后台信息、网站页面等的模拟攻击过程，并针对演练中网站出现的安全漏洞和问题，指导网站主体及时处置，从而达到以演练堵塞漏洞、防控风险、锻炼应急队伍的目的。在问答互动环节，茴香豆网络公司工作人员引导参会人员扫描二维码参与网络互动答题并填写个人手机号码，随后，演示网络不法分子如何轻松通过手机号获取关联登录账号和密码等个人信息的过程，警示大家要增强网络安全意识，通过正确的上网方式规避潜在风险，保护好个人隐私。

（宣传统战部）

【“主要领导说安全”专题宣讲活动】 2023年10月28日，镇江新区宣传统战部举办“主要领导说安全”专题宣讲活动，深入学习贯彻党的二十大精神和习近平总书记关于安全生产重要论述，压紧压实“三个责任”，不断提升文旅行业、新闻出版和宗教领域的安全生产水平。新区党工委委员、宣传统战部部长蒋红武出席活动并开展宣讲。新区宣传统战部高度重视安全生产工作，严格落实安全生产监管职责，制定并印发宣传统战部年度安全生产工作要点、安全生产风险专项整治巩固提升年行动方案、重大事故隐患专项排查整治行动方案等文件。活动邀请镇江市盛安防火科技有限公司专家以“预防为主，生命至上”为主题开展安全生产知识宣讲。

（宣传统战部）

【网信工作会议召开】 2023年12月5日，镇江新区召开网信工作会议，认真贯彻落实中央网信办和省市委网信办工作部署，系统总结当年网信工作情况，研究部署下阶段网信工作。市政协副主席、新区党工委书记、网信委主任路月中出席会议并讲话。会议通报全区网络舆情及网络安全相关情况。新区党工委委员、宣传统战部部长蒋红武主持会议并传达习近平总书记对网信工作的重要指示及全国、省、市网信工作会议精神。社发局、丁卯街道、公安分局作交流发言。新区领导周勇、邱乔森参加会议。

（宣传统战部）

【重点党报党刊征订发行】 2023年12月13日，镇江新区全面足额完成2024年度《人民日报》《新华日报》《镇江日报》等重点党报党刊征订发行工作。2024年度党报党刊发行工作启动后，镇江新区将其作为一项严肃的政治任务迅速行动抓落实，从落实意识形态工作责任制的高度，明确目标任务，加强组织领导，全力实现2024年重点党报党刊发行数量稳中有增。全区各级党（工）委（党组）把党报党刊定为理论学习中心组的重要学习资料，组织党员、干部尤其是年轻干部集中阅读学习，推动形成订、学、用的良性互动机制。新区宣传统战部加强与邮政等部门密切协同配合，强化工作举措，推进党报党刊发行工作有力有序开展，积极探索发行工作新办法、新渠道，扩大党报党刊的覆盖面和影响力，确保高效规范足额完成党报党刊征订发行工作。

（宣传统战部）

人才工作

【概况】 2023年，镇江经济技术开发区深入贯彻落实中央、省委、市委关于人才工作相关部署，完善人才机制体系，优化人才服务建设，深化人才品牌工作，加快打造具有国家级开发区气质、宜创宜业宜居的人才发展新高地。2023年，全区入选国家级人才1人、江苏省高层次人才12人、镇江“金山英才”产业强市领军人才计划26人、市“169工程”24人、市首批卓越“新农人”培养对象1名、区“圌山”专项16人，新增大专以上学历5633人，其中本科以上学历2574人。入选市级“关键核心技术人才攻关联合体”1家。打造“双引双服务”经开区人才月特色活动品牌，创新举办人才亲子研学、青年人才交友等活动10余场，协助解决政策实施、子女入学等“关键小事”540件。

（组织部）

图4－2　2023年4月13日，新区召开全国文明城市创建工作推进会

（新闻中心　供稿）

【推进载体平台打造】　2023年，经开区组织部坚持梯度培育机制，入库科技型中小企业400家，高企培育入库33家，申报高企130家，培育国家级专精特新“小巨人”企业7家。新认定省级工程技术研究中心3家、市重点实验室2家、市级科技企业孵化器1家，新增孵化载体面积4392平方米，组建人才攻关联合体2家，入选市级联合体1家。联合成立镇江市第十六批生命健康产业科技镇长团，开展产学研活动10余场，导入高校院所科技成果50条，新聘任科技副总37名。帮助20家企业办理科技贷款近7500万元；为莱森生物、菲舍尔等14家人才企业办理专利质押贷款1.89亿元。

（组织部）

【人才服务生态优化】　2023年，经开区组织部精心优化人才服务生态。兑现落实政策资金与人才扶持专项资金，全年累计发放高层次人才项目资金3548万元，发放人才购租房补贴、人才引育奖补等资金3400余万元，惠及人才8000余人次。常态化开展“暖才惠企大走访”“产业链人才大走访”，实地走访重点企业217家次，协助解决企业人才关心的项目申报、政策实施、子女入学等问题540余件。打造“双引双服务”经开区人才月特色活动品牌，“引进来”“走出去”相结合，创新举办人才亲子研学、亲子教育讲座、青年人才交友等区内人才喜闻乐见的人才活动10余场，全面提升人才的归属感与满意度。

（组织部）

精神文明建设

【概况】　2023年，镇江经济技术开发区牢固树立“真创建、真解决问题、群众真满意”理念，扎实推进文明城市建设深度融入党建引领末梢疏通工程。一是文明培育持续深化。广泛践行社会主义核心价值观，举办“镇江市道德模范与身边好人现场交流暨镇江新区好人故事分享会”活动，引导广大群众崇德向善、见贤思齐。全年入围省级道德模范候选人1名，获评“镇江好人”5名、市级“新时代好少年”3名。二是文明实践持续拓展。党工委、管委会主要领导带头以普通志愿者身份到基层开展面对面、互动式理论宣讲，示范引领全区54个新时代文明实践中心（所、站）累计开展各类志愿服务活动600余场；举办“我们的节日”专场活动300场、“点亮星空”夏日晚间活动54场、“温暖秋冬”主题活动115场。三是文明创建持续发力。持续推进“四大行动计划”（思想引领提升、城乡环境整治、公共秩序改善、美好家园升级），促进各责任主体真抓实干、履职尽责；组织开展“文明养犬、文明交通、文明旅游”等系列活动；深化“文明进万家、便民在身边”服务行动，全年新增便民张贴栏552个、休息点477个、充电处109个、晾衣架62个，施划停车位1160个，维修道板砖6240米，出新公益广告1161处。

（宣传统战部）

图4－3　新区领导督查文明城市创建工作

（新闻中心　供稿）

【文明城市创建督查】　2023年4月21日，围绕“共建文明城市　共享美好家园”2023高质量推进文明新区建设四大行动计划，新区宣传统战部以“四不两直”形式前往丁岗镇、大路镇、姚桥镇、大港街道，现场督查文明城市创建工作。新区党工委委员、宣传统战部部长蒋红武参加督查。督查组一行首先来到明发二期建设工地，对西侧围墙公益广告设置、宣传内容规范、所占围挡比例等情况进行检查并提出工作要求。督查组一行还前往伯先社区、新怡社区、西戴村和迎滨村，实地查看新时代文明实践站建设情况，询问日常运行情况，并提出做好查漏补缺、补短强弱工作，推动新时代文明实践所（站）建设走深走实的要求。　（宣传统战部）

【文明城市创建工作例会】　2023年5月30日，新区宣传统战部召开文明城市创建工作例会，现场调研农贸市场、背街小巷、居民小区、商业广场等场所，并围绕近期督查情况开展座谈交流，进一步压实创建责任，凝聚创建合力，推动文明城市创建工作常态长效。调研组先后来到大港菜场、万谷菜场和吾悦广场，仔细查看摊位摆放、车辆停放、卫生环境等情况，要求属地和部门强化协调联动，细化管理措施，积极引导商户形成文明经营的良好习惯，共同打造畅通、干净、整洁的购物环境。在港中新村四区和谷阳新村一区，调研组实地查看小区基础设施、公益广告宣传等情况，针对小区乱堆乱放、空中飞线等问题，要求属地扎实推进整改，常态化开展网格巡查和文明引导，充分调动群众积极性、主动性，营造人人参与、处处文明的浓厚氛围。在随后召开的座谈交流会上，调研组通报近期文明城市创建工作督查情况，各镇、街道围绕创建工作推进情况进行汇报。新区党工委委员、宣传统战部部长蒋红武出席会议并讲话。

（宣传统战部）

【文明城市创建工作专题推进会】　2023年11月7日，镇江新区召开文明城市创建工作专题推进会，深入学习贯彻习近平总书记关于精神文明建设的系列重要论述，认真落实中央和省、市相关部署要求，号召各部门板块始终坚持问题导向和结果导向，切实推动文明城市创建工作高质量发展。新区党工委委员、宣传统战部部长蒋红武出席会议并讲话。会议传达学习中央文明办精神文明创建工作座谈会精神，通报文明城市创建新变化、新要求，并部署下一阶段重点工作。会上，行政执法局、瀚瑞控股、大港街道、丁卯街道、姚桥镇围绕抓好补短强弱、落实长效管理作表态发言。会议指出，各部门板块要提高思想站位，清醒认识当前形势和要求，坚定不移贯彻落实习近平总书记重要讲话重要指示批示精神，站在战略的高度和全局的角度，深刻认识文明城市创建的重要意义，全面、准确把握面临的新形势、新任务，推动创建工作始终沿着正确的方向行稳致远。要聚焦重点难点，抓紧抓实各项目标和任务。注重主责主业，扎实推进“理想信念教育、思想道德建设和文明风尚培育”等各项工作；严格对照“重难点问题清单”，强化挂图作战、对账销号，不断巩固整治成果、防止反弹回潮；充分发挥党建引领末梢疏通工程作用，积极回应群众诉求，用心办好民生实事。要加强责任落实，树立争先进位的信心和决心。强化全区上下“一盘棋”思想，压实各方责任，加强协同作战，推动各类问题及时发现、闭环整改；坚持创建为民，守好底线红线，以群众看得见、摸得着的创建成果提升群众获得感和城市美誉度。（宣传统战部）

【新区领导督查推进铁路沿线绿化与节点打造及文明城市创建工作】

2023 年 11 月 11 日，新区党工委副书记、管委会主任尹卫民督查推进铁路沿线绿化与节点打造及文明城市创建工作，强调要严格对照标准，坚持问题导向，细化工作举措，加快补齐短板，全力提升群众生活品质和城市形象。新区领导王忠参加督查。

尹卫民首先来到丁卯街道铁路三角地块、五凤口高架桥下、四明河沿岸，实地查看铁路沿线环境整治情况，了解节点打造工作进展。尹卫民要求属地部门，全面排查、扎实推进，对照整治要求，梳理问题清单，明确整治措施、完成时限，确保地块整治提升工作取得实效；因地制宜、注重实效，坚持易管护、效果好原则，严选苗木种类，打造精品工程，切实提升重要节点形象面貌；加强统筹、长效管理，进一步统筹铁路沿线与城市管理融合机制，完善“精细化＋常态化”工作模式，巩固铁路沿线环境质量整治成果。

随后，尹卫民到大港街道实地检查文明城市创建工作。在海德公园，尹卫民边走边看，重点察看社区环境保洁、停车秩序、绿化管护等情况。他指出，居民小区是一座城市的基本单元，也是展示城市形象和文明水平的重要窗口。要坚持创建为民、创建惠民、创建靠民，进一步加强居民小区精细化管理，认真听取居民需求，合理规划停车区域，不断优化整体环境，推动小区管理更加有序有效。同时要充分发挥志愿者作用，用心用情做好宣传引导工作，推动形成人人践行、全社会参与的生动局面。在港南菜场，尹卫民察看菜场经营秩序、环境卫生、周边车辆停放等情况，要求相关部门稳步提升菜场内部环境、建立健全管理机制，同步推进市场周边环境整

图 4－4　2023 年 11 月 11 日，新区领导督查推进铁路沿线绿化与节点打造及文明城市创建工作　（新闻中心　供稿）

治，为人民群众营造整洁有序、安全放心的消费环境。 （宣传统战部）

统战工作

【概况】 2023年，中共镇江经济技术开发区宣传统战部认真贯彻落实习近平总书记关于做好新时代党的统一战线工作的重要思想，广泛凝聚经开区力量，助力经开区经济社会高质量发展。以“同心+”五大专项行动贯穿全年，累计开展“感党恩、听党话、跟党走”等主题活动30余场；丁卯派出所“红榴家园”服务站创成全省民族团结进步示范单位；孚能科技创成全市唯一省级“红石榴就业行动”示范企业；马家山社区成功打造省级“红石榴精品家园”；继续推进“五送五助”专项行动，及时回应企业诉求，帮助解决具体问题，全省民营经济营商环境满意度调查排名全市第二；与大港信息港、大港微生活等网络媒体开展常态化互动交流；依托省级侨务品牌镇江“华创苑”，打造华侨华人、侨领侨商联系服务新桥梁。 （陈志勇）

【统一战线工作领导小组会议】 2023年3月30日，镇江新区召开统一战线工作领导小组会议，全面贯彻落实全国、省和市委统战工作领导小组会议精神，总结2022年工作并研究部署2023年重点任务，深入推动统战工作在服务经济社会发展上重实干、立新功。市政协副主席、新区党工委书记路月中主持会议并讲话。新区党工委委员、宣传统战部部长蒋红武通报《2023年镇江新区统战工作要点》及《加强新时代统一战线工作“五大行动”方案》文件的起草说明。新区宣传统战部副部长、民宗局局长郭永娣总结2022年统战工作。丁卯街道、丁岗镇作交流发言。 （陈志勇）

【民主党派工作】 2023年，新区宣传统战部组织统战对象开展“感党恩、听党话、跟党走”爱国主义教育、“同心·议事会”、“寻美·经开区”等活动10场次。召开民主党派座谈会，协助民建二支部和九三学社成功换届，支持民盟支部与大路镇小港村党支部结对互助。 （陈志勇）

【“五送五助”进民企】 2023年，新区召开协调机制专题会议，制定“同心·闯”和“五送五助”民营企业服务行动方案，成立7个工作专班，走访企业50家，收集问题88个，解决问题85个，问题解决率96.6%；开展线上线下服务企业和政风行风监督，解决矛盾问题276个；协调银行推出金融产品帮助企业贷款198.62亿元；成立企业上市服务专班，推进常青科技成功登陆上交所；全年化解商事纠纷超过120件，调解成功率超85%。开展政治理论、法律风险防控、减税降费、信用修复等各类培训20场，组织行业专家入企交流研讨8次，不断提升民营企业家政治思想觉悟和经营管理能力；指导2个基层商会换届，完成4名名师培养5名高徒目标。举办“喜迎丰收·同心共富”秋收秋种暨村企共建现场会，开展“村企联建助力乡村振兴”对接活动14场，落实共建项目16个。 （陈志勇）

【侨务工作】 2023年，新区通过走访调研、节日慰问、座谈交流等形式，加强与港澳台人士常态化交流，促进中华文化认同、携手合作发展；推进2所学校与海外深入开展华文教育合作；承办香港江苏社团总会回乡、德国华人科技工商协会博士团江苏行项目路演等活动5场；推荐邀请、服务保障11名嘉宾参加江苏发展大会；以商引商，签约1个总投资1030万美元的项目。编制《政策一本通》，指导侨企金斯瑞获得上级项目扶持7500余万元，天奈科技引进6名人才，认定1名初中考生华侨子女身份，帮助1名港籍人士处理遭遇诈骗后续问题。 （陈志勇）

【民族工作】 2023年，新区创新打造“红石榴就业指导工作站”，推动区内企业录用“民族8省区”员工355人，位列全市第二。丁卯派出所创成全省民族团结进步示范单位、马家山社区创成省级“红石榴精品家园”、孚能科技在全市率先创成全省首批“红石榴就业行动”示范企业，民族工作争先创优成绩为历年之最。（陈志勇）

【宗教工作】 至2023年年底，镇江新区有佛教、道教、基督教三大宗教、2个宗教团体（佛教协会、基督教三自爱国运动委员会），42处宗教活动场所（包括1处寺观教堂、12处宗教其他固定处所、29处民间信仰场所）。有宗教教职人员78人，三大宗教信教群众约1万人。2023年，新区举办升国旗、观看爱国主义电影、宗教政策法规学习等政治思想引领活动；逐级签订宗教目标管理责任书；开展财务监督、“守法遵规 端正教风”主题活动、多部门联合监管基督教“平安夜”活动和商业化常态治理；指导场所规范互联网行为、开展佛教讲经交流、举办绍隆禅寺恢复对外开放40周年书画展等活动。开展消防安全培训和安全生产隐患排查，组织应急逃生演练；实现宗教活动场所（其他固定处所）“智慧消防”、C级建筑隐患销号、安装燃气泄漏报警装置“三个全覆盖”。（陈志勇）

【统一战线工作领导小组全体会议召开】 2023年3月30日，市政协副主席、新区党工委书记路月中主持召开全区统一战线工作领导小组全体会议，深入学习贯彻党的二十大精神，准确领会习近平总书记关于做好新时代党的统一战线工作的重要思想，全面贯彻落实中央和省委、市委统战工作会议精神，为推进中国式现代化新区新实践贡献统战智慧和力量。路月中讲话并对2023年统战工作提出要求。会议听取区统战工作领导小组2022年工作要点落实情况，审议《2023年镇江新区统战工作要点》《加强新时代统一战线工作“五大行动”方案》，大学科技园、丁岗镇分别作交流发言。（陈志勇）

【开展港籍人士节前走访活动】 2023年1月16日，镇江新区宣传统战部副部长、民宗局局长郭永娣带队走访新区多名港籍人士。郭永娣代表新区分别向各位港籍人士表示衷心感谢，感谢他们在过去的一年中对新区统战工作给予的大力支持，同时希望他们在2023年结合自身实际，为助力新区经济社会高质量发展建言献策、推波助澜。郭永娣为他们送上新春的祝福和慰问品。（陈志勇）

【统战团体庆祝“三八”妇女节主题活动】 2023年3月8日，镇江新区宣传统战部组织新区党外知识分子联谊会，新区欧美同学会部分女同胞代表在镇江精创文化创意产业有限公司开展“当女神节邂逅首饰”主题活动。活动中，精创文化创意的首席首饰师向大家详细讲解了珠宝首饰的鉴赏、蕴含的寓意、与服装的搭配等基础知识，在讲解的过程中，还穿插互动活动。镇江新区宣传统战部分管领导和相关职能科室参加活动。（陈志勇）

【2023华侨华人创新创业镇江洽谈会举办】 2023年11月20日，2023华侨华人创新创业镇江洽谈会——德国博士团镇江新区项目路演对接专场活动在镇江国家大学科技园举行。省侨办经科处副处长陈锋，德国华人科技工商协会常务副主席、德国莱欧信息商务有限公司董事长朱宾，市委统战部副部长、市侨办主任刘祥生，镇江新区党工委委员、宣传统战部部长蒋红武出席活动。活动由江苏省人民政府侨务办公室、镇江市人民政府主办，中共镇江新区工委宣传统战部、镇江国家大学科技园管理办公室承办，邀请来自德国华人科技工商协会博士团的9位博士现场进行10个项目的路演推介，项目内容覆盖智能制造、环保技术、物联网、新能源等多个领域。路演环节后，新区各招商局和参会企业纷纷

围绕路演项目与博士团成员进行一对一交流，并围绕后续对接合作开展深入沟通和互动，为进一步推动项目高质量发展奠定了基础。

近年来，新区持续发挥统战工作优势，聚焦完善为侨服务体系，打造侨界人才沟通交流平台载体，不断提升海外引才工作效能。其中，镇江国家大学科技园是新区在全市率先成功打造的省级侨务品牌镇江“华创苑”所在地，集聚了各类创新政策、创新载体和创新资源。对涉侨人员领衔申报的领军人才项目，一经入选，分两年给予最高200万元的资金资助，并推荐申报省、市级领军人才项目，最高给予个人1000万元资金资助；面向留学生归国人员群体，给予最高24万元的首次购房补贴、最高1500元/月的生活补贴以及最高1000元/月的租房补贴。园区内建成中心研发区、双子研发楼、科技孵化器、2.5次产业园、智能装备产业园等各类载体65.5万平方米，先后创成国家级小型微型企业创业创新示范基地、国家级众创空间、国家级高新技术创业服务中心、省级“华侨华人创新创业服务中心”等品牌38项，有各类科技型企业410家，累计培育各级领军人才700余人。（陈志勇）

【第二届佛教界讲经交流会举办】 2023年11月30日，2023年镇江新区佛教讲经交流会在镇江绍隆禅寺举行。镇江新区宣传统战部副部长、民宗局局长郭永娣出席并讲话，来自全区9家佛教场所和新区佛教协会的负责人、秘书长、居士等40余人参加本次讲经交流会。镇江新区佛教协会会长、镇江绍隆禅寺住持法光致开幕词，他表示，2023年是镇江新区佛教协会第二次举办讲经活动，通过讲经活动，已发现和培养部分中青年弘法人才。随后，5位入围选手进行深入浅出、激情洋溢的宣讲，法光逐一做点评，给予了中肯的评价，同时也寄予了更高期望。郭永娣表示，佛教讲经交流会是佛教自身建设的重要抓手、佛教弘法人才培养的有效途径，要在社会主义核心价值观的引领下，深入挖掘教义教规中有利于社会和谐、时代进步、健康文明的内容，对教义教规作出符合当代中国发展进步的阐释。她指出，要以此次活动为契机，多抽出时间阅读更多佛教经典，增强自身修为。

（陈志勇）

台湾事务

【概况】 2023年，镇江经济技术开发区台商服务中心洽谈推进并签约台资项目1个，即总投资1030万美元的科雅指纹识别模组深加工项目，实际利用台资268万美元，区内台企年度纳税额逾2亿元。落实台湾工业总会以及天津、厦门台商考察团等多批台商团体到访考察交流，开展“镇江新区　在镇商会”等台企联谊活动，举办“为台企办实事”专题讲座。多个台企、台商获省、市、区级表彰。

（解茗宇）

【台商团体到访】 2023年3月3日，台湾“一带一路”经贸促进协会厦门分会会长徐真率福建台商考察团到镇江经济技术开发区考察，了解经开区营商发展环境、项目载体、投资政策，洽谈项目合作事宜。

4月20日，镇江市政协副主席、经开区党工委书记路月中在经开区圌心大厦会见台湾工业总会理事长、联华神通集团董事长苗丰强率领的大陆经贸参访团一行。国台办交流中心处长陈筠、国台办经科中心副处长孙骥、省台办经济处副处长翁芸等参加活动。

6月29日，台湾宜兰县农会理事长李竹春一行到访镇江经开区，参观江苏润果农业发展有限公司、江苏汇鸿冷链物流有限公司，考察经开区投资环境及农业板块发展情况。

7月4日，天津市台协会荣誉会长罗文德率天津、厦门等地台商考察团到访镇江经开区，考察产业项目、参观区内台企。

8月31日，台湾新北市绿色能源企业参访团到访镇江经开区，考察经开区新能源产业发展环境，寻求投资合作机遇。（解茗宇）

【上级领导到台企调研】 2023年3月16日，镇江市委副书记、市委统战部部长巩海滨到镇江经开区调研台资企业，推进在镇台企健康发展。在科雅光电有限公司，巩海滨深入企业生产一线，详细询问企业的生产经营、产品类型、科技研发、市场销售等情况，并听取企业意见建议和服务需求。

3月31日，江苏省委台办海外处副处长胡凯一行到镇江经济技术开发区召开两岸婚姻群体工作座谈会，听取镇江市近年来两岸婚姻群体工作开展情况介绍，就提升两岸婚姻家庭服务工作水平等进行交流。

5月24日，江苏省委台办副主任孙继兵一行到镇江奇美化工有限公司开展调研，对企业长期以来规范经营、注重安全环保、热心公益事业、持续为当地经济社会发展作贡献表示肯定。（解茗宇）

【台商恳谈会】 2023年4月25日，镇江市台办系统在嘉兴市嘉善县举办“2023镇江·嘉兴台商恳谈会”，共30余位台商代表参加会议，镇江经济技术开发区台商服务中心介绍区域投资环境，并与嘉兴市台企纳狮新材料股份有限公司达成初步合作意向。

6月15日，镇江市台办系统在宁波市举办“2023镇江·宁波台商恳谈会”，近20位在甬台商参加活动。镇江经济技术开发区台商服务中心围绕镇江人文历史、资源优势、投资载体、重点产业、营商环境等方面进行推介。（解茗宇）

【节日台商慰问联谊活动】 2023年1月12—13日，新区宣传统战部、招商中心（台商服务中心）领导共同走访镇江奇美、联成化学、南帝化工、系统电子等区内台企，开展春节慰问。6月端午节前，经开区以召开座谈会、走访慰问等形式，与区内台商台胞共迎传统节日，共叙亲情友情。经开区台商服务中心向台企台干送上粽子、绿豆糕等端午传统慰问食品，祝福台商台胞端午安康。

10月27日，镇江市工商联举行“镇江新区 在镇商会”金秋联谊活动。镇江市政协副主席、市工商联主席卢道富，镇江市委统战部副部长、市工商联党组书记王红卫，镇江新区政协工委主任孙家政参加活动。活动组织参观江苏卓维生物科技有限公司和孚莱美科（江苏）环境科技有限公司，并观看镇江经开区宣传片。镇江市台商协会经开区联委会主任邓先喜、镇江联成华东区总裁郑喜天、镇江南帝总经理黄耀德等受邀参加活动。

（解茗宇）

【“为台企办实事”专题讲座】 2023年12月14日，镇江新区举办“为台企办实事”专题讲座，邀请江苏省委台办相关处室同志解读《江苏省对台经济文化交流合作促进条例》，镇江新区生态应急局相关专家讲解《排污许可证相关政策要求》，江苏省台办、镇江市及各辖市（区）台办、台服中心相关负责人以及镇江全市重点台企和台胞代表约50人参加活动。

（解茗宇）

【奇美化工安全生产工作述职】 2023年8月2日，奇美化工开展2023年主要负责人安全生产工作述职和职工评议活动，镇江新区党工委副书记、管委会主任尹卫民应邀参加，并和与会人员共同观看安全视频，镇江奇美化工有限公司总经理洪良义作安全生产工作述职，镇江奇美职工进行扫二维码评议。尹卫民强调，企业要切实强化风险管控，及时更新老旧设备，全面提升安全能力。（解茗宇）

【与台企中共党组织开展共建活动】 2023年3月2日，镇江市委台办、经开区台商服务中心到镇江经开区奇美化工、联成化学等台企，开展“党建引领聚合力，惠台暖企促发展”走访活动,了解企业党建工作开展和发展经营情况,并探讨以党建为引领、聚焦活动联办促同心、推进工作联动谋发展的实施路径。

7 月 21 日,镇江经济技术开发区招商中心(台商服务中心)党组联合镇江奇美化工和镇江联成化学两家台企党组织,开展“二十大、党史关键词我来讲”主题微党课交流活动,并向奇美化工党委副书记江金荣、联成化学党支部书记唐云萍赠送理论书籍。

12 月 8 日,中共镇江经济技术开发区招商中心支部与中共镇江联成化学支部同赴赵伯先故居,开展实境教育,了解赵声生平事迹,厚植爱国爱乡情怀。 (解茗宇)

【经开区台企、台商获多项荣誉】 2023 年 3 月 4 日,南京市政府召开第六届仲裁委员会换届大会,镇江市台商协会常务副会长兼执行秘书长暨经开区联委会主任邓先喜被聘为第六届南京仲裁委员会仲裁员,为本届唯一在镇江中国台湾地区仲裁员。

7 月,镇江市工信局公布 2023 年度市级绿色制造单位名单,镇江南帝化工有限公司被认定为 2023 年度市级绿色工厂。

10 月 23 日,江苏省委、省政府召开全省新型工业化推进会议,授予 100 家企业“江苏省优秀企业”称号,镇江市有 4 家企业上榜,其中镇江奇美化工有限公司是镇江市唯一一家上榜台资企业。

10 月 31 日,“慈善一日捐”“江苏专场”和网络募捐工作总结推进会暨第四届“镇江慈善奖”颁奖活动举行,镇江奇美化工有限公司被授予“最具爱心慈善捐赠企业或单位”称号。

2024 年 2 月 21 日,镇江经济技术开发区召开高质量发展暨产业强区推进大会,镇江奇美化工有限公司、镇江南帝化工有限公司被授予镇江经开区 2023 年度财税贡献“十强企业”称号。 (解茗宇)

【经开区台企驰援甘肃地震灾区】 2023 年 12 月 18 日 23 时 59 分,甘肃临夏州积石山县发生 6.2 级地震,镇江奇美化工有限公司、镇江南帝化工有限公司第一时间伸出援手,通过镇江市台办与甘肃省台办对接,向受灾地区捐赠 600 个应急睡袋、防潮垫等总价值 20 余万元的抗寒保暖物资。12 月 25 日,镇江奇美化工有限公司收到中共临夏州委、临夏州人民政府的感谢信。 (解茗宇)

档案工作

【概况】 2023 年,镇江经济技术开发区首次将档案工作纳入年度全区党建考核。这是建区以来档案工作首次列为区级考核指标,体现经开区党工委、管委会对档案工作的高度重视,档案工作的地位得到提升。

根据镇江市档案局关于持续推进镇村企档案规范化建设的要求,新区档案馆下发《档案分类方案》和《归档范围和保管期限表》样板,各机关单位和村(社区)结合各自实际建立起本单位的《档案分类方案》和《归档范围和保管期限表》,经区档案馆逐一审核把关后定稿,作为开展后续档案整理归档的依据。区档案馆编制《档案业务工作文件选编》《镇江新区档案工作操作规程》等多本工作手册,下发给各进馆单位和各镇及村。其中,《镇江新区档案工作操作规程》将各类档案整理方法分解成步骤,图文并茂,简单易学,提升了全区档案人员业务能力。2023 年,开发区法院、开发区税务局、市公安局新区分局 3 家单位通过省示范档案工作检查评价,国家大学科技园管办(丁卯街道)通过省规范评价,大港街道、行政审批局等 6 家单位通过合格等级评价。全区 50% 的村(社区)通过市档案规范化验收,其中丁卯街道潘宗社区、大路镇小港村、薛港村通过示范验收。 (王 欢)

【诉讼档案接收进馆】 2023 年 11 月,在区党政办和开发区法院的重视和全力支持下，新区档案馆在馆藏库房容量不足的情况下，审核盘点到库，整理出一间专业档案库房，将开发区法院的诉讼档案接收进馆。此次诉讼档案的接收进馆，是全市首家诉讼档案接收进馆，既缓解了开发区法院档案库容压力，又丰富了新区档案馆的馆藏资源。此次共接收开发区法院 2007—2009 年度的民事诉讼档案 4470 卷 6570 册，数字化副本 49.83G。

（王　欢）

【档案工作综合检查评价暨村（社区）档案工作规范化建设现场推进会】 2023 年 9 月 15 日，镇江新区召开档案工作综合检查评价暨村（社区）档案工作规范化建设现场推进会。会议介绍 2023 年以来档案工作综合检查评价及村（社区）档案规范化建设工作开展情况。会议要求全区上下要以档案综合评价检查为目标，把档案工作推向新的更高水平。镇江国家大学科技园（丁卯街道）、科信局、行政审批局、新材料产业园管办、开发区税务局代表作交流发言。新区党工委副书记陈鹏飞出席会议并讲话，市委办副主任、市档案局局长胡瑾，市档案馆副馆长吴红平出席会议并作点评。会前，与会人员实地查看镇江国家大学科技园（丁卯街道）党建展厅、档案室库房。

（王　欢）

【2023 年获镇江市村（社区）合格档案室单位名单】

丁卯街道丁卯社区
丁卯街道蕴德社区
丁卯街道西苑社区
大港街道金港社区
大港街道瑞鑫社区
大港街道宜港社区
大港街道龙泉新苑社区
大港街道兴港社区
大港街道凤凰社区
丁岗镇葛村村
丁岗镇心湖社区
丁岗镇宜乐社区
丁岗镇宜居社区
丁岗镇新怡社区
丁岗镇新瑞社区
姚桥镇姚镇村
姚桥镇瑞和花苑社区
姚桥镇华山村
姚桥镇石桥村
姚桥镇茂华村
姚桥镇儒里村

（年鉴编辑部）

镇江市人民代表大会常务委员会
镇江经济技术开发区工作委员会

综　述

【概况】 2023年，镇江市人民代表大会常务委员会镇江经济技术开发区工作委员会（简称经开区人大工委）坚持以习近平新时代中国特色社会主义思想为指导，深入学习贯彻党的二十大精神，围绕开发区现代化建设中心任务和党工委工作要求，探索创新，担当作为，为助推开发区高质量发展、加快现代化建设贡献力量。

实施专项工作服务大局。3月16日，新区人大工委召开"助力项目攻坚、服务企业发展"专项工作部署会，会后，对58个市重大项目（其中省重大项目6个）进行走访调研，并召开6次座谈会，深入开展摸排，对其中存在问题的10个项目开展跟踪监督，直至问题解决。5月9日，新区人大工委召开专项工作推进会，召集经发、建设、生态应急等相关职能部门负责人与项目责任单位面对面交流，分析存在问题的原因和阻碍项目建设的症结，合力探讨梳理突出问题，研究会商问题解决办法，并明确责任人和时间节点，为推进产业项目高质量发展及时提供思路、明确方向。其间，市人大常委会副主任戴非平率第五工作组和经济工委一行多次到经开区督查，调研经开区专项工作开展情况，并作具体指导。

组织专题视察跟踪问效。组织开发区各

图5－1　2023年10月18日，新区人大工委组织人大代表到基层单位开展专项评议调研　　（花文凤　摄）

级人大代表联组开展重点产业项目建设、港口绿色发展、航空产业发展等专题视察调研，为推进开发区实体经济发展、加快构建现代化产业体系加油助力，凝聚发展共识。配合省、市人大组织开展省委14号和市委9号文件落实情况督查调研、新区人大工作情况专项调研、基层医疗卫生机构建设专题调研、市人大代表政治建设培训、历史文化名城保护条例执法检查、湿地保护"一法一条例"执法检查等系列活动。

开展专项评议强化监督。把开展专项工作评议作为新区人大依法履行监督职能、积极服务中心大局的重要举措。以"优化营商环境，助力产业项目攻坚"为主题，对新区经济发展局、科学技术和信息化局、城乡建设局、市场监督管理局、自然资源和规划分局等5个部门开展专项评议。

深入调查研究建言献策。把调查研究作为做好新区人大工作的基本功，找准服务开发区发展大局的关键所在，督促职能部门加强统筹协调、提升效能，为党工委中心工作落实保驾护航，形成关于开发区重大项目建设推进、"僵烂闲"出清盘活、开发区人大党建与业务融合服务发展等调研报告。

加强自身建设提升效能。提升依法履职水平。坚持守正创新，更好地支持和保障代表依法履职，不断增强监督刚性，集中精力化解工作难题，集思广益解决现实矛盾。各镇和街道人大工作规范化水平得到提升，各地争创特色亮点，基层活力进一步激发。深化党风廉政建设。履行全面从严治党主体责任，严格落实意识形态工作责任制，严明政治纪律和政治规矩，保持好人大风清气正的政治环境。持续加强作风建设。严格落实中央八项规定及其实施细则精神，持之以恒纠治形式主义、官僚主义，切实改进会风文风。持续推进"牢记嘱托、感恩奋进"学习实践活动，努力提升服务代表、服务群众、服务企业的能力和水平。

至2023年年底，经开区范围内共有全国人大代表1名，省人大代表2名，市人大代表24名，京口区人大代表59名，镇级人大代表191名，其中丁岗镇61名、大路镇60名、姚桥镇70名。

（花文凤）

【关于港中新村东四区新建健身广场的建议】

提案者：谭云祥。

主要建议：镇江新区大港街道港中新村东四区原先规划建设时未配套健身广场，居民强烈建议港中新村东四区新建健身广场。

办理成效：针对代表提出的新建港中新村东四区健身场地建议，结合经开区推进党建引领末梢疏通工程、解决群众"急难愁盼"问题的工作要求，属地政府积极完善小区基础配套设施。于2023年2月，在东四区16号楼和17号楼之间空地（约220平方米）开工新建健身场地，通过机械平整地面、浇筑水泥基础、铺设软底塑胶等工程，共计投入资金6.9万元，同时，社区向中国体彩镇江体育局申请了腰背按摩器、太空漫步机、上肢牵引器、太极揉推器等9项健身器材，经过一段时间的施工，已对小区居民开放使用，进一步方便周边居民健身活动，打通公共体育服务供给"最后一公里"。

（党政办）

重要会议

【"助力项目攻坚、服务企业发展"专项工作部署会】 2023年3月16日，新区人大工委召开"助力项目攻坚、服务企业发展"专项工作部署会，深入学习贯彻党的二十大精神，全面落实上级工作要求，充分发挥人大作用，聚力优化环境，推动项目建设提速，提振企业发展信心。此次专项行动聚焦梳理解决一批重点企业、在建项目存在的疑难问题和意见建议，通过组织开展专题视察、专项评议、执法调研，围绕强化要素保障、优化企业服务、强化项目招引、建设良好法治环境、建强产业项目载体、推动政策落地落实6个方面，从严从实从细抓好督办帮办，为新区项目建设和企业发展营造良好的营商环境。会上，新区经济发展局、行政审批局、新材料产业园3家单位就专项行动作了表态发言。新区领导经山河、马云明、张荣海、刘巍参加会议。

（花文凤）

【市人大专项工作推进会在经开区召开】2023年7月20日，市人大常委会“牢记嘱托、感恩奋进”学习实践活动暨“帮项目攻坚、让企业敢干”专项工作推进会在镇江经开区召开。

与会人员到航天海鹰（镇江）特种材料有限公司视察年产20架份C919大型客机后机身后段、后机身前段、垂尾项目，到全国人大代表魏巧所在企业江苏润果农业发展有限公司视察数字大田农业项目，详细了解企业生产经营和重大项目推进情况。市人大常委会党组书记、主任李健，市人大常委会领导岳卫平、张红娣、卜晓放、戴非平、胡敖成参加视察，镇江新区党工委副书记、管委会主任尹卫民，镇江新区领导经山河、陈鹏飞陪同视察。市人大专项工作综合组通报“帮项目攻坚、让企业敢干”专项工作推进总体情况，各工作组就本组情况作书面交流；各市（区）人大常委会、镇江新区人大工委、镇江高新区管委会分别汇报本地区专项工作及省市重大项目推进情况，以及上半年人大工作特色亮点。市人大常委会党组书记、主任李健出席会议并讲话。（花文凤）

【人大专项评议动员会】2023年10月12日，镇江新区召开2023年人大专项评议动员会，以“优化营商环境，助力产业项目攻坚”为主题，部署对新区经济发展局、科学技术和信息化局、城乡建设局、市场监督管理局、自然资源和规划分局5家单位的专项评议工作。新区人大工委主任经山河，人大工委副主任马云明、刘巍参加会议。会议研究解读《专项评议实施方案》，5家被评议单位围绕评议工作开展进行意见交流。（花文凤）

【监督镇（街道）国有和集体资产管理情况推进会】2023年11月10日，镇江新区召开人大监督镇（街道）国有和集体资产管理情况推进会，深入学习贯彻党中央关于加强人大国有资产监督职能的重要决策部署，落实落细省、市相关文件要求，进一步建立完善区人大监督镇（街道）国有和集体资产管理情况制度，推动实现镇（街道）国有（集体）资产保值增值、效益提升。会上就开展镇（街道）人大监督国有和集体资产工作进行部署。新区相关部门、各镇（街道）围绕落实监督工作、增强监督实效作交流发言并提出意见建议。新区人大工委主任经山河、人大工委副主任马云明参加会议。（花文凤）

【“优化营商环境，助力产业项目攻坚”述职评议大会】2023年12月28日，镇江经开区召开“优化营商环境，助力产业项目攻坚”述职评议大会。市政协副主席、镇江经开区党工委书记路月中出席会议并讲话，要求全区持续放大评议工作的正向激励效应，以更加优质的服务助力经开区产业集群做大做强、营商环境持续优化，推动各项工作再上新台阶。经开区管委会主任尹卫民出席会议。会上，区经发局、科信局、城乡建设局、市场监管局、资规分局5个部门就各自工作成效、存在不足和下一步改进措施作述职报告。经开区有关领导，全国人大代表，部分市、区、镇人大代表，企业代表，以及评议工作领导小组有关人员对被评部门进行满意度测评。经开区人大工委主任经山河主持会议，区领导马云明、张荣海、王忠、吴江参加会议。

（花文凤）

重要活动

【市人大常委会领导带队调研新区基层人大工作】2023年3月6日，市人大常委会党组书记、主任李健带队，到镇江新区调研基层人大工作。调研组实地考察市人大代表谭克所在企业，对谭克带领企业发展、认真履行代表职责的饱满精神状态和实际行动给予充分肯定和勉励。调研组还到姚桥镇瑞和花苑社区，了解人大代表联络站工作开展情况。座谈会上，调研组听取镇江新区人大工作汇报。李健对镇江新区人大围绕党委政府中心工作、服务地方社会经济发展所作的努力给予肯定，对新区聚力打好“五大攻坚战”的显著成效给予赞许。市政协副主席、镇江新区党工委书记路月中陪同调研，市人大常委会秘书长胡敖成参加调研。

（花文凤）

【人大代表视察调研港口发展】 2023 年 4 月 11 日，镇江新区人大工委组织在新区的全国、省、市人大代表和部分区、镇代表联组视察调研港口发展。代表们现场视察镇江港生产指挥中心、码头堆场和开普船泊位，参观港务集团党性教育馆，并听取港务集团负责人关于镇江港发展情况的汇报。代表们结合视察情况，就港口的生态建设、智慧港口打造等方面提出意见和建议，希望镇江港不断提升建设、管理和运营的现代化水平，积极融入国家重大战略和全省发展大局，为全市经济发展注入澎湃动力。市人大常委会原常务副主任、党组副书记、一级巡视员孙晓南，市人大常委会原副主任、党组成员薛峰，市政协副主席、镇江新区党工委书记路月中，镇江新区人大工委主任经山河，镇江新区党工委委员、组织部部长邱乔森，以及生态环境和应急管理局负责人参加活动。

（花文凤）

【市人大常委会领导到经开区调研重大产业项目】 2023 年 5 月 17 日，市人大常委会副主任戴非平率工作组一行赴经开区实地调研部分重大产业项目。工作组先后察看经开区瑞尔智能驾驶集成阀体项目、国美汽配外饰件项目，以及吉贝尔药业生产基地及研发中心建设项目现场，听取各重点项目介绍，详细了解当前项目进度、设计规划、安全管理和服务保障等情况，并围绕建设过程中存在的困难问题和需要重点关注的工作事项与项目方进行沟通交流。新区人大工委领导经山河、马云明参加调研。

（花文凤）

【市人大代表视察调研航空产业发展】 2023 年 6 月 14 日，市人大代表镇江经开区组会同部分区代表一行 30 余人视察调研经开区航空产业发展。座谈会上，代表们听取经开区航空产业及美龙航空公司等企业发展情况的汇报。代表们对航空产业发展提出意见建议，指出航空产业要优化要素服务保障，为企业新建项目、对接合作等创造良好条件；要更好地发挥国有平台公司作用，引导航空产业加速发展；要不断优化营商环境，问计于企、问

图 5－2　2023 年 6 月 14 日，市人大代表镇江经开区组会同部分区代表一行 30 余人视察调研经开区航空产业发展

（花文凤　摄）

需于企，严格落实各项优惠政策，持续规范执法行为，努力提升企业满意度。市人大常委会原常务副主任、党组副书记、一级巡视员孙晓南，市人大常委会副主任、党组成员戴非平，新区领导经山河、陈鹏飞、马云明、刘巍参加活动。（花文凤）

图 5－3　2023 年 11 月 3 日，新区各级人大代表参加镇江市“五级人大代表统一接待选民日”活动　（花文凤　摄）

【“优化营商环境，助力企业高质量发展”视察调研】 2023 年 9 月 6 日，市、区两级人大代表联组围绕“优化营商环境，助力企业高质量发展”课题开展视察调研。市人大常委会原副主任、党组成员薛峰，新区领导经山河、马云明、吴江、刘巍参加调研。调研组一行先后来到天奈碳纳米管与副产物氢及相关复合产品生产项目、镇江金博通研创园项目及郢天富硒营养食品研发及生产基地项目，以及钛合金中介机匣精密成型制造线项目，实地查看企业生产车间，详细了解企业生产经营情况及未来发展方向，并围绕项目建设发展、招商引资地方优惠政策等与企业负责人进行深入交流，听取他们对提升行政服务效能和优化营商环境的意见建议。（花文凤）

【选民接待日活动】 2023 年 11 月 3 日，新区各级人大代表 256 人分赴 13 个选民接待点，共接待选民 768 人，现场解答问题 237 条，收集选民意见建议 119 条（不含现场解答）。市人大代表、市委常委、常务副市长秦海涛，镇江市人大常委会原常务副主任、党组副书记、一级巡视员孙晓南，镇江市人大常委会原副主任、党组成员薛峰，镇江市人大常委会副主任、党组成员戴非平，镇江市政协副主席、镇江新区党工委书记路月中，新区人大工委主任经山河等分别在大港街道、大路镇、姚桥镇、丁岗镇、丁卯街道参加选民接待日活动，与选民面对面交流，了解社情民意，马云明、吴江、刘巍等新区领导以人大代表身份参加活动。（花文凤）

【市人大代表经开区组视察调研镇江康复眼科医院】 2023 年 11 月 24 日，市人大代表镇江经开区组一行到镇江康复眼科医院视察调研。人大代表们先后视察一楼服务大厅、特检区域、青少年近视防控基地、干眼诊疗区域、屈光手术专科等区域，并与医院领导及相关部门负责人进行深入交流。活动过程中，镇江市第一人民医院总会计师、镇江康复眼科医院执行董事丁旭辉详细介绍镇江康复眼科医院的发展及有关重点科室建设情况。人大代表们对镇江康复眼科医院的运营情况、公益活动开展、就医环境等给予肯定。市人大常委会原常务副主任、党组副书记、一级巡视员孙晓南，市人大常委会原副主任、党组成员薛峰，市人大常委会副主任、党组成员戴非平，新区领导经山河、吴江、刘巍参加视察调研。（花文凤）

镇江经济技术开发区管理委员会

综　述

【概况】　2023年，镇江经济技术开发区实现地区生产总值870亿元，按可比价比上年增长7.1%；规模以上工业增加值增长9%；完成一般公共预算收入40.4亿元，其中一般公共预算税收收入32.3亿元；实现进出口总额368.6亿元，实际利用外资及港澳台资1.35亿美元。

项目建设　全年新签约亿元以上项目72个，其中10亿~30亿元项目9个、30亿元以上项目3个。固定资产投资215亿元，比上年增长5.5%。省市重大项目年度投资完成率105%。区委领导走访调研463家次，协调解决矛盾问题169项。

科技创新　新增国家级专精特新"小巨人"企业7家，净增"四上"企业（规模以上工业企业、资质等级建筑业企业、限额以上批零住餐企业、限额以上服务业企业）185家。入库科技型中小企业397家、申报高新技术企业130家、新建企业重点实验室2个。新聘任科技副总37名，新入选国家级人才1人，省"双创"计划12人，市"金山英才"计划26人。市级人才入选数全市第一。

环境优化　中央环保督察交办的22件信访件、市长江经济带反馈的3个问题全面完成整改，环境信访投诉量比上年下降29.8%。全面加强大气污染防治、水环境治理等基础投入，$PM_{2.5}$年均浓度、优良天数比率两项指标均列市区前二，5个国、省考断面稳定达到Ⅱ类水标准。

民生改善　完成丁卯谷阳新村二区等3个老旧小区改造，老旧小区面貌焕然一新。实施姚丁线等农路提档升级工程。完成陶家巷水系改造工程和大路工业园雨污水整治提升工程，陶东、陶西2个自然村和百余家企业夏季暴雨受淹问题得到解决。

风险防范　全面推广运用安全生产责任手册机制，排查上报重大事故隐患218条，到期整改率100%。争取政府债券资金80.7亿元，政府性债务率实现只降不升目标。设立平安建设专项资金，一批信访积案得到妥善化解，全国两会期间实现"零进京、零非访、零登记"。

历史遗留问题化解　研究解决区实验幼儿园、丁卯孙家湾路消防整改等一批历史遗留问题，推动停工7年的海德地产项目重新开发。出清盘活"僵烂闲"项目8个，涉及土地1075亩，出清国有经营性闲置载体11万平方米、公租房5万平方米。

（党政办）

重要会议和政务

【概况】 2023年，镇江经济技术开发区管委会（简称管委会）围绕全年重点工作，聚焦经济发展和安全稳定，聚焦社会事业和民生福祉，召开管委会常务会议21次。

（党政办）

2023年镇江经开区管委会常务会议情况一览表

表6－1

纪要文号	主要内容	会议时间
管委会2023年第1次常务会议纪要	学习中央经济工作会议精神；听取全区疫苗接种工作情况汇报；研究进一步优化项目准入及签批流程事宜；研究新区2023年财政预算拟安排情况事宜；研究了其他事项	1月5日
管委会2023年第13次常务会议纪要	研究《镇江新区"十四五"生态环境保护规划》及《镇江新区水生态环境保护"十四五"规划》；集中学习习近平法治思想主要精神并听取"八五"普法工作情况汇报；听取"一件事一次办"阶段工作情况汇报；研究基础设施配套费政策执行相关事宜；研究了其他事项	8月21日
管委会2023年第14次常务会议纪要	研究新区市场化引才机制及优化人才政策事宜；研究调整2023年镇江新区被征地农民基本生活保障标准事宜；研究集成管理平台优化提升事宜；研究了其他事项	9月2日
管委会2023年第15次常务会议纪要	听取全区1～8月消防安全形势分析评估报告，研究修订《镇江新区消防安全委员会工作规则》《镇江新区消防安全委员会成员单位工作职责》；研究了其他事项	9月22日
管委会2023年第16次常务会议纪要	听取全区教育卫生工作情况的汇报；研究了其他事项	10月13日
管委会2023年第17次常务会议纪要	研究新区2023年度住房困难家庭实物配租事宜；研究镇江综保区场站平台运营事宜；研究了其他事项	11月4日
管委会2023年第18次常务会议纪要	听取全区粮食生产情况报告；研究垃圾中转站配套设备更换事宜；研究了其他事项	11月17日
管委会2023年第20次常务会议纪要	研究2022年镇江经开区"两大高地"基础型人才补贴兑付事宜；研究了其他事项	12月16日
管委会2023年第21次常务会议纪要	学习中央农村工作会议精神；研究了其他事项	12月25日

（党政办）

【接待工作】 2023年，镇江经开区贯彻执行国务院、省、市关于规范公务接待工作的要求，坚持"务实严谨、服务到位"的工作原则，全力做好接待、调研等保障工作，为全区重点工作的开展提供有力支撑。全年共接待各类参观、考察团队120余个、1500余人次。全年经开区承接多场高级别接待，其中省部级领导考察接待11场，完成省长许昆林调研润果及丁卯警务站、省政协主席张义珍开展春节慰问、省委副书记邓修明调研润果、副省长胡广杰调研新区航空航天产业等调研考察活动保障。

（党政办）

【外事工作】 2023年，镇江经开区聚力开放发展，出访组团或参团12批次34人次，出访期间共达成10个经贸项目协议。围绕中心工作，做好韩国富川市、益山市代表团到区友好访问等重大涉外活动的保障工作。坚持外事为民，走访枫叶国际学校、区内外资企业并拜访相关外籍人士，协调解决相关问题。助力企业“请进来”和“走出去”，办理邀请外国人来华业务34批次62人次，APEC商务旅行卡14批次28人次，企业人员出国（境）任务报批5批次18人次。打造特色载体，全省首批、全市唯一被命名的“省委外事工作委员会办公室基层联系点”实体化建成并投入使用，在联系点举办“明月寄乡思　共话中华情”外事嘉年华、招商英语角等特色活动。

（党政办）

【政府信息公开】　2023年，镇江经开区持续夯实政务公开工作基础，放大考核机制作用，进一步强化组织保障能力，不断提升公开成效，建立以政府网站信息公开专栏和政务新媒体开展主动公开为主，以新闻发布会、在线访谈、领导信箱、依申请公开、在线信访等互动公开为辅的政务公开工作体系。在全区范围内，政务公开工作展现出深度化、标准化、稳定化的健康持续发展态势。制定发布《关于公布2023年度镇江经开区管委会、部门和镇（街道）法定主动公开内容的通知》，明确各单位公开栏目，细化各单位具体公开内容和时限要求。全年审核发布各类政府公开信息7857件。全年开展在线访谈、征集民意、在线调查、新闻发布等各类互动活动共29次，比上年增加7次，发布、转载各类政策解读稿件130篇。办理群众网上来信76件，答复率100%。印发《2023年镇江经开区管委会门户网站及政务新媒体内容保障工作指标及考核办法》，通过季度性的督查与通报，对各部门进行评分。评分结果作为年终党建考核的重要指标之一，保障政务公开工作的制度化和规范化，以考核促实效，以通报励完善，有力推动政务公开工作的高质量、高效率发展。全区备案在册政务新媒体8个，另有宣传统战部主办的“镇江经开区发布”微信公众号，全年公开稿件3190篇。全年共收到依申请公开60件，另有2022年结转办件2件，除结转1件至2024年答复外，其余61件均按期完成答复。

（党政办）

【建议提案办理工作】　2023年，经开区认真办理好人大代表意见建议、政协委员提案，全年受理各级人大建议、政协提案共计71件，其中，市人大建议3件、市政协提案17件、京口区政协提案13件，与经开区人大办联合发文、共同办理区级人大建议38件，均在规定期内办理完毕，办结率100%，满意和基本满意率100%。聚焦群众“急难愁盼”，及时办理群众来信来访投诉。2023年累计收到江苏省阳光信访平台以及政府门户网站领导信箱来件138件，按时办结率为100%。

（党政办）

机关事务管理

【概况】　2023年，镇江经开区机关事务服务工作贯彻办公用房、公务用车和公共机构节能“三个办法”，坚持问题导向，主动担当作为，加快推进办公用房权属统一登记办理，持续深化公务用车“五定点”（定点保险、维修、加油、停放和洗车）和“三化”（平台建设标准化、车辆管理规范化、公车监管常态化）管理，着力提升公共机构节能降碳成效。

（机关事务服务所）

【办公用房管理】　2023年，镇江经开区机关事务服务所指导党政机关开展权属统一登记工作，协助梳理相关证件材料。组织党政机关定期排查消防、燃气和食品等方面安全风险，发现隐患立即整改。动员党政机关摸排可对社会开放资源，适时适度对外开放。

（机关事务服务所）

【公务用车管理】　2023年，镇江经开区机关事务服务所全面升级公务用车定位设备，指派专人监管公务用车行车轨迹，从严落实公务用车规范使用和节假日封存停驶制度。

（机关事务服务所）

【公共机构节能管理】 2023年，镇江经开区机关事务服务所协助公共机构创成1家省级节能示范单位、1家市级节水型单位和1家“无废”党政机关。推进管委会新能源汽车充电桩项目建设，共建设21个充电桩。

（机关事务服务所）

行政审批

【概况】 2023年，镇江经济技术开发区行政审批局（简称经开区行政审批局）围绕营商环境评价指标，推进行政审批工作。

全区企业总量14935家，比上年增长12.22%；其中新登记法人企业1248家，0.5个工作日办结四个环节的占比91.35%。企业开办全流程四个环节办结最短耗时0.5天，平均耗时0.54天。

核准备案项目292个，比上年减少41个；项目累计总投资190.06亿元，比上年下降26.84%。

项目审批。组织固定资产投资项目节能审查72件，为108个项目办理工程建设项目相关审批手续399项，发放施工许可证69本（总建筑面积56.2万平方米，合同造价17.3亿元），完成竣工验收备案42件，环评报告书/表审批84件，安全条件审查13件，安全设施设计专篇审查17件，危化品经营许可证83件，人防审批23件，水土保持方案审批9件，占用挖掘道路和绿化审批96件，建筑业资质37件，房屋租赁备案56件，建设项目登记56件。

（王　旭）

【市场主体准入】 2023年，经开区行政审批局以便利为重点抓市场主体准入。一是加强企业开办“全链通2.0”版宣传，通过企业名称自主申报、经营范围规范表述系统，全程电子化登记企业占新设企业的27.92%。二是政银合作提供咨询代办便利。与区内7家商业银行举办政银合作窗口入驻协议签订仪式，各进驻银行贴身为市场主体提供咨询、代办、免费刻章等“一揽子”企业开办服务。三是试行跨辖区“一照多址”登记。成功办理全市首张跨辖区“一照多址”营业执照。四是提升企业查询登记档案的便利度。新区企业登记档案查询系统于2023年4月19日正式上线，362家新区企业成功通过自助查询系统后台线上审核，可不限次数享受在线查询、自主下载、自助打印等线上免费获取档案的服务。五是深化企业“1＋N”一体化注销改革。在企业注销“一件事”常态化运行基础上，围绕企业准入、准营、退出的全生命周期，梳理可进行一体化注销的9类高频事项，制定并公布新区企业“1＋N”一体化注销联办试点清单；7月底，镇江阿斯克贸易有限公司一次性办理营业执照、税务、社保、危化品经营许可等多个注销事项，成为首家享受此项改革红利的企业。

（王　旭）

【项目审批服务】 2023年，经开区行政审批局以效率为目标抓项目审批服务。经开区工改办实质性运作，围绕“百日开工”目标牵头力促项目审批服务提效。

推进市工改试点项目。逐项梳理社会投资低风险项目、带方案出让土地简易项目、既有建筑改造项目“三类项目”实行告知信用承诺制审批的可行性，并进一步规范程序、精简材料，制定发布实施方案，对西杰电气、江南化工等企业的17个“三类项目”实施“清单＋告知承诺制”审批，对航发优材、西杰电气等5个项目实施“容缺后补”审批。镇江新区行政审批局制定《工程建设项目规范“清单＋告知承诺”、重大项目“容缺后补”和相应的信用分级分类管理审批改革方案》，并在镇江市重大产业项目“百日开工”动员部署会上进行交流发言。

建立项目会审机制。建立重点敏感行业项目准入会商机制，把关负面清单建设、固废收集综合利用、建材类等敏感项目的引入。

对通过准入评估或较为成熟的产业项目，由板块或招引部门提出申请，组织各审批服务部门主动介入、提前辅导，明确项目推进的标准、流程、事项、节点和责任主体，形成项目审批责任清单并挂图作战，力争减少重复材料、减少无效沟通，尽可能并联审批、规范中介服务、压缩审批时间。

规范项目帮代办服务。制定《产业类项目帮代办工作实施方案》《产业类项目帮代办服务考核办法》，组织项目帮代办员专题培训，提高项目服务队伍帮代办能力。

关口前移服务土地交易。建立与招商中心、资规分局、土储中心、园区板块多方联动机制，从工业土地上市联席会议开始到签订成交确认书全程跟踪，确保企业从报名到摘牌"只跑一次"即可完成所有流程。全年全区交易地块52个，土地挂牌无一流拍。

（王　旭）

【政务服务提升延伸】　2023年，经开区行政审批局围绕一体化平台抓政务服务提升延伸。推广"一件事一次办"。全区产生网上省定"一件事"办件3683件。"一件事一次办"向基层延伸，以高频事项由区级政务服务中心下沉的形式提升了卯企业群众"就近办"便利度。拓展政务服务体系。推进基层便民服务中心建设，6月，制发《新区便民服务中心星级评定实施方案》，10月下旬对5个镇（街道）便民服务中心进行实地考评。推进自助网点建设，依托"农商行·苏服办"、建行"裕农通"等服务品牌，建设便民服务点50余个，覆盖22个社区。推进上网用网。全区运用中介超市平台共发布采购公告181条，中标率85%，其中政府投资项目168条，企业类投资项目13条。在苏企通平台发布政策4条。全区7家监管部门向"互联网+监管"全国统一平台报送监管行为数据2487条，监管事项覆盖率92.91%。

（王　旭）

【"审管执信监"平台应用】　2023年，经开区行政审批局推进"审管执信监"平台应用。上线涉及5个部门56个事项的"审管执信监"清单事项，推送企业变更登记、临时挖占绿化带道路开口、建筑工程施工许可证、水土保持等审批等办件信息860条，监管部门接收反馈率100%；通过"审管执信监"平台，区城乡建设局在签收施工许可审批办件后，按照施工许可监管全覆盖的要求，对坤鼎智能科技、巴斯夫造纸等13个项目第一时间发起现场检查并予以审核通过，实现审批监管无缝衔接。

（王　旭）

【数字人民币应用推广】　2023年，经开区行政审批局公共资源交易中心组织召开数字人民币培训会，引导招标代理、评标专家通过数字人民币支付和结算；在建设工程、水利工程、综合交易保证金、缴税、专家评审费、农村产权保证金、土地保证金等所有对公账户均开通数字钱包，用于各专业投标保证金、评委费、党费等场景应用，并与银行、代理机构、评标专家等建立了数字人民币应用联系机制。9月初，全市首笔大额"数字人民币缴纳土地拍卖款"场景在新区顺利落地。全年全区使用数字人民币支付共计219次，结算规模1.3亿余元。

（王　旭）

集成管理指挥中心

【概况】　2023年，镇江经济技术开发区集成管理指挥中心（简称经开区集成管理指挥中心）全面参与全区党建引领末梢疏通工程，在社会治理、企业服务、民生服务等方面谋实创新。结合经开区党建引领末梢疏通工程，细化出台《三级事项办理实施流程》。全年牵头召开疑难协调会19次，涉及疑难问题49件，其中44件较好解决；提请管委会主要领导协调解决企业和群众热点投诉11件。全年累计发布诉求热点周报、企业服务月报、重要事项专报(集中投诉特别提醒)等58期,向全区各部门发出88件重点问题交办单。

(司徒俊)

图6-1 2023年3月20日,新区管委会召开专题会议,调研调度民生热点疑难问题 (新闻中心 供稿)

【网格管理体系加强】 2023年,经开区集成管理指挥中心根据市、区两级要求,集成和政法委统一网格、统一队伍。划分283个综合网格、117个专属网格、2155个微网格,参与网格管理的专兼职网格员2600余人。围绕事项进网入格的具体解读和实际运用,组织网格人员集中培训8次,小班辅导10次,岗位跟训覆盖5个镇(街道)。全年综合网格上报事项4.4万余件;企业项目服务专属网格深入企业、走访企业5786家次,两级集成中心处置企业诉求2488件。联合丁卯街道在全市首家试点矛盾纠纷多元化解系统平台,提升全区社会治理布局、能力现代化水平。

(胡永溧)

【"末梢前移、未诉先办"集成管理机制建设】 2023年,经开区集成管理指挥中心积极探索"末梢前移、未诉先办"集成管理机制,拓展基层承办服务事项范围,聚焦群企所盼,优服务、惠民生。全年办理民生诉求问题等三级事项6万件,比上年增长30.4%,首次实现12345热线投诉类工单数同比下降。联合板块部门推进49件疑难事项,其中40个得到解决,并推进其余事项。经开区管委会主要领导先后三次专题调度民生热点、企业服务难题,其中华东泰克西异味扰民问题得到有效控制,大港银山鑫城铃兰苑2栋、3栋100户居民无法安装天然气等困扰群众数年的难题全部解决,妥善处置东方路周边企业绿化及柳湖路、致远路维护问题,安装春晖路"礼让行人"标识、探头等交通设施设备。

(胡永溧)

中国人民政治协商会议镇江市委员会经济技术开发区工作委员会

综　述

【概况】　2023年，中国人民政治协商会议镇江市委员会经济技术开发区工作委员会（简称经开区政协工委）坚持以习近平新时代中国特色社会主义思想为指引，围绕经开区党工委、管委会中心工作，以党建强引领，以协商促发展，以团结聚共识，以创新添活力，以担当树形象，推进发扬民主和增进团结相互贯通、建言资政和凝聚共识双向发力，在推动发展全过程人民民主经开区实践中贡献政协智慧和力量。

2023年，经开区开展各类委员履职活动23场；联合经开区法院、检察院，开展公开听证、行政公益诉讼案件听证等活动共11场，覆盖委员156人次。其中，经开区民主监督营商环境活动参与委员人数61人次。围绕"宜文化"建设，培育新一批诗教先进示范点，加强对新区诗词楹联协会的管理，定期组织开展采风活动，编印出版《圌山诗词》4期。编纂出版《镇江新区年鉴（2023）》，《镇江新区年鉴（2022）》获全省年鉴质量评定二等奖。出版《楹联润东——楹联里的历史文化》。

（宋艺卉）

【关于加快镇江新区暨国家大学科技园产业集聚的建议】

提案者：李红。

主要建议：1. 加强高校科技人才招引对接；2. 瞄准品牌功能生活业态招引；3. 鼓励引导存量企业技改增资；4. 紧跟发展规划做好招引策划；5. 推进"僵烂闲"低效资源处置。

办理成效：针对提案中的五条建议，具体答复如下。

1. 2022年大学园入选省市区级各类人才共计56人，各项人才项目申报数及入选数持续领跑全区；获批国家、省、市级专精特新中小企业分别为3家、14家、15家。全年完成国家高新技术企业认定36家，获评2022年市"十佳双创平台"和市级"重点孵化器"荣誉称号。2022年以来，大学园扎实推进科创企业"伴飞""展翅""领航"三大计划，培育更强创新主体。聚焦科创载体建设，当年吸收应届毕业生创业就业982人，联合南工大、江科大等高校与园区企业积极开展"牵手大院大所，做实产学研用"专题活动，建立"校企共建　实习实践基地"，打通成果转化"最后一公里"。下一步，大学园将坚持"主动、靠前、创新"的人才服务理念，充分释放"十四五"镇江人才"镇兴"计划、大学生"聚镇"计划、新"两大高地"等人才政策的能动效应，为大学园人才链与创新链的融合发展增添新动能，全力构筑引人聚才“强磁场”。

2. 2020年以来，新区通过盘活沃得广场闲置载体，招引长申超市入驻，升级改造纬五路特色街区，不断落实“7+2”民生实事项目，进一步优化营商环境、完善功能配套，为建设“青创家园品质生活圈”奠定基础。目前永隆乐学街商圈教培类商家已逾30家，涵盖托婴中心、早教托管类、教育类、书法美术舞蹈艺术类、课程辅导等全龄段优质教育品牌，旨在打造城东首个教培基地，目前在营的培训机构建筑面积1.5万平方米，学员超过7000人。丁卯片区作为镇江城市副中心，将继续努力打造高品质生活宜创宜业宜居地，用活力四射的发展氛围、优美的城市环境、便利的生活条件助推产业不断创新升级、高端人才持续集聚，创建丁卯魅力“新篇章”。

3. 大学园持续推进“宜网通办、两网融合”，聚焦网格，确保项目服务不掉线。通过组建3个项目服务网格和22个重点项目服务专班，实行“沉下去”现场服务企业项目建设。2022年全年累计走访3400余人次，服务153家规上企业和21个重点项目。以“项目为王”为核心导向，聚焦生命健康、汽车零部件等产业链的上下游重点项目领域，组建项目服务网格专班为项目配套优质服务，进一步突出优化项目推进体系的整体设计，明确基础配套、项目用地、水电接入、审批服务的介入节点，为企业和项目方“上门办、马上办、帮助办、办上马”找准工作着力点，形成服务项目建设全生命周期的新服务格局。大学园将进一步深化“两网融合”，凝聚思想共识，用集成管理的力量，全力推动项目建设高质高效发展。

4. 大学园着眼丁卯全域“1+X”产业布局，找准产业路径，围绕做大做强生命健康、科技教育、智能制造和现代服务，围绕稳链、强链、补链，编制主导产业招商路线图，建立目标企业库，搭建合作平台。在加大对外招引力度的同时，树立“支持本地企业再投资也是招商”的理念，主动对接、鼓励金斯瑞、阿雷蒙、金海创、泛沃等本土优质品牌企业扩大投资规模，扩展投资领域，其中由大学园牵头招引的4亿美元蓬勃生物及2亿美元双峰格雷斯海姆两个项目已列入2022年度省重点项目。同时依托板块内汽贸资源禀赋和良好的产业基础优势，积极引进华为赛力斯、特斯拉等多家新能源龙头汽车品牌，全力推进板块内汽车经营品牌迭代更新，增添消费选择丰富度。2022年全年，园区工业总产值增长8%，规上服务业营业收入增长153%，培育规上工业企业7家、规上服务业企业26家；新签约引进亿元以上重大项目10个，实际到位外资7723万美元。下一步，大学园将继续坚持“要素跟着项目走”，推动各类资源要素向新兴产业倾斜、向优质项目集聚，以要素的“最优配置”创造发展的“最大增值”，真正让好企业有好资源，让好项目有好发展。

5. 大学园直面空间饱和、新增长点不足等发展难题，积极探索盘活存量用地“有限空间、无限发展”的新模式，大力推动存量用地提质增效行动。对低效企业、闲置地块分批次、分类型，采取有效措施，板块上下合力推进土地清理整合，破解项目用地瓶颈，为优质项目的落地腾出空间，有效缓解因土地紧缺导致优质项目难以落地的矛盾。2022年，大学科技园盘活闲置地块约235亩，载体出清3.5万平方米，全力推进金斯瑞、阿雷蒙等重点项目建设，完成新审批亿元项目6个，新开工亿元项目6个，新竣工亿元项目3个，全面完成目标任务。下一步，大学园将积极实施“啄木鸟提升计划”，建立园区运营联动联席会议机制，确立大学科技园“一核两翼多点”园区载体发展方向，优化升级园区载体基础设施，充分谋划园区特色品牌创立，全面提升园区载体运营综合质效。

（党政办）

重要工作

【民主监督】 2023年,新区政协工委于2月印发《关于在全体委员中开展民主监督营商环境,助推经开区高质量发展活动的实施意见》,组织全体政协委员以季度为单位,围绕“集中视察行政执法规范”“推动惠企政策兑现落实”“优化政务服务环境”“推进重大项目落地”四个主题开展政协民主监督活动。4月,新区政协工委梳理出2021年、2022年全区已落地、有政策项目43个,联合区财政局、招商中心等部门逐个摸排,以监督活动推动惠企政策落地生效,为创造良好营商环境贡献政协力量。 (宋艺卉)

【“同心助企”行动】 2023年,经开区政协工委响应市政协统一部署,贯彻弘扬“干部敢为、地方敢闯、企业敢干、群众敢首创”精神,汇聚发展信心,切实帮助企业纾困解难,助力企业做大做强,开展“同心助企”行动,配合市政协领导到经开区企业开展走访,累计走访企业16家,到江南化工、香江科技等企业收集诉求23件。市政协副主席、经开区党工委书记路月中集中走访调研江苏安用座椅科技有限公司、威特药业有限责任公司等8家企业,与多名企业家政协委员面对面交流。为提高“同心助企”行动实效,区政协工委提前收集企业诉求13件,邀请区有关职能部门共同参加走访,针对企业所提区级层面可解决的诉求直接回应解决,需要市级部门协调解决的诉求,形成清单上报。 (宋艺卉)

【政协委员联系群众工作】 2023年,经开区政协工委做好委员联系群众工作。不断延伸联系手臂、增强团结温度,强化政协委员同党外知识分子、非公有制经济人士、新的社会阶层人士的沟通联络,挖掘培育新乡贤资源,壮大履职队伍,激活履职“细胞”。以末梢疏通为切入点,发动群众代表、党员中心户、政协委员、经开区部门同推共研。与调解专家周秀琴工作室密切合作联谊,开展纠纷调解活动2场。 (宋艺卉)

【社情民意收集】 2023年,经开区政协工委以协商议事为平台,做好社情民意收集工作。协助党委政府做好理顺情绪、解疑释惑、化解矛盾、引导预期的工作,让各类基层社会治理参与主体找到“最大公约数”,画出“最大同心圆”。全年开展协商议事活动22场,形成经典案例15篇,经开区政协工委办公室上报社情民意13篇,组织委员报送4篇。 (宋艺卉)

【政协委员培训】 2023年,经开区政协工委以凝聚共识为目标,做好政协委员培训工作。坚持把加强委员学习培训作为提升委员履职

图7-1 2023年3月29日,镇江经开区政协工委到企业开展“同心助企”走访活动 (宋艺卉 摄)

能力的基础性工作列入重要议事日程，积极探索机制性安排，引导委员紧跟政策步伐、紧贴行业脉搏。用好基层“协商议事室”“同心读书室”，通过专题辅导、现场教学等多种教学模式相结合，引导和帮助广大政协委员深刻认识人民政协的性质定位，准确把握政协工作的方向路径，进一步理清工作思路，增强履职的责任感和使命感。经开区政协工委组织带领全体委员参与集体学习、专题讲座学习、市政协专委会座谈讨论、政协讲坛、委员讲堂、委员专题培训等理论学习活动5场，前往淮安红色教育基地学习培训，参与委员23人。在经开区圌心大厦人才公寓、宜园分别建立“书香政协”委员同心读书室，结合委员学习培训活动、协商议事活动、视察活动等开展丰富的委员党日活动，全年经开区政协工委办公室党支部开展集中学习、走访帮扶活动12场。

（宋艺卉）

图7－2　政协委员在“书香政协”同心读书室开展活动

（宋艺卉　摄）

【市领导到丁岗参加民生专题协商议事活动】

2023年9月22日，经开区组织政协委员开展民生专题协商议事活动。市政协副主席、经开区党工委书记路月中前往丁岗镇，推进平昌新城电动自行车充电桩加快建设。近年来，平昌新城各小区房屋入住率逐渐提高，电瓶车作为居民使用最为普遍的交通工具，充电难的问题也愈发凸显，平昌新城多个小区引入电动自行车充电桩，至8月底，建成充电桩151套，可同时满足1510辆电动车充电，但在充电桩建设、推广以及管理维护的过程中，仍有不少事项需要合力推进解决。当天活动中，路月中先后前往新乐苑、宜业苑的电动自行车充电桩建设项目现场，详细了解相关情况。

协商议事会上，群众、物业、中心户、信息员等各方代表对议题进行充分讨论，大家各抒己见、坦诚协商，分析研判可能存在的难点问题，提出可行性意见建议，政协委员也就充电桩建设事项建言献策。路月中指出，电动自行车充电桩建设关系到千家万户的切实利益，也是政协战线坚持“人民政协为人民”价值追求的集中反映，丁岗镇要充分采纳各方意见、落实到位，切实将好事办好，既要满足群众的实际需求、方便百姓的日常生活，也要让投资方、运营方、合作方实现共赢，真正将协商议事成果转化为推动工作的实际举措、服务群众的实际成果。

路月中强调，工作推进过程中，一定要让党建引领末梢疏通工程的组织网络在该项目建设中发挥积极作用。针对充电桩推广、运营、维护等各个环节的难点堵点问题，镇级层面要加强指导帮助，社区层面要拿出针对性举措，充分发挥中心户、信息员人熟、地熟、情况熟的优势，与群众多沟通、多商量、多协调，真正用活“末梢”，推动问题有效解决，把工作做到群众心坎上。（宋艺卉）

【楹联文化区创建工作】 2023年，经开区政协工委落实市政协、市诗协工作要求，在经开区银山公园、宜园、丁卯中心小学、丁卯科技新城实验学校设立“中国楹联文化区”创建点，投资20万元，统一制作、布建楹联村居、公园、学校，组织创作主题展并发行《镇江经开区楹联》一书，收集楹联作品300余副。

（宋艺卉）

图7－3　2023年1月18日，政协工委在金湖社区开展“百副春联进社区”活动　（宋艺卉　摄）

【《镇江新区年鉴（2023）》出版】 2023年12月，《镇江新区年鉴（2023）》由广陵书社出版。《镇江新区年鉴（2023）》为总第4卷，全书44.5万字，记载2022年镇江新区经济、社会等方面的基本面貌、发展状况和各行各业取得的新进展、新成就、新经验。全书设“特载”“人物　荣誉榜”“大事记”“镇江新区概览”“中共镇江新区工作委员会”“镇江市人民代表大会常务委员会新区工作委员会”“镇江新区管理委员会”“中国人民政治协商会议镇江市委员会新区工作委员会”“中共镇江新区纪律检查委员会　镇江经济技术开发区监察工作委员会”等27个类目，分目123个（含副分目10个），条目755条，另有表格24张、插图56幅。

（宋艺卉）

【《镇江新区年鉴（2022）》获全省年鉴质量评审二等奖】 2023年12月，省地方志办公室对全省年鉴质量进行评定，《镇江新区年鉴（2022）》荣获省“二等年鉴”，这是镇江经开区年鉴工作迄今为止获得的最高荣誉。《镇江新区年鉴（2022）》重点突出、特色鲜明，重点围绕经济建设、营商环境建设、招商引资、项目建设、环境保护等内容纪实记载。镇江经开区是改革开放、创业创新的试点区；是新的改革政策、新做法、新举措（如行政审批、集成管理、环境保护、人才激励）的先行区；同时是镇江市规模企业、高科技企业、上市公司、重点重大项目的集聚区。《镇江新区年鉴（2022）》在编撰的框架结构、人物简介、大事记、条目、图表、重要文件选辑上注重突出特色，在篇目上向重点倾斜。突出介绍全区“工业销售二十强企业”“利税总额二十强企业”“纳税二十强企业”。在“人物简介”中将受到镇江市表彰的“招商能手”作为“新闻人物”单列介绍。

（宋艺卉）

中共镇江经济技术开发区纪律检查工作委员会
镇江经济技术开发区监察工作委员会

综　述

【概况】　2023 年，中共镇江经济技术开发区纪律检查工作委员会（简称经开区纪工委）、镇江经济技术开发区监察工作委员会（简称经开区监察工委）努力营造良好政治生态和发展环境，始终保持惩治腐败高压态势，全年党纪政务立案 116 件，办理留置案件 7 件，移送司法机关 6 人。依法通过追缴、仲裁、诉讼等手段止损挽损 0.51 亿元。坚持严管厚爱结合，落实“三个区分开来”（把因缺乏经验先行先试出现的失误与明知故犯行为区分开来，把国家尚无明确规定时的探索性试验与国家明令禁止后的有规不依行为区分开来，把为推动改革的无意过失与为谋取私利的故意行为区分开来），实施容错纠错 2 人，其中对某局工作人员在“放管服”改革权力清单把握不准的情况下回应企业困难诉求越权审批予以容错，入选市“三项机制”（鼓励激励机制、容错纠错机制、能上能下机制）典型案例，澄清正名 9 人，回访受处分干部 21 人，激励干部担当作为。　（纪工委）

【2023 年度党风廉政建设和反腐败工作会议】　2023 年 2 月 3 日，新区召开 2023 年度党风廉政建设和反腐败工作会议，深入学习贯彻中共二十大精神，全面落实中央、省、市纪委全会要求，总结工作、分析形势，部署 2023 年度党风廉政建设工作任务。新区党工委、人大工委、管委会、政协工委全体领导，开

图 8－1　2023 年 2 月 3 日，镇江新区 2023 年度党风廉政建设和反腐败工作会议召开　（纪工委　供稿）

发区法院、开发区检察院主要负责同志，以及机关各部门主要负责同志、各镇（街道）党（工）委书记和园区、驻区单位、直属单位、国有企业主要负责同志参加会议。会议要求，全区上下要坚持把全面从严治党引向纵深，不断巩固风清气正的政治生态，为持续深入打好"五大攻坚战"、全面推进中国式现代化新区新实践提供坚强的政治保障。（纪工委）

【党风廉政宣传教育】 2023 年，经开区纪工委、经开区监察工委拍摄《不该失守的"微权力"》警示教育片，以案明纪、以案警示、以案促改。积极开展党风廉政宣传，在市以上媒体发表党风廉政新闻 52 篇。弘扬廉洁家风文化，研究制定《关于在全区开展"宜地家风"廉洁文化建设活动的意见》，组织部门参观各类家风建设基地 2000 余人次，召开干部家属座谈会 20 余场，在全区形成重视家教、建设家风的热潮。培树全国人大代表魏巧作为"家风传承好家庭"典型代表，省纪委主要领导调研镇江时，对魏巧家庭兴农报国的家风传承和新区家风培树工作给予肯定。

（纪工委）

【纪检监察制度建设】 2023 年，经开区纪工委、经开区监察工委对照《全市面上历次巡察反馈纪检监察机关 41 项典型问题》，结合新区实际，举一反三，全区各纪检监察组织全面梳理、逐项查摆，剖析问题根源、形成整改措施，制定完善《问题线索集中分析研判管理办法》《关于进一步规范涉案款管理和处置流程的通知》《涉密网络委托运维管理办法》《案件档案归档办法》《乡案县审实施办法》等一批务实管用的制度规定，进一步堵塞风险漏洞。

（纪工委）

【纪检监察干部队伍教育整顿】 2023 年，经开区纪工委、经开区监察工委认真贯彻中央和省市关于纪检监察干部队伍教育整顿工作的部署要求，全力打造忠诚干净担当的队伍。严格落实"第一议题"制度，学习习近平总书记重要讲话 21 次，讲授"打铁必须自身硬"主题党课，作廉政教育报告，开展"四重温四强化"专题研讨，开展现场警示教育 3 场，形成 1 个区纪工委党支部、3 个学习小组、2 类基层纪委全覆盖的"1 +3 +2"学习教育模式，切实把党的创新理论转化为武装头脑、指导实践、推动工作的强大力量。坚决整顿纯洁组织，优化新区纪检监察管理体制，3 个派驻纪检组分别更名纪检监察三、四、五室并挂牌派驻纪检组，明确监督检查职能和范围。全面起底中共十八大以来反映纪检监察干部问题线索 19 件，运用第一种形态处置 1 人，立案查处 1 名纪检监察干部并调离系统。（纪工委）

巡察工作

【概况】 2023 年，经开区党工委组织开展两轮常规巡察，对 1 家机关部门、1 家园区、3 家国企一级子公司进行巡察监督，移送问题线索 20 件，其中，涉及科级干部问题线索 3 件，成案率 100%。针对投融资、担保小贷、工程建设管理、资产运营处置等重大风险源查找突出问题，形成 2 篇专题报告，提出对策建议，促进国企健康发展，得到经开区党工委主要领导批示肯定。巡察期间，加强对群众"急难愁盼"问题的立行立改，推动加快安置小区公共部位电表过户、及时清理户外存在安全隐患的广告牌等民生实事，相关做法在省市媒体宣传报道。（巡察办）

【巡察整改"回头看"】 2023 年，经开区党工委巡察办组织对 4 家区管单位党组织进行巡察整改"回头看"，确保整改收效见效。对市委巡察大港街道党工委指出实验幼儿园消防安全隐患问题的整改情况跟进监督，推动问题整改到位，对整改落实不力的 4 名责任人运用第一种形态处置。对十三届省委巡视镇江涉及经开区的8个问题的反馈整改情况进行“回头看”，确保8条整改措施落实到位。经开区党工委会议专题听取第三轮、第四轮部分被巡察单位巡察整改进展情况汇报，督促推动相关单位抓好巡察整改落实，确保每一项整改任务、每一个整改环节都有人抓、有人管、有人负责，不断提升党委抓巡察整改的成果成效。　（巡察办）

监督执纪问责

【概况】　2023年，经开区纪工委、经开区监察工委运用“四种形态”（第一种：党内关系要正常化，批评和自我批评要经常开展，让咬耳扯袖、红脸出汗成为常态。第二种：党纪轻处分和组织调整要成为大多数。第三种：对严重违纪的重处分、作出重大职务调整应当是少数。第四种：严重违纪涉嫌违法立案审查的只能是极少数）处置152人次，其中：第一种形态63人次，第二种形态65人次，第三种形态3人次，第四种形态21人次。围绕融资领域、污染防治、安全生产、乡村振兴、营商环境等5个领域开展专项监督。持续纠治享乐主义、奢靡之风，立案查处违规吃喝、违规收送礼品礼金、违规发放津补贴等问题15件19人，其中科级干部3人；通报曝光5批12起16人。靶向整治群众诉求工单推诿扯皮、敷衍塞责问题，立案查处工单处置走过场及乡村振兴工作中的形式主义、官僚主义问题3件4人。驰而不息整治群众身边的腐败和不正之风，查处问题7件9人。紧盯电子红包、快递送礼等新动向，立案查处“不见面送礼”等隐形变异新问题2件2人。　（纪工委）

【乡村振兴专项监督】　2023年，经开区纪工委、经开区监察工委聚焦乡村振兴涉农补贴政策落实情况开展专项整治，建立惠农资金专项监督大数据模型，围绕农资综合补贴、粮食直补、土地流转扶持资金、地力保护补贴等关键指标，采集54万条数据，涉及补贴资金2.85亿元，筛查出可疑数据700余个，形成有效问题线索30条，立案查处10人，运用第一种形态处置4人。强化“纪审联动”，对518条地力保护补贴资金异常数据进行专项审计，发现重点问题34个，制发纪检监察建议书4份，推动建立健全制度2个，信息化管理“二轮”农村土地承包档案1000余卷，帮助村集体规范资金管理100余万元，相关工作在全市纪委监委大数据监督模型评选交流活动中获二等奖。　（纪工委）

群众团体

镇江经济技术开发区总工会

【概况】 2023年，镇江经济技术开发区总工会(简称区总工会)围绕发展大局，发挥工会组织促发展、维权益、保稳定作用，新建"四群八链"["高端装备制造、生命健康、数字经济、新材料"四大产业集群和"新型电力(新能源)装备、汽车及零部件(新能源汽车)、高性能材料、医疗器械和生物医药、新一代信息技术、航空航天、海工装备、智能农机设备"八条产业链]规模以上企业及小微企业、社会组织工会81家，新增工会会员12303人。至2023年年底，全区有工会组织374家，工会会员近10万人。 (任卉野)

【先进典型精神弘扬】 2023年，区总工会弘扬劳模精神、劳动精神、工匠精神，完成全国、省、市级劳动模范、先进评选活动，推评选树一批优秀劳动者、先进集体。1家集体获全国"工人先锋号"称号[航天海鹰(镇江)特种材料有限公司装配班组]；1家集体获江苏省"五一劳动奖状"称号(江苏吉贝尔药业股份有限公司)；1名个人获江苏省"五一劳动奖章"(镇江奇美化工有限公司赵吴刚)；1家集体获江苏省"工人先锋号"称号(江苏天奈科技股份有限公司研发一组)；1家集体荣获江苏省工会"书香企业"称号[中节能太阳能科技(镇江)有限公司]；16个集体、个人分获镇江市"五一劳动奖状""工人先锋号""五一劳动奖章"等荣誉[江苏天诺道路材料有限公司、江苏天奈科技股份有限公司、瑞肯耐特流体控制系统(镇江)有限公司、镇江奇美化工有限公司行政管理部、索尔维(镇江)化学品有限公司索尔维双氧水事业部生产部门B班、江苏无国界航空发展有限公司飞机维修工程学院、安赫集团有限公司行政办公室、镇江日月照明有限公司安全闸站部；镇江高鹏药业有限公司景玉莲、江苏华龙精密智造股份有限公司孙楠、镇江市丹高电器有限公司朱美路、航天海鹰(镇江)特种材料有限公司王康、江苏吉贝尔药业股份有限公司李召广、江苏金斯瑞蓬勃生物科技有限公司曾雪飞、恩坦华汽车零部件(镇江)有限公司陈超、镇江江南化工有限公司王勇]；3个集体、个人分别获镇江市"五一文明班组(科室)""五一文明职工"荣誉[镇江美达塑胶有限公司行政办公室；镇江鸿欣船务有限公司孙洁、莱特丝(江苏)新材料科技有限公司庄昱炜]。区总工会推评选树2023年镇江新区10个"五一劳动奖状"、10个"五一劳动奖章"、10个"工人先锋号"、10名"最美娘家人"。

2023 年镇江新区 10 个"五一劳动奖状"名单

1. 江苏天奈科技股份有限公司
2. 镇江市京发粉末冶金制品有限公司
3. 镇江市人杰医疗器械有限公司
4. 江苏华智新能源科技有限公司
5. 莱特丝(江苏)新材料科技有限公司
6. 恩坦华汽车零部件(镇江)有限公司
7. 凯迩必机械工业(镇江)有限公司
8. 镇江南帝化工有限公司
9. 航发优材(镇江)钛合金精密成型有限公司
10. 镇江中远海运物流有限公司

2023 年镇江新区 10 名"五一劳动奖章"名单

1. 镇江市丹高电器有限公司　张宝忠
2. 镇江盛华港务有限公司　王柳淳
3. 江苏宇钛新材料有限公司　吴学利
4. 镇江康飞汽车制造股份有限公司　吴　闯
5. 镇江瑞康医院　朱旻莉
6. 赢创新安(镇江)硅材料有限公司　王　勇
7. 航发优材(镇江)增材制造有限公司　房立家
8. 镇江新区实验幼儿园　许建桃
9. 镇江新区消防救援大队　黄巍峰
10. 江苏圌山农业科技有限公司　吴　艳

2023 年镇江新区 10 个"工人先锋号"名单

1. 镇江新区新能源产业园管理办公室综合发展部
2. 镇江新区润东物业管理有限公司工程项目管理部
3. 镇江市长虹散热器有限公司研发部
4. 镇江宝瑞通机械有限公司熔炼浇注工段
5. 镇江威特药业有限责任公司药品生产车间
6. 伊顿辉能低压电器(江苏)有限公司装配车间贴牌组
7. 镇江新区丁卯街道为民服务中心
8. 中国移动通信集团江苏有限公司镇江分公司新区营销中心
9. 江苏超跃化学有限公司运行管理部三工段丙班
10. 万事达节能新材料(江苏)股份有限公司江苏工厂生产管理部

2023 年镇江新区 10 名"最美娘家人"名单

1. 中外运物流镇江有限公司　陈丹月
2. 大路镇总工会　王永红
3. 姚桥镇总工会　薛　敏
4. 大港街道总工会　汤红智
5. 丁卯街道总工会　朱　霞
6. 镇江江南化工有限公司　华业俊
7. 镇江综合保税区管理局　葛凌云
8. 镇江新区建设工程质量中心试验室　刘红娟
9. 镇江新区综合行政执法局　韩　飞
10. 江苏瀚瑞投资控股有限公司　徐　静

(任卉野)

【和谐劳动关系构建】 2023 年,区总工会认真落实市总工会维护劳动领域政治安全工作会议精神,着力构建和谐劳动关系,守牢维稳警戒线。分别与各乡镇、街道以及两个园区板块签订《2023 年度工会劳动领域维护政治安全工作责任书》,将责任层层传导到位;初步组建劳动安全工作小组,密切关注职工思想动态,竭力解决职工群众"急难愁盼",确保有问题早发现、早跟踪、早化解;定期进行企业"法律体检"和阵地宣传活动,发放各种劳动法治宣传材料 2000 余份,制作普法宣传视频 5 个,开展座谈 20 余次,密切关注职工思想动态,守牢维稳警戒线。(任卉野)

【职工技能竞赛活动】 2023 年,区总工会组织动员全区职工开展“技能大比武 岗位大练兵”素质提升活动，组织开展镇江市航空航天产业链钳工职业技能竞赛，联合有关单位举办镇江经开区安全生产综合执法竞赛、联合人社部门开展“圌山杯”化学检验员职业技能竞赛，联合吉贝尔药业开展药品 GMP 技能竞赛；围绕镇江市“产业强市”一号战略，配合市总工会开展“四群八链”专业技能竞赛，推动产业工人加快由“工”变“匠”的步伐。

（任卉野）

【安全生产宣传】 2023 年，区总工会在全区开展“安康杯”竞赛，覆盖企业 63 家，职工 1.7 万余人，报送“安全隐患随手拍”58 份。联合区安委办开展安全生产广场咨询日活动，现场面向社会公众和从业人员集中发放各类宣传教育资料 500 多册，接待群众咨询 300 余人次；持续树牢安全红线意识，营造“关注安全、关爱生命”的良好氛围。 （任卉野）

【困难职工帮扶】 2023 年，镇江经开区建档困难职工 6 人，其中深度特困 4 人、相对特困 1 人、困难 1 人。区总工会参照市总工会标准，对困难职工在生活、医疗、学业三方面进行精准帮扶，投入资金 10 万余元；开展金秋助学活动和困难职工家庭高校毕业生阳光就业暖心行动，为困难职工子女完成“微心愿”，向在档困难职工及亲属赠送职工互助互济保险，为特困职工完成享受水、电、燃气、医疗等费用减免申报工作，助推困难职工解困脱困。

（任卉野）

【四季慰问走访】 2023 年，区总工会实现帮扶送温暖常态化、经常化、日常化，持续开展情暖职工“四季送”系列活动，累计走访慰问企业 30 余家、一线职工 3500 人次，累计发放慰问资金 20 万元。发挥密切联系职工群众优势，把慰问走访与职工思想政治引领有机结合，走访企业 40 余家，围绕如何构建和谐劳动关系、职工就业现状、工作环境、职工之家阵地建设情况，先后开展座谈 20 余次，帮助职工解决问题，指导企业规范化用工。

（任卉野）

【产业工人队伍建设改革】 2023 年，区总工会推进新时代镇江新区产业工人队伍建设改革，报送第四批产业工人队伍建设改革区域、企业产改试点单位 12 家，组织产改试点单位制定并上报《产改组织机构文件》和《产改试点实施方案》。进一步总结提炼深化工会改革重点机制建设成果实效，由经开区申报的《加大产业工人培训投入，建立健全人才保障制度》“微提案”获评 2023 年全市深化工会改革优秀“微提案”。 （任卉野）

【庆祝“五一”暨劳模工匠先进事迹报告大会】 2023 年 4 月 28 日，镇江新区总工会召开庆祝“五一”暨劳模工匠先进事迹报告大会，表彰全区优秀劳动模范和模范集体，弘扬新时期劳模精神、劳动精神和工匠精神。镇江市政协副主席、新区党工委书记路月中出席大会。大会向荣获 2023 年新区五一劳动奖状、五一劳动奖章及获评工人先锋号、最美娘家人的先进集体和先进个人进行颁奖。全国工人先锋号获奖集体航天海鹰（镇江）特种材料有限公司装配班组班组长廖攀、江苏省五一劳动奖状获奖单位江苏吉贝尔药业股份有限公司工会主席俞新君、镇江市工人先锋号获奖集体江苏无国界航空发展有限公司飞机维修工程学院副院长张玉、镇江新区五一劳动奖章获得者镇江康飞汽车制造股份有限公司总经理吴闯作为先进代表发言。新区党工委委员、组织部部长邱乔森参加会议，并宣读表彰决定。 （任卉野）

【“工会常伴 贴心送暖”送温暖活动】 2023 年，区总工会开展“工会常伴 贴心送暖”送温暖活动，拨付资金 13 万元，购买生活必需品、年货礼包给困难职工、困难劳模、新就业形态劳动者送去节日慰问。2 月 2 日，新区总工会主席张静明、副调研员王正国到新区环境卫生管理处、大港街道蝴蝶广场暖“新”加油吧，看望慰问寒冬中坚守岗位的户外一线工作者，送上生活物资慰问品，并代表经开区党工委送上新春祝福。（任卉野）

【“践行二十大　奋进新时代”镇江经开区掼蛋比赛】 2023年9月16日，区总工会主办的“践行二十大　奋进新时代”镇江经开区掼蛋比赛在圌山干部管理学院举行，来自20余家区管单位、驻区单位以及国有公司的46支队伍参赛。进一步繁荣发展了职工先进文化，拓展职工文体活动的内涵。经过初赛、复赛、决赛三个阶段激烈角逐，最终决出一等奖1队、二等奖3队、三等奖8队。（任卉野）

2023年镇江经开区省、市五一劳动奖章获得者名单

表9－1

序号	姓　名	性别	工作单位	劳模类型
1	赵吴刚	男	镇江奇美化工有限公司	江苏省五一劳动奖章
2	朱美路	男	镇江市丹高电器有限公司	镇江市五一劳动奖章
3	景玉莲	女	镇江高鹏药业有限公司	镇江市五一劳动奖章
4	孙　楠	男	江苏华龙精密智造股份有限公司	镇江市五一劳动奖章
5	王　康	男	航天海鹰（镇江）特种材料有限公司	镇江市五一劳动奖章

（任卉野）

中国共产主义青年团镇江经济技术开发区工作委员会

【概况】 至2023年年底，中国共产主义青年团镇江经济技术开发区工作委员会（简称经开区团工委）有镇（街道）团（工）委5家，机关团委2家，园区板块团委2家，企业团委1家，下级团组织517个，团员5221人。（团工委）

【思想政治引领】 2023年，经开区团工委加强思想政治引领。积极开展主题教育，组织全区团员和青年开展学习贯彻习近平新时代中国特色社会主义思想主题教育，坚持以组织化学习为基本方法，理论学习与实践体验相结合，提高团员青年对党的基本理论、基本路线、基本方略的领悟力，做有理想、敢担当、能吃苦、肯奋斗的新时代好青年，为谱写“强富美高”经开区现代化建设新篇章贡献青春力量。强化理论武装，坚持把理论学习融入日常、融入岗位、融入工作，依托“三会两制一课”、主题团日，组织团员和青年开展交流式研学、互动式讲学、沉浸式践学。常态化组织广大团员开展“青年大学习”，各期学习率均保持平稳。抓好以学促干，在非公企业润果农业公司开设实践基地，举办10余场“稻花香里说丰年　耕读百年逐梦行”等大课堂活动，十四届全国人大代表、获得“江苏青年五四奖章集体”称号的润果“新农人”团队领头人魏巧带领企业团支部，发挥青年典型的“头雁”效应，引入19位省内外农业专家和技术能手，以一对一师带徒的形式，结对全市20位返乡创业的“新农人”代表，线上线下开展经验分享、答疑互动300余人次，带动更多“新农人”成为“兴农人”，共同走好新时代兴农路。选树先进典型，菲舍尔航空部件（镇江）有限公司装配班获评“全国青年安全生产示范岗”；中节能太阳能镇江公司市场拓展青年突击队先进事迹入选全国“固定型”青年突击队优秀案例,并获得团中央通报表扬;完成航天海鹰(镇江)特种材料有限公司青年集体“省级青年文明号”复核工作并顺利通过验收;姚桥镇永兴农机机械化专业合作社“润果”新农人团队荣获第18届“江苏青年五四奖章”。 (团工委)

【团组织基层建设】 2023年,经开区团工委加强团组织建设。全面落实从严治团要求,严控团员发展比例,完成2023年发展团员名额分配,完成分配社会领域发展团员名额20人。绘青春底色,做有为青年,3人获评镇江市“新时代好少年”,7人获评“镇江市最美中学生”,推荐1人参评“江苏省最美中学生”。择优选送瓦楞纸创想社团、劳动小社团、泥叫叫社团3个社团在镇江市第八次少代会进行展示;在2023年度镇江市少先队辅导员基本功大赛中,经开区代表队取得“团体一等奖”;丁卯小学教师潘逸潇获2023年江苏省少先队辅导员专业技能大赛微队课特等奖。精准推进“学社衔接”,层层压实主体责任,做到精准指导、精准转接,全面摸清毕业生团员毕业去向,动态学社衔接率保持99.9%。 (团工委)

【青少年发展促进】 2023年,经开区团工委做好促进青少年发展工作。聚焦“事实孤儿”,由经开区团工委牵头制定“梦想小屋”施工方案,为辖区内共4户事实孤儿家庭改善居住条件,提供常态化关爱帮扶,筹集近6万元资金,为他们建设小屋,改善学习生活环境,2023年6月底竣工交付。实行就业帮扶,联合区人才办、人社局开展2023年暑期实习大学生工作,发动各级团组织发布岗位113个,组织各单位暑期实习大学生开展看家乡活动以及实习大学生交流学习活动,介绍相关人才政策、租房、购房补贴等内容。满足青年交友需求,常态化开展青年人才联谊交友、青年人才嘉年华等活动,吸引300余名青年参与,涵盖机关单位、银行、国有企业以及私人企业等职业领域,以互动游戏、江南插花等元素为载体,为在经开区工作、生活的青年人才搭建青春舞台,促进彼此交流。办好实事项目。为解决辖区内困难家庭、新就业群体家庭暑期看护难题,联合各镇(街道)团(工)委共同开设8个“爱心暑托班”,引导和帮助全区中小学生度过一个安全、快乐、有意义的假期。凝聚“三新”(新经济组织、新社会组织、新业态新就业群体)青年,开展新就业群体“暖‘新’四季”年度主题系列活动,开展传统节日慰问、派送暖“新”礼包等形式多样的活动;同时组织各类知识技能培训讲座,采取“理论学习+实践操作”“线上授课+线下反馈”等多元方式,构建常态化学习实践机制,畅通专业化能力提升渠道。在12个团“新”驿站设置微“新”愿箱,定期收集心愿及需求,把握新青年思想“脉搏”,帮助他们解决“急难愁盼”问题。 (团工委)

【围绕中心服务大局】 2023年,经开区团工委围绕中心服务大局。面向企业团员和青年,开展青年突击队“青春攻关”行动。以“‘强国有我 号队助跑’2+2+1青春建功行动”为切入点,开展青年突击队建功竞赛、政务服务青年人才专项竞赛,寻访项目攻坚青年先锋和项目服务青年先锋,结对市、区重大项目服务解题,带动广大团员青年在“强富美高”现代化新镇江建设中建功立业。面向乡村领域团员和青年,深化实施乡村振兴“青春建功”行动。以乡村振兴青春建功“三个优化”专项行动为契机,举办“学思想 促共富”农业领域团员和青年主题教育分享会,进一步发挥魏巧等青年典型作用。组织区镇团干部走进儒里村、石桥村直播间开展“直播助农”活动,以“青耘中国 冬藏未来”为主题,在抖音号“宜居儒里”开展青春助农直播活动,推动乡村振兴见行见效。面向青年志愿者群体,实施“青春有我 末梢建功”行动。落实新区党工委党建引领末梢疏通工程相关要求,组织88家企事业单位、1800余名青年奔赴结对村（社区）开展服务，通过“群众点单、社区派单、青年接单”，累计开展助老、助小、助残、助困等各类优质高效服务近千场，解决群众“微心愿”350 余个，为基层治理注入青春活力。（团工委）

【第一届新区青年人才嘉年华启动仪式暨“遇见新区　邂逅繁花”青年人才交友活动】 2023 年 8 月 22 日，新区举办“我在新区遇见你”第一届新区青年人才嘉年华启动仪式暨“遇见新区　邂逅繁花”青年人才交友活动。来自新区机关事业单位的青年干部、企业和金融机构的青年人才齐聚一堂。活动由新区人才办、总工会、团工委、妇工委联合举办，旨在为青年人才搭建更多交流、交友平台，让更多青年才俊在经开区收获事业和爱情，真正让人才留在经开区、爱在经开区、扎根经开区。新区党工委副书记陈鹏飞，新区党工委委员、组织部部长邱乔森出席活动。活动现场，镇江市总工会党组成员、副主席蔡琳琳，镇江团市委副书记蒋蒙为江苏天奈科技股份有限公司、孚能科技（镇江）有限公司、江苏金斯瑞生物科技有限公司、奥音科技（镇江）有限公司、江苏东方瑞吉能源装备有限公司等 5 家首批“青年友好型”企业颁发证书。（团工委）

镇江经济技术开发区妇女工作委员会

【概况】 2023 年，镇江经济技术开发区妇女工作委员会（简称经开区妇工委）坚持以习近平新时代中国特色社会主义思想为指导，全面贯彻中共二十大精神，深入学习贯彻习近平总书记关于妇女和妇女工作的重要论述，着力强化思想政治引领，服务工作大局，推进家庭家教家风建设，维护妇女儿童合法权益，更加有效发挥党的桥梁纽带作用，切实把引领服务联系做在平常、抓在经常、落到基层，“巾帼创新科技行动”获得全市妇联系统优秀项目。持续推动“妇女微家”建设，新创市级示范“妇女微家”1 个，区级“妇女微家”6 个，全区 6 名妇联干部获镇江市优秀妇联干部荣誉。至 2023 年年底，经开区妇工委注重挖掘和培树奋战在生产经营一线的巾帼先进典型，培育各级三八红旗手 13 名、巾帼建功标兵 10 名等妇女先进典型；各级三八红旗集体 6 个、巾帼文明岗 15 个、“镇有一手”科技创新女党员示范岗 2 个、“田妈妈”田间课堂 2 个、巾帼农业示范基地 6 个等示范性岗位和载体，充分增强优秀女性的影响力和带动力，激励广大妇女立足岗位建功立业。至 2023 年年底，经开区妇工委下辖镇妇联 3 家、街道妇工委 2 家、经开区管委会直属单位妇女组织 2 家、企业妇女组织 1 家、村（社区）妇女组织 48 家。（妇工委）

【服务全区工作大局】 2023 年，经开区妇工委深入推进“科技创新巾帼行动”“乡村振兴巾帼行动”，“巾帼文明岗”深入开展“岗村、岗校、岗企”结对共建，三八红旗手工作室和红旗集体充分发挥部门优势、用好岗位资源、利用自身特长，开展各类公益服务 30 余场次，惠及妇女群众、儿童 1000 余人次；申报省市级巾帼示范基地 1 个、省级美丽乡村 1 个，省级女大学生就业创业实践基地 1 个。（妇工委）

【“家家幸福安康工程”推进】 2023 年，经开区妇工委持续推进“家家幸福安康工程”，弘扬优良家风，全区入选省“最美家庭”1 户、市“最美家庭”7 户、市“书香家庭”3 户；系统传播科学家教，提供更具针对性的家庭教育支持、服务与指导，开展中华优秀传统文化及红色家风文化宣讲实践活动、家庭教育公益行动 20 余场次。（妇工委）

【依法维权服务】 2023 年，经开区妇工委会同部门、板块协同处置妇女儿童维权案例6起，联合“三官一律”（法官、检察官、警官，律师）开展妇女儿童权益保护普法宣传20余场次，公益律师“双护课堂”送法到基层50场，不断拓宽维权服务渠道，会同法院、民政成立新区婚姻家庭诉调对接中心，会同司法部门、律所成立“汇爱益她”法律服务中心。

（妇工委）

【关爱帮弱扶幼】 2023年，经开区妇工委凝聚各方力量，精心组织部署，深耕“织爱行动　宜童宜她”公益项目，2023年募集资金取得自2021年以来第三个30万元的佳绩，当年为654人次困境妇女儿童送去“小而暖”的关爱和帮扶，连续三年荣获省市妇联表彰的“优秀组织奖”“最佳组织奖”“99公益·优秀项目奖”。（妇工委）

【女企业家交流发展大会暨“科技创新　巾帼行动”推进会】 2023年6月26日，新区举办“慧创她时代　奋进新征程”女企业家交流发展大会暨“科技创新　巾帼行动”推进会，来自全区科技企业的50余名女企业家、女性科技人才参加，为新区经济社会高质量发展贡献巾帼力量。与会人员实地参观莱特丝（江苏）新材料科技有限公司，通过对企业的全方位了解，感受新区对女企业家、女性科技人才干事创业的支持力度和服务品质。随后召开的推进会上，发布新区女性科技人才政策，为女大学生创业就业实践基地、三八红旗手、巾帼建功标兵工作室和企业妇女微家授牌，镇江市妇联、新区妇工委还向获得授牌荣誉的女企业家单位赠送图书《习近平关于妇女儿童和妇联工作论述摘编》。市妇联党组书记、主席杨菊兰，新区党工委委员、组织部部长邱乔森参加活动并讲话。全国人大代表、江苏润果农业发展有限公司董事长、新区女企业家协会会长魏巧分享自己扎根新区、创新创业的心路历程。

当天发布的《镇江新区关于支持女性科技人才发展十条措施》，重点聚焦加强女性科技人才培育、引导女性科技人才着眼产业发挥作用、助力女性创新创业项目集聚、优化女性科技人才成长环境、搭建女性科技人才交流平台等10个方面，拿出真金白银和多项切实举措为女性科技人才“鼓劲撑腰”，最高奖励金额达50万元。（妇工委）

【全国妇联领导到新区调研】 2023年3月21日，全国妇联书记处书记、党组成员杜芮率队到新区调研，实地考察妇联开展乡村振兴巾帼行动、科技创新巾帼行动、推进妇女创业就业等方面的先进做法和经验。调研组一行到乡村振兴巾帼行动示范点江苏润果农业发展有限公司，杜芮与该公司负责人魏巧亲切交流。镇江市副市长武鸣，镇江新区党工委

图9－1　2023年3月21日，全国妇联书记处书记、党组成员杜芮（前左三）到新区调研　（新闻中心　供稿）

副书记、管委会主任尹卫民，镇江新区党工委委员、管委会副主任徐志华陪同调研。

（妇工委）

关心下一代工作

【概况】 2023年，镇江经济技术开发区关心下一代工作委员会（简称经开区关工委）以习近平新时代中国特色社会主义思想为指导，以培育担当民族大任的时代新人为总目标，学习贯彻中国共产党第二十次全国代表大会会议精神和中共中央办公厅、国务院办公厅《关于加强新时代关心下一代工作委员会工作的意见》，组织"五老"（老干部、老模范、老战士、老教师、老专家）开展主题教育、法治教育、关爱行动和校外活动。至2023年年底，镇江经开区有各级关工委组织50个，校外辅导站45个，校外辅导总站2个，公安派出所关爱工作站5个，参加关工委工作"五老"骨干352名。

（赵衡泽）

【学习贯彻中国共产党第二十次全国代表大会精神培训班】 2023年2月17日，新区关工委组织各镇（街道）关工委主任、常务副主任、工作人员，社会发展局、民营、政法委关工委负责人，公安分局、检察院、法院关工委负责人，各村（社区）关工委负责人，各中小学关工委负责人（德育副校长），以及各中小学在职教师校外辅导员103人参加"学习贯彻中国共产党第二十次全国代表大会精神培训班"培训。镇江市委党校教授张玉枚作《深入学习贯彻党的二十大精神》专题报告。随后组织进行讨论，要求学以致用，开创关工委工作高质量发展新局面。

（赵衡泽）

【"不忘初心学英烈，红色基地受教育"培训】 2023年2月，镇江新区关工委下发《关于在全区关工委系统开展"老少心向党、奋斗新征程"主题教育活动的通知》布置各项工作；4月，举办全区主题教育活动启动仪式，区关工委主任仲新福部署主题活动要求。丁岗镇关工委、大港街道伯先社区校外辅导站常务副站长及石桥中心小学副校长作表态发言。新区党工委委员、组织部部长邱乔森讲话，并宣布"老少心向党、奋斗新征程"主题教育活动启动。

（赵衡泽）

【"老少心向党、奋斗新征程"主题教育活动开展】 2023年5月26日，区关工委举办"老少心向党、奋斗新征程"老少同台演讲比赛。11所中小学及丁卯街道关工委、大港街道关工委共13组选手参赛。区宣传统战部、关工委、妇工委、社发局负责人、各镇（街道）及各村（社区）关工委负责人、各中小学负责人、"五老"代表、学生代表近200人参加活动。

（赵衡泽）

【"老少心向党、奋斗新征程"老少同台演讲决赛】 2023年6月17日，镇江经开区实验小学老少组合《礼赞新时代，奋斗新征程》代表经开区参加市"老少心向党、奋斗新征程"老少同台演讲决赛，获市一等奖。7—8月，姚桥镇关工委、丁岗镇关工委和大港街道关工委分别举行"老少心向党、奋斗新征程"老少同台演讲比赛。丁卯街道关工委组织辖区40名"五老"和学生赴泰州开展"老少心向党、奋斗新征程"访学爱国主义教育基地活动，参观泰州海军诞生纪念馆、梅兰芳纪念馆和黄桥战役纪念馆老馆。组织36名老党员、团员和少先队员参观扬中渡江文化纪念馆、陈履生博物馆和东岳村乡村美景。大路镇关工委组织"五老"代表及40名学生开展"童心向党、军梦伴行"主题活动，参观中国人民解放军海军第四八〇五工厂镇江修船厂厂史馆。各村（社区）关工委开展主题教育活动141次。

（赵衡泽）

【第三届"老少心向党、奋斗新征程"主题书画创作活动】 2023年5—7月，新区关工委和区文明办、教育发展中心共同发文在全区开展第三届“老少心向党、奋斗新征程”主题书画创作征稿活动。共征集老少书画作品394份，其中“五老”作品68份，青少年作品326份。组织“五老”评选出中小学、幼儿园学生作品一等奖49份、二等奖68份、三等奖78份并予以表彰。精选学生作品108份与“五老”作品68份，于7月13日在银山公园百米诗意书画长廊展出，并举行开展仪式。区关工委主任仲新福和区宣传统战部副部长郭永娣分别致辞，并为获奖人员颁奖，“五老”代表和学生代表分别发言，全区各镇（街道）负责人、“五老”代表师生代表共80人参加书画展开展仪式。 （赵衡泽）

【诗词楹联协会创作活动】 2023年5—8月，区关工委和新区诗词楹联协会共同开展“老少心向党、奋斗新征程”诗歌创作、征集、评比活动。共创作诗歌132首，其中青少年作品83首，于8月出版专辑。“五老”评出青少年优秀作品，其中一等奖14首，二等奖11首，三等奖9首，指导教师奖34个。6月13日，召开“老少同吟颂党恩”红诗创作研讨会，“五老”和中小学负责红诗创作、指导的教师共20人参加研讨会。 （赵衡泽）

【“二十大精神进校园”活动】 2023年4月，启动“五老”报告团“二十大精神进校园”活动，提供市委党校教授张玉枚撰写的3万字《全面建设社会主义现代化国家而团结奋斗——深入学习贯彻党的二十大精神》辅导报告及93岁老政治教师卞祖玉撰写的5万字《浅释二十大主题》政治学习笔记供报告团成员选用。报告团成员走进全区各中小学、幼儿园、校外辅导站等各种教育场所，开展宣讲85场。 （赵衡泽）

【参加“我是强国小主人”主题征稿活动】 2023年，镇江新区关工委组织全区青少年参加省关工委办公室、省教育系统关工委秘书处、关心下一代周报社联合举办的“我是强国小主人”主题征稿活动，全区共征集各类稿件1730份。区关工委、社会发展局、大港中心小学、丁卯第二中心小学等4家单位获优秀组织奖，经开区实验小学获最佳组织奖，获优秀、最佳组织奖总数全市第一。49件作品分别获一、二、三等奖。 （赵衡泽）

【“传承经典，奋斗新征程”主题班（队）会观摩评比】 2023年12月18—29日，镇江经开区关工委和社会发展局关工委联合在全区中小学开展“传承经典，奋斗新征程”主题班（队）会观摩评比活动。全区15所中小学参与观摩评比活动。各校长室、教科室、德育处、团、队参与，校长审阅活动方案、指导环节设计，全程参与观摩。班主任，团、队工作者，社区、镇（街道）关工委老同志全程参与观摩、评比。活动评出特等奖2名、一等奖7名、二等奖6名。从2006年开始，此类活动已连续开展18年。 （赵衡泽）

【奇美“精准扶贫、助学成才”助学金发放】 2023年，镇江奇美化工有限公司（以下简称奇美公司）和新区关工委共同制定《镇江奇美化工有限公司“精准扶贫、助学成才”助学金发放暂行管理办法》。资助102名品学兼优的大、中、小学生，资助金分3个等次，分别为2500元、1500元、1000元，总金额19.65万元。6月20日，奇美公司党委副书记江金荣为10名受助学生代表发放助学金，奇美公司领导和高管、区关工委领导、各镇（街道）关工委领导、受助学生代表共80人参加发放仪式。此项助学金从2017年开始设立，每年发放金额20万元左右。2023年，奇美“爱心奖学金”资助中学生112名，500元/人；小学生124名，300元/人，共发放9.32万元。6月26日，区关工委举办向享受奇美助学金困难学子赠书仪式，赠送图书《一切为了人民——中国共产党为什么成功》。8月16日，举办

《一切为了人民——中国共产党为什么成功》读书分享会,10 位大、中学生分享读书心得。

（赵衡泽）

【尊老爱幼,关爱弱势群体系列活动】 2023 年 1 月 15 日,镇江新区关工委主任仲新福率副主任、教育关工委副主任及 36 位圌山公益组织的志愿者参加“寒冬送温暖、真情暖人心”活动。带着价值 500 元/份的粮、油及食品,分为 6 个组,慰问 44 户困难学生、残疾人及退役军人家庭。

1 月 18 日,镇江市俊翔电器总经理邓帅捐赠 8000 元,委托区关工委转赠姚桥镇、大港街道 3 位贫困学子。从 2021 年 12 月起,镇江市俊翔电器原总经理邓涛委托区关工委,筛选 3 位品学兼优的贫困学子,资助他们完成学业。2022 年 10 月,邓涛先生因病逝世。其子邓帅继承父亲遗志,继续定期资助 3 位学子以完成学业。

8 月 19 日,新区关工委携手圌山公益志愿者开展“夏季送清凉”助残助学活动。走访 15 户困难残疾人家庭和困难学生家庭。

11—12 月,新区关工委携手圌山公益志愿者开展第九届“走进边远山区励志助学服务”活动,为云南怒江地区福贡县及青海兴海县留守儿童、学生捐赠过冬衣物及学习用品。新区关工委主要领导和圌山公益志愿者共 227 人捐赠 87562 元,购置爱心包 800 份,每个爱心包含学生洗漱用品及全新冲锋衣。镇江市银山小学师生捐赠九成新冬衣 6040 件,拆洗打包,包车送达目的地。12 月 14 日,银山小学全校师生参加捐赠仪式。

2023 年,大港街道伯先社区关工委开办“爱心暑托班”,为 23 名留守儿童发放书包、作业本、笔和水杯。聘请 4 位辅导员老师,开展为期一个月的课业辅导、党史和爱国主义教育、心理健康教育、经典阅读、法治教育、趣味科学、创意美术、音乐体验、户外素质拓展、远程亲情互动等活动。大路镇关工委联系镇江牧原公司出资 8.4 万元资助大路品学兼优的家庭困难大学生共 28 名。丁岗镇关工委慰问百名独居老人、留守儿童、困难儿童,送食品、学习用具,为 1 名听力残疾儿童开展爱心募捐,集资购买助听器。姚桥镇关工委慰问 200 名独居老人、留守儿童、困难学生。丁卯街道关工委为 42 名残疾儿童申请康复治疗,配合为民服务中心发放残疾学生教育补贴 1.25 万元,精准掌握困境儿童翔实情况,建立完善 41 名孤儿及困境儿童档案,儿童节征集“微心愿”32 个,组织爱心单位现场认领,筹集物资 4000 余元,走访慰问困难儿童 61 人,发放价值 57500 元的慰问礼品、书籍等。

（赵衡泽）

【“赵棣华奖学金”设立】 赵耀渝,女,现年 84 岁,美籍华人,镇江大港赵氏后人。曾获埃默里大学、多伦多大学博士学位,曾担任哈利法克斯的圣玛丽大学副教授,旧金山金门大学教授、数学系主任。2010 年退休。2019 年 10 月,赵耀渝回乡寻根祭祖,提出设立奖学金意愿。2023 年,赵耀渝与区关工委联系,决定在区关工委下设的镇江新区兴教助学协会内设立以其父亲名字命名的“赵棣华奖学金”,捐款人民币 100 万元。2024 年开始依据《关于设立“赵棣华奖学金”的决定》发放奖学金。 （赵衡泽）

【心理健康教育咨询师志愿者队伍组建】 2023 年 7 月 16 日,区关工委和社发展局组建 20 人的镇江经开区青少年心理健康教育咨询师志愿者队伍。为每个镇(街道)校外辅导站聘请 5 位心理健康教育(咨询)辅导员,制定 7 条工作制度。8 月 3 日,举行聘书发放仪式。

（赵衡泽）

【法治教育】 2023 年,经开区为全区中小学选派公安、检察院、法院、司法干警出任法治副校长,实现法治副校长全覆盖。全区法治副校长到各校上法治课 3～4 场,4 万人次师生接受法治教育。区政法系统关工委运用红色资源开展党史、国史教育，讲红色故事、传承红色基因活动18场次，受教育1200人次；开展法治教育31场次，接受法治教育青少年162人次。大港派出所民警到大港街道各校外辅导站开展形式多样的法治宣传教育。组织中小学生听讲座，看专题电影，讲解“扫黄打非”、信息安全、网络诈骗、网络欺凌等专业知识，传授实用防诈骗技巧。区法院组织校外辅导站师生、家长250余人，参观“镜园”法文化中心法治教育基地。

5月，区关工委下发开展“关爱明天、普法先行”活动通知；组织专人编写印发法律知识100题，供青少年学习；8月28日，组织全区大、中、小学生87人参加“关爱明天、普法先行”法律知识竞赛。65名同学分别获一、二、三等奖。

7月20日至9月20日，区关工委在全区青少年中开展法治宣传教育主题征文活动。镇江科技新城实验学校青年教师王川文、镇江市丁卯中心小学耿沐言等23名师生作品获一、二、三等奖。

9月12日，区关工委、社发局联合举办“学宪法　讲宪法”竞赛。17所中小学参赛，40名选手参加知识竞赛，20名选手参加演讲比赛。（赵衡泽）

【网吧监督】　2023年，镇江经开区有网吧7家，每家网吧都配有2名及以上“五老”义务监督员。平时每周督查1次；寒暑假期间督查2次以上；文明城市复检期间，每日督查1次。打造“五无”网吧，杜绝青少年进入网吧，全年巡查250余次。表彰18名优秀网吧义务监督员。（赵衡泽）

【基层关工委组织建设】　2023年6月9—27日，区关工委主要领导赴各镇（街道）开展基层关工委建设专题调研，调研围绕“政治建设、班子建设、制度建设、经费保障、工作质效”5个方面进行。此项活动是为贯彻落实省关工委《关于开展“五有五好”基层关工委建设三年（2023—2025）巩固深化年活动的通知》要求。根据调研情况，经开区下发《镇江经开区基层关工委“五有五好”建设标准》。11月15—17日，镇江新区关工委组织全区镇（街道）、政法委、社会发展局关工委常务副主任及区关工委全体工作人员，赴泰州参观中国人民解放军海军诞生地纪念馆、新四军黄桥战役纪念馆，赴高邮参观抗日战争最后一役文化园，提高基层关工委领导政治素质。（赵衡泽）

【沿江五市关工委工作研讨会召开】　2023年5月17日，南京、南通、扬州、泰州和镇江沿江五市关工委工作研讨会在镇江经开区召开，五市关工委代表参观镇江经开区航空教育小镇和镇江经开区家风家训馆。（赵衡泽）

【“传承经典·筑梦未来”主题教育读书活动】　2023年，镇江新区社发局关工委开展“传承经典·筑梦未来”主题教育读书活动。向“央视音影”平台上传15373份征文和视频作品。在全区中小学开展读书交流、主题班会、演讲比赛、征文评比、书法绘画和社会实践等系列活动。镇江经开区实验小学、镇江市伯先中学、镇江市大港中心小学、镇江市丁卯第二中心小学4所学校获评市“传承经典·筑梦未来”主题教育读书活动先进集体。镇江市伯先中学等6所学校的6位教师获市“传承经典·筑梦未来”主题教育活动先进个人称号。全区中小学4篇征文获市级特等奖，223篇征文获市级一、二、三等奖。2名中小学生分别获市级演讲比赛二等奖。（赵衡泽）

【“家校结合，家庭教育”活动】　2023年，全区中小学、幼儿园家长学校建立和完善《家长委员会职责》《家长学员登记》《家长学习效果考核制度》《家长学员学习情况记载》等规章制度。邀请“爱自然生命力体系”30名全国知名家庭教育专家、经开区培养的64名家庭教育指导师及各校的心理教师组成的专职家长学校的教师授课。全国知名专家授课160场，听课家长2万人次，收看线上专家视频的家长达1.5万人次，家长自愿订购省编家庭教育教材《家长必读》8500册。

（赵衡泽）

镇江经济技术开发区工商业联合会

【概况】 2023年，镇江经济技术开发区工商业联合会（简称经开区工商联）以习近平新时代中国特色社会主义思想为统领，引领广大民营企业家深入学习贯彻党的二十大精神以及习近平总书记关于新时代民营经济统战工作重要讲话精神。组织民营企业家到红豆集团参观全国民营经济人士理想信念教育基地及无锡乡镇企业博物馆，坚定民营经济人士理想信念，激发干事创业、争先创优的斗志和热情。引导民营企业积极投身“光彩事业”，回馈社会，全年累计向慈善机构、学校捐赠300余万元，向“苏陕合作”帮扶项目捐赠30余万元。开展调研交流，《进一步提升镇江经开区产业现代化水平的对策建议研究》《关于推进镇江经开区跨境电子商务产业发展的建议》两篇调研报告获市工商联系统2023年度优秀调研成果二等奖。（郑惠芳）

【民营企业服务】 2023年，经开区工商联围绕金融惠企、减税降费、电力保供等主题，举办企业沙龙活动10余场，邀请来自证券公司、省工程咨询中心、律所、会计师事务所等的行业专家，为企业提供上市、绿色转型、纳税、法律咨询等各类服务。深入开展“五送五助·春风暖企”专项行动，深入商会协会、企业项目30余家次，累计协调解决能源、融资、用工等各类问题50余件。继续与开发区法院合作，发挥经开区总商会调解中心的作用，探索“一个中心+N个工作室”纠纷多元化解机制，为各民营企业矛盾纠纷开展调解和诉调对接，为民营企业发展营造良好法治环境。先后在新区浙江商会、南通商会挂牌成立商会商事调解工作室，提升商会调解公信力和成功率。全年商会商事调解中心化解商事纠纷117件，调解成功96件，调解成功率82.05%，项目被省工商联、省高级人民法院等多部门联合认定为民营企业产权司法保护协同创新实践典型。（郑惠芳）

法　治

综　述

【概况】 2023年，镇江经济技术开发区党工委政法委（简称经开区政法委）聚焦“以政法工作现代化支撑和服务中国式现代化经开区新实践”主题主线，担当作为、忠诚履职，持续抓实维安护稳主责主业，构建多元解纷工作机制，夯实社会治理基层基础，牢牢守住“四个不发生”（确保不发生进京集体上访，确保不发生进京非访极端行为，确保不发生信访安全事故，确保不发生被媒体炒作事件，继续实现进京非正常上访“零记录”）底线。全年持续深化党建引领末梢疏通工程，在全省苏南片区现场会上交流工作经验，并被新华智库专题报道。丁卯街道社会治理现代化指挥中心成为全市标杆，得到省委政法委书记刘建洋等省、市领导肯定，丁卯街道人民调解委员会获评“全国模范人民调解委员会”，“宜调解”中心获评“全省公调对接工作成绩突出单位”。（徐梦璐）

图10－1　2023年11月7日，省委常委、省委政法委书记刘建洋（前右二）到镇江新区丁卯街道社会治理现代化指挥中心调研指导　（政法委　供稿）

【平安建设】 2023年，镇江经开区依托平安建设领导小组政治安全、维稳等协调机制，落实定期研判制度，全面排查各类社会稳定风险，全区社会大局持续平安稳定。强化重大决策社会稳定风险评估，编制《稳评必要性筛查表》，稳评备案项目50个，数量位居全市前列。常态化开展扫黑除恶专项斗争，群众安全感连续两年上升。设立索普中学等关爱未成年人“守望号”工作站，智慧矫正中心率先运行“镇在矫”系统。14 所学校获评市级平安校园，建成平安法治先进村（社区）20 个。

（胡江锋）

【社会治理】 2023 年，经开区建成区级社会矛盾调处服务中心，推动丁岗镇、大港街道和丁卯街道矛调中心挂牌运行，实现多中心整合、多功能融合。融合推进“末梢疏通”工程和“精网微格”工程，全新划分综合网格 283 个、专属网格 117 个，微网格 2155 个，216 名“三官一律”人员精准入格。创新制定镇江经开区网格员积分管理和星级评定办法、见义勇为（见义善为、见义智为）进网格实施意见等文件，组织开展“2023 年度经开区最美网格员评选”，进一步激发网格员队伍荣誉感，壮大群防群治力量。完成居民群企业微信迁移，进群近 6 万人，覆盖率 56.47%；完成“人房关联”6 层以上楼栋信息采集。联合集成管理指挥中心升级打造经开区社会治理信息化平台，融入“宜地网格”功能，开发社会治安、重点人群等模块，并推进数据上政务云。实现镇、村法治阵地全覆盖，新创省级民主法治示范村（社区）2 个，丁卯街道创成镇江市社会治理现代化先进街道，丁岗镇新茂社区“三联四通”（强化领导联系、部门联动、资源联合，推动组织贯通、人员联通、信息直通、处置畅通）工作法获评镇江市新时代“枫桥式工作法”。

（胡江锋）

法治政府建设

【概况】 2023 年，镇江经济技术开发区始终坚持以习近平新时代中国特色社会主义思想为指导，紧密围绕《法治政府建设实施纲要（2021—2025 年）》，充分发挥统筹协调依法治区工作和行政执法监督、公共法律服务等职能作用，法治政府建设工作有序推进，取得良好成效。

（李志和）

【依法治区工作】 2023 年，镇江经开区优化调整党工委依法治区委员会、办公室及三个协调小组成员，完善“一办三组”联络员制度。印发《经开区管委会 2023 年学法用法计划》，编印《领导干部学法用法读本》四季刊 80 本。征集法治惠民实事项目 4 件，管委会常务会集中学法 6 次，压紧压实法治建设第一责任人职责。

（黄佳佳）

【法治化营商环境打造】 2023 年，镇江经开区持续推行证明事项告知承诺制，开展“减证便民”行动，落实助企惠民举措，擦亮“镇合意”品牌。开展“百所千人助万企”活动，深入园区企业开展“法治体检”，为企业提供法律风险防范建议 10 余条。建立行政诉讼审前推进会制度，联动各部门合力会商化解行政纠纷，切实维护企业、群众的合法权益。

（黄佳佳）

【公正文明执法】 2023 年，镇江经开区印发《镇江新区关于推进规范执法柔性执法优化法治化营商环境的实施方案》，推行说理式执法文书，广泛运用说服教育、劝导示范、警示告诫、指导约谈等方式，努力做到宽严相济、法理相融，让行政执法有力度更有温度。制定《镇江新区 2023 年行政执法监督检查计划》，定期抽查行政许可和处罚案卷，倒逼行政执法部门不断提升依法行政能力和文明执法水平。全年办理 8 件行政诉讼案件，协助市司法局办理 4 件行政复议案件，行政负责人出庭应诉率 100%，无一败诉。开展“一提双评”（提升现代公共法律服务水平、重点领域行政执法案卷评查、司法案件法律文书和卷宗评查）专项行动，评查司法案卷 242 份，行政执法案卷 138 份。创新执法监督检查方式，与润州区司法局开展跨区域、

跨领域行政执法案卷交叉评查及优秀说理式执法文书评选。（黄佳佳）

【矛盾纠纷预防化解】 2023年，镇江经开区积极探索调解组织向行业化、专业化深化的新途径、新办法，总结提炼推行“12369”（“一个系统管流转”：镇江市矛盾纠纷多元化解平台；“两大支撑固根基”：组织支撑和人才支撑；“三条防线止纷争”：调解强阵线、信访筑防线、法庭守底线；“六大站点控源头”：公调、物调、企调、医调、诉调、访调；“九长共治解难题”：司法、公安、城管、法庭等九支执法力量）调解工作法，以全国模范人民调解员周秀琴为榜样，建立人民调解员培训基地，常态化落实调解人才培养培训机制，丁卯街道人民调解委员会获评全国模范人民调解委员会。新建退役军人服务中心法律援助工作站及3个社区法援联络站点，全年受理民事法律援助案件270件、刑事法律援助案件42件，接待解答咨询236人次，培育“法律明白人”344名，在村社区开展援法议事活动600余场次，法润民生微信群解答法律问题100余件。（李志和）

公　安

【概况】 2023年，镇江市公安局经济技术开发区分局（简称经开区公安分局）坚持以习近平新时代中国特色社会主义思想为指引，围绕贯彻落实中共二十大精神、奋力推进公安工作现代化主题主线，融入全区“五大攻坚战”、市局“五大体系”战略布局，圆满完成防风险、保安全、护稳定、促发展各项任务，推动经开区公安工作迈上新台阶。2023年，经开区公安分局被省委政法委评为全省平安建设先进集体，镇江公安现代化建设综合考评排名市区分局第一。年内，创成1个“五星”标杆党支部，“135红色智慧堡垒”获评十佳书记项目，“宜警带辅”经验做法走在全市辅管工作前列，“学良·宜调解”获评十佳服务效能品牌；在各类比武竞赛中获24个前三名，先后有12个集体被评为成绩突出集体，1人被评为市五一巾帼标兵，8人获评市五一技术标兵。丁卯派出所被省委宣传部命名为第九批省学雷锋活动示范点。（黄泽民）

2023年镇江经开区公安分局基层派出所名录

表10-1

名　称	办公地点	公开服务电话
丁卯派出所	经开区经九路1号	0511-88888110
大港派出所	经开区东丰路8号	0511-83375110
丁岗派出所	经开区烟墩山路333号	0511-83565110
大路派出所	经开区滨江大道888号	0511-83722110
姚桥派出所	经开区姚桥镇瑞江路9号	0511-83381006

（黄泽民）

【维护稳定】 2023年，经开区公安分局联合政法委、信访局，凝聚各部门、镇（街道）、园区合力，紧扣情报预警、日常管控、途中查控等环节，实现连续129天国家信访局“零登记”，年度登记数正向排名全市前列；排查并联动处置金科悦园交付、融创湖润园欠薪、明发业主维权、润果农业施工受阻等系列突出风险苗头，针对“5·3”案的极大舆情炒作风险，全网跟踪监测1个月。（黄泽民）

【大案要案侦破】 2023年，经开区公安分局针对未成年人流窜盗窃作案，调取全省1079名涉案未成年人建立目标库，抓获犯罪嫌疑人105人，其中未成年人28人，破案247起；侦办"'9·13'某聚众斗殴案"，抓获犯罪嫌疑人10名，铲除盘踞多年的涉赌团伙；紧盯网络新型犯罪，"2·14"丁卯"套路嫖"案件牵出跨省大案，分局赴多省市抓获100余人；及时摸排和侦办天奈科技有限公司商业秘密被窃案；联动广州边检站破获"5·25"出售出入境证件案，取得突出战果；围绕企业举报线索，成功破获多起涉企诈骗、职务侵占、制假售假等案件。（黄泽民）

【公共安全监管】 2023年，经开区公安分局拓展整改事故多发路口等大小隐患376处，查处工程运输车非法改装、超载、超速、闯红灯等交通违法行为1163起，酒驾醉驾384起，交通事故死亡人数大幅下降；对33家剧毒化学品、145家易制爆、254家易制毒、8家放射源从业单位多轮次上门检查，先后查处未落实管理、报备制度等行政案件11起；依托"梳网清格"机制，完成18处群租房安全隐患整改；排查街面"九小场所"（小学校或幼儿园、小医院、小商场、小餐饮场所、小旅馆、小歌舞娱乐场所、小网吧、小美容洗浴场所、小生产加工企业）消防隐患，开展"靶向式"消防安全宣传，提高群众防火意识和自救能力；累计出动警力3000余人次，确保"2023长江·泡泡岛音乐与艺术节"成功举办。（黄泽民）

【基层治理创新】 2023年，经开区公安分局创建"安卯直通车""平安先锋号"等特色亮点，打造索普中学、圌山景区等关爱未成年人"守望号"工作站，在新茂社区创建"警通·昌和"便民服务点，融社区警务、政务服务和基层社会治理于一体，打造警格、网格融合的经开样板；发动群防群治力量近5000人次参加义务巡逻、反诈扫楼宣传等活动，依托"雪亮工程"825路结构化前端布建环区防控圈，每日抓取310万条数据，为治安巡防提供大数据支撑。《海伦娜的"中国朋友"》《四小警娃说反诈》等作品被《人民日报》、"学习强国"学习平台等国家级权威媒体刊发，平安宣防深入人心。（黄泽民）

【市领导督导检查调研经开区公安工作】 2023年1月18日，副市长、市公安局局长王文生到新区公安分局丁卯派出所督导检查春节安保、值班执勤等工作，走访慰问一线执勤民警辅警。市公安局领导姚恒清、范存建陪同。

5月5日，副市长、市公安局局长王文生到新区公安分局调研督导当前重点工作。听取新区分局关于信访维稳、主业绩效、改革创新、案件侦办等方面工作情况汇报，对新区分局前期工作取得的成绩给予肯定并作工作要求。公安分局相关负责人参加活动。

5月11日，副市长、市公安局局长王文生到新区丁岗镇调研督导信访维稳工作，强调要深入学习贯彻习近平新时代中国特色社会主义思想，统筹发展安全，坚定信心决心，巩固良好成效，坚持人民至上，综合分类施策，多方联动、汇聚合力，全面提升信访维稳治理工作成效，为中国式现代化镇江新实践创造安全稳定的环境。新区相关领导参加督导。

10月31日，副市长、市公安局局长王文生到江苏天奈科技有限公司、镇江新区公安分局调研指导工作。在挂钩企业江苏天奈科技有限公司，王文生听取企业情况汇报，参观企业实验室和生产车间，鼓励公司要加大科研力度、深化产品革新，争当高新企业排头兵的同时为地方经济、高新技术的发展作出更大贡献。市公安局及新区公安分局相关人员参加调研。（黄泽民）

【新区领导到公安分局走访慰问】 2023年8月10日，新区党工委副书记、管委会主任尹卫民，新区管委会副主任、公安分局局长周勇率队先后到新区交警大队大港中队、大港警务工作站看望慰问一线值守民警辅警,并送上防暑降温慰问品。

1月18日,新区党工委副书记、政法委书记朱晓阳带队先后到丁岗派出所、交警大队大港中队开展节前走访慰问活动。勉励全体人员继续发扬公安干警不畏艰苦、敢于斗争的优良作风,细化部署,健全应对恶劣天气、路面拥堵等工作预案,确保节日期间道路通行秩序良好。 (黄泽民)

【公安工作重要会议】 2023年2月21日,新区公安分局召开全区公安工作会议。镇江市政协副主席、新区党工委书记路月中出席会议并讲话。新区党工委副书记、政法委书记朱晓阳,分局全体党委委员、四级以上高级警长,各派出所班子成员,各部门、业务大队主要负责人、教导员,优秀民警辅警代表参加会议。

3月1日,新区公安分局召开全区公安机关干部大会。镇江市政协副主席、新区党工委书记路月中出席会议并讲话,新区党工委副书记、政法委书记朱晓阳主持会议并宣布新区公安分局主要领导任免决定,镇江市公安局党委副书记、政治部主任郦锡梅出席会议并代表市局党委提出工作要求。市公安局党委委员、副局长范存建,新区党工委委员、管委会副主任、公安分局局长周勇等领导参加会议。

3月14日,新区公安分局举办“弘扬英模精神 凝聚奋进力量”表彰座谈会,新区管委会副主任、公安分局局长周勇出席会议并讲话,分局党委副书记、政委赵福民主持会议。周勇为获得表彰的单位和个人颁奖,获奖集体及个人代表分别作交流发言,并组织参观分局局史馆、党史馆、廉洁文化馆。分局先进集体代表、获奖个人及政治处主要负责人参加活动。

4月13日,新区召开全国禁毒示范城市创建暨禁种铲毒工作推进会。新区党工委委员、管委会副主任、禁毒委主任、公安分局局长周勇出席会议并就创建“全国禁毒示范城市”和禁种铲毒工作作强调部署。新区禁毒委副主任、区党政办副主任高海涛主持会议。新区禁毒委副主任、政法委常务副书记孙建成,宣传统战部常务副部长黄建同,公安分局副局长姚坤,区禁毒委成员单位、各镇(街道)分管负责人,各派出所主要负责人参加会议。

(黄泽民)

【省民宗委调研丁卯“红榴家园”服务站】 2023年5月23日,省民宗委副主任邓飞带队到镇江新区丁卯“红榴家园”服务站开展调研评估工作。镇江新区党工委委员、管委会副主任、公安分局局长周勇,新区党工委委员、宣传统战部部长蒋红武陪同调研。调研一行详细听取服务站基本情况介绍,实地考察服务站的硬件设施、运作机制、服务质量等方面工作开展情况,对服务站运行以来所取得的经验和成效予以充分肯定。驻省委统战部纪检组副组长应奇,省民宗委、镇江市民宗局有关负责同志,丁卯派出所、公安分局情报指挥中心相关人员参加活动。 (黄泽民)

【“织网2023”反诈集中宣传百日攻坚行动启动仪式举办】 2023年6月20日,新区公安分局举办全区“织网2023”反诈集中宣传百日攻坚行动启动仪式。贯彻落实习近平总书记关于打击治理电信网络诈骗犯罪工作的重要指示精神,增强广大群众的防诈意识与反诈能力。市公安局党委委员、副局长孙桂林,新区党工委委员、管委会副主任、公安分局局长周勇出席活动并讲话。新区各单位反诈宣传员300余人参加活动。 (黄泽民)

【国家移民管理局领导考察武将社区移民事务服务站】 2023年7月14日,国家移民局副局长刘海涛到镇江新区武将社区移民事务服务站视察指导工作。刘海涛实地参观移民事务服务站,听取工作人员对移民事务服务站工作情况及运行模式的介绍,对移民事务服务站打造“中外融合，多元管理”的新格局表示认可，并与移民事务服务站的外籍网格员进行会谈，了解他们的学习生活情况、对于开展志愿服务工作的感想等。省市区相关领导陪同视察调研。（黄泽民）

【“警通·昌和”便民服务点揭牌】 2023年10月17日，新区公安分局丁岗派出所“警通·昌和”便民服务点在新茂苑警务室举行揭牌仪式。新区公安分局多次实地考察调研，结合社区分布、群众需求、高频事项等因素，在建成时间最早、占地面积最大、服务人口最多、人员构成最复杂的新茂社区，创新打造全市第一家“社区综窗”——“警通·昌和”便民服务点，设置服务接待窗口、矛盾纠纷调解室、“守望联盟”活动阵地、反诈宣防区等，全方位展示新茂苑警务分布一览图、政务服务办理事项一览表、政务服务发展大事记等。坚持“打开一扇门，办得百样事”服务理念，将户籍、车管、出入境等纳入“警通·昌和”便民服务点办理范围，开设政务服务窗口，落实每日坐班制，为小区及周边居民就近办理六大项24小项高频政务服务，切实将公安政务服务触角延伸至“最后一公里”，实现“让群众少跑腿”。省市区镇相关负责人参加活动并共同参观“警通·昌和”便民服务点。（黄泽民）

【执法办案管理中心揭牌】 2023年10月27日，新区公安分局举行执法办案管理中心揭牌仪式。执法办案管理中心建设是推进公安治理体系和治理能力现代化建设提升的重要举措。旨在全面推进刑事案件和重大行政案件进中心办理，实现案件集中办、专业办、快速办，全面提升办案质效；突出科学规划布局、合理配置资源，完善执法办案、合成作战、执法管理、涉案财物管理、服务保障、案卷保管等功能应用，实现执法办案各环节功能全覆盖。其中执法办案管理中心速裁法庭的成立，顺应司法体制改革的发展方向，对于符合刑事速裁程序的轻微刑事案件，实行简案快办，与检、法一道共同搭建轻微刑事案件速裁审理“专车道”和“快车道”。市公安局党委委员、副局长范存建，新区管委会副主任、公安分局局长周勇，市公安局法制支队支队长韦杰参加揭牌仪式。镇江经济开发区法院、检察院相关负责人，分局党委班子成员，分局各派出所、各部门主要负责人及相关分管负责同志参加仪式。（黄泽民）

【圌山警务亭“守望号”关爱工作站揭牌】 2023年12月14日，新区公安分局举行圌山警务亭“守望号”关爱工作站揭牌仪式。大路派出所主动和圌山风景区管理单位对接，在圌山主入口建立警务岗亭。作为派出所开展警务工作的阵地，因地制宜探索创建“景中有警”圌山警务特色模式，压实景区巡逻防控工作，增强游客服务意识。圌山警务亭采用“潮汐式”用警的方式，周一到周四采用联网视频监控，周末和节假日安排警力值守，为游客提供一个安心的旅游环境。新区党工委委员、新区管委会副主任、新区公安分局局长周勇参加揭牌活动并讲话。（黄泽民）

【江苏航院警务室揭牌】 2023年12月29日，新区公安分局举行镇江市公安局新区分局江苏航院警务室成立揭牌仪式。江苏航院党委副书记、院长殷国兴与公安分局局长周勇共同为警务室揭牌。市公安局内保支队支队长周毅参加仪式。江苏航院、市公安局内保支队、新区公安分局相关领导，丁岗镇北苑社区、航院学生代表、分局内保支队、丁岗派出所相关人员参加活动。（黄泽民）

【户籍管理】 2023年，新区公安分局进一步深化户籍制度改革，提升服务效能，做实做细工作举措，落实省内户口一站式迁移，进一步完善居住证制度，推动农业转移人口市民化。全年发放居住证5844张，与2022年相比，城镇人口减少520人，全区户籍人口城镇化率

87.59%,完成市里下达的年度任务。全区户籍72756户、人口181683人,其中男88542人、女93141人;全区流动人口86076人,其中男55842人、女30234人,房屋出租23107户。

（黄泽民）

【出入境管理】 2023年,经开区公安分局出入境管理大队牢固树立总体国家安全观,聚力提升涉外领域风险防控水平,聚力服务经济社会发展大局,创新个性化服务模式,设置“助企专窗”,对企业往来港澳商务备案、商务签注咨询、外派人员集中申请等实行“专窗专办”,共为助力企业海外拓展市场提供专属定制服务21件次、开通绿色通道11件次;落实公安部服务保障高质量发展26条工作措施,坚持最大限度用好用足涉外政策,在全区积极推广“镇境通·口岸签”便利政策,帮助6家重点涉外企业获得省公安厅出入境管理总队颁发的“口岸签”一级邀请资质,成功帮助凯迩必、戴姆勒奔驰等公司通过口岸签证邀请外籍高层次人才入境,为企业带来便利。

（黄泽民）

2023年镇江经开区出入境情况一览表

表10－2

单位:人

年度	出入境人数	到中国港澳台人数	入境数	其 中		
				外国人	港澳同胞	台胞
2023	4087	2614	2911	2209	131	571

（黄泽民）

【道路交通安全管理】 经开区公安分局交警支队新区大队下设6个中队,分别为大港、丁卯、大姚3个勤务中队,以及综合、秩序宣传、事故处理3个业务中队,负责区内178条、510千米道路的交通秩序管理、交通事故处理、交通安全宣传及交通违法查纠等交通管理工作。2023年,经开区公安分局深化运用危化品运输车辆监管平台,完成对全区230平方千米的覆盖,为全市的防范道路交通输入型安全风险及全省的危化品运输管理作出示范;先后约谈重点企业78家,清理隐患驾驶人15人,清理逾期未检验、报废货车475辆;按照省、市交办的风险清单,整改事故多发路口等大小隐患213处;持续加大现场执法力度,查处工程运输车非法改装、超载、闯红灯等851起,酒驾醉驾381起,“一盔一带”违法1.6万起,侦破危险驾驶案件123起,交通事故死亡人数比上年下降42%。未发生重特大交通事故,辖区交通安全形势总体保持平稳。

（黄泽民）

【公安队伍现代化建设】 2023年,经开区公安分局聚焦队伍攻坚,对标公安队伍现代化要求,激发全警敢为善为、担当有为。认真贯彻党中央决策部署,扎实开展学习贯彻习近平新时代中国特色社会主义思想主题教育,相关经验做法2次入选市主题教育简报;丁卯派出所获评“学雷锋示范点”、第三批“红石榴家园”、“民族团结进步示范单位”3个省字号荣誉及全市“四好”关工站,丁岗派出所获评全市第一批“枫桥式公安派出所”;压紧压实党委主体责任、纪委监督责任、领导干部“一岗双责”,优化“从严办”实体化运作机制,常态落实廉政警示教育、开展“廉政体检”,第一种形态问责处理人次、涉警投诉、信访案件同比实现“三下降”。（黄泽民）

检　察

【概况】 2023年,镇江市经济开发区人民检察院(简称经开区检察院)围绕“打造苏南现代化经开区特色品牌院”总体目标,协调推动“四大检察”(刑事检察、民事检察、行政检察、公益诉讼检察)和“十大业务”(普通刑事犯罪检察业务、重大刑事犯罪检察业务、职务犯罪检察业务、经济犯罪检察业务、刑事执行检察业务、民事检察业务、行政检察业务、公益诉讼检察业务、未成年人检察业务、控告申诉检察业务)均衡发展,全年办理各类案件930件。其中,“督促整治小微养老机构食品安全行政公益诉讼案”获评最高检“3·15”检察机关食品药品安全公益诉讼典型案例,同时入选江苏省2022年度消费者权益保护食品药品安全公益诉讼典型案例;“Y公司、王某甲等4人污染环境案”入选全省检察机关打击污染环境犯罪典型案例。2名干警分别入选全国检察机关知识产权人才库和民事检察人才库。检察工作被国家级主流媒体报道20余次。 (臧杰星)

【“四大检察”】 2023年,经开区检察院做优刑事检察质效,全年办理各类刑事案件519件,其中纠正侦查、审判、执行活动违法88件,监督立案撤案、纠正漏捕漏诉、纠正遗漏罪行61人,核心指标均达全省达标值,抗诉案件数位列全市前三;提升民事行政检察,全年办理各类民事行政案件100件,其中民事检察监督案件16件,行政审判活动监督、行政执行监督案件2件,发出再审检察建议、执行监督和审违监督检察建议、社会治理检察建议11件,行政违法行为监督检察建议25件,民事行政审判活动监督和民事行政执行监督检察建议采纳率均为100%;拓展公益诉讼检察,立案办理行政公益诉讼案件28件、刑事附带民事公益诉讼案件2件,发出诉前检察建议25件,与行政机关开展磋商7次,在全省“六长(地方党委书记、政府首长、人大常委会主任、政协主席、政法委书记、检察长)出题,检察答题”公益诉讼专项行动中,分别在噪声污染治理、燃气安全、养老机构整治等领域开展专项行动,立案8件,发出检察建议3份,磋商5件,相关行政机关均完成履职工作。 (臧杰星)

【国家安全和社会安定维护】 2023年,经开区检察院受理审查逮捕、审查起诉案件332件,依法严惩各类刑事犯罪。办理为境外赌博网站担任代理6人开设赌场案,被江苏电视台、江苏政法微博等媒体报道;推进反腐败斗争,打击国企人员职务犯罪,追赃挽损130余万元。坚持群众来信件件回复,共接受各类信访92件,来信7日程序性回复率和3个月结果答复率均为100%。在12309检察服务中心推行“管辖外案件当面联系移交”机制,处理管辖外信访19件,信访人满意率97%。 (臧杰星)

【法治化营商环境优化】 2023年,经开区检察院邀请企业家走进检察机关6次,开展检察官送法进企活动10次,班子成员走访驻区企业界人大代表,主动征询意见,改进检察工作。秉持审慎谦抑理念,涉民企刑事案件不捕率100%,不诉率75%。深化企业合规改革,完成江苏某电气集团有限公司合规整改,该企业完善商标管理等10余项公司管理制度,经营走上正轨,销售额实现稳步增长。严厉打击涉企犯罪,办理张某、孙某内外勾结侵犯企业利益案,为企业挽回经济损失70余万元。 (臧杰星)

【市域社会治理现代化服务】 2023年,经开区检察院开展检察公开听证31次,发挥听证在化解社会矛盾、促进诉源治理、提升办案质效等方面的作用。坚持案件办理、社会治理同步推进,办理何某、田某受贿、滥用职权案,针对二人渎职行为致使国家财产遭受重大损失情形,从强化印章审批管理等方面提出检察建议,帮助职能部门完善工作流程,健全相关制度。探索创建“e检哨”党建与业务深度融合品牌,结合“三官一律”进网格等活动,全

院干警走村、进校、访企，开展普法宣传20余次，帮助解决矛盾问题30件。（臧杰星）

【知识产权司法保护】 2023年，经开区检察院推行知识产权保护一体化综合履职，省检察院到镇江调研时给予肯定。制定涉知识产权"刑事民事一体化"办案流程，整合资源提升质效。联合镇江市公安局食药环侦支队建立知识产权保护侦诉协作机制，在提前介入、疑难复杂案件会商、司法规范化、检警案件信息共享、合力共赢5个方面达成共识。加强市场主体平等保护，依法打击侵权犯罪，全年起诉知识产权犯罪案件24件61人。其中"任某假冒注册商标案""吴某、李某侵犯著作权案"被评为"2023年镇江市知识产权保护十大典型案件"，"苏某销售假冒注册商标的商品案"等3件案件被评为全市检察机关知识产权典型案例。办理公安部挂牌督办、涉案金额3800余万元销售假冒奢侈品案一审获法院宣判，检察机关量刑建议得到全部采纳。办理公安部挂牌督办、涉案金额3.32亿余元特大假冒名表案，被江苏电视台、清风苑杂志社专题报道。（臧杰星）

【生态环境资源保护】 2023年，经开区检察院起诉长江非法捕捞、违规排污等破坏环境资源保护类犯罪4件8人，通过刑事附带民事公益诉讼、诉前磋商等手段追偿生态修复治理费用105万余元，确保被破坏生态环境及时得到修复。办理中央第二生态环境保护督察组交办的江苏某电气有限公司污染环境案，案件办结后多次开展回访，监督赔偿款规范使用，督促生态修复，地方政府投资3200余万元，利用湿地碳汇功能等推进生态项目建设。围绕案件举办"生态检察助力美丽中国建设"检察开放日活动，邀请省、市人大代表、政协委员实地参观原污染地改造后的生态项目。注重解决人民群众身边问题，做好丁卯高架吾悦广场段噪声污染治理监督工作，缺失的隔音屏全部安装到位。通过诉前磋商机制，推动辖区扬子江路部分餐厨油烟管道整治，在保障商铺正常营业的同时解决长期困扰当地群众的棘手问题。（臧杰星）

【弱势群体权益维护】 2023年，经开区检察院重点做好老年人、未成年人权益保护工作。办理督促整治小微养老机构食品安全行政公益诉讼案，实现代表建议与检察建议实质性衔接，10家非法小微养老机构被关停，2家转型为合规养老机构，协助妥善安置95名老人，该案被最高检评为典型案例后，又以点带面，推动全市养老机构专项整治，市民政局等5部门联合发文，对全市已运行未备案养老服务场所进行排查整治，确保全市未备案养老服务场所于2023年9月底前实现清零。持续开展"阳光牵手"助学圆梦行动，开展"法治进校园"活动6场，举办"南山检爱之旅　暖童心伴成长"等主题活动4场。分别针对酒吧宾馆违规接待未成年人、镇江某管理服务有限公司违规使用童工等问题制发公益诉讼诉前检察建议，全力守护未成年人权益。

（臧杰星）

法　院

【概况】 2023年，镇江经济开发区人民法院（简称经开区法院）党组被中共江苏省高级人民法院党组评为全省法院首批"五好五强"领导班子；被江苏省机关事务管理局、江苏省发展和改革委员会等单位复评为公共机构节能低碳示范单位；被镇江市中级人民法院评为全市法院新闻舆论工作先进集体、授予全市法院书记员岗位业务技能竞赛团体组织奖。"镜园木兰"妇女微家入选镇江市最美"文明实践"妇女微家；法院团支部被共青团镇江新区工作委员会评为2022年度"镇江新区五四红旗团支部"；"党建引领司法为民服务，打造枫桥式人民法庭"项目获评全区基层党建优质书记项目。涌现出全国法院办案标兵、全省法院打击整治养老诈骗专项行动先进个人、全省法院立案信访工作先进个人等先进典型。（史元昭）

【审判工作】 2023 年，经开区法院受理案件 8973 件，结案 8425 件，分别比上年上升 17.68% 和 16.50%，法官人均结案 366 件，10 项质量指标中 8 项优于省均值，5 项效率指标均优于省均值，5 项效果指标中 4 项优于省均值，呈现较好的运行态势。贯彻总体国家安全观，审结刑事案件 271 件 387 人。严惩跨境网络赌博、帮助信息网络犯罪活动、缅北电信诈骗等犯罪，案涉金额累计超 5000 万元。“王小亭企图通过连续怀孕逃避刑罚执行案”入选江苏法院毒品犯罪典型案例。妥善调处民事纠纷，审结各类民事案件 5200 件，调解撤诉率 57.06%。“电视台曝光食品安全问题名誉权纠纷案”入选中国法院博物馆人民法院弘扬和践行社会主义核心价值观成就展。攻坚执行为民解忧，深化“‘宜’起诚信”品牌建设，全年实际执行到位金额 4 亿元，全媒体网络直播执行现场 6 次，推进“云拍卖 + 专场直播”，司法网拍成交金额 1.5 亿元，采取“活封”“活扣”措施，将对企业正常生产经营的影响降到最低。（史元昭）

【法治营商环境优化】 2023 年，经开区法院充分发挥破产审判“积极拯救”和“及时出清”功能，审结破产案件 64 件，公益清算案件 40 件，盘活资产 34.3 亿元，处置房屋、土地 26.83 万平方米，安置职工 261 名。“力信（江苏）能源科技有限责任公司预重整、重整案”入选江苏法院破产审判十大典型案例。成立镇江新区总商会调解中心，构建“一个中心 + N 个调解工作室”商会商事调解工作格局。审结各类知识产权案件 191 件，制售假表、直播间销售假冒名牌商品等案件，被《法治日报》和江苏政法、江苏高院等公众号刊载。论文《特许经营合同中商圈保护的司法认定及裁判规则》被《中国审判》采用。

（史元昭）

【丁卯法庭多元化解矛盾纠纷】 2023 年，经开区法院丁卯法庭坚持和发展新时代“枫桥经验”，整建制入驻辖区街道社会治理现代化指挥中心，邀请全国人大代表魏巧、全国模范人民调解员周秀琴设立驻法庭工作室，形成共建、共治、共享的工作模式。整合部门资源，在矛盾多发领域打造企调、医调等 6 个“矛调对接”工作站，推动矛盾纠纷多元化解。发挥司法建议能动作用，针对“六大市场”商铺特点、燃气设施安全、网店注册审核等问题提示风险、提出对策，反馈率 100%。丁卯法庭作为全省法院两家代表之一，在全省调解工作会议上作经验交流，省委政法委书记刘建洋现场调研时予以充分肯定。（史元昭）

【社会矛盾风险排查化解】 2023 年，经开区法院关注社会面苗头性风险隐患，参与撰写关于人才保护预警类信息，被省委书记信长星批示。主动参与化解群体性纠纷，在经开区政法委主导下，妥善化解问题楼盘开发商欠薪纠纷、教培机构 260 余名学员退费问题。严防房地产领域风险，妥善审理建设工程纠纷 240 件、房屋买卖合同纠纷 84 件。

（史元昭）

【“优 +”诉讼服务深化】 2023 年，经开区法院积极推进“诉事速办”，简单案件当天完成网上立案审核，复杂案件 3 个工作日内审核完毕。着眼“让数据多跑路、群众少跑腿”，网上立案 2445 件、跨域立案 65 件，律师服务平台应用率 54.54%。联合经开区残联设立残疾人诉讼服务工作站，为弱势群体开辟绿色通道。深化“繁简分流”，4 个速裁团队办理案件 2113 件，平均每件审理天数 29.83 天。

（史元昭）

司法行政

【概况】 2023年,经开区法援案件质量评估获全市第二名,完成全市第二家智慧矫正中心建设并率先试点运行“镇在矫”系统,全年涉及管委会行政诉讼案件无一败诉,特殊人群管控安全稳定,“八五”普法工作得到市委、市政府评估组肯定,司法行政工作高质量考核获评市先进单位。 (李志和)

【行政执法监督】 2023年,镇江经开区严格执行行政执法人员持证上岗和资格管理制度,全年新领证人员49人。组织全区290名行政执法人员培训和考试,重点学习《中华人民共和国行政处罚法》《国务院办公厅关于进一步规范行政裁量权基准制定和管理工作的意见》《法治政府建设实施纲要(2021—2025年)》等法律法规、政策文件,提升行政执法人员法律素养和执法水平。加强全省行政执法综合监督管理平台信息维护,及时更新行政执法人员信息和行政执法行为信息。

(黄佳佳)

【人民调解】 2023年,镇江经开区组织开展年度十大典型调解评选活动,选聘全区骨干调解员,激发和调动人民调解员积极性、荣誉感。人民调解员积极主动参与化解社区热点纠纷,全年调处矛盾纠纷2753件,调处成功率99.89%。会同开发区法院成立新区总商会调解中心,新设立商会商事调解工作室及大港派出所“学良·宜调解”公调对接工作室。 (李志和)

【普法与依法治理】 2023年,镇江经开区推动普法工作目标精准化、普法举措项目化、宣传教育常态化,先后下发《“谁执法谁普法、谁服务谁普法、谁管理谁普法”普法责任制落实评估标准》《镇江经开区机关部门普法责任清单》等普法任务文件。建立知识产权法律培训基地,“镜园”法文化中心通过市级社科基地复评。丁岗镇等3个镇(街道)获评市级社会治理现代化先进镇,6个社区获评省、市“援法议事”活动优秀范例。组建习近平法治思想普法宣讲团、《中华人民共和国民法典》讲师团,开展“民法典宣传月”“人民调解法宣传月”等专题活动,编制“每日普法”小海报、小视频,每个工作日在全区各村(社区)“法润民生”微信群推送。组织村(居)法律顾问、“法律明白人”、普法骨干积极宣传与群众切身利益密切相关的法律法规,引导群众依法理性表达利益诉求,全年开展普法活动60余场次。 (李志和)

【社区矫正与安置帮教】 2023年,镇江经开区优化升级社区矫正中心智能信息化软硬件,建成全市第二家智慧矫正中心,涵盖自动信息采集、矫务信息发布、智能汇报查验、远程心理辅导等智能矫正模式,受到省司法厅、市司法局领导肯定。与大路派出所合作建立社区矫正(后续照管)对象现场教学点,主要针对酒驾类矫正对象开展VR实景体验。开展“社矫体检”活动,对全区“减假暂”“禁止令”对象开展专项检查,协助配合市检察院对全区2020年以来社区矫正工作开展巡回检察,全年无脱漏管。 (李志和)

军　事

【概况】 2023年,镇江经济技术开发区人民武装部(简称经开区人武部)贯彻落实习近平新时代中国特色社会主义思想和习近平强军思想,贯彻落实中央军委新时期战略方针,积极做好全区国防动员和后备力量建设,圆满完成民兵军事训练、兵员征集等各项任务。

(何　祥)

【区委常委议武会】 2023年12月16日，市政协副主席、经开区党工委书记路月中主持召开区党工委议武会。会上听取2022年度国防动员工作开展情况的汇报，研究提请会议审议的有关事项。路月中在讲话中强调，要深入贯彻落实习近平新时代中国特色社会主义思想和习近平强军思想，紧扣建军一百年奋斗目标，切实加强新时代党管武装工作，以实际行动开创全区国防动员和后备力量建设新局面。（何 祥）

【召开国防动员委员会全体会议】 2023年7月28日，镇江新区召开国防动员委员会全体会议，新区党工委副书记、管委会主任尹卫民出席会议并讲话。会议观看全区民兵建设纪录片，听取镇（街道）和区本级国防动员工作报告。（何 祥）

【春季、夏秋季定兵】 2023年3月10日，新区召开2023年度春季定兵会。新区党工委副书记、政法委书记朱晓阳，党工委委员、人武部部长张成出席会议。区征兵工作领导小组全体成员，政审组、体检组、纪检组和各镇（街道）基层武装部长参加会议。会上，张成对2023年春季征兵工作的总体情况和预定兵员拟定去向逐一进行介绍，政考组、体检组、纪检组负责人发表意见，逐一对预定新兵进行审定。

2023年9月8日，镇江新区召开2023年度夏秋季定兵会，新区党工委副书记、政法委书记朱晓阳，新区党工委员、人武部部长张成出席会议。区征兵工作领导小组全体成员，政审组、体检组、纪检组负责人和各镇（街道）基层武装部部长参加会议。会议对预定新兵进行审定。（何 祥）

【春季新兵入伍欢送仪式举行】 2023年3月20日，镇江新区2023年春季新兵入伍欢送仪式在市国防园隆重举行，仪式现场，入伍新兵身着崭新迷彩服，胸戴红花、肩披绶带，精神抖擞、英姿勃发、军容严整。新区党工委委员、人武部部长张成对新兵表示祝贺并希望新兵们把握好这次人生难得的机遇，尽快实现从青年学生到铁血军人的转变，成就自己的新事业。（何 祥）

【征兵宣传进校园】 2023年6月16日，新区征兵办联合江苏航空职业技术学院开展征兵宣传进校园活动。活动期间，优秀退伍复学学生代表分享服役感受和军营经历，区征兵办在学校广场同步组织征兵政策咨询及现场应征报名等配套活动。相关工作人员从应征报名、部队发展、退役优待等方面对征兵政策进行解读，鼓励同学们投身国防事业。（何 祥）

【组织开展学生军训】 2023年7月下旬开始，镇江新区人武部集中利用2周时间，组织辖区心湖高中和镇江枫叶国际双语学校高一新生展开军训活动。让学生在军训中加强国防意识、铸牢军规精神，增强学生的组织纪律性，让关心国防、热爱国防、建设国防、保卫国防的意识在青少年学生心中深深扎根。（何 祥）

【秋季新兵入伍欢送仪式举行】 2023年9月12日，镇江新区征兵办在镇江市国防园举行2023年秋季新兵入伍欢送仪式，为即将开启军旅生涯、踏上保家卫国征途的新兵送行。仪式在国歌声中拉开序幕。新区党工委委员、人武部部长张成宣读新兵入伍命令；新区党工委副书记、新区政法委书记朱晓阳寄语新兵牢记初心使命、弘扬光荣传统、苦练过硬本领，为全面建成世界一流军队作出积极贡献。与会领导为新兵披绶带、戴红花，为新兵家属发放“光荣之家”荣誉牌；入伍新兵和家长代表进行热情洋溢的发言，表达报效祖国、支持国防的赤诚情怀。在嘹亮的《中国人民解放军军歌》声中，新兵欢送仪式落下帷幕。新兵们与家人进行话别，他们带着家乡人民

的殷切期盼，将在火热的军营舞台上书写人生新篇章。（何　祥）

信　访

【概况】 2023 年，镇江经济技术开发区信访局（简称经开区信访局）贯彻落实“信访突出问题攻坚化解巩固提升年”行动，开展突出信访矛盾的“双月攻坚”“专项攻坚”“三大重点领域”等专项工作，为全面护航经开区高质量发展作出贡献。经开区信访局被评为 2023 年度镇江市信访工作先进单位。（徐玉婷）

【初信初访】 2023 年，经开区信访局受理群众通过信、访、网、电等渠道反映信访事项 1271 件，其中：群众来信 130 件，网上投诉 894 件，领导信箱 93 件，各级走访 154 批 205 人次，全年信访事项及时受理率、按期办结率保持 100%。强化信访“三项建议权”（改进工作建议、完善政策解决问题建议和给予行政处分建议的职权）及“三函两单”（信访风险警示函、改进工作建议函、信访问责建议函，信访事项交办单、信访事项督办单）机制运用，年内向责任单位发出工作提醒函、警示函 23 份。（徐玉婷）

【积案化解】 2023 年，经开区每月定期听取信访稳定工作汇报，党政主要领导调度重点疑难案件攻坚，分管领导、包案领导常态化会商推进，全年区级党政领导研判分析、会商会办、接访下访 170 余次。中央信访联席办交办“治理重复信访、化解信访积案”案件 3 批 163 件，实体化解 84 件，实体化解率 51.5%。省指定党政主要领导包案信访事项 3 批 10 件及重点信访事项 6 件全部化解。（徐玉婷）

【维稳保障】 2023 年，经开区信访局完成全国两会、杭州亚运会、第五届全国道教论坛、江苏发展大会、上海进博会等期间信访保障工作。建立源头防控常态排查机制，制定防变量、控增量、减存量“三张清单”，对排查的矛盾隐患及基层突出矛盾纠纷问题明确化解稳定责任。高效解决楼盘交付、教培退费等群体性事件。全年全区未发生有影响力的信访舆情，牢牢守住“四个不发生”工作底线。（徐玉婷）

【信访宣传】 2023 年，经开区信访局开展《信访工作条例》宣传月主题宣传活动，举办《信访工作条例》专题培训 1 场次，开展《信访工作条例》广场宣传活动 5 场次，发放《信访工作条例》宣传册 1000 余份，200 余人参与“知识竞答”，接受群众现场咨询 100 余人次。组织开展经开区人民建议征集活动，征集到较有价值的人民建议 20 余条。（徐玉婷）

图 10－2　2023 年，经开区信访局开展《信访工作条例》宣传活动　（信访局　供稿）

经济管理

国有资产管理

【概况】 2023年，镇江经济技术开发区地方债务管理办公室(国有资产监督管理办公室)(简称经开区债管办、经开区国资办)深学细悟笃行习近平总书记关于促进国有企业发展的重要论述，深入贯彻党的各项方针政策，坚定不移扛起做强做优做大国有资本和国有企业的历史使命，以兼顾远近的部署，守正创新的举措，在深化国企改革、压实国资监管方面体现新担当，落实瀚瑞控股改革重组，完善国资监管体系建设，加强镇(街道)所属企业监督指导，加大存量资产盘活出清力度，全年盘活存量载体11万平方米。加强债务动态监测预警，守牢安全底线。严格管控债务成本，优化债务结构。对国企考核进行制度化体系建设，引导国企高质量发展。 (徐 惠)

【国资监管】 2023年，经开区国资办根据党工委、管委会的部署，进一步深化国有企业改革，强化和完善国有资产的监督管理。一是落实瀚瑞控股改革重组。对照市委、市政府研究通过的《瀚瑞控股改革方案》，按照“主业相近、业务相同”的原则，推动瀚瑞控股完成各子集团业务和资产的梳理归并，构建形成瀚瑞控股“1+6”的产业格局；会同相关职能部门完成瀚瑞控股本部及子集团“1+6”岗位总职数、内设机构数的核定；瀚瑞控股完成集团高管、子集团高管及中层的配齐到岗。二是完善国资监管体系。制定出台《镇江新区国有企业重大事项报告制度》，明确对国有企业应履行请示报告的事项实行分级管理；会同人社局制定出台《镇江新区国资监管企业负责人经营业绩考核与薪酬管理暂行办法》，完善绩效考核与薪酬管理体系。会同组织部、人社局开展国企经营绩效考核研判，按照突出重点、找准关键、管好放活、精简高效的原则，研究制定《2023年度镇江新区区管国有企业绩效考核办法》及《2023年度瀚瑞控股经营业绩考核任务表》《2023—2025年瀚瑞控股企业负责人任期经营业绩考核任务表》，对国有企业负责人实行年度及任期考核；督促指导瀚瑞控股对所属6家子(集团)公司制定经营业绩考核办法，并下达考核指标。加强全面财务预算管理，对国企预算报表编制系统进行升级改造，按照瀚瑞控股“1+6”板块搭建组织架构，实现国企预算填报全覆盖，完成第三方中介机构的公开选聘，将国有企业财务预算审核与防范经营管理、违规经营投资等风险相结合，进一步提升国资监管的质量和水平。三是加强镇(街道)所属企业监督指导。对5个镇(街道)所属企业改革推进、问题整改等情况(包括推进公司制改革、开展资产与业务整合、规范企业财务管理、加快往来款清收和历史遗留事项化解、平台公司转型等)开展现场调研,对整改中遇到的问题,共同研究分析,寻求解决路径,对镇(街道)所属企业监督管理工作提供业务指导,并形成《监督检查报告》报管委会主要领导。落实《关于建立镇人民政府向镇人民代表大会报告国有(集体)资产管理情况制度的意见》,编制镇(街道)国有企业资产清单及资产经营报告。四是围绕国有企业对外投资、担保、借款等方面开展监督检查,梳理国有及国有控股、参股企业股权,开展基金项目投资情况清查,加大存量资产盘活出清力度,全年盘活存量载体11万平方米。 (徐　惠)

【国企高质量发展考核】 2023年,镇江经开区国资办对照《2023年度镇江新区高质量发展综合考核实施办法》,强化高质量考核对国企高质量发展的引领和保障作用。经过磨合实践,形成了一套行之有效的评价体系,为区管国企高质量发展提供有力保障。

定好考核尺度,增强考核内容的“科学性”。把稳“方向盘”,坚持全面科学设置考核内容。国资办根据考核实施办法,将国企绩效考核由“笼统考”变“精细考”,针对6家一级子(集团)公司,设置筹融资管理、经济效益管理、集团管控和党的建设4个方面,确保考核考全考细。种好“特色田”,坚持“一业一策、一企一策”的考核方向。指导瀚瑞控股结合各板块经营特点,分类制定2023年度绩效考核目标。突出资产盘活处置、不良债权清收、市场化业务拓展、资本运作、城市维护等,使考核更加精准有效。

把握考核精度,增强考核指标的“精准性”。打好“组合拳”,精准运用过程管理和结果控制。采取平时考核和年终考核相结合的方式,动态监控瀚瑞控股月度财务快报、季度经济运行情况分析,开展2023年全面财务预算管理工作,每月实时监测运营费用情况,进一步加强自营项目管理,严控项目概预算、招投标、工程款支付等重点环节,确保考核的针对性、可操作性和实效性。织密“防护网”,精准调度问题短板。针对风险化解事项,督促瀚瑞控股严格执行对担保、诉讼等各类风险事项的风险审查委员会集体议事制度。

拓宽考核维度,增强结果运用的“激励性”。立下“军令状”,坚持实施契约化管理考核。指导瀚瑞控股优化市场化经营机制,按照“两书一协议”全面实施经理层任期制和契约化管理,以市场化方式选择优秀人才,实行竞争上岗及员工考核制度。强化“紧箍咒”,坚持突出正向激励考核。强化“业绩升、薪酬升,业绩降、薪酬降”,结合竞争上岗及员工考核制度,对考核末位的员工实施必要调整,真正实现绩效能升能降、员工能进能出的绩效考核体制。对经营业绩优秀以及在科技创新、国际化经营、节能环保、品牌建设、城市维护等6个方面取得突出成绩的企业,予以任期考核通报表扬。落实“三项机制”精神,将年度考核结果报送相关部门,作为企业领导人业绩的重要依据。 (徐　惠)

市场监督管理

【概况】 2023年,镇江经济技术开发区市场监督管理局(简称经开区市场监管局)优化改善监管模式。创新“四新经济”(新技术、新产业、新业态、新模式)20条措施,与新材料、新能源、大学科技园、航空航天管办签订《服务园区“四新经济”框架协议》,发布“暖企二十条”等“硬核”举措,营造宽松的准入环境,推行包容审慎的监管模式。对全区64个行业市场主体合规经营事项进行全面梳理,在全市率先编制《镇江新区“一业一查”市场主体合规经营手册》,逐步建立“一业一管一查”监管模式,真正做到“进一次门,查多项事”,对企业"无事不扰"。

"双随机、一公开"监管成效显著。牵头召开联席会议,全区全年共制定"双随机"任务94个,其中单部门任务26个、跨部门任务68个,共抽取检查对象818户,实际抽查率5.5%,实现78个行业领域检查全覆盖,归集数据部门比例100%,处罚信息公示率100%。

4月,江苏省食品安全委员会发布江苏省食品安全示范县(市、区)名单,镇江新区荣获"江苏省食品安全示范区"称号。市场监督管理局食品药品监督管理科、大港街道办事处获2023年度"食品安全先进集体"称号,3人获2023年度"食品安全先进个人"称号。

(王亚超)

【市场主体监管】 2023年,经开区市场监管局推动市场主体依法依规开展年报工作,全年实际年报13772户,年报率99.2%。全年新增个体工商户3303户,比上年增长7.1%,全年将198户企业列入经营异常名录,正常移出70户,吊销营业执照3户。 (王亚超)

【外资及港澳台资登记】 2023年,经开区办理外资及港澳台资公司设立7件,变更68件,注销17件,司法协助6件;办理药品许可100件,特种设备许可1928件。至2023年年底,经开区有各类外资及港澳台资企业332户,注册资本2.27亿美元,投资总额2.27亿美元。2023年新增外资及港澳台资企业10户,注册资本728.9万美元,投资总额728.9万美元。 (王亚超)

【投诉举报处理】 2023年,经开区市场监管局全年收到12345热线、12315平台及来信来访各类渠道投诉举报4898件,比上年增长15.9%(2022年4226件),办结4736件,办结率96.7%。 (王亚超)

【稽查执法】 2023年,经开区市场监管局立案188件,办结182件,不予立案案件53件,下达处罚决定书124件,移送公安机关案件1件,罚没款到账77.09万元。荣获省市场监管系统"铁拳"行动突出集体和首届镇江市场监管系统"以案说法"第一名。全市首件食品案件入选江苏省"反食品浪费"典型案例,1件叉车超期未检案例被省市场监管局2023年"铁拳"行动简报第10期录用。 (王亚超)

【菜市场长效管理】 2023年,经开区市场监管局以菜市场长效管理为抓手,进一步整合文明城市创建、卫生城市创建、平安市场创建、菜市场长效考核等多项工作,通过细化任务指标、明确专人负责、强化监督检查等方式,不断推动市场管理提质增效。一是实施分局干部驻场,建立定人、定岗、定责的常态化巡查机制,最大限度查清创建过程中不达标的问题;二是根据《镇江新区"清洁美化家园、建设宜居镇江"农贸市场环境卫生整治行动实施方案》的要求,牵头开展全区农贸市场环境卫生整治行动,督促各市场主办方多次开展"搬家式"大扫除,做好每日市场卫生环境清洁工作,并加强督促巡查力度;三是加强对市场病媒生物防制的指导力度,召开集贸市场国家卫生城市、文明城市复审工作推进会,对各市场健康教育栏、病媒生物防制进行指导和部署。在全市主城区菜市场长效考核中综合排名第二。 (王亚超)

【食品安全监管】 2023年,经开区市场监管局印发"包保"工作方案,成立领导小组,多次召开属地管理责任工作会议,将属地责任分解细化,分层分级落实到具体包保干部;经开区党工委、管委会主要领导率先开展现场督导,全区349名包保干部全部签订承诺书,全区督导完成率及督导问题整改率均为100%。

食品安全企业主体责任全面落实。推动全区45家食品生产单位,10家大型食品销售、餐饮服务单位,51家学校食堂及农批市场配备食品安全总监,200余家食品中小企业配备食品安全员,明确企业主要负责人、食品安全总监、食品安全员工作职责,确保“日管控、周排查、月调度”工作制度落实到位。全年组织开展食品生产经营单位落实企业主体责任宣贯培训10余次,全区食品生产企业食品安全自查率100%,日常监督检查覆盖率92.8%。

关注学校食堂餐饮安全,在镇江心湖高级中学、江苏航空职业技术学院和镇江枫叶学校引进建设“智慧食品安全管理数字驾驶舱”,实现“智能阳光食堂”线上线下同步管理,提升学校食堂食品安全风险管控能力,形成区域性的学校食堂智慧管理模式。

探索网络餐饮“非现场、触发式监管”。针对网络餐饮乱象,在全市率先试点“非现场、触发式监管”,联合电信、网络餐饮第三方平台,实现网络餐饮服务从食材、加工到后厨全过程在线卫生监管,并对不同信用风险等级经营者实施差异化“非现场”“双随机”监管,对达到扣分阈值的经营者实施“触发式监管”。通过“明厨亮灶”直播,在线实时展示商家后厨实景、卫生情况,食品清洗、加工、制作等过程,成功签约50家餐饮商户,打造“后厨看得见、你我都安心”的点餐环境。 (王亚超)

【药械安全监管】 2023年,经开区承接一类医疗器械生产企业监管职能。经开区市场监管局制定印发全年药品医疗器械和化妆品监管工作要点,召开药品安全委员会全体(扩大)会议暨疫苗管理区级部门联席会议,督促企业落实主体责任。不断优化监管执法联动机制,完善监管责任体系和药品安全委员会工作制度,制定印发全区药品监管事权清单、药品安全日常检查制度、基层分局药品监管事权划分清单等文件。先后开展涉疫药品医疗器械稳价保质、化妆品“一号多用”、医疗器械风险隐患排查、药品经营和使用、“医美乱象”整治等专项行动,在辖区内5个镇(街道)建立稳价保质专项行动监测点,对辖区内110家药店以及23个乡镇医院、卫生院、村卫生室进行全覆盖专项检查。全年完成药品监督抽检60批次,累计检查互联网药品、医疗器械经营单位127家次,下发当场处罚决定书12份,整改安全隐患27处,立案4起。

(王亚超)

【特种设备安全监察】 2023年,经开区市场监管局完成特种设备安全风险管控责任手册编制审核,全区特种设备安全领域纳入管控的重大风险点123个、较大风险点6913个、一般风险点8051个,共计风险点15087个,完成率100%。探索实施叉车安全智慧监管,全区203家企业的679台叉车签约安装智慧监管系统,占全区叉车数量的32%。持续深化特种设备安全风险分级分类管控,对全区53家重点企业的承压类特种设备进行风险排查,排查特种设备安全隐患134处并闭环整改。开展安全生产重大事故隐患排查整治行动,专项行动期间,共抽查企业189家次,排查特种设备安全隐患176处,发现严重事故隐患3处,均建立明细清单并闭环整改,并对其中2处进行立案查处,罚没款2万元。 (王亚超)

【质量安全监管】 2023年,经开区市场监管局围绕高质量发展考核指标和经开区产业特点,结合全区安全生产、消防、环保等工作任务,完成产品质量监督抽检84批次,合格83批次,合格率98.8%。开展重点工业品隐患排查治理,围绕危险化学品、电线电缆、燃气器具及配件、电动自行车、成品油、塑料制品、儿童用品、消防用品等重点产品开展专项检查,共开展检查120余家次。 (王亚超)

【质量发展】 2023年,经开区市场监管局指导企业参与各类质量奖项申报,其中,天奈科技荣获市长质量奖,东方电热获得“江苏精品”认证,奥雷光电、合力四通获评江苏省质量信用等级AA级企业。推荐7家企业选派15位首席质量官参加镇江市企业首席质量官技能竞赛并分获二等奖、三等奖。开展2023年度江苏省综合质量满意度测评调查,指导企业和群众线上线下填报问卷200余份。

（王亚超）

【餐饮燃气安全监管】 2023年,经开区市场监管局建立餐饮场所燃气安全督查通报、三级联动、隐患交办、问题会商、安全培训五项工作机制,压实燃气主管部门、属地板块管理责任,形成条块结合、层层落实的工作局面。全年组织餐饮场所燃气安全联合检查3波次,燃气安全专项整治App录入企业信息并开展排查1029家次,排查隐患50处。

持续推进"瓶改管"扩网工程,着力解决"瓶改管"造价较高等难点堵点问题。至2023年年底,全区191家餐饮商户实施"瓶改管",拨付补贴167万元。

开展流通领域燃气具及配件产品专项检查,重点围绕燃气具及配件进货查验制度是否落实,燃气具是否有3C认证标志、是否具备熄火保护装置,燃气调压阀、连接管的标识标注是否清楚可追查等情况全面检查。全年共检查燃气具及附件销售单位72家次,抽检燃气具10批次,立案查处8起,罚没款1644.5元。

（王亚超）

【机动车辆智慧监管平台标准化建设】 2023年,经开区市场监管局推荐的《场内专用机动车辆智慧监管平台建设规范》入选2023年镇江市地方标准项目计划,为经开区市场监管局自成立以来首例参与并推荐的地方标准。组织企业参加重点产业链标准化提升行动,梳理航空航天和高温材料产业链企业,组织12家企业填报重点产业链标准化工作调研问卷。开展标准化工作走访调研,组织1家企业申报省级标准化试点,指导天诺道路高分通过省级标准化试点验收考核,组织1家企业参加国际标准化业务知识培训,为2022年主导制定国家标准、团体标准的单位申请奖励83万元。

（王亚超）

【价格和反不正当竞争监管】 2023年,经开区市场监管局开展涉企收费专项治理,对商业秘密保护、过度包装、教育收费、殡葬设施、长江音乐节等进行各类价格专项检查,调研走访各类市场主体30余户,检查各类经营主体860家、发放价格政策提醒函262份。在辖区内5个镇(街道)建立稳价保质专项行动监测点,对辖区内23个乡镇医院、卫生院、村卫生室以及全区所有药店进行全覆盖专项检查。

（王亚超）

【公平竞争审查】 2023年,经开区市场监管局建立镇江经开区公平竞争审查制度,组建由19个成员单位组成的区公平竞争审查联席会议,定期开展工作情况通报,印发《2023年新区公平竞争审查工作要点》。全年全区增量审查合计40件,对督查时发现问题的1件进行修改,其余39件未有排除、限制竞争的情况;全区各部门对2017年1月1日至2022年12月31日制定的涉及市场主体经济活动的5份规范性文件和115件其他政策措施,共计120份存量文件进行清理,其中废止2份、保留118份,排除风险点3处。

（王亚超）

安全生产监督管理

【概况】 2023年,镇江经济技术开发区贯彻落实习近平总书记关于安全生产重要论述和指示精神,按照国家、省、市部署要求,深入开展重大事故隐患排查整治和"两个年"专项整治行动,持续推进落实《企业安全风险点管控责任手册》机制,拧紧责任链条,严格监管执法,加强基层基础,提升应急能力,全力推进应急管理工作开新局、上水平,以新安全格局服务全区经济社会高质量发展。经开区全年生产安全事故起数、死亡人数比上年实现"双下降",未发生较大以上及有影

响的化工安全事故，全区安全生产形势总体平稳。（安委办）

【安全生产责任机制建设】 2023年，镇江经开区严格对照“三管三必须”职责定位，制定完善经开区领导班子成员、安委会成员单位和企业主体责任“三张责任清单”。推行《企业安全风险点管控责任手册》机制，全区排查审核各类风险点102837个（类），督促整改各类问题5000余条，初步实现从隐患排查向风险管控的关口前移。加强安全生产工作调度推进，年内召开党工委会议、管委会常务会议专题研究部署安全生产相关工作11次，安委会（办）、专治办召开各类安全生产工作会议12次。制定出台《镇江经开区生产安全事故调查处理办法》《镇江经开区生产经营单位劳务派遣人员和灵活用工人员安全管理办法》《镇江经开区化工（医药）企业危化品小微泄漏事故（事件）管理处置调查办法（试行）》《关于进一步加强房建市政类建设工程安全生产分类分级监管工作的通知》《镇江经开区建筑工程分包作业安全管理办法（试行）》等制度办法，构建科学有效的安全生产规章制度和长效机制。（安委办）

【重点领域隐患整治】 2023年，镇江经济技术开发区坚持“小切口、抓关键”，聚焦危化品、冶金工贸、城镇燃气、建筑施工、道路运输、消防、森林防火、特种设备等14个重点领域，推进专项整治行动见成效。危化品领域，排查化工企业老旧装置安全隐患39处，完成底单内48家化工医药的企业自查、属地检查、市级辨识及省生态环境厅认定，涉及经开区8家企业、39套老旧装置。全年完成老旧装置更新改造5套，剩余34套装置已启动改造，2024年内全部改造完成。冶金工贸领域，全年完成8家劳动密集型重点工业企业执法检查，全区11家重点粉尘涉爆企业粉尘清扫每日线上填报率100%。对全区23家涉及有限空间作业的重点企业开展专项检查，排查安全隐患41处，对其中16家企业进行立案调查，完成罚款收缴6.875万元。城镇燃气领域，吸取宁夏银川市兴庆区“6·21”燃气爆炸事故教训，累计排查用气企业529家次，推进车库等不合格用气场所“回头看”整改闭环18家次，推动餐饮商户“瓶改管”签约缴费81家，全区使用燃气的学校、医院、养老机构和宗教场所燃气泄漏报警装置安装率达99%，对7000余户瓶装气用户实现入户安检全覆盖。建筑施工领域，对全区53个在建项目全面排查，发现安全、消防隐患208处，行政处罚企业12家，处罚金额21.1万元；排查既有建筑隐患房屋69栋，通过拆除的工程性措施和清人、封存等非工程性措施解危53栋，完成率76.8%，完成2023年度28栋的整治任务。道路运输领域，强化“两客一危一货”监管，保持打击非法营运高压态势，查处交通违法行为16328起，查获未经许可非法从事网约车经营活动等各类

图11－1 2023年7月3日，新区领导现场督查燃气安全工作

（新闻中心 供稿）

案件78件，共罚款25.12万元。消防领域，组织开展“九小场所”专兼职人员培训，完成年度200套电动自行车集中充电装置建设工作，推动“智慧消防”单位接入439家、点位4439个。特种设备领域，排查特种设备安全隐患176处，闭环整改170条。全面摸排全区老旧（15年以上）住宅电梯63台，全部完成现场安全评估工作，停用7台不符合国家电梯质量安全评价的电梯，待改造完成且检验合格后投入使用。其他行业领域也按照工作方案有序推动落实。（安委办）

【执法整改方法创新】 2023年，镇江经济技术开发区坚持执法既有力度又有温度，应急条口检查企业307家次，事前立案90件，事前处罚56.44万元；制定出台安全生产违法行为“首违不罚”实施办法，实施“首违不罚”48件，涉及金额68.94万元。全面加强安监、纪检双向互动，向纪委、检察院移送安全生产问题线索2条，持续保持安全生产领域的正风肃纪。2023年，省市督导交办的83项问题全部整改完成，各专项整治牵头部门及企业全区排查上报重大事故隐患218条，完成整改217条；省、市挂牌督办重大隐患3个，全部完成整改；区级挂牌督办重大隐患14个，完成整改7个。（安委办）

【本质安全水平提升】 2023年，镇江经开区生态环境和应急管理局从产业项目准入、工艺安全诊断、设备设施改造升级、重点源头整治、精细化管理、企业主体责任落实等多方位提升企业本质安全水平。全面提升化工园区本质安全水平，积极推进园区封闭化建设，项目总概算670.32万元，至2023年年底，已完成土建施工和设备安装，进入试运行阶段。推动丁卯、大港、姚桥建设完成“智慧消防”监管中心，丁岗、大路将本地“智慧消防”终端接入姚桥监管中心，全区共接入单位439家，接入点位4439个。积极推进农路品质提档升级，投资约550万元，完成经开区的9条县道，临水、校车行经等15条乡道、16条村道危险路段共126.82千米农路生命安全防护工程，消除重要路段车辆通行隐患。（安委办）

【安全生产基层基础夯实】 2023年，镇江经开区高度重视乡镇（街道）、园区安全生产综合监管能力建设，推动9个镇（街道、园区）应急办配备人员55人（含应急办主任）应急办综合监管能力提升。落实市安委办安全生产与消防网格化工作要求，初步划分39个重点网格、62个一般网格，各网格常态化开展日常巡查工作。推动“九小场所”消防安全员和企业车间班组安全员“两员”建设，各镇、街道、园区结合上级要求和区域实际拟定各自管理方案。针对912家企业和4015家“九小场所”两个类型，分别制定标准、设置安全员。（安委办）

财　政

【概况】 2023年，镇江经济技术开发区一般公共预算收入完成40.41亿元，比上年下降7.05%；政府性基金预算收入完成35.72亿元，增长6.47%；社会保险基金预算收入完成1.16亿元，增长8.93%。经开区一般公共预算支出46.34亿元，比上年下降3.56%；政府性基金预算支出70.18亿元，下降48.15%；社会保险基金预算支出1.19亿元，增长4.73%。（殷　虹）

2023 年镇江经开区财政收支情况表

表 11－1　　　　单位:万元

项目	2023 年	项目	2023 年
一、一般公共预算收入	404097	一、一般公共预算支出	463434
(一)税收收入	323069	一般公共服务	39489
增值税	158821	公共安全	14950
企业所得税	53630	教育	34221
个人所得税	17835	科学技术	23656
资源税	14	文化旅游体育与传媒	691
城市维护建设税	19829	社会保障和就业	51812
房产税	28270	卫生健康	21541
印花税	10585	节能环保	6655
城镇土地使用税	18587	城乡社区	149393
土地增值税	－7835	农林水	13363
耕地占用税	506	交通运输	811
契税	20827	资源勘探工业信息等	29107
环境保护税	1999	商业服务业等	10268
其他税收收入	1	金融	160
(二)非税收入	81028	援助其他地区	3062
专项收入	13897	自然资源海洋气象等	14239
行政事业性收费收入	10692	住房保障	22725
罚没收入	10063	灾害防治及应急管理	3519
国有资本经营收入	11544	其他各项支出	23772
国有资源(资产)有偿使用收入	34167		
其他收入	665		
二、政府性基金预算收入	357178	二、政府性基金预算支出	701776
三、社保基金预算收入	11632	三、社保基金预算支出	11899
四、上划中央收入	264878		

(殷　虹)

【预算管理】　2023 年,区财政局认真贯彻中央、省、市财政工作部署,持之以恒培植财源税基、提升收入质量,深入推进零基预算管理和滚动预算管理,提升预算管理水平。同时,在总结区级预算管理一体化建设经验的基础上,顺利完成镇(街道)预算管理一体化系统上线运行工作,进一步实现预算管理工作的科学化、标准化、自动化。　(殷　虹)

【国库管理】　2023 年,区财政局持续强化国库管理,推动财政管理提质增效。一是加大存量资产盘活力度,在全区范围内开展存量资金检查专项行动,提高资金、资产、资本及资源配置效率;二是建立库款科学保障机制,加强库款日常运行监测,将库款规模控制在合理区间内,优先保障刚性及重点支出;三是强化预算支出执行动态监控,依托预算管理

一体化系统监控模块对资金分配、拨付、使用等环节进行监督，促进财政资金使用规范高效安全。（殷　虹）

【资产管理】 2023年，区财政局进一步强化区级行政事业单位国有资产监督管理，提高资产使用效能，保证行政事业单位履职和事业发展需要。一是加快构建全区行政事业单位资产管理制度体系，建立健全资产信息标准化管理体系，完成全区行政事业单位“资产云”平台上线工作，推动资产、预算及采购管理有机结合，提升资产管理的质量和水平。二是组织开展全区行政事业性国有资产盘活工作，要求各单位做到边清查、边盘活、边总结，通过自用、共享、调剂等方式，挖掘在用资产最大效能，提升资产利用效率。（牛　笑）

【政府采购】 2023年，区财政局继续加强政府采购规范管理，助力营商环境优化建设。一是加强采购管理，要求采购人对属于政府集中采购目录以内或分散采购限额标准以上的政府采购项目，严格按照政府采购法律、行政法规和相关制度执行。二是强化政策宣传，通过会议、专项培训、政策上门等多种形式，做好政府采购政策解读，帮助采购人不断提升政府采购业务管理水平，夯实采购人主体责任。三是开展专项整治工作，组织区内相关单位对2021—2023年政府购买服务实施情况开展自查自纠工作，加强政府购买服务质量管控。四是开展镇（街道）政府采购专项检查工作，做到边检查边指导，提高镇（街道）政府采购规范性。（牛　笑）

【绩效管理】 2023年，区财政局实施财政绩效评价项目5个、部门重点评价项目5个，所有预算单位整体支出和项目支出均开展绩效自评价，并在年中实施绩效监控。同时，局内部开展绩效评价指标论证会，并针对绩效评价的质量和发现的问题开展交流研讨，坚持问题导向抓整改，绩效评价报告均书面送达主管部门，督促其制定整改方案、报送整改情况。同时，注重加强绩效管理业务培训，多次开展“线上＋线下”业务培训和指导，强化预算单位绩效管理的意识，提升绩效管理工作水平。（刘小燕）

【财政监督】 2023年，区财政局严格贯彻落实《关于进一步加强财会监督工作的意见》的文件精神，聚焦财政、财务、会计领域的短板和薄弱环节，围绕行政事业单位内部控制、行政事业单位存量资金、行政事业单位政府购买服务、镇街道政府采购、安置小区管护补助、2020—2022年度一事一议奖补资金等开展专项财政监督，发现问题70个，提出整改建议41条，并将财政监督报告书面送达相关部门，督促其制定整改方案、报送整改情况，进一步推动全区财政财务管理科学化、精细化、规范化。（刘小燕）

【民生保障】 2023年，区财政局坚持民生为本，统筹财力努力提升人民群众幸福感。全年累计拨付教育、社保、卫生等民生支出35亿元，占一般公共预算支出比重75.4%。围绕“劳有所得”，援企稳岗和重点群体就业成效明显。累计拨付就业补助资金2286.49万元、职业技能提升行动专项资金282.63万元等。围绕“病有所医”，医疗服务水平有效提升。累计拨付基层医疗机构补助经费1691.20万元、基本公共卫生补助经费2612.73万元等。围绕“弱有所扶”，兜底保障有力有效。累计发放计划生育农村奖特扶补助1647.06万元、残疾人“两项补贴”219.91万元、退役军人补助及慰问金1029.72万元等。围绕“老有所养”，老龄事业发展日渐完善。累计发放基础养老金4435.99万元、养老服务发展资金335.64万元等。围绕“民有所盼”，生活出行配套齐全。政府投资项目全年累计支出近3亿元、城市公用事业和公共设施维护全年累计支出1.96亿元。（吕江瑶）

【服务发展】 2023年,区财政局发挥财政资金支持引导作用,助力产业发展。全年对29家企业提交的政策兑现申请事项进行审核,累计拨付区级人才及产业扶持资金4亿元;累计拨付上级专项资金1.73亿元,惠及企业660家,缓解企业资金压力,助推重大项目建设;加强中小企业信贷支持力度,降低企业融资成本,支持银行加大"苏科贷""园区保"等科技金融产品推广力度,全年上述产品共计为53家企业放贷约2.39亿元;会同相关业务主管部门,帮助企业进行项目申报和资金对上争取,全年累计为190家企业审核申报省市工信、商务、服务业、文化、金融等项目资金约1.39亿元。 (杨 磊)

税 务

【概况】 2023年,国家税务总局镇江经济技术开发区税务局(简称经开区税务局)坚持以习近平新时代中国特色社会主义思想为指导,聚焦"抓好党务、干好税务、带好队伍"三大关键领域,实干担当,奋勇争先,荣获"江苏省按比例安排残疾人就业工作表扬单位"称号。 (池欣悦)

【税费优惠政策落实】 2023年,经开区税务局落实落细税费优惠政策,不断深化拓展"政策找人",强化政策解读指引,制作分行业减税降费政策汇编手册,抽调区局业务骨干组建突击队,与辖区企业开展结对"护航",提供"一对一""面对面"精准服务,助力市场主体充分享受税收政策红利。全年办理留抵退税3.52亿元,办理出口退(免)税13.76亿元,为企业发展保驾护航。 (池欣悦)

【税收征管改革深化】 2023年,经开区税务局搭建税费服务、税务执法和税务监管团队,推进税务监管中心建设,强化大数据驱动,创新风险管理模式,对风险任务分级分类,提升统筹能力,提高风险应对质效。紧盯省市税务局数电上线整体规划,积极梳理可推广纳税人名单,稳妥实现"去三专"(去专印纸质,去专用设备,去固定版式)提高纯数电率的工作目标,完成数电发票上线任务;搭建征管质量"5C+5R"监控平台,构建起指标的管理和执行机构体系,探索从事后整改向事前事中预警修正模式;风险应对案卷总体质量位居全市前列,风险应对总成效2.08亿元,风险应对全过程监控精细化管理的作用得到彰显。 (池欣悦)

【税收营商环境优化】 2023年,经开区税务局深化新时代"枫桥式"办税服务厅建设,打响区税务局"新税好办,成事在宜"服务品牌,搭建税费争议调解室,建立办税服务厅税费争议调解制度,以区税务局"宜税行"工作室团队为业务支撑,融入公职律师、顾问律师、涉税中介代表,成立"宜税"调解团队,针对本地区企业涉税诉求,开展政策宣传辅导、精准答疑,解决纳税人的痛点、难点、堵点问题,合力解决涉税争议,力争将矛盾化解在基层一线。组建"护航""雏鹰"税费优惠政策落实突击队,积极向纳税人缴费人宣传辅导相关便民办税政策措施。整理印制税费优惠政策宣传册八大类,先后组织包括出口退税、个人所得税汇缴、即征即退、数电发票等8场政策专题培训,涉及纳税人3000多户次。打造社会保障"惠民驿站",实现人社、医保、税务三大类65项社保事项"一件事一次办"。 (池欣悦)

【税法宣传进乡村】 2023年2月,经开区税务局"宜税行"工作室的涉农税收政策宣传小分队参加文化科技卫生"三下乡"集中服务活动。工作室的税务人员在现场发放个人所得税综合所得汇算清缴清单、灵活就业人员医疗保险缴费注意事项、支持乡村振兴税费优惠政策指引汇编等宣传材料,耐心地解答乡村企业和居民提出的问题，手把手指导大家通过江苏税务App、个人所得税App等线上平台办税，开展政策宣传辅导。将税惠“春风”吹到乡村老百姓家门口，让更多的乡村企业和居民了解税收优惠政策。（池欣悦）

【增值税即征即退政策专题培训】 2023年4月，经开区税务局紧扣“税惠千万家 共建现代化”的税收宣传月主题，组织开展增值税即征即退政策专题培训。区税务局“宜税行”工作室的业务骨干围绕增值税即征即退政策规定进行详细解读，对实际操作进行演示，重点对在日常申报等过程中常见的，如软件企业发票开具品名与证书中软件名称不完全一致、安置残疾人员发生变动未及时进行变更登记等不规范的操作进行提醒，让纳税人更加清晰直观地了解即征即退的政策要求，更加快速地享受政策红利。（池欣悦）

【个体工商户服务活动】 2023年7月，经开区税务局响应全市“个体工商户服务月”的活动号召，邀请辖区内部分个体工商户纳税人走进办税服务大厅，沉浸式体验各项办税流程，税务干部对重点税费政策、操作流程等进行详细讲解。现场召开交流座谈会，与纳税人面对面沟通，现场征集其涉税需求和意见建议。（池欣悦）

【省市区三级联学共建】 2023年10月，江苏省税务局货物和劳务税处党支部、镇江市税务局货物和劳务税科党支部、经开区税务局税政科党支部和税源管理二科党支部联合开展“联建联创解难题，同心同向促发展”省市县三级联动主题党日共建活动。以这次党建联建为契机，税务人员走进万事达节能新材料（江苏）股份有限公司和航天海鹰（镇江）特种材料有限公司，进行实地走访参观，听取企业在涉税服务方面的需求和意见建议。（池欣悦）

【税务干部队伍建设】 2023年，经开区税务局采取有力措施加强干部队伍建设。提高领导班子素质，全年召开党委理论学习中心组学习12次，开展专题研讨7次，集体学习研讨4次，发言交流25人次，党委成员讲专题党课5次。2023年，获评全省税务系统首批县级局政治机关建设十佳先进示范单位，总结提炼《坚持“四力”并举，强化政治机关建设》经验做法被省税务局简报刊登，党业融合案例获评镇江经开区党建与业务融合发展十佳优秀案例。完善青年干部培养机制，科学谋划青年干部成长蓝图，成立党员先锋队、青年突击队，在开展便民办税春风行动、落实减税降费政策、深化征管改革一线充分发挥青年干部攻坚克难的先锋作用。4名干部入选省税务局青年才俊，占比超全市三分之一，6名优秀青年“上挂”市税务局跟班学习，新增1名干部通过注册税务师考试，5名干部通过全国税务系统执法资格考试，区局青年税务干部贾蓓获得全国税务系统业务比武非税收入岗（个人赛）第一名。开展家庭助廉活动，邀请部分干部家属，开展“清廉从税 清风持家”家庭助廉座谈会，税务干部与家属代表共同签订《家庭助廉承诺书》，共同谋划“局”“家”精诚合作，构筑廉政堡垒的“小家大计”，推动税务廉洁文化走进家庭，固本培基。（池欣悦）

审 计

【概况】 2023年，镇江经济技术开发区审计局（简称区审计局）完成各类财务收支和经济责任审计项目9个，查出问题115个，涉及资金1.68亿元，提出审计建议18条；完成竣工决算审计项目3个，查出问题14个；完成结算审计项目84个，建设单位送审价16.78亿元，核减建设资金2.99亿元，核减率达

17.82%;向纪工委移送问题线索3个。

（黄小霞　曹月娇　罗正意）

【预算执行审计】　2023年，区审计局完成部门预算执行情况审计4个和镇（街道）预算执行审计1个，稳步推进部门预算执行审计全覆盖，审计发现决算编制不完整、供应商管理不规范、往来款长期未清理、村级财务不规范等问题50个，提出建议10条，促进被审计单位出台《采购管理办法》《固定资产管理办法》等制度。（曹月娇　黄小霞）

【经济责任审计】　2023年，区审计局聚焦领导干部权力运行和责任落实，对镇（街道）党委书记和镇长2人实施经济责任审计，围绕干部权力节点、地区经济社会发展规划的制定执行和执行效果等方面，发现采购流程不合规、内控制度执行不严、资产未及时处置等问题16个，提出建议3条。

（曹月娇　黄小霞）

【政府投资项目审计】　2023年，区审计局围绕政府投资重大项目推进情况，主动与建设单位沟通审计发现的问题，充分咨询专家和行业主管部门意见，完成长江堤防达标工程、新农现代农业综合示范园等3个亿元以上项目结算审计；历史遗留项目化解成效初显，其中完成3年以上项目31个，5年以上项目20个，2010年以来38个自来水结算审计实现清零。（罗正意　黄小霞）

【国企审计】　2023年，区审计局紧盯国有企业薄弱环节和风险领域，加大对重点领域、重要环节、重点岗位的审计力度，提出工程管理、款项收入等方面问题36个，推动制定完善《应收款项管理办法》《工程款支付管理办法（试行）》《风控管理细则》等制度24项。

（曹月娇　黄小霞）

【审计整改强化】　2023年，区审计局督促跟进2022—2023年整改期内涉及的9家单位133个问题，销号问题127个，整改率达95.49%，促进被审计单位整改意识不断加强。指导并促进被审计单位建立健全《零星采购管理办法》《议事决策规则》等制度41项，进一步加强管理体系建设。

（曹月娇　黄小霞）

【专项审计调查】　2023年，区审计局围绕"就业优先战略，实现更加充分更高质量就业"，紧跟江苏省审计厅步伐，同步开展经开区就业补助专项资金审计，跟进就业项目和资金"最后一公里"。对审计发现的补贴对象不合规、重复领取等问题，督促相关部门"立审立改、边审边改"，发挥审计"治已病、防未病"作用，服务保障民生政策落地生效。

（曹月娇　黄小霞）

【内部审计】　2023年，区审计局强化内审管理，召集17家内审重点单位开展内审工作经验交流和业务指导，应邀对社发系统开展财经和工程业务规范管理指导，邀请市审计局领导、高校法学教授开展审计常见典型性问题培训2场次，涉及参训人员150余人次。各内审单位扎实开展"经济体检"，根据2022年内部审计统计调查结果，统计范围内单位全年累计查出管理不规范问题涉及金额160.47万元，核减建设资金4222.47万元，提出审计建议160条。（黄小霞）

知识产权管理

【概况】　2023年，镇江经济技术开发区新增授权发明专利446件，比上年增长107.4%；累计有效发明专利2241件，增长24.8%；45家企业知识产权贯标备案通过省级发文，继续动态保持高新技术企业贯标备案全覆盖；8家企业通过贯标认证或绩效评价。镇江经济技

术开发区获评江苏省知识产权建设示范园区。（董强英）

【知识产权保护】 2023年，镇江经开区知识产权局加强知识产权保护工作。一是全面实施严保护措施。依法严厉打击知识产权侵权违法行为，开展展会检查，加大对商场、超市、药店、专业市场、零售批发店等的执法检查力度，依法查处各类知识产权违法行为，办结知识产权商标侵权案件26件。深入商场、超市积极查找知识产权假冒专利案源，假冒专利案件结案2件。打击商标恶意注册、无资质专利代理及非正常专利申请行为，开展“蓝天”专项整治行动。二是持续完善协同保护机制。多元化处理知识产权侵权纠纷，立案6件，完成调解结案3件，裁决结案3件，裁决率50%。完成人民调解4件、行业调解1件、仲裁调解案件1件。开展企业知识产权维权援助，完成维权援助案件3件。持续推广知识产权保险，累计发动12家次企业投保知识产权侵权责任险35件。（董强英）

【知识产权金融创新】 2023年，镇江经开区知识产权局推动知识产权金融创新。摸排企业专利、商标质押融资意向，组织全区100家企业参加2023年度企业知识产权质押融资需求调查。持续开展知识产权质押融资“入园惠企”，举办2场知识产权质押融资银企对接活动。全年完成专利质押融资34笔，共计5.75亿元，创历年新高，质押笔数和质押金额分别较上年增长36%和64.1%。推动知识产权助力科创企业上市工程提速，完成区内30家培育企业的拟上市知识产权调查，精选10家企业深度服务，助力1家企业成功应对上市前遭遇的核心专利无效请求的问题，避免企业重大经济损失。建设知识产权交易运营平台。加快镇江市重点产业知识产权运营中心建设，发布镇江市重点产业知识产权运营平台，依托运营平台，以辖区专精特新、上市企业为重点，完成第一批重点企业、重点技术和重点产品知识产权保护和运营清单。以驻镇高校为重点，举办高性能材料等2场专利推介会。（董强英）

【知识产权服务】 2023年，镇江经开区知识产权局做好知识产权服务工作。持续强化专利培育。开展知识产权质量提升工程，引导企业积极申报高质量专利。开展非正常专利申请整治3批次，多措并举，积极联系，处理专利申请150件，撤回140件，申诉10件，撤回率93.3%。推进专利快速审查。优化专利快速预审服务，满足区内企业高价值知识产权快速授权需求。组织全区70家企业在江苏省专利保护中心快审备案，组织35家企业完成51件产品的专利产品备案。（董强英）

【获评江苏省知识产权建设示范园区】 2023年年底，江苏省知识产权局公布2023年度江苏省知识产权建设示范（县域、园区）评定结果，镇江经济技术开发区成功获评江苏省知识产权建设示范园区。2017年，镇江新区获批创建江苏省知识产权服务业集聚发展区。经开区依托双子楼及国家大学科技园56栋中心研发区，通过引导服务资源向区内集聚，健全知识产权服务链，建立知识产权一站式服务中心，并以此为依托，加强知识产权服务机构与企业的线下互动。至2023年年底，累计集聚线上服务机构109家、线下服务机构82家，发挥知识产权服务对全区创新发展的支撑引领作用。2023年10月，省知识产权服务业集聚区顺利通过省局验收。（董强英）

统　计

【概况】 2023年，镇江经开区统计部门紧密对接市考核办，牵头抓总全区考核体系，统筹协调重点指标。一是排定2023年全区重点指标和目标任务体系，围绕高质量考核指标体系、市人代会指标、“四量”（经济总量、招引质量、固投增量、财税体量）考核、开发区综合评价等重点考核指标，结合全区实际，科学排定目标。二是科学统筹国内生产总值核心支撑指标，围绕工业产值、规上批发零售销售额、建筑业总产值、核算行业服务业营收增速等指标科学统筹。三是扎实开展开发区综合评价工作，加强与商务部和省商务厅的沟通联系，了解综评相关信息；按照国家、省综评体系，加强业务指导培训，加强指标分析研判，引导优势指标稳固位次、居中指标稳中有升、弱势指标挖潜提档。

（统计运行科）

【第五次全国经济普查工作】 2023 年，镇江经开区统计部门按照国家、省、市的统一部署和要求，有序推进全区第五次全国经济普查（简称五经普）工作。一是强化组织保障，第一时间成立区第五次全国经济普查领导小组及办公室，制定工作方案，明确职责分工；选聘 328 名普查“两员”，并组织开展 6 场业务培训。二是全面清查摸底，结合实际，科学划分和绘制 154 个普查小区图，合理确定普查员区域范围和工作量；制定“扫街入户、电话排查、查遗补漏”三步走的清查工作路线图，挂图作战，日结日清。三是强化督查指导，每日通报清查进展，每周编发清查进度专报，分析当前问题，提出工作要求和建议。四是强化普查宣传，组织开展五经普专题宣传活动，通过电信公司广发短信息 5 万多条、悬挂横幅 200 余条，印制发放宣传画册及宣传用品 2000 多份，为五经普顺利推进营造了良好的工作氛围。 （统计运行科）

【统计监测预警】 2023 年，镇江经开区统计部门立足统计职能，围绕更好发挥“参谋助手”作用，系统做好指标监测预警，建立“月度数据专报”“月度指标预警专报”“高质量指标双月通报”三大监测分析平台。一是持续加强统计监测，聚焦国内生产总值核算，加强各主要关联指标的分析研判，对苗头性、趋势性问题，着力做好重点指标监测，全年发布数据专报 10 期。二是突出抓好高质量监测，强化上下及部门横向沟通协调，推进高质量指标体系在全区各层面的落实；定期认真梳理和剖析指标完成情况，聚焦重点指标和弱势指标，提出工作建议和提醒。三是全面提升服务水平，围绕经济发展过程中出现的各类新情况、新问题，形成高质量调研报告、领导专报。全年累计调研走访重点企业 400 余家，在省、市统计平台发布相关宣传报道 18 篇。 （统计运行科）

【“四上”净增确保目标完成】 2023 年，镇江经开区统计部门助力壮大全区经济基本盘，全力以赴做好“四上”（规模以上工业企业；房地产企业和资质等级以上建筑业企业；限额以上批发零售业、住宿和餐饮业企业；规模以上服务业企业）单位新增工作。一是成立工作专班。成立“四上”新增工作专班，明确各板块“四上”新增工作第一责任人、直接责任人。二是强化跟踪摸排。结合税务、市场监督管理等部门资料，建立“准四上”单位跟踪库和“退规”风险企业库，常态化数据共享、逐一摸排。建立“日通报、周推进”机制，对达标单位、接近达标单位持续跟踪，确保横向到边、纵向到底、应入尽入。三是加强业务指导，紧盯“四上”申报时间节点，开设企业、项目入库“绿色通道”，提供一对一服务，加强对申报工作的指导服务，切实提高“四上”单位质量和入库率，板块园区送至的入库资料确保当天“挂网”。全年净增“四上”单位 185 家，超额完成市下达的 170 家净增奋斗目标。

（统计运行科）

【基层基础建设】 2023 年，镇江经开区统计部门不断推动全面依法统计、依法治统向纵深发展，切实提高统计源头数据质量，推进诚信统计。一是开展统计造假屡禁难绝专项纠治工作，第一时间学习贯彻专项治理行动要求，及时成立领导小组、制定工作方案、召开专题部署会议，各专业全面推进专项纠治工作落到实处。二是开展“双随机”检查，健全统计数据质量专业核查制度，规范开展数据采集、审核、汇总、验收等工作；坚持“双随机”检查制度，全年完成第一批、第二批“双随机”50家企业的执法检查工作，进一步夯实统计数据质量。三是抓实教育培训，制订基层统计人员培训计划，全年累计开展业务培训10余场次，培训总人数超2000人，实现基层统计人员、“四上”单位统计人员培训全覆盖。四是加强基层基础建设，为充分发挥统计信用“红名单”的模范引领作用，积极推进省、市统计信用“红名单”企业申报，全区入选省级统计信用“红名单”5家、市级6家。

（统计运行科）

价格管理

【概况】 2023年，镇江经济技术开发区经济发展局（简称区经发局）贯彻落实省、市各项价格管理政策，完善价格管理和服务，保障改善民生，为经开区经济发展营造了良好的价格秩序。贯彻上级价费改革政策，确保各项政策在经开区全面落实。根据《省发展改革委关于进一步做好深化燃煤发电上网电价市场化改革工作的通知》和《省发展改革委关于进一步完善分时电价政策的通知》文件要求，更新镇江经开区电价收费标准。同时积极落实《关于优化调整市区居民阶梯气价政策的通知》文件要求，对阶梯气量设置进行调整。扎实做好房价和物业收费备案等基础工作。严格执行商品住房价格备案工作流程，2023年度完成桂语兰庭、金域铭居、悦河湾、九悦澜庭等5家楼盘共8批次商品住房价格备案工作。严格执行普通住宅前期物业管理公共服务费和停车收费备案，2023年度完成悦河湾、上城熙园和江南世家等小区的物业收费备案，核定武将新居邻里中心地下停车场等4个停车场收费标准。完成2022年度收费年报及统计工作。2023年5月，组织全区50家收费单位以书面形式填报2022年度收费情况，并登录江苏省收费动态监管服务系统同步推送收费数据和相关资料。对2022年经开区行政事业性收费变动情况进行总结和分析，撰写《2022年度镇江新区行政事业性收费情况及分析报告》并上报市发改委。

（李梦双）

【价格政策宣传】 2023年，区经发局对收费单位进行巡查。全面梳理和更新经开区涉企行政事业性收费目录、部分资源要素价格以及民生商品价格，制成《镇江新区涉企行政事业性收费目录和部分资源要素价格》《镇江新区民生价格信息公布手册》2本宣传手册，向辖区内重点企业和群众发放。在年初开学期间对辖区内部分公办中小学校进行教育收费检查。

（李梦双）

【价格投诉和举报办理】 2023年，区经发局妥善处理12345热线工单，全年办理12345热线价格收费咨询和投诉类工单200余件，所有工单均在2个工作日内办结，办结率100%。及时为人民群众答疑解惑，维护消费者的合法权益。

（李梦双）

农业农村和服务业

农业和农村工作

【概况】 2023年,镇江经济技术开发区全年粮食种植面积12.81万亩,产量6.01万吨。其中小麦播种面积4.33万亩,产量1.54万吨;水稻面积6.58万亩,产量3.99万吨;油料作物播种面积0.79万亩,产量0.16万吨。全年蔬菜播种面积4.98万亩,蔬菜产量10.24万吨。2023年市级“菜篮子”市长负责制评估获优秀等次。水产养殖面积4200亩,全年水产产量2015吨。全年出栏生猪8.76万头,比上年增加29.4%,占全市比重的25%。创省级智慧牧场1个(镇江牧原农牧有限公司)、省级生态健康养殖示范场3家(镇江新区姚桥双寅畜牧养殖场、镇江新区姚桥守信养殖家庭农场、镇江鲁氏畜禽养殖有限公司)。全区特色农业机械化率74.84%,农机保有量0.63万余台。建设省级农业生产全程机械化智能化示范基地1个(江苏新港农业科技有限公司),市级“全程机械化+综合农事服务中心”1个(镇江新区姚桥兴达农业机械服务专业合作社)。润果农业入选部级农业农村信息化示范基地,镇江新区入选省级数字乡村试点。在全市率先成立“新农人”发展联盟,入选全省百佳家庭农场1家(镇江新区大路鸿渔家庭农场),新增省级示范家庭农场1家(镇江新区丁岗荣禾家庭农场),建成省级高素质农民实训基地1家(江苏润果农业发展有限公司),全市率先开展家庭农场主养老保险补贴试点。推进村庄垃圾清理专项行动,大路镇东岳村创成全区首个省级特色田园乡村。开展“村企共建”行动,全区村集体经营性收入比上年增长5.1%,农村居民人均可支配收入增幅位列全市第二。

(王春昕)

【镇江新区入选省数字乡村试点地区】 2023年4月,省委网信办、省农业农村厅等部门联合公布第二批江苏省数字乡村试点地区入选名单,镇江新区入选。

镇江新区高度重视和支持数字乡村建设发展,具有较好的农业农村信息化工作基础,通信网络基础设施水平较高,现代信息技术已在农业生产相关环节应用,智慧绿色乡村与乡村公共服务数字化具备一定建设基础,乡村数字治理效果显现。第二批江苏省数字乡村试点周期为2年。试点地区将从开展数字乡村整体规划设计、提升乡村基础设施数字化水平、推进乡村数字经济发展、打造智慧绿色乡村、提升乡村数字服务效能、探索乡村数字治理新模式6个方面入手,到2024年年底，试点地区数字乡村建设取得显著成效，在整体规划设计、制度机制创新、技术融合应用、发展环境营造等方面形成一批可复制、可推广的做法经验，为高质量推进江苏数字乡村发展提供更加多元化的示范样板。（王春昕）

【镇江新区党工委专题调研“新农人”工作】 2023年7月11日，市政协副主席、镇江新区党工委书记路月中到江苏润果农业发展有限公司调研推进“新农人”工作。在润果农业，路月中认真观摩大田数字展示平台、智能化农机设备等，详细了解企业的生产运营情况和未来发展方向。在随后的座谈中，路月中认真听取全国人大代表、镇江新区永兴农机机械化专业合作社理事长魏巧关于润果农业全产业链发展介绍和“新农人”计划培育思路的汇报，现场帮助协调解决企业发展中存在的困难和问题。

路月中指出，“新农人”在实施乡村振兴战略中大有可为，为新区全力打好乡村振兴攻坚战发挥着积极作用，他希望企业持续发挥好示范带头作用，强化顶层设计，细化工作举措，放大“新农人”品牌效应，形成系统性、可操作的发展规划，并鼓励企业深化产学研合作，加强与科研院所在师资学员导入、实训基地建设等方面的合作，促进成果转化，带领更多农民发家致富，引领乡村产业发展。

路月中要求，相关属地部门要各司其职、密切配合，加大政策支持，细化服务举措，帮助协调“新农人”在用地、市场、资金、人才、技术等方面的困难，完善乡村人才“引育用留”体制机制和政策体系，营造良好的农村创业就业环境和条件，为农业发展提供更加有力的保障，推动农村经济全面发展。新区领导陈鹏飞、徐志华、蒋红武参加调研。

（王春昕）

【“新农人”发展联盟正式成立】 2023年7月19日，镇江新区“新农人”发展联盟成立仪式在江苏润果农业发展有限公司成功举行。市政府党组成员黄万荣，新区党工委副书记、管委会主任尹卫民出席活动，并为“新农人”发展联盟揭牌。

镇江新区“新农人”发展联盟的成立是贯彻落实习近平总书记在十四届全国人大一次会议江苏代表团审议时重要讲话精神的具体行动，是全面推进乡村振兴战略实施的重要举措。联盟宗旨是贯彻党和国家的农业农村工作方针，落实乡村振兴战略，以资源共享、优势互补、相互促进、整体提升为目的，本着自愿、平等、合作、发展的原则，搭建交流沟通、信息共享平台，充分发挥群体优势和联盟效应，为推动“新农人”发展作出贡献。

黄万荣和尹卫民分别对联盟的成立表示祝贺并提出希望和要求。市委农办副主任张海斌为“新农人”教育实践基地、培训基地授牌；新区党工委副书记陈鹏飞为“新农人”发展助力服务团代表颁发聘书；新当选联盟理

图12－1　2023年7月19日，镇江新区“新农人”发展联盟成立仪式

（新闻中心　供稿）

事长魏巧宣读倡议书。市政府办公室副主任黄华良、新区管委会副主任徐志华参加活动。（王春昕）

【“e 线有我　直播助农”】 2023 年 10 月上旬，新区党工委网信办、新区互联网行业党委联合姚桥镇新时代文明实践所、儒里村委会开展“e 线有我　直播助农”活动。“e 线有我　直播助农”活动，是新区互联网行业党委落实网络直播行业党建的创新之举，活动依托“镇江新区红色直播间”开启线上直播带货新模式，带动儒里村乃至经开区更多的特色农产品走上更大的市场，更好地助农致富，为乡村振兴注入新动能。现场，青年主播化身公益直播助农推荐官，为儒里特产代言，推介东乡特色农副产品。为增强直播的沉浸感和体验感，青年主播还带领大家一同走进村民家中，近距离感受特色美食的生产过程。除带领大家品味儒里特色美食外，青年主播还带领大家一同“云参观”儒里家风家训馆，感受儒里几百年来深厚的文化历史沉淀。（王春昕）

【新区领导专题调研秋收秋种暨富民强村工作】 2023 年 11 月 13 日，新区党工委副书记、管委会主任尹卫民专题调研秋收秋种暨富民强村工作，强调要深入学习贯彻习近平总书记关于“三农”工作的重要论述，创新理念思路，聚力强村富民，加快绘就新时代乡村振兴新图景。新区领导徐志华、蒋红武参加调研。

在姚桥镇兴隆村秋收现场，尹卫民详细询问秋粮主要种植品种、全年预计产量和当前营收情况，叮嘱属地部门要加强组织动员和统筹协调，科学合理调度农机，不误农时抓好秋收工作，确保应收尽收、颗粒归仓。同时要有力有序动员群众及时播种优良品种，科学田间管理，为明年粮食丰收打下坚实基础。

尹卫民来到儒里村特色农产品展销中心、三桥村江心源养殖基地，详细了解特色产业、农业项目建设等富民强村工作推进情况。尹卫民指出，属地部门要强化要素保障，及时解决农业项目建设中存在的困难问题，确保项目早日竣工，发挥效益。同时要加强业务指导，借助互联网直播的东风，积极发掘各行各业的乡土人才、职业技能达人为农产品代言，以品牌兴农、直播助农，为全面推进乡村振兴提供有力支撑和保障。（王春昕）

图 12－2　2023 年 11 月 13 日，新区党工委副书记、管委会主任尹卫民（右一）专题调研秋收秋种暨富民强村工作

（新闻中心　供稿）

【秋收秋种暨人居环境整治观摩会】 2023 年 11 月 15 日，镇江新区召开秋收秋种暨人居环境整治观摩会，以“现场会＋成效展”的形式，助力农业稳产农民增收，推进村庄面貌提标升级，护航开发区持续深入打好乡村振兴攻坚战。新区党工委副书记陈鹏飞出席活动。

在丁岗镇丁岗村，调研组一行每到一处

都深入房前屋后，仔细查看农村人居环境整治提升情况，针对区域环境提升和村庄环境长效管护工作，调研组叮嘱镇、村相关负责人要坚持以党建引领末梢疏通工程为抓手，持续完善长效管理机制，从本村实际出发，倾听村民心声，因地制宜、就地取材，加快提升整村面貌，同时发动村民积极参与村庄环境治理，引导村民养成良好生活习惯，共同打造美丽家园，提高村民生活环境质量。

调研组一行来到大路镇小港村，该村通过党建引领、集中整治、补齐短板、建管结合等举措，不断提升人居环境质量，进村主要道路硬化率达95%，农村户厕改造普及率100%，新建6座水渠泵站通过上级验收并投入使用。调研组指出，要不断总结人居环境整治过程中的优秀做法、先进经验，对标找差，推动各项工作提质增效，再上新台阶，持续提高人民群众幸福感和获得感。调研组一行观摩姚桥镇伏漕村黄泥滩地块和仲宝村周家村，围绕闲置地块整治利用、村民自治、村庄环境长效管护等工作提出意见建议和思路策略，要求各村进一步激发基层治理内生动力，持续提升村庄“颜值”，擦亮开发区乡村振兴底色。

在大路镇西戴村高标准农田示范区，调研组实地察看水稻成熟收割情况，并与农户进行深入交流，仔细询问今年水稻产量以及秋收秋种准备工作等情况。调研组表示，要趁着晴好天气抢抓水稻收割，实现颗粒归仓，同时加快小麦播种进度、加强技术指导与措施落实，为夏粮丰产丰收打下基础。

（王春昕）

【江苏润果农业发展有限公司】 江苏润果农业发展有限公司（简称江苏润果）位于镇江新区姚桥镇，2012年始，承租新区土地2万余亩；2021年，在苏州高新区通安镇承租5000亩农田，实现润果模式的复制；是一家集耕、种、管、收、烘干、仓储、加工及销售于一体，稻麦种植全产业链的农业科技型企业。2020年被江苏省农业农村厅评选为江苏省省级重点龙头企业、省级农业科技型企业。2023年，江苏润果被农业农村部评为农业农村信息化示范基地；被中共镇江市委、镇江市人民政府授予2023年度镇江市产业发展“金山奖·高效农业企业”。

数字化建设方面，江苏润果在大田种植全程机械化的基础上实现部分设施设备数字化，是全国5家2018年农业农村部大田数字农业建设试点单位之一。2023年，拥有高地隙植保机30余台，无人植保机20台，日作业能力达6000亩；箱式烘干机104台套，单次烘干装机量1500吨；自建粮食仓储库2.5万吨，精米加工厂日加工能力120吨。绿色发展方面，2014年，江苏润果与省农科院杨林章教授团队合作，应用“4R”［固体废物即垃圾的管理需要Reduce（减量）、Reuse（复用）、Recycle（再生）、Replace（能源回收利用）］技术开展面源污染治理示范区建设，该技术于2017年被评为农业部十大科技主推技术。2018年江苏润果“润果九渡”生态米获得“镇江好大米”称号，企业获评江苏稻米产业强村富民典型，2020年获得“润果九渡”品牌大米的绿色食品认证。在稻麦、稻油轮作种植的基础上，江苏润果重点围绕种养结合的循环农业、稻麦育种与推广、肉牛育种与养殖开展工作，积极探索可盈利、可持续、可复制的现代农业经营管理模式。（王春昕）

服务业

【概况】 2023年，镇江经开区社会消费品零售总额150.3亿元，比上年增长7.8%；实现规模以上服务业企业营业收入85.6亿元，其中交通运输、仓储和邮政业37.8亿元，信息传输、软件和信息技术服务业1.25亿元。

2019—2023 年镇江经开区服务业集聚主要指标基本情况一览表

表 12－1

指标	2019 年	2020 年	2021 年	2022 年	2023 年
服务业增加值占 GDP 比重(%)	35.6	36.5	35.6	35.1	36.6
社会消费品零售总额(亿元)	128.15	118.4	138	139.3	150.3
限额以上批发零售业销售额(亿元)	124.2	116.6	197.6	231	269.2
限额以上住宿餐饮业营业额(亿元)	3.95	1.5	1.6	1.83	1.9
港口集装箱运量(万标箱)	41.52	37.3	43.5	37.8	40
港口货物吞吐量(万吨)	10199	11664	13585	12657	15178

(统计运行科)

【消费新业态新模式培育】 2023 年，经开区积极引导具有增长潜力、成长性好、符合入库条件的企业及时申报入库，扩大限上贸易及重点服务业体量，优化规模以上企业结构，全年新增规模以上批零住餐及重点服务业企业 129 家。着力稳住大宗消费，组织大型商超参加省市各类消费节活动，呼吁协调市商务局发放汽车消费券，使用消费券购买车辆 1710 辆，拉动新区汽车消费 3.2 亿元。

(经发局)

【信用服务】 2023 年，经开区提升信用服务能力。推广“事前承诺、事中监管、事后修复”的信用服务机制。事前阶段依托市公共信用平台，采用信用承诺公开模式，指导企业行政审批“容缺办理”。事中阶段牵头全区各部门根据行政许可、行政处罚事项清单，通过“双公示”平台将部门许可或处罚决定在 7 个工作日内在“信用中国”网站、新区管委会官网公开，为社会公众提供“一站式”查询服务。事后阶段帮助企业信用修复，组织失信企业参加信用修复培训，主动上门指导帮助失信企业主动纠错、重塑信用。全年累计帮助 283 家企业完成失信修复，失信企业占比从 3.05% 下降至 0.54%。

(经发局)

【稳住外贸基本盘】 2023 年，经开区着力稳住外贸基本盘。针对外需减弱、订单流失、同期基数过高等因素影响，组建稳外贸工作专班，强化对重点外贸企业的运行研判和服务帮办，及时协调解决重点外贸企业生产经营、出口报关、物流、退税等方面的问题，主动帮助企业拓市场、增订单，指导 30 余家企业免费申请出口信用保险(年出口额 1000 万美元以下)，组织企业参加广交会、进博会等国际国内重大货物贸易展会，广交会新区企业展位数净增 46%。

(经发局)

【金融风险防范】 2023 年，经开区守好金融风险底线，做好非法集资等金融风险的防范和处置工作，推动地方金融从业机构合规经营。按照“双随机、一公开”要求对投融资企业、地方金融组织进行现场检查。优化完善投融资服务企业商事注册防非宣传教育机制，不定期开展金融风险排查活动。2023 年，全区未发生非法集资案件。

(经发局)

【市领导调研拟上市企业】 2023 年 3 月 30 日，市委副书记、市委统战部部长巩海滨赴镇江新区调研拟上市企业。巩海滨一行先后调研江苏瑞尔隆鼎实业有限公司、江苏金海创科技有限公司、镇江赛尔尼柯自动化股份有限公司，详细了解拟上市企业的生产经营状况、上市进展以及存在困难等情况，认真倾听企业建议和需求。他要求，属地政府和金融部门要扛牢责任，加强指导，创新服务方式，提升服务效能，共同推动更多企业借力资本市场发展壮大。

(新闻中心)

【新区领导带队拜访市级金融机构】 2023年2月2日，镇江新区党工委副书记、管委会主任尹卫民带队拜访部分市级金融机构，向各金融机构致以新春祝福，共议发展合作，共话美好愿景。新区党工委委员朱涛参加走访。 （新闻中心）

图12－3　2023年2月2日，新区党工委副书记、管委会主任尹卫民（右前三）带队拜访部分市级金融机构

（新闻中心　供稿）

·银行、证券·

【中国银行股份有限公司镇江大港支行】 中国银行股份有限公司镇江大港支行（简称中行大港支行）辖内有支行营业部、赵声路支行、平昌新城支行、银山鑫城支行4家经营性机构，内设公司金融部、个人数字金融部、综合管理部3个部门。2023年年末，中行大港支行实现本外币存款余额97.95亿元，较年初新增26.4亿元；本外币贷款余额99.15亿元，较年初新增19.92亿元。支行不良贷款余额1776万元，不良率0.18%。

大港支行始终坚持以习近平新时代中国特色社会主义思想为指导，认真落实新时代党的建设总要求和党的组织路线，牢牢把握中国金融发展的特点和金融工作的宗旨，坚持金融工作的政治性与人民性，不断提升金融服务实体经济的能力，用实际行动支持辖区内实体企业发展。2023年年末，普惠贷款余额11.8亿元，较年初新增4.05亿元，增长52.26%；普惠客户数757户，较年初新增255户，增长50.7%。全年制造业贷款余额35.66亿元，较年初新增5.73亿元，增长19.14%；民营贷款余额15.23亿元，较年初新增5.41亿元，增长55.1%。

2023年3月，中国银行全球首单与欧洲供应链融资平台合作的跨境供应链人民币融资业务成功落地镇江大港支行，这是镇江分行充分发挥中银集团跨境优势、联动海外分支机构的又一硕果，为镇江市制造业企业融入全球供应链提供了有力的金融支持。年内中行大港支行党总支与大港街道党委、中行大港支行党总支与姚桥镇石桥村党总支、中行大港支行营业部党支部与中粮包装（镇江）有限公司党支部，开展党建共建签约。加快“复兴壹号”推广，共推广落实3户，实现党员数据铺底2110人。多次在共建单位开展金融业务宣讲等活动。 （中行大港支行）

【中国工商银行股份有限公司镇江新区支行】 中国工商银行股份有限公司镇江新区支行（简称工行新区支行）成立于1986年，现下辖新区支行营业处、谏壁支行、科技新城支行3个营业网点。2023年，工行新区支行净利润等效益指标均较同期实现大幅度增长，实现表内公司贷款较年初增加32.14亿元，其中项目融资较年初增加24.93亿元，增幅59.39%；个人住房贷款累计投放9712万元。实现储蓄存款日均余额25.78亿元；对公存款日均实绩37.14亿元。内控合规管理和资产质量管控。2023年，工行新区支行加强内控合规管理，落实全面从严治党政治责任，开展第八季“合规文化大讲堂”；抓好《网点案防基本要点》和《网点人员案防履职要点》的培训学习，强化网点各岗位人员履职尽责；开展第八季“警示与反思”大讨论，深入开展警示教育，以案为鉴、以案促改；抓好队伍建设，关注员工异常行为，督促其养成合理消费观念；强化安全保卫，妥善处理好客户咨询和投诉。始终抓好资产质量管控，严把“准入关”，做好事中控制、贷后管理工作，加强对不良资产的清收、处置，保障各项业务高质量发展。

2023 年，工行新区支行支持实体经济发展，加大法人有贷户、优质制造业客户拓展力度，制造业贷款较年初新增 6.78 亿元，“专精特新”贷款较年初新增 4.09 亿元；落实普惠金融工作，普惠贷款余额 6.73 亿元；加强对资产类项目及稳定现金流项目的服务，积极推进政府农业、经营性物业等重点类型的项目，营销拓展制造业项目，全年获批项目金额合计 52.4 亿元。 （马　力）

【中国农业银行股份有限公司镇江新区支行】 2023 年，中国农业银行股份有限公司镇江新区支行（简称农行镇江新区支行）坚持以习近平新时代中国特色社会主义思想为指导，以服务实体经济为核心，以客户建设为重点，以转型创新为手段，全力提升市场竞争能力。年末，全行各项存款余额 108.05 亿元，各项贷款余额 127.89 亿元。不良贷款余额 934 万元，不良率 0.07%。实现中间业务收入 7121 万元，营业收入 4.41 亿元，拨备后利润 3.41 亿元。

2023 年，农行镇江新区支行认真贯彻落实党中央决策部署和习近平总书记重要指示批示精神，学深悟透新思想新理念，不折不扣将党中央方针政策、上级行决策部署落到实处。坚持服务实体经济，提升做好“五篇大文章”的能力。围绕“五篇大文章”相关重点项目清单，逐镇（街道）、园区开展营销对接，努力做大制造业、科技金融、养老金融、乡村振兴、绿色能源等贷款规模。坚持增效降本，努力提升经营效率。强化财务资源精细管理，强化负债成本管控，严格执行内外部定价管理要求，优化调整期限结构力度。严格费用管理，坚持过紧日子，把财务资源用在刀刃上。坚持科技赋能，发挥线上线下经营活力。推动数字精准营销，加强公私联动、上下联动，强化综合营销，提高客群营销成功率。强化网点和团队精准营销力度，实现外呼、短信、微信等多种营销，有效实现客户线上、线下对接。坚持风险管控，增添稳健发展定力。提升经营管理风险防控能力，加大高风险领域、管理薄弱环节帮扶整改力度。加强岗位制约、新产品、对账、印章等重点环节管理。加强消费者权益保护，强化信访维稳和声誉风险管理，确保平安稳健运营。 （农行镇江新区支行）

【中国建设银行股份有限公司镇江新区支行】 2023 年年末，中国建设银行股份有限公司镇江新区支行（简称建行镇江新区支行）设有 3 个营业网点，本部内设 3 个部门，全行在编职工总人数 62 人。2023 年年末本外币各项存款余额 61.5 亿元，较年初增加 13.4 亿元，其中：储蓄存款 26.5 亿元，比年初增加4.4 亿元；对公存款 35 亿元，比年初增加 9 亿元。各项贷款余额 94.9 亿元，比年初增加 26.45 亿元，其中：公司类贷款余额 71.4 亿元，较年初增加 25 亿元；个人类贷款余额 23.5 亿元，比年初增加 1.45 亿元。实现账面拨备前利润 7.07 亿元。 （建行镇江新区支行）

【交通银行股份有限公司镇江大港支行】 至 2023 年年末，交通银行股份有限公司镇江大港支行（简称交通银行镇江大港支行）人民币各项存款时点余额 42.95 亿元，其中，对公存款时点余额35.41 亿元，储蓄存款余额 7.54 亿元。人民币各项贷款时点余额 36.78 亿元，其中，对公贷款时点余额 30.39 亿元。交通银行镇江大港支行服务地方的发展成绩获得地方政府肯定，被中共镇江经济技术开发区工作委员会、镇江经济技术开发区管理委员会授予 2023 年金融服务贡献“十佳单位”荣誉称号。 （交通银行镇江大港支行）

【中国邮政储蓄银行股份有限公司镇江市新区支行】 中国邮政储蓄银行股份有限公司镇江市新区支行(简称邮储银行镇江新区支行)位于大港街道赵声路99号,支行内设4个部门:个人金融部,“三农”事业部(零售信贷部)、普惠金融部(小企业信贷部)和公司业务部。至2023年12月末,邮储银行镇江新区支行有员工19人,其中研究生学历2人,本科学历17人。邮储银行镇江新区支行始终把服务作为立行之本,坚持“对上级负责、对客户负责、对自己负责”的团队文化,倡导“专业制胜、用心服务”理念,全力搭建一流服务体系、塑造一流服务形象、培育一流人才队伍、赢取一流公众口碑。2023年,新区支行全力对接镇江新区党工委、管委会和实体经济的综合金融服务,抢抓主流业务市场开拓,深化项目拓展,各项业务实现稳步、健康发展。支行实现营业收入11858万元,拨备前利润10737万元,人均收入和人均利润均位居市分行前列。支行本外币存款余额10.64亿元,其中个人存款4.06亿元,对公存款6.58亿元。全行各项贷款余额52.6亿元,资产业务增长创历史新高。其中,民营企业贷款余额7.96亿元,比年初净增1.28亿元;制造业贷款余额4.12亿元,比年初净增-0.31亿元;普惠金融贷款余额8.07亿元,比年初净增2.18亿元,均超额完成市分行下达的指标。 (邮储银行镇江新区支行)

【中国民生银行股份有限公司大港支行】 2023年,中国民生银行股份有限公司大港支行(简称民生银行大港支行)实现存款余额19.64亿元,其中储蓄存款余额6.01亿元,较上年新增1.64亿元。对公贷款22.92亿元,表外业务2.74亿元,发债余额2.9亿元。资产质量良好,不良贷款保持为零,各项业务合规稳健发展。 (民生银行大港支行)

【华夏银行股份有限公司镇江新区支行】 2023年,华夏银行股份有限公司镇江新区支行(简称华夏银行镇江新区支行)存款余额18.59亿元,贷款余额38.7亿元。全年信贷支持小微企业客户22户,发放普惠金融贷款1.187亿元,其中新投放固定资产贷款2.71亿元,涉及光伏、矿山整治行业,服务镇江新区范围内金东纸业(江苏)股份有限公司、香江科技(集团)有限公司、江苏鼎胜新能源材料股份有限公司、镇江高鹏药业有限公司、昌和化学新材料(江苏)有限公司等一批优质大中型制造业企业,为江苏瀚瑞投资控股有限公司、江苏圌山旅游文化有限公司等地方国有企业提供金融服务,为地方平台向实体经济转型提供助力。 (华夏银行镇江新区支行)

【中信银行股份有限公司镇江新区支行】 中信银行股份有限公司镇江新区支行(简称中信银行镇江新区支行)成立于2014年,自成立以来,以“传统商行服务、综合融资服务、资源整合服务”3种服务为支撑,充分运用“协同、同业、海外”三大平台,紧盯市场机遇,加大实体客户支持力度,积极服务区域市场。2023年年末,一般性贷款时点余额75.93亿元,其中对公贷款70.82亿元,零售贷款5.11亿元;一般性存款时点余额38.88亿元,各项业务实现健康稳步发展。

(中信银行镇江新区支行)

【江苏银行股份有限公司镇江大港支行】 2023年,江苏银行股份有限公司镇江大港支行(简称江苏银行镇江大港支行)以建设“智慧化、特色化、国际化、综合化”服务领先银行为导向,严守风险底线,深耕市场开拓,加快创新转型。坚持以稳增长、调结构、控风险、优管理为发展方向,在服务实体经济、先进制造业、小微金融、绿色金融、社会民生的答卷上写好“江苏银行大港支行篇章”。

至2023年年末,各项存款余额99.5亿元,其中,公司存款62.8亿元,储蓄存款36.7亿元。各项贷款余额94.9亿元,其中公司贷款83.8亿元,零售贷款11.1亿元。各项存款新增15.6亿元,贷款新增6.3亿元。荣获2023年度

镇江经济技术开发区金融服务贡献“十佳单位”称号。（江苏银行镇江大港支行办公室）

【江苏镇江农村商业银行股份有限公司新区支行】 江苏镇江农村商业银行新区支行（简称农商行新区支行）位于赵声路111号逸翠园大酒店，作为镇江农商银行新区片区的旗舰型网点，它不仅仅是一家多功能银行网点，更是一个金融服务创新体验中心。下设一家“小而美”的智能型网点赵声路支行。赵声路支行位于镇江市经开区银山鑫城紫荆苑17幢1～2层0129室，是新区支行2021年首家“社保金融超市”。2023年，农商行新区支行坚定“做小做微、做精做细”的战略定位，围绕“小而美”的愿景目标，以推进网点转型、零售转型和做实基础客户为切入点，积极承担社会责任，为城乡居民提供特色化、差异化、多元化的金融服务；为“三农”、小微企业、实业提供“更快、更近、更专业”的信贷服务，以至诚之心服务客户，专注走普惠金融发展之路，促进当地经济发展、百姓富裕，为镇江区域经济发展提供最大的支持。至2023年12月末，新区支行总存款余额为12.68亿元，其中对私存款9.54亿元，对公存款3.14亿元；贷款合计7.72亿元，其中对私贷款1.84亿元，对公贷款5.88亿元；三代社保卡客户数为10307户，价值贷记卡客户数328户。（农商行新区支行）

【南京银行股份有限公司镇江新区支行】 南京银行股份有限公司镇江新区支行（简称南京银行镇江新区支行）位于大港街道赵声路90号凯悦山庄小区大门东侧，有在岗员工25人。支行2021年成立以来，始终坚持以党建引领业务发展，探索高质量发展路径；以转型发展拓宽业务领域，深化服务实体质效；以合规经营夯实业务基础，提升风险防范水平。至2023年年底，支行本外币各项存款余额36亿元，较年初新增4亿元，其中个人存款余额5.08亿元，对公存款余额30.92亿元；各项贷款余额46.13亿元，较年初新增3.94亿元，其中个人贷款余额0.45亿元，对公贷款余额45.68亿元。支行全年无风险事项发生，无逾期、无欠息。荣获2023年度镇江经济技术开发区金融服务贡献“十佳单位”称号。（南京银行镇江新区支行）

【中泰证券股份有限公司镇江谷阳路证券营业部】 2023年，中泰证券股份有限公司镇江谷阳路证券营业部为镇江高质量发展提供强有力的支持，提升镇江资本市场的综合实力，收到地方政府的感谢信。在IPO（首次公开募股）项目、江苏股交中心挂牌项目，以及地方债券发行承销工作中作出积极的贡献。签约IPO 1单：江苏欧朗汽车科技股份有限公司；新三板1单：江苏欧朗汽车科技股份有限公司；自贸债1单：衢州工业发展集团有限公司自贸债项目；公司债项目1单：江苏盐城港大丰港开发集团有限公司2022年面向专业投资者非公开发行公司债券；四板挂牌7单：江苏瑞尔光学有限公司、丹阳市裕桥精密元件有限公司、江苏明冠电源科技有限公司、江苏联宸激光科技有限公司、江苏海雷德蒙新能源（集团）有限公司、江苏苏能新材料科技有限公司、恒生涓恩有限公司；私募股权1单：扬中市中泰美达股权投资合伙企业（有限合伙）。（中泰证券股份有限公司镇江谷阳路证券营业部）

【招商证券镇江营业部】 2023年，招商证券镇江营业部面对波动的市场行情，攻坚克难，各项主要业务主要指标有一定提升，全年营收200万元，报表利润78万元。继续做好2022年签约的IPO项目江苏金海创科技有限公司的服务工作，为后续的IPO打下扎实的基础。积极服务新区各上市公司，与大港股份、天奈科技、吉贝尔药业、东方电热、城地香江、三维股份等本土企业建立合作联系。招商证券镇江营业部2023年扩大团队规模，建立近10人的员工队伍，实现人员上的新老交替。（招商证券镇江营业部）

工 业

综 述

【概况】 2023 年,镇江经济技术开发区实现工业应税销售 1267 亿元,同比增长 3.8%。全年销售亿元及以上工业企业 145 家,实现销售 1167 亿元,其中百亿级企业 3 家,实现销售 372 亿元;30 亿~100 亿元企业 4 家,实现销售 186 亿元;10 亿~30 亿元企业 12 家,实现销售 203 亿元。2023 年培育销售增量超亿元工业企业共 28 家。积极践行投行思维,参与联博、航材院等项目股权投资,取得良好效果。常青科技成为上交所主板注册制首批挂牌企业。持之以恒优化产业项目全周期服务,上半年省重大项目全部开工、三季度市重大项目全部开工。固定资产投资增长 5.6%,省市重大项目投资完成率全市第一。以科技创新汇聚发展动能,全年入库科技型中小企业 397 家,认定高新技术企业 88 家,新增国家级专精特新"小巨人"7 家,工业技改投资总量全市第一,高技术外资及港澳台资在全市占比超 60%。

(年鉴编辑部)

【统筹协调强化】 2023 年,镇江经济技术开发区经济发展局(简称经开区经发局)围绕更好地发挥参谋助手作用"一个定位",聚焦重大项目攻坚、营商环境优化"两大路径",统筹运行协调、项目推进、企业服务"三类资源",推动经济运行稳中有升,为全年各项指标任务的完成提供坚实保障。

强化政策研究争取。加强产业政策研究解读,围绕企业发展及项目建设中的实际问题,强化对企政策宣传,发布政策解读 6 篇。加强对上资金争取,帮助金东、奇美、中远等 60 余家企业争取国家、省、市资金 4300 余万元。

强化统筹协调,系统做好指标监测预警,建立"月度数据专报""月度指标预警专报""高质量指标双月通报"三大监测分析平台,及时将经济运行情况提交党工委、管委会作为决策参考依据。坚持将问题考虑在前、研究在前、解决在前,对于经发局牵头的各项考核,主动邀请对口省市考核部门到经开区开展专题培训解读,帮助全区各指标牵头部门吃透指标内容和计分办法,分析指标落后、退位原因,同时配合党政办做好指标的预警督查,确保各类指标有序推进,推动全区经济运行稳中有升。

(经发局)

【项目建设】 2023 年,经开区经发局强化项目攻坚,推动项目建设提质增量。扩大有效投资。牵头制定《关于进一步落实产业项目全周期管理的意见》，构建“五新”项目全周期管理指标体系、落实产业项目全方位服务推进机制、完善产业项目全周期管理制度措施。实施“管委会重点调度—板块园区常态化推进—重大项目办持续跟踪协调”的分级调度机制，以“日跟踪、周推进、旬调度、月通报”的节奏持续滚动协调项目从签约落地、开工建设到竣工投产各个阶段的矛盾问题，直至问题“销号”解决。全年组织召开区级层面项目评估审办、会办、督办等专题会议26场，协调解决中农云仓、天奈导电浆料、亨峰隆热塑性材料等重大项目土地挂牌，常青树、金斯瑞、中交港发等项目能评审批，江南化工项目备案变更，蓬勃生物自来水接入等各类重点、难点问题70余个，问题协调解决率100%。严格落实项目准入评估机制。进一步完善细化评估指标体系，严审项目评估材料，对销售、税收等关键数据由税务部门在会前依托税务管理平台核实确认，邀请行业专家参与项目评估，提升评估的科学性和专业性。强化评估结果应用，对评估70分以下项目原则上不予供地。全年对60个拟落户项目开展准入评估，其中3个项目未予准入。（经发局）

【营商环境持续优化】 2023年，经开区营商办发挥牵头抓总职能，强化要素保供，推动营商环境持续优化。印发《镇江新区优化营商环境2023年提升行动方案》，每季度召开优化营商环境工作会议，通报13项重点指标评价结果，分析指标落后、退位原因，督促指标牵头部门明确指标进位目标、工作路径，推动形成重大项目“容缺后补”改革试点等一批创新案例。2023年，营商环境考核弱势指标排名稳步提升，经发局牵头的获得信贷指标从2022年的全市第四提升至第一。研究制定《镇江新区营商环境意见建议办理工作管理办法》，厘清各部门关于企业营商环境问题诉求的责任分工，5个工作日内完成企业问题诉求的处理答复，切实提升企业满意度和获得感。在2023年公布的省工商联民营经济营商环境调查中，新区排名全市第二。

（经发局）

【能源电力保供】 2023年，经开区经发局强化能源电力保供。在电力保供关键节点，组建服务响应专班，局领导班子成员分片包干、走访服务全区重点用能企业，根据企业工艺流程和用电负荷需求，指导企业合理安排生产计划、错峰避峰用电。开展全区“迎峰度夏”需求响应政策宣讲会，引导奇美化工、索普新材料、江南化工等企业积极参与需求响应，根据补贴政策为企业争取最大利益。加强与市发展改革委、市供电公司的沟通，主动到上级部门汇报企业电力保供需求，优化精准调控方案企业名单，最大限度保障企业和民生用电需求。2023年“迎峰度夏”期间，全区所有规模以上工业企业均未受临时性限电影响。（经发局）

【金融服务】 2023年，经开区经发局以金融赋能高质量发展为主线，落实政银企常态化对接和金融“白名单”制度，围绕特色金融产品、新区重点产业、重大项目融资需求，举办政银企对接会、普惠金融园区行新区专场、金融惠企沙龙等活动9场。至2023年年底，新区特色金融产品“园区保”累计为全区418家（次）企业提供贷款28.38亿元。2023年年底，全区金融机构各项贷款余额964.82亿元，比上年增长18.59%，实现金融与实体经济的良性互动。年内，镇江新区获评2020—2022年度镇江市金融生态优秀市（区）。

（经发局）

【市领导调研推进重大产业项目建设】 2023年1月31日，市政协副主席、新区党工委书记路月中带队调研推进重大产业项目建设，了解项目进展情况，倾听企业家心声，协调解决问题诉求，鼓励大家铆足干劲、再接再厉，为全区产业高质量发展贡献更大力量。新区党工委委员、管委会副主任张荣海参加调研。路月中一行先后到位于新材料产业园的江苏赞宇科技有限公司、镇江赛尔尼柯自动化有限公司、双峰格雷斯海姆医药包装(镇江)有限公司,了解企业生产经营、市场行情等方面情况,仔细询问目前存在的困难和诉求,要求相关部门园区主动对接、靠前服务,抓好惠企政策落实,全心全意做好服务。（新闻中心）

【新区领导调研重点企业产值及税收工作】2023 年 3 月 28 日,镇江新区党工委副书记、管委会主任尹卫民到新材料产业园调研重点企业产值及税收工作,先后来到索尔维(镇江)化学品有限公司、镇江江南化工有限公司、镇江南帝化工有限公司,听取企业负责人对生产销售及行业发展情况的详细汇报,并对企业反映的项目审批、证件办理、市场开拓等需求一一回应、现场答疑,帮助企业分析原因、找准症结,协调相关部门予以解决。尹卫民鼓励企业要坚定发展信心,做强优势主业,创新发展理念,积极探索更多运营模式,不断拓展业务领域,提高企业核心竞争力。新区领导张荣海、潘大春参加调研。（新闻中心）

图 13－1　2023 年 3 月 28 日,新区领导调研重点企业产值及税收工作　（新闻中心　供稿）

【南京工业大学数理科学学院专家考察经开区】2023 年 3 月 28 日,应镇江新区科技镇长团邀请,南京工业大学数理科学学院专家组成考察团来新区开展访企拓岗交流活动。南工大专家考察团参观新区规划展示馆,走访江苏天诺道路材料有限公司、江苏奥雷光电有限公司、江苏沃兴生物科技有限公司,详细了解企业产品数字化生产经营情况,与企业负责人进行深入交流,了解企业生产中面临的实际需求,帮助企业实现技术升级,并为企业挂牌“就业创业实习实践基地”。双方希望加快就业合作渠道建设,努力为毕业生挖掘更多岗位资源。（新闻中心）

【“2023 国际先进材料与制造工程学会走进镇江”活动在镇江经开区举办】2023 年 12 月 15 日,由国际先进材料与制造工程学会(SAMPE)主办、镇江经开区管委会承办的“2023 国际先进材料与制造工程学会走进镇江”活动在镇江经开区举办。本次活动致力于组织一线专家走进城市,开展技术讲座、传道授业,着力培养年轻工程师和设计师,吸引百余名省内外碳纤维及复合材料行业相关企业家、专家和技术人员参与。专家们在活动中开展专题分享技术交流,分别就复合材料与经济振兴、C919 复合材料的应用、复合材料固化工艺路线设计与优化、复合材料结构设计中的关注点,以及复合材料数字化车间智能管控、接触式视频引伸计在聚合物基纤维增强复合材料力学性能测试中的应用等方面进行专业技术分享和交流。

本次活动为参会企业技术人员提供学习机会,开阔他们的视野,助力经开区复合材料产业高质量发展,同时为今后学会会员企业与经开区开展深层次合作奠定良好基础。

（新闻中心）

【金东纸业再获国家“水效领跑者”】 2023年3月7日，工业和信息化部、水利部、国家发展改革委、市场监管总局等四部门发布2022年重点用水企业、园区水效领跑者名单，金东纸业（江苏）股份有限公司继2020年后再次入选国家重点用水企业水效领跑者。金东纸业持续致力于节约水资源、减少排污，通过加强管理、设备升级、督查改善等措施，进一步挖掘机台的节水潜力。近两年，金东增加实施施胶保温水回收和GCC稀释水改进2项节水技改项目，可年节省水资源47.5万立方米。2022年，纸机三线吨纸水耗5.53万立方米，较2020年下降12.7%。

由于金东纸业持续致力于推进节水、节能、降低污染物改善活动，在取水许可权上形成了一定的余量。对照水利部《水权交易管理暂行办法》，为协同地方政府对水资源统筹利用，在上级水行政部门的大力支持下，2021年10月，金东纸业与奇美公司顺利达成取水权交易协议，为江苏省超百万水权交易第一单。

（新闻中心）

【金东纸业三期屋顶光伏发电项目开工】 2023年3月30日，金东纸业（江苏）股份有限公司三期屋顶光伏发电项目开工仪式在公司自备码头举行。金东纸业先后荣获国家“环境友好企业”、国家级“绿色工厂”、国家重点行业“清洁生产示范企业”和江苏省“绿色发展领军企业”等称号，2022年蝉联国家级“水效领跑者”，成为CEC认证的“绿色领跑企业”。金东纸业利用工厂优质的屋顶资源，分别于2013年和2017年建成一期20兆瓦、二期10兆瓦光伏发电项目，项目采用自发自用、余电上网模式，每年节约标煤超过1万吨，减排二氧化碳约2.55万吨。此次开工建设的金东三期20兆瓦光伏发电项目，与之前建成的光伏项目共计50兆瓦，25年生命周期内将可节约标煤44.5万吨，减排二氧化碳约111.4万吨。（新闻中心）

【镇江东方电热科技股份有限公司获评“江苏精品”企业】 2023年10月27日，省质量发展委员会联合省市场监督管理局等八部门发布2023年度第一批“江苏精品”认证获证企业名单，镇江东方电热科技股份有限公司榜上有名，是镇江唯一获评企业，同时也是经开区首家“江苏精品”企业。镇江东方电热科技股份有限公司（以下简称东方电热）成立于1992年，是一家专业从事各类高性能电加热器研发与制造的国家高新技术企业。东方电热是全市首家创业板上市公司、国内电加热行业首家上市公司，先后获得中国“驰名商标”、全国“守合同重信用”企业、国家知识产权优势企业、江苏省质量信用AAA级企业、镇江市市长质量奖等荣誉。（新闻中心）

重点企业选介

【概况】 2024年2月10日，中共镇江市委、镇江市人民政府颁发关于授予2023年度镇江市产业发展“金山奖”、科技创新“梦溪奖”、优化营商环境“甘露奖”、金融服务贡献奖、重大产业项目招引推进奖、企业引才用才“伯乐奖”的决定。镇江经济技术开发区所属瑞肯耐特流体控制系统（镇江）有限公司、镇江东方电热科技股份有限公司、江苏常青树新材料科技股份有限公司、恩坦华汽车零部件（镇江）有限公司、镇江贝斯特新材料股份有限公司、江苏天奈科技股份有限公司、中节能太阳能科技（镇江）有限公司、江苏金斯瑞生物科技有限公司、江苏金斯瑞蓬勃生物科技有限公司、孚能科技（镇江）有限公司等企业榜上有名。

上市企业培育。2023年，经开区经发局加强上市企业梯队建设，在企业上市改制、辅导、申报等关键节点，主动上门服务，帮助协调解决权证办理、资产转让等问题，加快优质拟上市企业孵化。深化与证券交易所沟通交流，针对上市路径、财税问题、股权激励、信用修复等热点难点问题召开专题培训会，联合上交所、深交所、北交所等头部券商赴上市后备企业开展调研指导和服务对接，利用资本市场帮助企业做大做强。2023 年，全区新增上市挂牌企业 13 家。截至 2023 年年底，全区共有 A 股上市企业 7 家，总市值超 400 亿元，累计股票融资 107.44 亿元。

（经发局　年鉴编辑部）

【瑞肯耐特流体控制系统（镇江）有限公司】 荣获 2023 年度镇江市产业发展“金山奖”。瑞肯耐特流体控制系统（镇江）有限公司是 2013 年 3 月在江苏省镇江市注册成立的有限责任公司（台港澳法人独资），注册地址位于镇江新区丁卯经七路 159 号。公司经营范围：流体控制系统及其零配件、塑料零件、金属制品、塑料金属组装产品的生产；上述自产品的研发和技术转让；与上述自产产品同类的商品、相关产品模具和工具的进出口、批发、佣金代理（不含拍卖）及技术进出口业务，并提供相关的技术和售后服务。

（年鉴编辑部）

【江苏常青树新材料科技股份有限公司】 荣获 2023 年度镇江市产业发展“金山奖”。江苏常青树新材料科技股份有限公司（简称常青科技，证券代码 603125. SH）成立于 2010 年 6 月 30 日，位于镇江经开区新材料产业园内，企业于 2023 年 4 月 10 日于上交所主板上市，是一家拥有自营进出口权，专业从事石油化工及其衍生物的研发、生产及销售的高科技外向型企业。企业占地 140 亩，注册资金 1.44 亿元，主要生产经营二乙烯基苯、甲基苯乙烯系列不饱和单体，亚磷酸三苯酯系列 PVC 助剂，催干剂系列涂料助剂和油田炼厂石油助剂。

常青科技拥有国内前沿的技术力量和完善的质保体系，产品远销海内外，得到广大用户的认可。公司产品销往韩国、印度、美国、欧洲、中东、非洲等国家和地区，并与中国石油、纳微科技、蓝晓科技、苏青集团、恒逸石化、荣盛石化、德国熊牌、美国杜邦、漂莱特集团等国内外知名企业或其子公司建立良好的合作关系。2023 年，企业应税销售 10.1 亿元。

（江苏常青树新材料科技股份有限公司）

【镇江贝斯特新材料股份有限公司】 荣获 2023 年度镇江市产业发展“金山奖”。镇江贝斯特新材料股份有限公司成立于 2017 年，是一家追求精益生产和极致创新的国家高新技术企业，是新材料细分领域重点龙头骨干企业。主营产品为消费电子纳米超构声学增强材料，拥有超 150 项全球自主专利。公司先后与上海交通大学、南京大学、华东理工大学、中国科学院声学所等高校院所建立产学研合作项目，并建有上海交通大学碳中和先进材料联合研发中心、江苏省企业技术中心。公司已经通过两化融合及知识产权贯标、ISO 9001、ISO 14001、ISO 45001、知识产权管理体系认证及 IATF 16949：2016 国际汽车质量管理体系认证。公司近年来获评国家级专精特新“小巨人”企业、“中国好技术”、江苏省企业技术中心、江苏省工程研究中心、江苏省战略性新兴产业专项资金项目、镇江市科技创新“梦溪奖”、江苏省“绿色工厂”、江苏省潜在独角兽企业、江苏省最具成长性 100 强企业、镇江市“绿色工厂”、镇江市级人才优秀工作站等荣誉（资质）；由公司牵头起草、中国电子元件行业协会认证的团体标准 T/CECA 78—2022《微型扬声器用多孔吸声颗粒》在 2022 年年底正式发布实施。2023 年，企业应税销售 5.8 亿元。

（镇江贝斯特新材料股份有限公司）

【江苏天奈科技股份有限公司】 荣获 2023 年度镇江市科技创新“梦溪奖”。江苏天奈科技股份有限公司成立于2011年,注册资金2.3亿元,主要从事碳纳米管、石墨烯,以及其相关复合材料的研发、生产、应用性开发和销售,是全球首家将碳纳米管大规模推广应用到锂离子电池产业的企业之一,2019年9月,公司在上海证券交易所科创板上市(证券代码688116),现为全球最大的碳纳米管及复合材料供应商。

公司拥有世界一流的纳米聚团流化床宏量制备碳纳米管技术和碳纳米管的纯化及产业化技术,拥有90余项碳纳米管相关的国际、国内授权专利,并主导制定碳纳米管导电浆料国际标准(ISO/TS 19808)和国家标准(GB/T 33818—2017)。公司多年来占全国乃至全球行业细分市场的市场份额排名均为第一,2021年国内市场份额达到43.4%。公司先后获评江苏省工程技术研究中心、江苏省企业技术中心、江苏省工程研究中心和江苏省博士后创新基地资质,先后荣获全球清洁技术公司100强、国家绿色工厂、国家单项冠军产品、江苏省"最具成长性高科技企业"等称号,并通过IATF 16949:2016质量管理体系认证、ISO 9001:2015质量管理体系认证、ISO 14001:2015环境管理体系认证、ISO 45001:2018职业健康安全管理体系认证以及两化融合管理体系和知识产权管理体系认证,资信等级AAA。公司先后实施国家"863"计划、省科技成果转化项目2项,省战略性新兴产业项目2项。公司加紧突破单壁碳纳米管产业化技术壁垒,力争在国内首次实现结构可控的单壁碳纳米管的工业规模生产;突破锂电池硅碳负极材料大规模应用中面临的循环寿命短和工艺稳定性差等挑战,攻克单壁碳纳米管和硅负极颗粒的复合工艺关键技术。公司在单壁碳纳米管的研发方面居于行业前列。2023年,公司营业收入14.04亿元,归属于上市公司股东的净利润2.97亿元。

(江苏天奈科技股份有限公司)

【中节能太阳能科技(镇江)有限公司】 荣获2023年度镇江市科技创新"梦溪奖"。中节能太阳能科技(镇江)有限公司于2010年8月26日注册成立,是国务院国资委直属的中国节能环保集团有限公司的全资三级子公司,位于镇江新区新能源产业园,主营业务为晶体硅太阳能电池及组件的研究、制造和销售,人工智能应用软硬件开发及销售。近年来,公司在常规电池组件生产制造领域不断深耕的同时,在光电建筑一体化领域联合行业一流建筑商共同打造一套集屋顶、幕墙与智能运维于一体的极具特色的光伏建筑解决方案。与此同时,根据不同应用场景推出"青天""飞燕""云长""女娲"一系列差异化组件,满足客户多样化需求,场景化定制生产。作为高新技术企业,公司拥有国家级CNAS实验室,拥有国家级博士后科研工作站等10余个技术创新平台,凭借PVB双玻组件技术荣获国家科学技术进步奖二等奖;先后荣获"电池/组件十大供应商"、光伏领袖企业、"中国好光伏民族品牌"等多项荣誉。实施"数字化中节能"战略,构建"云平台生态圈",为用户提供"硬+软+云+集成+咨询"的智能制造解决方案服务,先后通过两化融合贯标AAA、工业互联网标杆工厂、示范智能车间审核,2022年获评工信部大数据产业发展试点示范项目、江苏省绿色发展领军企业等。公司有4GW单晶PERC太阳能电池片和8GW高效组件产能,累计发货量超23GW。公司推动26GW高效太阳能电池及组件扩产项目,打造行业主流的电池组件制造商。

[中节能太阳能科技(镇江)有限公司]

【江苏大港股份有限公司】 江苏大港股份有限公司(简称大港股份,证券代码SZ.002077)成立于2000年4月,由镇江新区大港开发总公司等5家发起人共同发起设立。2006年11月16日,公司在深交所中小企业板挂牌上市,成为镇江新区第一家国有控股上市公司。至2023年年底,总股本为5.8亿股,其中大股东江苏瀚瑞投资控股有限公司持股比例为48.97%。

历经多年创新创业和转型发展，大港股份围绕“战略性新兴产业为主的投资控股型公司”定位，逐步形成集成电路、环保资源服务两大主导产业。现拥有子公司11家、参股子公司8家，主要业务包括集成电路测试、园区运营服务、环保再利用等。其中，集成电路以上海旻艾为基础，大力发展集成电路芯片测试业务，致力于打造集成电路细分领域优质品牌。环保资源领域充分利用资源优势，紧跟区内企业的需求，强化与区内企业的合作，积极为区内企业提供化工码头、仓储物流、资源再利用、企业用水供应、危废处置及NMP废液回收利用等一体化服务，与区内企业同成长、共发展。

公司始终坚持以科技创新为立企之本，通过自主研发、科技成果转化、产学研合作等途径，不断提高公司技术、产品的核心竞争力。公司在技术创新和产品开发上已取得较多成果，至2023年年底，公司在集成电路、危废处置、NMP再生精制3个领域已申请专利94项，其中获得授权发明14项、实用新型53项、授权软著11项；审核中发明10项、实用新型6项。2023年，公司实现营业收入4.71亿元，归属于上市公司股东的净利润8839万元，比上年增长79.18%。

（江苏大港股份有限公司）

【江苏正丹化学工业股份有限公司】　江苏正丹化学工业股份有限公司（简称正丹股份，股票代码300641）是一家特种精细化工领域的高科技企业，主要从事高端环保新材料和特种精细化学品的研发、生产和销售。公司成立于2007年，注册资本4.896亿元，在职员工430名，技术研发人员116名。

公司长期专注于碳九芳烃综合利用产业链，成功开发出偏三甲苯、偏苯三酸酐、偏苯三酸三辛酯、乙烯基甲苯、对苯二甲酸二辛酯、均四甲苯、高沸点芳烃溶剂等特种精细化学品，为公司创造了原材料供应优势和成本优势，实现碳九芳烃组分的充分精细化利用，极大提升产业链附加值。产品广泛应用于增塑剂、固化剂、涂料、绝缘材料、树脂、橡胶等各行业，是埃克森美孚，德国巴斯夫，法国Valtris，日本三菱、花王，韩国LG化学、爱敬化工，台湾联成化学，南亚塑胶，以及艾伦塔斯等国际化工巨头长期稳定的合作伙伴。

公司连续多次被认定为高新技术企业，是江苏省专精特新企业、中国石油和化工行业知识产权示范企业、国家知识产权优势企业、国家知识产权示范企业，获批设立了江苏省研究生工作站和江苏省博士后创新实践基地，公司工程研究中心被认定为省级工程技术研究中心和省级企业技术中心。至2023年年底，公司拥有授权专利45件，其中发明专利26件，实用新型专利19件；2023年公司承担了镇江市知识产权战略推进项目，被列入《2023年度镇江市知识产权重点企业保护名录》。2023年，企业应税销售14.67亿元，税收1204万元。

（江苏正丹化学工业股份有限公司）

【镇江三维输送装备股份有限公司】　镇江三维输送装备股份有限公司于2022年8月22日在北交所上市，股票简称三维股份，成为镇江首家北交所上市公司。镇江三维输送装备股份有限公司成立于2004年，主要从事散装物料输送机械零部件产品的研发、生产和销售，是国内规格品种最多、系统化集成方案最全的散装物料输送机械配件的制造商，先后获评国家高新技术企业、镇江市科技“小巨人”企业、江苏粮机制造优强企业等。2023年，公司营业收入2.66亿元，归属于上市公司股东的净利润3883.7万元。

（镇江三维输送装备股份有限公司）

【镇江东方电热科技股份有限公司】　公司于2011年在深交所上市（证券代码300217）。荣获2023年度镇江市产业发展“金山奖”。（公司简介参见第239页）　（年鉴编辑部）

【恩坦华汽车零部件(镇江)有限公司】 公司荣获2023年度镇江市产业发展“金山奖”。(公司简介参见第235页) (年鉴编辑部)

【江苏金斯瑞生物科技有限公司】 公司荣获2023年度镇江市企业引才用才“伯乐奖”。(公司简介参见第235页) (年鉴编辑部)

【孚能科技(镇江)有限公司】 公司荣获2023年度镇江市企业引才用才“伯乐奖”。(公司简介参见第238页) (年鉴编辑部)

【江苏吉贝尔药业股份有限公司】 公司于2020年5月登陆上海证券交易所科创板,证券简称吉贝尔。(公司简介参见第234页)

(年鉴编辑部)

开放型经济

综　述

【概况】 2023年,镇江经济技术开发区以镇江市“项目攻坚突破年”为契机,坚持实事求是,强化投行思维,持续深入打好项目招引攻坚战,实际使用外资及港澳台资总量、新签约亿元以上项目数量、新签约亿元以上项目总投资额等指标均居全市前列。在与商务部投资促进事务局加强合作的基础上,开展多轮境内外招商交流活动,先后引进总投资71.2亿元的索普集团醋酸乙烯及EVA一体化、总投资10.2亿元的众钠硫酸铁钠钠离子电池正极材料、总投资1亿美元的蓬勃生物基因细胞治疗载体研发中心、总投资1亿美元的奥地利科林尼高端表面处理中国总部等一批内外资项目。（解著宇）

【使用外资及港澳台资】 2023年,镇江经济技术开发区全年实际使用外资及港澳台资13462万美元,比上年下降30.9%;使用外资及港澳台资总量排名全市第二,占全市的31.6%;实际使用高技术外资及港澳台资10269万美元,使用高技术外资及港澳台资总量排名全市第一,占全市的56.4%。当年新批准设立外资及港澳台资企业1家,新增合同外资及港澳台资2146万美元。中川精密、阿雷蒙、金斯瑞蓬勃等重点外资及港澳台资企业实现增资扩股,累计合同外资及港澳台资22643万美元。全年新签约亿元以上外资及港澳台资项目12个,同比增长33.3%。

（解著宇）

招商引资

【概况】 2023年,镇江经济技术开发区新签约亿元以上项目72个,比上年增长9%,签约项目总投资328亿元,比上年增长96%;新签约10亿元以上项目12个,其中30亿元以上项目3个,新签约10亿元以上项目数量较上年增长100%。项目招引坚持投行思维,新签约项目中以央国企、上市公司及优质外资企业为投资主体的占比41%;坚持强链补链,新签约项目中符合镇江市“四群八链”产业导向的占比76%;坚持开放发展,总投资1亿美元的蓬勃生物基因细胞治疗载体研发中心项目是近年首个落户镇江经开区的外资研发中心项目。各路招商小分队分赴长三角、珠三角、欧洲等开展境内外招商交流活动560余批次,获取产业链节点项目信息290余条。年内,3 人获 2023 年度镇江市“十佳招商能手”称号(镇江经济技术开发区招商三局局长朱东东,镇江经济技术开发区招商一局局长王恺悌,镇江经济技术开发区招商六局局长、丁卯街道办事处副主任李红),2 个项目获 2023 年度镇江市重大产业项目招引奖(众钠硫酸铁钠钠离子电池正极材料项目招引团队,航发优材高温合金技术中心二期项目招引团队),2 个项目获 2023 年度镇江市重大产业项目推进奖(蓬勃生物抗体药及基因细胞治疗药物研发生产基地项目推进团队,联博生产 20 万吨新能源汽车电驱动核心零部件智能制造项目推进团队),镇江经济技术开发区招商二局局长徐升华获镇江市五一劳动奖章,招商中心集体获评第 23 届江苏省青年文明号,获镇江市五一劳动奖状、镇江市 2023 年项目招引劳动竞赛“先进集体”称号、镇江经开区 2023 年度优化营商环境“先进单位”称号。

(解茗宇)

【境内及港澳台招商活动】 2023 年 2 月 6—8 日,镇江经济技术开发区赴长三角地区开展招商活动,拜访苏州东吴医药有限公司、浙江吉利控股集团有限公司、浙江新安化工集团、贝斯特新材料上海研发中心、杭州安永环保科技有限公司、第一太平戴维斯物业顾问(上海)有限公司等企业和机构,推进项目、拓展渠道。

2 月 28 日—3 月 5 日,镇江经济技术开发区赴珠三角地区开展招商活动,拜访中国光大环境(集团)有限公司香港总部、英科医疗科技股份有限公司香港总部、新宇环保集团有限公司香港总部、香港路劲地产集团有限公司、深圳美的置业集团有限公司、日丰企业集团有限公司佛山生产基地等企业,进行交流合作。

6 月 13—16 日,镇江经济技术开发区赴深圳、上海、北京开展招商活动,拜访深圳市城市产业发展集团、上海市上坤集团总部、北京航空材料研究院等企业和机构,交流片区开发、城市更新、产业导入等事宜。

7 月 24—28 日,镇江经济技术开发区赴广西、贵州、广东、福建开展招商活动,拜访广西洋浦南华糖业集团股份有限公司、贵州黎阳国际航空制造有限公司、贵州安大航空锻造有限责任公司、福建汇川投资集团总部、东莞市硅翔绝缘材料有限公司等企业,并与硅翔公司签署新能源电池热管理及信号采集项目投资协议。

8 月 27—31 日,镇江经济技术开发区赴澳门、深圳、东莞开展招商活动,拜访中国建设银行澳门分行、深圳银江发展集团有限公司、深圳曼恩斯特科技股份有限公司、九丰集团能源东莞基地等企业和机构,参加江苏瀚瑞投资控股有限公司 167.2 亿日元境外债在澳门金交所上市活动,参加 2023 年镇江(深圳)合作交流恳谈会,会上经开区集中签约项目 6 个,现场签约额 61.6 亿元,项目聚焦航空航天、新能源汽车零部件等产业,其中 10 亿元以上项目 3 个。

(解茗宇)

【境外招商活动】 2023 年 5 月 4—12 日,镇江经济技术开发区赴德国、法国、英国开展经贸交流活动,先后拜访巴斯夫、英科医疗、格雷斯海姆、阿雷蒙、托尔等企业,以及中国驻英国大使馆、江苏省发改委驻巴登符腾堡办事处、镇江国际经济技术合作有限公司、里昂华人商会、英国江苏商会、英国四十八家集团俱乐部等机构和协会,并与阿雷蒙集团签署总投资 1 亿美元的光伏连接器自动化工厂项目协议。

6 月 29 日—7 月 8 日,镇江经济技术开发区赴丹麦、瑞士、奥地利开展经贸交流活动,先后拜访科莱恩、科林尼等企业,以及卢塞恩州政府、中国驻奥地利大使馆、奥地利华人商会等机构和协会,并参加“新时代、新机遇、新未来”2023 中国镇江(欧洲)经贸合作交流会,与科林尼集团、索尔维集团和瑞士中国中心签订合作协议,项目总投资 1.35 亿欧元。

(解茗宇)

【“专精特新企业镇江行”活动】 2023 年 6 月 15 日,由镇江经济技术开发区管理委员会与商务部投资促进事务局共同主办、国际股权投资创新服务平台（GEIN）承办、中关村科技企业家协会协办的“专精特新企业镇江行”活动在镇江经开区举办。在当天举行的“专精特新企业镇江行交流座谈会暨国际股权投资创新服务平台产融家（镇江）中心启动仪式”上，商务部投资促进事务局副局长李勇、镇江经开区管委会副主任潘大春共同为国际股权投资创新服务平台产融家（镇江）中心揭牌。产融家（IFH）是国际股权投资创新服务平台以金融和专业服务带动硬科技产业资源，为重点地方和园区提供常态化服务的枢纽和载体，镇江中心是商务部投资促进事务局在地方设立的首个IFH中心。本次活动作为IFH中心服务镇江经开区的首场活动，吸引了京磁材料、美尔斯通、世中科技、芯视界、中科汇联、国基科技、欣博电子等近20家国家级和北京市级专精特新企业参加，产业覆盖新能源、新材料、智能制造、医疗健康、节能环保、新一代信息技术等多个镇江重点发展领域。（解茗宇）

【“硬科技产业资本招商对话会”在厦门举办】 2023年9月9日，由商务部投资促进事务局主办，国际股权投资创新服务平台（GEIN）、中国国际科技促进会母基金分会承办，母基金研究中心协办，镇江经济技术开发区管理委员会和南通经济技术开发区管理委员会支持的第二十三届中国国际投资贸易洽谈会2023中外投资促进机构工作会平行活动“硬科技产业资本招商对话会”在厦门国际会展中心举办，镇江高新创业投资有限公司总经理李俊强等嘉宾围绕“资本招商——招商引资的可选项还是必选项?”主题展开探讨。本次活动吸引了来自地方政府、产业园区、投资机构、专业服务机构等方面的100余位观众到场。（解茗宇）

【镇江新区外资企业（上海）圆桌会在上海举办】 2023年11月6日，由镇江经济技术开发区管理委员会与商务部投资促进事务局联合主办、镇江经济技术开发区招商中心和国际股权投资创新服务平台（GEIN）承办的镇江新区外资企业（上海）圆桌会于进博会期间在上海举办。美国嘉吉、恩坦华、法国电力、德国亚世科、瑞士罗氏制药等10余家全球知名跨国公司，以及戴德梁行、世邦魏理仕、高力国际、仲量联行、第一太平戴维斯等世界顶级投资咨询服务机构参加活动。（解茗宇）

【江苏大学校友经济论坛暨企业家联盟年会】 2023年3月31日，由镇江新区管理委员会与江苏大学共同主办、镇江新区招商中心和江苏大学校友企业联盟承办的江苏大学校友经济论坛暨企业家联盟年会举办。年会以“凝聚校友力量，发展校友经济，强化校企合作，深化校地融合”为主题，通过密切校友企业家之间的联系和往来，凝聚行业校友力量，构建企业家联盟发展路径，形成校地企合作多赢机制。镇江新区科技镇长团、招商中心对接江苏大学企业家校友，聚焦宏观形势、经济政策、企业长远发展等话题深入交流，推动双方共同把握产业发展机遇。校友企业家联盟作联盟年度工作报告，表彰2022年度校友企业家联盟优秀理事单位，举行江苏大学校友企业家联盟“储能产业联合会”以及“铸造产业联合会”成立仪式。（解茗宇）

【“2023国际先进材料与制造工程学会走进镇江”活动】 2023年12月15日，由国际先进材料与制造工程学会（SAMPE）主办、镇江经济技术开发区管理委员会承办的“2023国际先进材料与制造工程学会走进镇江”活动在镇江经开区举办。本次活动致力于组织一线专家走进城市，开展技术讲座、传道授业，培养年轻工程师和设计师，吸引百余名省内外碳纤维及复合材料行业相关企业家、专家和技术人员参与，大家分别就复合材料与经济振兴、C919复合材料的应用、复合材料固化工艺路线设计与优化、复合材料结构设计中的关注点，以及复合材料数字化车间智能管

控、接触式视频引伸计在聚合物基纤维增强复合材料力学性能测试中的应用等方面进行专业技术分享和交流。（解茗宇）

【招商业务交流培训】 2023 年 4 月 21 日，镇江新区招商中心举办投资促进业务培训，邀请相关专家围绕“外商投资逻辑与外企在华投资产业”和“投资方视角下的项目选址核心要素”等主题进行授课，镇江新区招商中心全体人员以及各镇（街道）、园区板块招商工作相关人员共 100 余人参加。会上，德勤中国政府及公共服务总监杨传义详细分析外商投资发展趋势和跨国公司在华投资逻辑，德勤中国区域经济咨询副总监郑兴围绕如何策划招商项目、如何制定满足企业诉求的产业政策、如何利用资本招商引入产业龙头、如何运用大数据对企业投资选址的决策进行预判、如何开展精准对接与项目评估等问题提出针对性实操策略。

7 月 28 日，镇江新区招商中心举办投资促进业务培训，邀请来自汇生咨询和金沙江联合资本的相关专家围绕“招商引资项目财税测算”“基金招商相关知识和案例”等主题进行授课，镇江新区招商中心全体人员以及各镇（街道）、园区板块招商工作相关人员近 200 人参加。会上，汇生咨询商务咨询部门执行董事杨野围绕地方在招引项目时如何进行价值判断进行分享，汇生咨询合伙人兼财务部门总监刘自强介绍招商引资项目财税测算的会计核算模型，并对地方政府在招引过程中可能面对的财税风险进行提示，金沙江联合资本管理合伙人周奇对基金招商的背景、逻辑和模式进行分享。

12 月 20—22 日，镇江经济技术开发区招商中心组织赴无锡开展招商人员业务能力提升专题研修班，镇江经开区招商中心及相关园区板块、经济部门 40 余名招商业务工作人员参加培训。此次培训采取“外部专家授课 + 内部交流研讨 + 实地考察座谈”的方式，邀请无锡市委党校、深蓝智库、浙科投资相关专家，开设“习近平总书记关于经济工作精神解读”“政府招商中投资项目筛选与评价”“招商引资经验分享及谈判实操演练”“产业园招商人员能力提升实务”等 4 堂专项课程，并赴卓品智能科技、雪浪小镇、中科微至等行业标杆企业实地考察，通过理论知识讲解、实战经验分享和现场观摩交流，帮助参训学员开拓思路、探索创新方法举措。（解茗宇）

重点项目选介

【众钠硫酸铁钠钠离子电池正极材料项目】 2023 年 3 月 4 日，总投资 10.2 亿元的众钠硫酸铁钠钠离子电池正极材料项目签约落户镇

图 14－1　2023 年 10 月 31 日，众钠硫酸铁钠钠离子电池正极材料项目一期投产暨二期启动建设仪式举行

（解茗宇　摄）

江经济技术开发区。10 月 31 日，项目一期投产暨二期启动建设仪式举行，标志着业内首个聚阴离子正极材料万吨级量产基地正式启动，实现当年签约开工、当年一期投产、二期提前启动。项目建设年产 5 万吨硫酸铁钠正极材料量产基地，达产后年应税销售额不低于 13.5 亿元，年纳税额不低于 6800 万元。项目获 2023 年度镇江市重大产业项目招引奖。（解茗宇）

【蓬勃生物基因细胞治疗载体研发中心项目】

2023 年 3 月 7 日，总投资 1 亿美元的蓬勃生物基因细胞治疗载体研发中心项目签约落户镇江经济技术开发区。该项目在原有总投资 4 亿美元的蓬勃生物抗体药及基因细胞治疗药物研发生产基地项目基础上，新增研发中心（实验室），将部分原南京的研发功能和团队转移到镇江基地，是近年首个落户镇江经开区的外资研发中心项目。项目计划分两步实施，其中一期投入 2500 万美元，利用中心研发区 4400 平方米载体建设治疗载体（mRNA、病毒）实验室；二期投入 7500 万美元，利用中心研发区 31 号楼剩余面积或自有载体，扩大投资增强研发能力。项目入选 2024 年江苏省重大项目名单。（解茗宇）

【奥地利科林尼高端表面处理中国总部项目】

2023 年 6 月 12 日，总投资 1 亿美元的奥地利科林尼高端表面处理中国总部项目签约落户镇江经济技术开发区。项目计划分两步实施，其中一期投入 5000 万美元，建设 2 条全自动大型滚镀生产线，达产后实现年产 5000 万套高端家具五金表面处理产品；二期投入 5000 万美元，开展汽车电子领域表面处理业务。该项目是镇江经开区近三年来首个新设投资主体的欧美外资制造业项目。（解茗宇）

【索普集团醋酸乙烯及 EVA 一体化项目】

2023 年 12 月 15 日，总投资 71.2 亿元的索普集团醋酸乙烯及 EVA 一体化项目签约落户镇江经济技术开发区。项目计划分两期建设，其中一期建设年产 33 万吨醋酸乙烯、80 万吨硫酸生产装置，项目达产后预计年应税销售额 26 亿元，年纳税额 1.3 亿元；二期建设年产 30 万吨 EVA 生产装置。（解茗宇）

江苏瀚瑞投资控股有限公司

综　述

【概况】　江苏瀚瑞投资控股有限公司(简称瀚瑞控股)是镇江市人民政府出资设立的市属国有公司,注册资本 65 亿元,主体评级 AA +,是集园区基础服务、公共资源整合、资产运营管理、金融投资及实业经营于一体的综合性市属国有企业。集团本部设有综合管理部、党群工作部、战略发展部、审计法务监察部、财务管理中心、融资运营中心。控股深交所上市公司江苏大港股份有限公司 1 家,下设江苏瀚瑞资产经营有限公司、江苏瀚瑞金控投资有限公司、镇江新区公用建设发展有限公司、镇江新区城市建设投资有限公司等 5 家一级子(集团)公司,全资(实际控股)子公司 66 家。

2023 年,瀚瑞控股依托国家级开发区资源禀赋,聚焦"产业赋能型投资运营平台"发展定位,坚定"围绕产业、服务企业",抓好"防风险、强经营、深改革"三大任务,统筹发展与安全,整体呈现出良好态势,资产负债率持续下降,实现历史性突破。类金融业务稳中向好。全年业务规模 150.2 亿元,较上年增长 11.5 亿元。小微金融快担保业务、数字人民币业务做到全市多个"首创",金港租赁板块主体信用等级获评 AA 级,成为全市第一家、全省第五家获得 AA 及以上信用评级认定的企业。资产盘活成绩突出。全年净出清面积累计完成 11.81 万平方米,实现租金收入 2.69 亿元。置业运营板块以数字化手段管理近 300 万

图 15 – 1　2023 年 5 月 19 日,瀚瑞控股召开 2023 年度经营发展大会
(新闻中心　供稿)

平方米管理载体，服务金斯瑞、金海创、苏仪德等企业近400家。魔方公寓等一批优质载体相继推出，新增房源1152套。资本运作成绩初显。上市公司集成电路、园区环保服务"双主业"稳健运营，资本市场认可度逐渐提高，年均市值约97亿元，比上年增长53.51%；收购新纳环保77.7%的股份，进一步拓宽环保资源服务产业布局。投资板块完成恒顺股份3.05亿元定向增发，航材股份项目5.62亿元战略配售；蓬勃生物项目实现增值287万美元。产业转型初见成效。智慧园区、智慧停车、清洁能源、蒸汽供应等特许经营业务持续发力，实现营业收入1.97亿元。成立合资公司服务园区"智改数转"。市内唯一标准化危化品停车场投入运营，全市首批国有人才公司揭牌成立，全国运动类航空器夜航首飞成功，长江流域首个水上机场建设完成，全市首个刚性危废填埋处置项目顺利竣工验收。（瀚瑞控股公司）

相关链接：

2023年4月10日《镇江日报》头版

瀚瑞控股：与实体经济共成长

本报记者　潘宇琴　本报通讯员　刘彬

在镇江新区新能源产业园里，新落成的江苏海飞生物科技有限公司近日进入试生产阶段。在厂区中心的双层数字化发酵生产车间，两名工人通过智慧系统控制管道热能定量输送供应，以热能剔除原料里多余的微生物，最终保留并提取生产所需的氨基葡萄糖。

"这条数字化发酵生产线刚刚打通，是企业最耗能的一条生产线，每小时大概需要10吨热能，耗能占比六成以上，以前我们都用传统的锅炉烧煤供热，现在企业所有热源都来自镇江东南片区热网管道集中供应。"海飞生物副总经理戴越勇指向厂区北面墙外那"一抹新绿"说。直径约3米的绿色热网管道横置于扬子江路人行道旁，2022年12月底正式向海飞生物供热。"那就是集中供热的管道，如果我们自己投入锅炉、人工还有后期维护，成本会非常高，集中供热今年一年可以帮助我们节省1000多万元。我们新厂区之所以再次选择落户新区，正是因为这里有更加完善的产业发展配套和持续优化的营商环境"。

镇江市东南片区热网管道由江苏瀚瑞投资控股有限公司（以下简称"瀚瑞控股"）旗下江苏宜聚能源管理有限公司投资建设。项目总投资13134.95万元，2020年开始项目设计等前期工作，2021年启动建设。主线部分沿青龙山东侧向北架空敷设，支线部分沿烟墩山路东侧向北敷设，管线总长约148000米，目前项目建设已经接近尾声。"宜聚能源不仅向海飞生物这样的中小微企业供热，更辐射到了奇美、孚能等一批规上企业，集中供热最大的优势是帮助企业节约成本，这是瀚瑞控股通过完善设施配套来服务地方实体经济、助力产业强市的路径之一。"

宜聚能源将结合东部热源点规划，逐步为新区产业园区及周边制造业企业提供热力服务。对于下一步的发展，宜聚能源负责人朱季玉很有信心："我们以企业需求为导向，不断调优能源结构，提高清洁能源使用占比，同时逐渐改变镇江东部片区热负荷日益增长和供热机组分散低效的局面，让绿色低碳成为高质量发展的底色"。

除了完善配套提供绿色新能源直接助力产业发展，瀚瑞控股还主动作为、精准服务，以投行思维，引入"金融活水"积极推进产业强市。今年3月，镇江"四群八链"高端装备制造业集群传来好消息：航天海鹰（镇江）特种材料有限公司被中国商用飞机有限责任公司评为2022年度优秀供应商银奖获得单位。"我们航天人把'特别能吃苦、特别能战斗、特别能攻关、特别能奉献'的精神落地镇江，参与'大国重器'C919国产大飞机制造。"航天海鹰董事会秘书华文龙表示，企业落地镇江新区十多年来不断创新突破，这离不开产融深度结合，瀚瑞控股旗下的镇江高新创业投资有限公司先后投资航天海鹰4745万元。“瀚瑞控股不仅为我们提供了‘金融活水’，还助力我们高层次人才引进，更重要的是不断集中相关企业，逐渐形成产业互补，完善了新区的航空航天产业链。”

镇江高新创业还投资了江苏美龙航空部件有限公司、镇江市逸帆航空部件有限公司等企业。“这些企业在新区共同形成了航空航天产业合力，而且它们都很有潜力。”镇江高新创业项目经理汪璇说，近年来，瀚瑞控股始终坚持在服务实体经济中实现国企经济效益双向提升，除了投资高端装备制造业，还积极参与新区优质企业上市准备工作，先后成功投资入股孚能科技、金斯瑞蓬勃生物及联博精密项目等新区落户企业。2020年至2022年，股权投资二级市场退出镇江高新创业实现收益近8亿元。

瀚瑞控股作为国有企业，30年与开发区共同成长。“瀚瑞控股的初心就是服务地方产业实体经济发展，我们与实体经济是一体化的，共同成长、共同发展，在坚守初心使命的基础上，才能实现国企的高质量发展。”瀚瑞控股党委书记、董事长王茂和介绍。近年来，瀚瑞控股围绕新区发展规划，结合新区产业发展需求，实现从“建设新区”向“经营新区”实体转变，致力于完善基础配套、优化公共服务、整合资源配置，助力产业强市、项目攻坚，赋能地方实体经济高质量发展。“今年是镇江‘项目攻坚突破年’，瀚瑞控股将牢记国企责任和使命，紧紧围绕产业强市‘一号战略’，一如既往奋力攻坚，真抓实干，在奋力推动实现中国式现代化镇江新实践中贡献国企力量。”（瀚瑞控股公司）

【国企党建工作强化】 2023年，瀚瑞控股党委认真落实新时代党的建设总要求，增强政治核心意识，以坚强有力的党的领导，引领和深化国企改革。

坚持党建定向领航。制定下发《全面从严治党“两个责任”清单》等文件，并将党建纳入年度经营考核。严格执行“三重一大”（公司重大决策、重要人事任免、重大项目安排和大额资金运作）事项集体决策制度，全年召开党委会53次，专题研究经营等重大事项300余项。推进建设“五责联抓”（党组织主体责任、党委书记第一责任、分管负责人直接责任、班子成员“一岗双责”、党务工作者具体职责5个责任主体）体系，各级党组织书记切实履行“第一责任人”职责，班子成员严格落实“一岗双责”，做到与分管业务工作同频共振。

建强基层组织堡垒。完成集团34家党组织架构及502名党员隶属关系梳理。“三星”党支部100%、“四星”党支部11家、“五星”党支部1家，混改公司党组织覆盖率80%。落地书记项目34个。全年高标准落实经开区巡察审计3次、按季度开展4次集团全面从严治党专项巡查，全部实现闭环整改。

全面抓好意识形态。党委会专题研究意识形态工作8次、理论学习中心组专题研讨15次。持续完善集团网络与数据安全保障体系建设。在各级媒体发布党建稿件300余篇，其中人民日报全国党媒平台、“学习强国”全国平台等国家级媒体5篇，省级媒体22篇。

打响特色党建品牌。围绕集团党委一元化引领、子（集团）公司产业先锋、各基层党支部“N点发力”的三级联动模式，打造“红领先锋、瑞聚初心”党建品牌。

筑牢廉洁思想防线。突出正风肃纪，政治生态更加清明。2023年开展各类警示教育活动54场，举办“宜地家风”廉洁文化活动11次，签署家庭助廉倡议书69份，履新干部实现“廉洁从业包”人手一套。

厚植企业文化底蕴。“正青春”志愿服务品牌不断擦亮，积极开展慈善募捐、对口帮扶、梦想小屋等项目，开展志愿服务活动30余场。“引育用留”四力并用开展人才工作，推进高效培训累计30余场、覆盖人数超千人。（瀚瑞控股公司）

【深化国企改革】 2023年，瀚瑞控股严格落实市委、市政府《瀚瑞控股改革方案》要求，对镇江经开区内149家企业法人单位重组整合形成“1+6”组织架构，即构建“集团本部资本层、6个子板块资产层、31个业务单元经营层”的三级扁平化管控模式，进一步优化战略布局、调整业务结构。围绕资产整合归并，通过市场化改革，做强子板块经营主业，提升经营效益。

图15－2 瀚瑞控股公司“正青春”志愿者服务队

（瀚瑞控股公司 供稿）

持续推进管理体系和管理能力现代化建设，制定全集团“正负授权清单”，明确决策流程和违规决策风险。对投资决策、工程建设等8个专业委员会进行界定和细化，构建“预算、收支、财务负责人委派”财务管控体系。完成集团30余项管理制度梳理和修订，特别加强对工程项目的立项审批、招标投标及投融资等方面的监督管理。

推进任期制和契约化管理工作提质扩面，经营层全部实行任期制，签订年度目标和任期目标责任状。实施差异化分类考核，将各子（集团）公司转型发展、资产盘活、风险化解等纳入年度经营业绩指标。推动收入能增能减、有效激励的薪酬改革，打造精准灵活、高效科学的激励机制，进一步提高各层各级抓发展的积极性和责任心。

（瀚瑞控股公司）

【践行国企职责】 2023年，瀚瑞控股牢记经济、社会两项责任，积极践行国企职责，综合服务价值表现亮眼。注重科技创新。上市公司将提升技术、产品核心竞争力作为重要课题，注重产业和人才结合发展，申请专利214项，获得授权120项，其中上海旻艾荣获“高新技术”“专精特新”等多项资质。提升营商环境。丁卯第三中心小学、居安路、纬八路、生物医药聚集区双峰地块配套道路、杨家桥修缮、王氏宗祠修缮等教育、民生、文化工程按期竣工交付。做优文化旅游。开发亲子游、研学游、“微旅游”、航空游等特色路线。心湖妙趣集、啤酒音乐节等“微旅游”活动点亮“夜经济”。“泡泡岛音乐节”火爆中秋国庆双节，带动心湖、圌山接待游客近50万人次，心湖景区获评省级夜间文化和旅游消费集聚区建设单位。

（瀚瑞控股公司）

【市总工会调研瀚瑞控股工会工作并为五星级“工会好食堂”授牌】 2023年3月14日，镇江市总工会党组成员、副主席李学雄一行到瀚瑞控股调研指导工会工作，并为瀚瑞控股五星级“工会好食堂”授牌。镇江经开区总工会主席张静明，瀚瑞控股党委副书记、总经理顾珣，党委委员、副总经理、工会主席吴敏陪同调研。

（瀚瑞控股公司）

创新发展

【首单日元境外债在澳门金交所成功上市】 2023年8月28日，江苏瀚瑞投资控股有限公司167.2亿日元境外债在澳门金交所成功上市。此次债券发行，创中资地方国企日元债历史最大规模、城商行担保历史最低票面等多项记录。对地方国企与国际资本接轨、探索境外创新融资渠道、融通境外低成本资金起到了重要的示范性作用。

（瀚瑞控股公司）

【上市公司成功收购新纳环保】 2023年10月，江苏大港股份有限公司以自有资金1.51515亿元成功收购镇江新纳环保材料有限公司77.70%的股权，其主营业务为有机溶剂N－甲基吡咯烷酮（NMP）的回收利用。大港股份以本次并购为突破口，做强做实环保资源主业，配套孵化资源综合利用的相关项目，逐步壮大资源环保产业规模，促进产业协同，充分发挥上市公司投融资优势，提升核心竞争力。

（江苏大港股份有限公司）

【全市首笔数字人民币业务落地】 2023年7月3日，瀚瑞金控小微金融板块以数字人民币形式为中小微企业江苏巴马型钢有限公司发放“小微贷”50万元。这是全市落地的首笔数字人民币“小微贷”业务，实现了数字人民币推广运用新的突破。在数字人民币快速发展的背景下，瀚瑞金控小微金融板块先行先试，首次将数字人民币与“小微贷”相结合，为中小微企业提供更加便捷高效的金融服务。

（瀚瑞控股公司）

图15－3 2023年8月28日，江苏瀚瑞投资控股有限公司167.2亿日元境外债在澳门金交所成功上市

（新闻中心 供稿）

【江苏金港租赁公司获主体信用等级AA评级】 2023年5月，经东方金诚国际信用评估有限公司评定，江苏瀚瑞金港融资租赁有限公司（瀚瑞控股二级子公司）主体信用等级获评AA级，为镇江市首家且唯一获此信用评级的融资租赁公司，是全省融资租赁行业第五家获得AA及以上信用评级认定的企业。

（瀚瑞控股公司）

【瀚瑞金控新区担保公司上榜“省三十佳”】 2023年10月31日，“江苏省2022年度融资担保机构三十佳”名单出炉，瀚瑞金控旗下新区担保公司位列其中。新区担保公司自成立以来，履行“政策的传导者、风险的管控者、创新的实践者、企业的赋能者、价值的创造者”核心职能，不断提升服务能力和服务水平，累计为1270户中小微企业提供融资担保服务328亿元，有效帮扶经开区内小微企业缓解融资难、融资贵问题。2023年，累计为352户中小微企业提供融资担保服务47.8亿元，年末在保客户322户、余额42.2亿元，通过“送政策上门”、减费让利等务实举措，切实帮扶企业纾难解困，为实体经济发展贡献力量。

（瀚瑞控股公司）

【上海旻艾获评专精特新企业】 2023年3月，上海旻艾半导体有限公司（瀚瑞控股二级子公司）荣获上海临港新片区2022年度第二批次“专精特新企业”称号。该公司主要提供集成电路中上游产业链中的晶圆测试、芯片测试、工程技术开发等，为客户提供一站式、全过程、高质量管理支持。

（江苏大港股份有限公司）

【心湖微度假文旅生活圈入选第三批省级夜间文化和旅游消费集聚区建设单位名单】 2023年5月，江苏省文化和旅游厅正式公布第三批省级夜间文化和旅游消费集聚区建设单位名单，共30家单位入选。其中，镇江新区心湖微度假文旅生活圈榜上有名。心湖微度假文旅生活圈地处长三角腹地、镇江新区中心地段，依托国家AAA级旅游景区、省级水利风景区心湖的地域空间建设，以“宜”文化等特色地域文化及国家级经开区创新创业营商文化为核心，围绕“心湖之夜”IP设计与打造。集聚区文旅资源丰富，高效联动区域内外非遗传承、体艺培训、文化创意、特色餐饮、科技展示等产业，举办文旅活动30余场，吸引市民游客超150万人次。

（江苏瀚瑞资产经营有限公司）

项目建设

【镇江东南片区供热管网正式启用】 2023年8月，全长35千米的镇江东南片区供热管网正式启用，投产后年供热量约116万吨，每年可节约标准煤约4.26万吨、减少二氧化碳排放约14万吨。项目启用彻底改变了镇江经开区东部无集中供热的历史，将有力保障生物医药、新能源、新材料重点企业清洁低碳的用气需求，对全市调轻、调优能源结构具有重大意义。

（镇江新区城市建设投资有限公司）

【镇江市首个刚性危废填埋处置项目顺利竣工】 2023年10月，镇江经开区危险废物安全填埋处置二期工程顺利竣工验收，该项目是镇江市首个刚性危废填埋处置项目，占地39亩，设计库容10万立方米，主体库区建设414个单元池，单元池容积为243立方米。配套有废水收集系统、废气处理系统、检测检验及危废仓储等设施。

图15－4　镇江市首个刚性危废填埋处置项目顺利竣工

（瀚瑞控股公司　供稿）

（江苏大港股份有限公司）

【魔方公寓瀚瑞港南路店开业】 2023年10月，魔方公寓瀚瑞港南路店正式开业。公寓定位为“教育”主题式公寓，提供房源1152套，包含一室一厅、两室一厅、三室一厅3种户型，充分满足多种居住场景需求。推进高品质人才公寓和人才社区建设，打造人才“暖心站”，营造镇江经开区人才创新创业更优生态。

（江苏瀚瑞资产经营有限公司）

【崇贤里王氏宗祠修缮完工】 2023年7月，由镇江新区宣传统战部委托、江苏瑞城房地产开发有限公司（瀚瑞控股二级子公司）负责的省级文保单位崇贤里王氏宗祠修缮项目顺利完工。崇贤里王氏宗祠是第八批江苏省文物保护单位，位于镇江经开区大路镇，是镇江地区规格较高的祠堂之一，是长江下游江南地区传统家族精神的传承与乡土情结的寄托。

（镇江新区城市建设投资有限公司）

【铁路道口红十字“博爱驿站”揭牌】 2023年8月，镇江市红十字会在丁卯晋元大道铁路道口举行红十字“博爱驿站”揭牌暨AED（除颤仪）捐赠仪式，这是镇江市首家铁路道口红十字博爱驿站。晋元大道铁路道口作为展示镇江铁路两百年发展史、铁路普法宣传、铁路安全宣传、道口标准化作业示范阵地，被评为全省首个路地共建道口标准化示范基地。 （镇江新区公用建设发展有限公司）

图15－5 铁路道口红十字“博爱驿站”揭牌

（瀚瑞控股公司 供稿）

【镇江大路通用机场】 2023年2月22日傍晚，镇江大路通用机场组织开展夜航飞行训练。这是大路机场2022年11月取得夜航资质以来的首次飞行夜航。夜航飞行任务由润扬通航大棕熊－100飞机执行。经过3个小时的飞行训练，首次夜航取得圆满成功，标志着大路通用机场初步具备全天候飞行保障能力。

3月25日，江苏省综合交通运输学会在南京召开第二次会员代表大会，镇江大路通用机场管理有限公司荣获“优秀会员单位”称号，成为全省唯一获得该项荣誉的通用机场。

6月9日，镇江大路水上机场项目水域部分交工验收会召开，标志着长江上首个水上机场水域部分完成建设，这既是全国首个全流程审批的水上机场，也是长江流域首个水上机场、华东地区首个水陆两用大型通用机场。

6月19日，大路飞行服务站通过民航局符合性验收，7月正式验收。该项目总投资829.29万元，是江苏省首个布局规划的A类飞行服务站，为镇江等沿江八市提供一类通用航空飞行服务，已与民航江苏空管分局相关部门协同对接签订管制、技术保障、网络安全协议，完善工作手册，制定运行标准，优化工作流程，做好信息系统联网和数据引接工作。

8月24日，国家发改委基础司副司长卓毓淼一行到大路通用机场调研机场及飞行服务站建设情况。11月9日，民航华东管理局局长万向东、民航江苏监管局副局长顾青一行调研镇江大路通用机场。

（江苏瀚瑞资产经营有限公司）

合作交流

【瀚瑞控股集团与省交控人才集团战略合作签约】 2023 年 9 月 11 日，瀚瑞控股集团与省交控人才集团举行战略合作签约仪式。省交控人才集团党总支书记、董事长庄成，瀚瑞控股党委书记、董事长王茂和共同进行战略合作单位揭牌仪式。双方将以此次战略合作为新起点，在更宽领域、更高层次上共谋发展、共兴人才，携手共创互惠双赢的美好未来。省交控职业技能鉴定中心主任、省交控人才集团总经理施玲，瀚瑞控股党委副书记、总经理顾珣签订战略合作协议。双方将紧紧抓住当前重要战略机遇期，充分发挥各自优势，努力提高国有企业的竞争能力和市场优势，在人才服务、专业培训等方面展开多元化合作。省交控职业技能鉴定中心主任、总经理施玲，瀚瑞资产党委委员、副总经理陈磊进行教育培训基地授牌仪式。双方将围绕人才建设大方向，完善人才培养配套服务，提供优质的住宿、会议、餐饮等特色服务，发展健康咨询、体检、医疗等延伸业态。镇江新区党工委委员、组织部部长邱乔森出席仪式。

（瀚瑞控股公司）

【校企合作深化】 2023 年 5 月，中南财经政法大学一行到瀚瑞控股考察交流，商谈校企合作模式，探索人才培养思路。瀚瑞控股与中南财经政法大学财政税务学院开展合作签约并进行教学实习基地授牌仪式，将在产学研领域、项目拓展、人才引进等方面进行合作。（瀚瑞控股公司）

功能区建设

中国镇江综合保税区

【概况】 2023 年，中国镇江综合保税区（简称镇江综保区）不断加强党的引领，推动经济发展，加强项目招引，保障安全生产，园区开放水平不断提升。全年实现税务部门税收 8370.3 万元；一般公共预算税收收入 3861 万元，比上年增长 63.7%；实现规模以上工业产值 17.9 亿元，比上年增长 30.6%；固定资产投资 4.9 亿元，其中制造业投资完成 2.5 亿元，比上年增长 416.9%；全年进出口总值 47.9 亿元，其中进口 11.7 亿元，出口 36.2 亿元，进出口总值比上年下降 51.7%。

（葛凌云）

【项目招引】 2023 年，镇江综保区实现招引项目 4 个。分别是总投资 10.2 亿元的众钠年产 5 万吨硫酸铁钠钠离子电池正极材料项目、总投资 1.05 亿元的南锦新能源热管理材料项目、总投资 5000 万元的远信二期扩产项目和总投资 5000 万元的康帕斯年产 100 万平方米高性能预浸料材料项目。其中远信二期扩产项目实现当年签约、当年开工、当年投产。康帕斯年产 100 万平方米高性能预浸料材料项目实现当年签约、当年开工、当年建成。

（葛凌云）

【安全生产】 2023 年，镇江综保区常态化落实安全生产两个责任体系和“三包干一统筹”机制，扎实推动末端治理工作，制定完善园区党政领导干部安全生产“职责清单”和年度“工作清单”，压紧压实安全生产工作责任。深化一般工业企业安全专项治理，对 11 家重点企业开展《安全风险点管控责任手册》的审计工作，对存在较大以上风险点的企业实施“二维码”管理，提升企业隐患排查治理能力。深化建设工程分级分类监管，制定镇江综合保税区小型工程管控工作方案，落实对各类小型工程、专业工程监管责任，规范小型工程监管流程，消除监管盲区。

（葛凌云）

【市政协到镇江综保区调研外贸新业态工作】
2023 年 2 月 21 日，市政协副主席杜秀芹率调研组一行到镇江综保区调研外贸新业态工作。调研中，杜秀芹实地参观综保区跨境电商监管中心和分类监管仓库，详细了解监管中心的建设情况，并听取项目负责人的介绍。参观结束后，杜秀芹听取镇江经开区经济发展局和镇江综合保税区管理局有关新业态发展情况的汇报。经开区管委会副主任潘大春等陪同参观调研。

（葛凌云）

【服务效能提升】 2023年，综保区深入贯彻基层减负工作，为企业降低成本，助力区内企业"轻装上阵"，真抓实干出硬招，提升为企服务能力。

惠企政策进企业。通过召开政策宣讲会、入企宣传等形式，对减免税收、人才补贴、降融资成本、研发费用加计扣除等多项利企政策进行深入宣传解读，帮助企业读懂、弄通惠企政策，指导企业开展申报。

提升通关效能。建成镇江综合保税区企业服务平台，改变原有对大宗商品一车一票申报进出区的监管模式，实现申报、车卡关联、到货确认的全程自动化，最大限度降低申报差错率。平台已设立8个加工账册和18个物流账册，核注清单和核放单申报45000余件。采取与镇江港联动模式，在综合保税区内设立装箱点，锂电池货物装箱后再经镇江港采取支线转干线模式发往境外。解决镇江港不具备锂电池本地出口的资质、孚能等企业的锂电池出口必须通过其他地区港口从而严重增加企业成本的问题。

提升办事能力。将基层减负与"我为群众办实事"和主题教育实践结合起来，党员干部挂钩联系企业，深入基层企业开展走访调研活动，了解企业难题和需求，联合相关部门解决企业难题。通过走访调研解决企业运营难题250余件，涉及政务服务、资金申报、报关通报等各个方面，增强了企业降本减负获得感。

（葛凌云）

图16－1 2023年2月21日，市政协副主席杜秀芹（前右二）率调研组一行到镇江综合保税区调研外贸新业态工作

（镇江综合保税区 供稿）

【众钠年产5万吨硫酸铁钠钠离子电池正极材料项目落户】 2023年6月初，众钠年产5万吨硫酸铁钠钠离子电池正极材料项目落户镇江综合保税区。该项目由江苏众钠能源科技有限公司投资建设，总投资10.2亿元，分两期实施。一期总投资2.5亿元，项目租用综保区十号厂房，建设1.5万吨正极材料生产线；二期拟投资7.7亿元，利用载体周边存量用地（约60亩）及新增20亩地块新建厂房。项目预计达产后实现销售收入不低于13.5亿元。

（葛凌云）

【江苏南锦电子材料有限公司】 江苏南锦电子材料有限公司位于镇江综保区一号路东北侧，成立于2019年，总投资1.5亿元，注册资本3000万元，厂房面积2.1万平方米，员工300名。公司是一家专注智能显示用光学材料及精密结构功能器件的研究、开发、生产及销售的高新技术企业。先后通过"ISO 9001质量管理体系认证""环境管理体系认证""医疗器械质量管理体系认证""汽车行业质量管理体系认证"并成功注册自己的专用商标，累计拥有国家专利 60 多项。公司长期与三星、LG、华为、索尼、夏普、海信等知名品牌合作，分别在中国镇江、青岛、香港，以及美国、韩国、越南、墨西哥等设有生产基地和研发中心。2021 年获得国家“高新技术企业”认证，2023 年成功认定省级专精特新“小巨人”企业。2023 年江苏南锦电子材料有限公司实现产值 2.98 亿元，税收 1500.61 万元。　（葛凌云）

【镇江中远海运物流有限公司】　镇江中远海运物流有限公司是中国远洋运输集团所属中远物流的全资子企业，是镇江口岸开放后首家国际船舶代理企业。2023 年，镇江中远海运物流积极响应制造强市镇江行动，充分发挥集团航运、港口和物流优势，聚焦运营管理的镇江综合保税区内“五高”标准建造的海仓仓储基地，打造以精益化管理为核心的全程仓干配物流产品、期现结合业务平台产品、国内仓和海外仓联动的端到端国际全程物流供应链服务产品等，聚势提升制造业产业链供应链韧性和安全水平，聚力为推进镇江现代化建设贡献更多中远海运力量。2023 年实现净额收入比上年增长 27%，利润总额比上年增长 16.7%，超额完成上级公司下达的年度生产经营目标，获得镇江经济技术开发区五一劳动奖状。　（葛凌云）

镇江经济技术开发区新材料产业园

【概况】　2023 年，镇江经济技术开发区新材料产业园（简称经开区新材料产业园）始终将安全生产摆在最为重要突出位置，坚持“安全第一、生态优先、集群集约、特色发展”理念，建强安全生产平安园区、转型升级特色园区、低碳清洁绿色园区、集成高效智慧园区和党建共建亲清园区。2023 年完成工业应税销售额 411 亿元，税收 11.63 亿元，一般公共预算收入 6.48 亿元，固定资产投资 22.21 亿元，完成亿元以上产业类项目新审批 6 个、新开工 6 个、新竣工 4 个。全年通过高新技术企业认定 13 家，通过率达 92.8%；培育科技型中小企业 22 家。组织申报国家级人才 7 人；入选省“双创计划”1 人；入选市“金山英才”1 人；入选市第六期“169 工程”培养对象增选 3 人，其中学术带头人 1 人、学术新秀 2 人；入选江苏省科技副总 4 人。新认定国家级绿色工厂 1 家、省级 2 家、市级 4 家。新认定省工程研究中心 1 家；新增市工程技术研究中心 6 家；新增市级企业技术中心4 家；新增国家级专精特新“小巨人”企业1 家，省级专精特新中小企业 7 家。

2023 年 5 月 25 日，新区新材料产业园通过江苏省化工园区认定复核，列入江苏省人民政府公布《江苏省化工园区认定复核通过名单（第一批）》。10 月 17 日，中国石油和化学工业联合会化工园区工作委员会发布 2023 化工园区高质量发展综合评价结果，镇江新区新材料产业园成功入选全国化工园区高质量发展综合评价“中国化工园区

图 16－2　2023 年 10 月，镇江新区新材料产业园获评中石化联合会 2023 高质量发展化工园区　（新材料产业园　供稿）

30强”,连续6年跻身全国化工园区第一方阵。12月4日,成功创建节水型工业园区,获得“江苏省节水型工业园区”称号,成为镇江首家省级节水型工业园区。

(新材料管办)

【安全生产】 2023年,经开区新材料产业园以主题教育为引领,以高质量党建机制推动企业本质安全持续提升。开展“党管安全末梢疏通”工程,充分发挥园区党委30家“两新”党组织、45个党支部、600余名党员的“安全吹哨”作用;全年园区一线网格员走访服务企业600余家次,收集企业诉求并帮办180余项,化解粮山路卡口道路坑洼影响行车安全、新宇固废物流门前车辆乱停影响企业安全生产等风险隐患和企业“急难愁盼”问题,处理12345热线投诉290余项;企业生产一线通过手持安全报警仪和安全软件排查处理末梢风险隐患6700余条,将党员先锋带动作用延伸至园区企业安全与发展一线。

全年完成45家化工企业、22家重点工贸企业和2家加油站《安全风险岗位责任手册》审计工作,排查出风险点37848个,其中,较大以上风险点1626个,一般风险点8780个,低风险点27442个。督促企业根据审计结果完善手册编制;全年智慧园区集成管理在线平台处理各类安全环保报警5500条,发挥安全环保监测预警作用。

(新材料管办)

【环境保护】 2023年,经开区新材料产业园开展重点行业VOCs综合整治、污染源自动监测设施专项检查、环保手续专项检查、突发环境事件隐患专项排查、雨水排放专项检查等5个专项行动;完成“无废园区”建设方案编制、园区地下水环境状况详细调查报告编制并通过专家评审。园区三级防控体系各应急防控设施及时运转,有效拦截受污染水体,其有效性和可靠性得到充分验证。

(新材料管办)

【“春风暖企,芳华助企”政银企沙龙活动举行】 2023年3月7日,经开区新材料产业园党委联合经开区女企业家协会、中信银行、瑞康医院、江苏路韬律师事务所,开展“春风暖企,芳华助企”政银企沙龙活动,中信银行镇江支行负责人,以及园区奇美化工、赢创新安等16家重点企业的女性高管、HR负责人参加活动。中信银行、瑞康医院、江苏路韬律师事务所专家分别就理财投资规划、美容养生日常护理及劳动法律仲裁等专业知识进行讲解。彤程新材、光大环境、赢创新安等企业人事经理与专家共同交流探讨劳务用工中的常见问题。政银企沙龙活动立足于园区特有的党建引领责任关怀和红色安全文化建设,以政银企共建活动为契机,搭建政银企面对面、心贴心交流的红色平台,为园区企业提供亲清关怀与助力。

(新材料管办)

图16-3 2023年3月7日,新材料产业园举办“春风暖企,芳华助企”政银企沙龙活动 (新材料管办 供稿)

【江苏常青树新材料科技有限公司上市】 2023年4月10日，江苏常青树新材料科技有限公司成功登陆上交所（股票名称常青科技，股票代码603125），成为主板注册制全国首批上市企业之一。市委常委、副市长周凯，市政协副主席、经开区党工委书记路月中，经开区党工委副书记朱晓阳，党工委委员张荣海出席上市仪式。常青科技成立于2010年6月，是国内高分子新材料特种单体和专用助剂领域优质企业，主要从事二乙烯基苯、亚磷酸三苯酯、石油添加剂等化工产品的研发、生产和销售。募投项目投产后，常青科技将新增对甲基苯乙烯、二异丙烯基苯等特种单体产能6.05万吨及亚磷酸酯PL－30年产能3万吨。

（新材料管办）

【年产1026.5吨半导体光电新材料项目投产】 2023年5月21日，经过2年时间建设、总投资3.65亿元的镇江普耀新材料有限公司年产1026.5吨半导体光电新材料项目正式投产。公司生产的电子级对羟基苯甲腈是液晶高分子及LCP生产工艺中所必需的电子级原料，目前电子级产品国内主要依赖进口，相关产品为上海沃特等国内液晶及LCP客户群提供了高品质配套。（新材料管办）

【镇江新区2023年“圌山杯”化学检验员职业技能竞赛举办】 2023年5月27日，镇江新区2023年“圌山杯”化学检验员职业技能竞赛在镇江奇美化工有限公司举办，来自全区15家企业的95名选手参赛。竞赛理论、实操成绩双合格的选手均将获得江苏省镇江技师学院颁发的化学检验员高级工职业技能等级证书，奇美化工的陈丽霞获得竞赛一等奖。新区党工委委员、组织部部长邱乔森出席活动。（新材料管办）

【“慧安行动”暨全国第七个科技工作者日活动启动】 2023年5月31日，由镇江市科协、市应急管理局、经开区管委会等主办，新材料管办、经开区科协等承办的“慧安行动”启动仪式暨第七个全国科技工作者日活动在新材料产业园成功举办，经开区党工委委员、管委会副主任陆建林参加活动。“慧安行动”是市科协着眼安全生产领域改革发展，集聚省市科协和学会的专家人才资源，着力提升本质安全水平的创新行动。市科协、经开区相关负责人共同为“慧安行动示范基地”揭牌，进一步搭建科技工作者与企业交流平台，更好发挥科技人才交流作用，将科技成果转化为园区优势，服务企业安全高质量发展。活动邀请2位国内知名专家面向企业就《化工过程安全管理导则》（AQ/T 3034—2022）和《危险化学品企业特殊作业安全规范》（GB 30871—2022）进行授课，帮助企业解决难题。园区55家化工及重点工贸企业安全总监、科技工作人员80余人参与活动。（新材料管办）

【“绿色化工园区千里行”系列活动】 2023年6月5日，中国石油和化学工业联合会化工园区工作委员会举办的“绿色化工园区环保千里行”系列活动在经开区新材料产业园正式启动，经开区党工委委员、管委会副主任陆建林参加活动并致辞。中国石油和化学工业联合会化工园区工作委员会携手业内环保专家，组成服务小组，深入园区企业，通过法规宣贯、政策解读、以案释法、专项诊断等方式，变被动为主动，助力基础设施、环保管理基础工作、环保监管措施更加完善，持续推进国内化工园区的环境生态保护高质量发展。“绿色化工园区千里行”系列活动第一期，于2023年6月5日正式启动，至2023年12月31日截止，活动以经开区新材料产业园为起点，走进5家化工园区，重点关注“五大石化产业集群”的园区绿色建设工作。

（新材料管办）

【“党管安全　末梢疏通”推进会召开】 2023年6月30日，经开区新材料产业园党委召开“党管安全　末梢疏通”工作推进会，园区

30余家非非公企业党组织负责人和企业党务工作者参加会议。会议围绕“党管安全 末梢疏通”重点工作任务作动员部署，园区党委书记谢恒福以“人人讲安全、个个会应急”为主题进行党课宣讲，江南化工、科莱恩等3家企业作党管安全经验交流发言；中信银行和安全专家分别为企业作规范党费缴纳和安全风险隐患双预防机制等工作培训。新材料园区党委就“党管安全末梢疏通”工程作动员和详细部署，要求园区各基层党组织积极探索创新“党建引领+安全生产”化工园区基层党建工作模式。（新材料管办）

图16-4 2023年6月30日，“党管安全 末梢疏通”工作推进会召开 （新材料管办 供稿）

【镇江奇美化工有限公司】 镇江奇美化工有限公司成立于1996年3月，是台湾奇美集团在大陆投资创办的首个且规模最大的硬胶生产基地。公司地处镇江经济技术开发区东北片，注册资本3.9亿美元，投资总额8.5亿美元，占地1924亩，有员工1250人。公司历经28年的不断耕耘及产业拓展，客户群主要为汽摩家电、玩具、日用品行业的龙头企业，经营产品分四大类：工程塑料、橡胶材料、光学板和光阻液，各类产品总年产能达157万吨，主要生产销售PS、AS、ABS、PMMA、橡胶板材等塑胶产品，广泛应用于5G、医疗、交通、家居、运动等领域，与国内外知名行业（华为、海尔、海信、美的、格力、鱼跃等）建立了长期稳定的合作关系。目前，公司已发展壮大成为业界内的领军企业，2022年，奇美在中国大陆的ABS市场占有率从14%增长到20%，成为全球ABS供应链最大供应商。2023年，公司积极响应国家“一带一路”倡议，实现全年出口外销销量翻番；近四年来累计纳税总额超40亿元，为镇江地方经济发展作出卓越贡献；公司先后获全国五一劳动奖状，获评江苏省优秀企业、江苏省百强企业、江苏省绿色发展领军企业、江苏省优秀劳动关系和谐企业、江苏省健康企业、江苏省“慈善之星”，连续三届荣获江苏省“紫峰奖”纳税贡献领军企业奖，连续四年荣获镇江市制造业“金山奖”、镇江市市长质量奖等多个省市荣誉。2023年，公司应税销售124.6亿元。

（镇江奇美化工有限公司）

【镇江联成化学公司】 镇江联成化学公司是台湾联华神通集团旗下联成化学科技股份公司在大陆投资设立的子公司。公司成立于2002年11月，位于新区新材料产业园内，投资总额2亿美元，占地460亩，在职员工260人。镇江联成生产聚氯乙烯增塑剂（24万吨/年）、苯酐（12万吨/年）、聚酯树脂、特殊增塑剂等核心产品，应用于医疗器材、手套、电线电缆、地板及人造革等行业，为石化产业链不可或缺的一环。国内市场占有率30%，工艺技术、产品质量均达到国际先进水平。2023年，企业应税销售32.82亿元。

（镇江联成化学公司）

【镇江江南化工有限公司】 镇江江南化工有限公司成立于1979年，注册资本6.5亿元，注册地位于镇江经开区新材料产业园内，为浙江新安化工集团股份有限公司全资子公司。主要产品年生产能力：草甘膦化学除草剂5万吨、有机硅单体30万吨、三氯氢硅2.5万吨、气相法白炭黑4000吨，其生产能力和技术水平位于同行前列。其中“银河”牌草甘膦产品连续多年获“江苏省名牌产品”称号。

公司为江苏省高新技术企业。在企业发展中，公司始终倡导清洁生产、循环经济理念，围绕资源综合利用，走出了一条以草甘膦、有机硅为核心，以氯资源、磷资源、硅资源循环为产业特色的绿色化工之路，“‘有机磷—有机硅’协同生产中氯硅磷高效综合利用技术开发”项目荣获中国石化工业联合会科技进步一等奖，公司先后获得“镇江市清洁生产示范企业”“江苏省循环经济试点企业”“江苏省清洁生产先进企业”等荣誉称号。2023年，企业应税销售27.39亿元。

（镇江江南化工有限公司）

【索尔维（镇江）化学品有限公司】 索尔维（镇江）化学品有限公司成立于2005年11月，是比利时Syensqo集团和索尔维集团的合资子公司，注册资金13.2亿元人民币，占地475亩，员工293人。公司产品主要应用于香料、食品、农用化学、制药、石油化工等行业，是全球最大的一体化香兰素生产商，也是全球名列前茅的苯二酚制造商。主要客户包括雀巢、费列罗、巴斯夫、LG、阿科玛、芬美意等公司。消费及工业专用化学品制剂服务的主要客户包括宝清、联合利华、欧莱雅、资生堂、立邦、嘉宝莉、三棵树等公司。过氧化氢服务的主客户包括瓦克化学、科莱恩化工、金光纸业等公司。超高纯电子级双氧水主要应用于先进集成电路制造工艺中硅品圆清洗步骤，最高等级产品完全满足10nm芯片清洗工艺需求。公司先后获评“全国石油和化学工业环境保护先进单位”、镇江市“工人先锋号”、“国家级绿色工厂”、镇江新区“高质量发展模范企业”、镇江市“金山奖”先进制造业企业、镇江市安全生产先进企业、镇江新区财税贡献十强企业等。2023年，企业应税销售21.6亿元。

［索尔维（镇江）化学品有限公司］

【江苏索普新材料科技有限公司】 江苏索普新材料科技有限公司是索普集团控股的江苏索普化工股份有限公司的全资子公司，组建于2015年，位于镇江经开区新材料产业园，占地面积850亩，注册资本10亿元，企业性质为国有法人独资企业。公司拥有主要装置包括60万吨/年硫酸及下游，20万吨/年离子膜烧碱，1.3万吨/年多元醇，3万吨/年二氯苯，5.5万吨/年空分，5万吨/年氯乙酸。通过质量、环境、职业健康安全三大管理体系认证和清洁生产审核，为安全生产标准化二级企业。近年成功认定国家高新技术企业、省级绿色工厂、市级绿色工厂、省级智能制造示范车间、省级智能制造示范工厂等。2023年，企业应税销售11.28亿元。

（江苏索普新材料科技有限公司）

【优利德（江苏）化工有限公司】 2002年，韩国优利德在江苏镇江新区投资创立优利德（江苏）化工有限公司，公司占地面积150亩，正式员工172人，已全部实现自动化生产及产品包装，2020年公司引进新概念工厂理念，注册资本为7250万美元。优利德（江苏）化工有限公司自2003年10月一次投料试车成功以来，经过多次扩建，现形成年产碳酸钾8万吨、氢氧化钾11.9万吨（含电子级氢氧化钾1万吨）、液氯8.194万吨、盐酸21.2万吨、次氯酸钠3.65万吨、氢气0.183万吨、稀硫酸0.28万吨的生产规模。公司主产品氢氧化钾和碳酸钾主要用于医药、农药、化妆品、电池、陶瓷、光学玻璃、食品添加剂等众多化工领域。公司的客户遍布全国各地，主产品氢氧化钾和碳酸钾在全国市场占比40%左右，全国市场占比第一，总公司领军全球钾系列化工行业。

公司 2015 年通过江苏省安全标准化二级审查，2017 年获得由江苏省安监局颁发的“江苏省安全文化建设示范企业”称号，2018 年获得“镇江新区 2018 年度安全生产先进单位”称号，2020 年获得镇江市颁发的“金山奖”。2023 年，公司应税销售 15.3 亿元。

［优利德（江苏）化工有限公司］

【江苏聚由新材料科技有限公司】 江苏聚由新材料科技有限公司（原江苏超跃化学有限公司）成立于 2010 年 7 月，主工厂坐落于镇江经济技术开发区新材料产业园内，主要从事研究、生产、销售氯代芳烃及其下游衍生物系列产品，为高新技术企业，经过多年的技术研究与生产经验积累拥有芳烃氯化、异构体分离等核心技术，形成了以甲苯、二甲苯等芳烃为原料的氯代芳烃及其下游衍生物系列产品产业链。公司产品用途广泛，主要用于生产环境友好的对氯三氟甲苯溶剂，作为新型高效含氟医药、农药、染料中间体，也可用于生产高端功能性高分子材料及含氟液晶材料等。

公司是省级工程技术研究中心及“对氯甲苯、邻氯甲苯”的国家标准制定企业，在专利和高新技术保护期内，凭借雄厚的技术实力居于市场主导地位。公司注重科技与生产相结合，建立内部创新激励机制，打造坚实技术创新高地，现拥有发明专利 30 余项。2023 年，企业应税销售 8.8 亿元。

（江苏聚由新材料科技有限公司）

【镇江南帝化工有限公司】 镇江南帝化工有限公司是由台湾南帝化学工业股份有限公司投资设立于江苏镇江市的台商独资企业，占地面积 200 亩，投资总额 1.17 亿美元，注册资本 6760 万美元，员工人数约 230 人。公司主要生产加工以苯乙烯、丁二烯、丙烯腈为原料的胶黏剂产品：丁腈橡胶、丁腈胶乳、丁苯胶乳。公司 2003 年 9 月建成投产，现年生产规模为丁腈橡胶 4 万吨、丁腈胶乳 6 万吨。镇江南帝和台湾南帝的丁腈胶乳合计设计年产能 28 万吨，全球排名第三，主要用于医疗用手套、工业用手套、摩擦材料等领域。丁腈橡胶合计设计年产能 7 万吨，全球排名第四。主要用于汽车零配件、工业用机械零配件等领域。公司一直高度重视安全、环保、品质及创新工作，自投产以来持续投入大量安全环保资金，并且一直保持良好的安环绩效。2017 年 6 月，公司完成 RTO 工程建设并投入使用，改善废气处理问题。公司 2019 年、2021 年两次获得镇江市“金山奖”，2019 年获评镇江新区高质量发展模范企业，2020 年、2021 年连续获评镇江新区财税贡献十强企业、危险化学品治安防范省级示范单位、镇江新区安全生产先进单位等。2023 年，企业应税销售 8.69 亿元。

（镇江南帝化工有限公司）

【江苏万隆化学有限公司】 江苏万隆化学有限公司成立于 2007 年 3 月，是由香港中汇国际集团有限公司在江苏镇江投资设立的港资企业。公司坐落于镇江市新区（大港）国际化工园区粮山路 8 号，是一家以生产、研发、销售医药、农药中间体为主的高新技术企业，拥有一批技术、管理人才和训练有素的员工队伍，具备完善的销售网络、营销队伍和客户系统。公司占地 120 亩，拥有先进的生产设备、设施，以及现代化的分析、试验仪器设施。公司贯彻“整合资源、追求卓越、唇齿相依、合作共赢”的市场经营理念，秉承“不断超越、开拓创新、与时俱进、追求效率”的企业精神，视产品创新、优质高效及完善服务为企业的生命，树立“主业卓著、多元发展、科技领先、走向世界”的发展目标，立足国内，放眼世界，实现企业的进步发展。公司努力通过各类专业规范化的管理体系，研制出更多高新技术产品，为国内外众多医药、农药、印染等企业提供更多、更优质的服务。2023 年，企业应税销售 4.32 亿元。

（江苏万隆化学有限公司）

【托尔专用化学品(镇江)有限公司】 托尔集团创立于1959年,总部位于英国马加特市,是世界著名的特殊化学品供应商,在五大洲设有14个分公司和技术服务机构。托尔专用化学品(镇江)有限公司成立于2012年10月,公司占地面积77亩,注册资本金达5000万美元,专业从事各类杀菌剂、阻燃剂、个人护理产品、季铵盐类复合物的研发和生产销售。公司一期项目于2015年5月26日竣工达产,形成年产杀菌剂1.45万吨、织物阻燃剂1700吨、季铵盐类化合物8500吨的能力。二期年产2.2万吨杀菌剂技改项目试生产,项目建成后,将形成年产新型防腐剂2000吨、混配杀菌剂2万吨的生产能力。2023年,企业应税销售4.13亿元。

[托尔专用化学品(镇江)有限公司]

镇江经济技术开发区航天航空产业园

【概况】 2023年,镇江经济技术开发区航天航空产业园管理办公室(简称航空园管办)全力抓牢党建,以深入开展"链上党建赋能产业高质量发展"书记项目为契机,依托现有航空航天产业集群,以党建引领赋能产业发展,聚焦组织建设、服务保障、人才引育等方面,实现产业链企业抱团发展、资源共享、互促共赢。全面规范链上党组织阵地建设,推动产业链党建水平显著提升,驱动产业高质量发展。

全力抓好发展指标,全年新签约亿元以上项目6个,完成亿元以上项目新审批5个、新开工4个、新竣工5个。完成一般公共预算收入10061万元,完成全年目标任务的167.7%;完成固定资产投资21.4亿元;完成规模以上工业产值31.5亿元。累计申报国家级人才6人,省级人才2人,市级人才1人;申报高新技术企业14家,科技型中小企业16家。完成发明专利授权50个,专利质押8500万元。

全力抓细为企服务,全年处理各类工单221条,帮助企业解决矛盾纠纷、安全环保、人才扶持等各类问题98件,解决上级集成中心巡察发现问题75件,处理各类投诉和咨询33起。

全力抓实生产安全,园区扎实推进突出风险隐患排查治理行动、基层应急管理末端治理建设、《安全风险点管控责任手册》审计工作,全面落实"三包干一统筹"("三包干"指的是针对特殊时段,属地、主管部门对重点企业、重点行业、重点场所采取"包干制";"一统筹"指应急救援时要统筹专家、特种设备、专业队伍等资源力量)制度,组织对重点领域的包干企业进行检查,发现隐患问题125条,均在规定时限内完成整改。对39家企业和6个建筑工地开展检查,排查并整改突出风险隐患315条。

2023年,园区管办航发优材高温合金技术中心二期项目招引团队、联博生产20万吨新能源汽车电驱动核心零部件智能制造项目推进团队荣获镇江市重大产业项目招引推进奖。

(航空园管办)

【C919配套任务】 至2023年年底,园区有C919大飞机协作配套供应商企业3家,提供C919总装所需的约10%的零部件、50%的复合材料结构件和90%的客货舱内饰件:菲舍尔航空部件(镇江)有限公司为C919一类供应商,主要承担内饰系统和翼梢小翼、扰流板等结构件产品的研制工作;航天海鹰(镇江)特种材料有限公司为C919一级供应商,主要承担C919后机身后段、副翼2个工作包以及后机身前段、垂尾长桁的复合材料生产研制任务;江苏美龙航空部件有限公司为中国商飞一级二类供应商,主要承担C919大飞机主货舱内饰整体工作包、部分客舱内饰内设产品、ARJ21飞机内饰内设产品、9G阻拦墙工作包。

(航空园管办)

【CTLSi 投入运营】 2023 年 2 月 10 日，威翔航空科技股份有限公司自主生产的新型号 CTLSi 首次在国内投入运营。该架 CTLSi 是由威翔航空自主生产的一款单发二座轻型运动飞机，为国内第一架电喷版本 CTLS，主要适用于飞行培训、私人旅行及通航作业等领域。该架 CTLSi 运营成本大大降低，燃油利用率提升，可降低约 14% 油耗，满足市场对飞机运行安全性、舒适性、经济节能、易于维保的高品质需求。（航空园管办）

【年产 2 万套阀门自动化执行器项目开工】
2023 年 4 月 26 日，由江苏隐轴控制科技有限公司投资建设的年产 2 万套阀门自动化执行器项目开工。项目新增用地约 60 亩，位于圌山路以西、虞河路以南，建筑面积约 6 万平方米。项目总投资约 5000 万美元，其中固定资产投资 4000 万美元，主要生产 2 万套阀门自动化执行器等产品。（航空园管办）

【航天海鹰（镇江）特种材料有限公司装配班组荣获“全国工人先锋号”称号】 2023 年 4 月，航天海鹰（镇江）特种材料有限公司（简称海鹰特材）装配班组荣获 2023 年“全国工人先锋号”称号，该装配班组由 79 名技能人员组成，其中，技师 7 人，高级工 10 人，初级工 21 人，其他人员 41 人。2009 年至今，海鹰特材装配班组投身于 C919 大型客机后机身后段、前段、副翼和垂尾 4 个部段的研制及生产工作，完成多架次垂尾的研制及装配工作。
（航空园管办）

【园区企业智转数改】 2023 年 6 月，万事达节能新材料（江苏）股份有限公司、航发优材（镇江）钛合金精密成型有限公司获批 2022 年江苏省智能制造示范车间。园区管办长期采取定制化跟踪服务，支持园区企业智转数改。一方面当好政策讲解员，定期摸排企业情况，建立重点申报培养企业名单库，号召符合条件的企业积极申报，帮助企业明确申报方向；另一方面当好填报审核员，不断精进业务技能，对企业在申报过程中遇到的难点疑点提供精细化、一对一指导，并在过程中严格做好材料的审查工作，提高申报实效。菲舍尔航空部件（镇江）有限公司、奥音科技（镇江）有限公司等多家园区企业也于近几年相继入选省级示范智能车间名单。
（航空园管办）

【“航空复合材料及部件创新联合体”成立】
2023 年 8 月 2 日，全市首家创新联合体“航空复合材料及部件创新联合体”在航天海鹰（镇江）特种材料有限公司正式成立。联合体由海鹰特材牵头，联合恒神股份、兆鋆新材料、美龙航空等产业链上下游企业，与南京航空航天大学共同组建完成，以解决制约航空复合材料产业发展的“卡脖子”关键核心技术为目标，以重大项目需求为牵引，以共同利益为纽带，以市场机制为保障，推动高性能碳纤维复合材料的研发和航空复合材料结构件的研制。创新联合体的成立有利于资源高效对接、人才加速引育和成果加速转化，助推镇江航空航天产业高质量发展。（航空园管办）

【江苏润扬通用航空有限公司调机完成防汛救灾任务】 2023 年 7 月，受台风“杜苏芮”影响，京津冀地区持续强降雨，河北省涿州市先后 3 次强降雨，造成了巨大的经济损失和社会影响。江苏润扬通用航空有限公司在接到上级单位“全力配合中部战区调机完成防汛救灾任务”的指令后，于 2023 年 8 月 5 日凌晨安排机组人员待命，8 月 6 日 7 点，大棕熊飞机陆续自河北沧州中捷机场起飞，执行防汛救灾任务，救援任务飞行 5 架次、近 3 小时，对保护好京津人民生命财产安全起到关键作用。（航空园管办）

【海鹰特材团总支获评江苏省五四红旗团支部（团总支）】 2023 年 5 月，共青团江苏省委作出表彰决定，授予航天海鹰（镇江）特种材料有限公司团总支“江苏省五四红旗团支部（团总支）”荣誉称号。长期以来，海鹰特材团总支带领广大团员青年积极投身公司发展战略，勇做攻坚克难的先锋队和改革发展的主力军。2017年，公司团支部被评为江苏省青年文明号；2020年4月，公司团支部被共青团镇江市委评为镇江市五四红旗团支部；2020年，总工程师郭渊荣获江苏省青年五四奖章；2022年2月，海鹰青年突击队事迹登上《中国共青团》杂志封面。

（航空园管办）

【江苏无国界航空发展有限公司获评2023年度江苏省科普教育基地】 2023年10月，2023年度江苏省科普教育基地评选结果公布，江苏无国界航空发展有限公司（简称无国界）被评为江苏省科普教育基地。无国界于2016年8月成立，注册资金3.8亿元，致力于打造立足华东、面向全国的国家航空人才培养基地、国家产教融合实训基地、国家青少年航空研学基地、国家航空运动基地和国家国防教育示范基地。（航空园管办）

【镇江市航空航天产业链（钳工）职业技能竞赛举办】 2023年10月31日，由镇江市总工会、人社局、工信局联合主办，镇江新区总工会、航天海鹰（镇江）特种材料有限公司承办，镇江市职工技术协会协办的2023年镇江市航空航天产业链钳工职业技能竞赛在江苏航空职业技术学院举行，并在当日完成所有竞赛项目。此次技能竞赛前三名、前四到八名分别被授予“镇江市技术能手”称号、“镇江市五一技术标兵”称号。至此，镇江市2023年“四群八链”重点企业职工职业技能竞赛全部结束。（航空园管办）

【航天海鹰（镇江）特种材料有限公司】 航天海鹰（镇江）特种材料有限公司成立于2011年，注册资金2.08亿元，占地155亩，拥有国际国内先进复合材料生产和测试设备50余台套，员工200余人，研发人员占总人数40%以上。先后获评国家级技能大师工作站、省工程技术中心、苏南国家自主创新示范区瞪羚企业、江苏省工人先锋号、江苏省青年文明号等，承担多项省级、国家级科研项目，是国家级专精特新“小巨人”企业、省首台套重大关键部件认定企业、省级高新技术企业、区创新发展十强企业。公司致力于航天新材料的创新及产业化，包括先进隔热保温材料和高性能结构复合材料两个领域。在先进隔热保温材料领域，瞄准国家节能环保大方向（包括节能建筑、石油化工、热电池保温等），开发气凝胶材料和相变材料市场；在高性能结构复合材料领域，以C919国产大飞机项目为契机，逐步开发国际转包、支线客机等航空制造及拉挤型材、电力电缆等其他结构复合材料市场。2023年实现产值2.33亿元，比上年增长7.21%。（航空园管办）

【菲舍尔航空部件（镇江）有限公司】 菲舍尔航空部件（镇江）有限公司成立于2011年，总投资14亿元，注册资金10.84亿元，规划用地299亩，有员工440人。主要设计、开发和生产飞机内饰系统、复合材料零部件，是空客、波音、庞巴迪、航空工业西飞民机、航空工业成飞民机、中国商飞合格供应商。国际业务研制产品有波音B777、波音B767、空客A350、空客A320、庞巴迪挑战者350、环球7500等型号项目的复合材料零部件，国内业务研制产品有ARJ21、MA700、C919等型号项目的复合材料零部件及客舱系统。公司通过AS 9100D航空航天质量管理体系认证、欧盟航空安全局适航认证，拥有国内唯一同时通过空客、波音、庞巴迪、NADCAP、CNAS认证的复材实验室。先后获评国家高新技术企业、江苏省示范智能车间、省首台套重大关键部件认定企业、江苏省专精特新产品、江苏省科技“小巨人”、镇江市军民融合示范企业等。2023年实现产值2.49亿元，比上年增长21.39%。（航空园管办）

【江苏美龙航空部件有限公司】 江苏美龙航空部件有限公司成立于2011年，注册资本0.5亿元，总投资5亿元，是一家主营高分子新材料、航空航天内饰以及先进复合材料零部件的设计、制造和装配的民营企业。公司实行多元化发展思路，抢抓行业发展机遇；成为中航工业成飞公司合格供应商；与世界500强企业美国罗克韦尔·柯林斯公司合作进军航空国际转包；跨入高铁行业与中车等合作配套生产内饰件等。公司重视质量管理体系及安全生产体系的建设，民品项目取得航空航天质量管理体系AS 9100 Rev C认证；军品项目通过武器装备质量管理体系GJB 9001B认证，并取得三级保密资格单位证书。2016年10月，公司通过国家高新技术企业认定。2023年实现产值9339.1万元，比上年增长46.32%；应税销售8878.27万元，比上年增长32.84%。 （航空园管办）

【航发优材（镇江）高温合金有限公司】 航发优材（镇江）高温合金有限公司成立于2016年，注册资金3亿元，是镇江航空航天产业园招引的航空发动机相关领域龙头企业。公司专业化生产高温合金母合金、优质粉末高速钢母合金、优质钴基合金、优质不锈钢母合金、3D打印用合金粉末、注射成型用粉末、激光熔覆用粉末、高温合金制件、形状记忆合金粉末和制件、粉末高速钢等产品，以高温合金材料为首的各类产品可以满足国内外航空航天、汽车、生物医用、能源、机械制造等高端行业的发展需求。公司的发展目标是建成具有国际先进水平的材料研发和产业化规模生产基地，满足国内外高端制造领域的发展需求。2023年，公司被认定为省级专精特新"小巨人"企业，实现产值5.9亿元，比上年增长66.47%；上缴税额2796万元，比上年增长58.6%。

（航空园管办）

镇江经济技术开发区中瑞生态产业园

【概况】 2023年，镇江经济技术开发区中瑞生态产业园（简称中瑞产业园）以对外合作为平台，项目为抓手，围绕高质量发展要求和走在前列的目标定位，真抓实干，履职尽责，担当作为。在"五争一创"重点工作中，综合工作指标进入第一方阵。

全年完成固定资产投资4.42亿元，其中制造业投资完成4.2亿元；完成规模以上工业产值13.1亿元，到位外资及港澳台资236万美元，规模以上企业培育2家。全年签约6个项目，其中外资项目2个，10亿元以上重大项目落户2个，签约项目全部属于"四群八链"产业。5月落地的总投资1亿美元的奥地利科林尼高端表面处理项目为镇江经开区近三年来总投资体量最大的新设主体外资项目。申报国家级人才2.5人，获评省科技副总2人、市"金山英才"1人。完成科技类（含孵化类）项目招引6个、科技型中小企业认定9家、规模以上工业企业研发投入2100万元、技术合同交易额登记2773万元。 （吴驭灏）

【国际合作和交流】 2023年，中瑞产业园区与欧洲在华机构、商协会等机构保持积极互动，与德国联邦经济发展与对外贸易协会、瑞士中国中心、德国海外商会、英中贸易协会等渠道保持合作关系。2月，英中贸易协会高级总监一行到访经开区和中瑞产业园，实地了解考察投资环境；4月，上海瑞士商会会员企业代表团到访经开区及中瑞产业园；6月，园区小分队与市、区经贸招商团组一同赴瑞士、德国和奥地利开展经贸交流和宣传推介活动，拜访重点合作渠道、在谈项目方、潜在企业、高校和智库等机构，进一步延伸合作领域并推动项目落地；9 月，在园区举办新区外事嘉年华活动，推动园区建设为全市国际合作上下联动的重要载体和前沿阵地；11 月，迎来奥地利百隆集团、科林尼集团、瑞士中国中心和瑞中创新中心的分别到访，并和瑞中创新中心合作在园区举办瑞士创新企业路演活动，促进园区与瑞士、奥地利等国在产业项目和高新技术项目等方面的交流。（仲豪杰）

【政银企共建 +】 2023 年，中瑞生态产业园区管理办公室办（简称中瑞管办）在抓项目招引经济发展的同时，加强“政银企共建 +”工作。年初及时调整融资化债思路，积极开展项目贷的同时，注重投债、非标等其他融资方式。全年累计到位资金 28.56 亿元，折算到中瑞产业园累计 15.4 亿元，完成年度考核目标 15 亿元的 102.7%。（朱忠元）

【安全生产】 2023 年，中瑞管办一是有序推进专项行动。联合安全专家，在园区范围内全面开展危化品、燃气、电动自行车、消防、厂中厂、重大隐患排查整治等安全专项行动，检查企业 30 余家次，排查隐患 70 余条，均下达整改通知并闭环销号。二是开展安全宣讲。以“安全生产月”“消防宣传月”活动为契机，召集园区生产经营单位，学习贯彻习近平总书记关于安全生产的重要论述，开展消防、高层建筑等领域安全培训 2 次，为企业员工开展消防培训和实操演练 2 次，提高职工应急处置能力。三是严格落实手册审核。全面推进全领域风险点管控手册编制工作，督促园区企业结合自身实际编制风险点管控手册，并组织审核。推动开展“一述四评”（“一述”，指企业主要负责人定期报告安全生产履职情况；“四评”，即对企业主要负责人安全生产履职情况报告进行企业职工评、安全专家评、挂钩领导评、监管部门评的“四方”评议）工作，压紧压实安全生产责任，2 家规模工业企业完成相关工作。（吴驭灏）

【上海瑞士商会携会员企业到访经开区】 2023 年 4 月 14 日，瑞士商会（上海）董事会主席鸿志远率会员企业代表团一行到访经开区，考察投资环境和开放型经济发展情况，探寻合作机遇。新区党工委副书记、管委会主任尹卫民，市商务局局长杨国平，新区党工委委员、管委会副主任潘大春参加活动。新区党工委委员、招商中心主任吴江主持会议。活动中，杨国平和鸿志远先后致辞，潘大春与瑞士商会代表、当地企业代表展开对话交流。当天，代表团一行先后考察参观经开区规划展示厅、孚能科技、科莱恩特殊化学品公司等地，通过实地考察、听取讲解等方式，详细了解经开区历史文化、交通区位、生态环境、产业规划以及近年来经济社会发展成果等方面的情况。（仲豪杰）

图 16－5 2023 年 4 月 14 日，瑞士商会（上海）董事会主席鸿志远率会员企业代表团一行到访经开区 （仲豪杰 摄）

【奥地利科林尼高端表面处理中国总部项目线上签约活动举行】 2023 年 5 月 30 日下午 4 时(奥地利时间上午 10 时),在镇江经开区管委会、奥地利霍恩埃姆斯科林尼总部、新宇环保集团(香港、镇江)举行奥地利科林尼高端表面处理中国总部项目线上签约活动。

项目计划总投资 1 亿美元,购买镇江经开区华科电镀园土地厂房约 2.4 万平方米,建设高端家具五金配件及汽车电子表面处理产线,年产 5000 万套高端家具五金表面处理产品、6500 万套汽车电子表面处理产品。因厂房建设期限及业务逐步拓展,项目分两期实施。一期总投资 5000 万美元,其中,固定资产投资 2500 万美元,注册资本 2000 万欧元,先行租用华科电镀园载体面积 9000 平方米(由华科代建,约定租赁 5 年后回购资产),计划建设 2 条全自动大型滚镀生产线,为高端五金配件商提供表面处理服务,年产 5000 万套高端家具五金表面处理产品。一期达产后可实现年销售 4 亿元,年纳税 4000 万元。二期总投资 5000 万美元,计划建设 2 条全自动大型滚镀生产线,主要开展汽车电子领域表面处理业务,为集团现有亚洲区客户配套,年产 6500 万套汽车电子表面处理产品。新宇环保集团领导、镇江经开区管委会主要领导、科林尼集团领导分别致辞,并进行项目签约。

科林尼集团是全球领先的金属表面处理公司,为世界知名企业提供先进的表面处理方案,如贵金属电子电镀、电解镀镍、化学镀镍、电解镀铜、电解镀锡、电解镀锌镍及有色喷涂等,广泛应用于汽车、家具、配件、电气、建筑施工、消费品、医疗、机器和工厂建设等行业。集团总部位于奥地利,成立于 1898 年,目前在全球 6 个国家(奥地利、德国、瑞士、意大利、俄罗斯和墨西哥)拥有 15 家工厂,2022 年总产值超 3 亿欧元。集团主要客户包括奥地利百隆、德国海蒂诗、德国海福乐、德国博世、德国采埃孚、德国浩亭、瑞士 ABB 等。 (仲豪杰)

【瑞士中国中心率领企业代表团到访经开区】 2023 年 6 月 20 日,瑞士中国中心 CEO 率领企业代表团一行到访镇江经开区,代表团先后考察大路通用机场、规划展示厅及中瑞产业园,对新区投资环境和开放型经济发展情况有了深入认识,新区党工委委员、管委会副主任潘大春和中瑞产业园管办领导陪同参加相关活动。瑞士中国中心总部位于瑞士苏黎世,自成立以来一直致力于促进中瑞两国经贸关系发展,搭建政企交流平台。 (仲豪杰)

【经开区外事嘉年华活动在中瑞产业园举办】 2023 年 9 月 27 日,经开区在中瑞产业园内开展外事嘉年华活动,以“推动国际合作重要载体,建设外事交流联动阵地”为主题,通过建立沟通交流机制,以联络点为桥梁,让“外来人士”更好地了解经开区,共谱新时代、新友情、新家园美好篇章,实现产业共享、企业共助、文化共融。市人民政府外事办公室主任卢利林,市商务局党委委员、副局长黄贤宇,新区党工委副书记陈鹏飞,新区党工委委员、管委会副主任、新区公安分局局长周勇参加活动。 (仲豪杰)

【瑞中创新中心到访经开区】 2023 年 11 月 15 日,瑞中创新中心携瑞士高新技术创业项目代表到镇江经开区开展“瑞士创新企业中国行”活动,深入开展考察交流并举办项目路演。新区党工委委员、管委会副主任潘大春参加会议。在项目路演环节,瑞士创新企业项目代表分别就各自项目情况开展详细介绍。会上,经开区招商三局介绍经开区投资环境。瑞中创新中心一行还前往经开区规划展示馆进行实地参观。 (仲豪杰)

综 述

【概况】 2023年镇江经济技术开发区实施城建类政府投资项目28个，项目总投资6.87亿元，完成投资3.41亿元。实施民生改善、安全提升、生态治理、产业配套等项目。

为企服务力度进一步加强。加快推进产业类项目配套建设进度。为悦河湾、双峰、华科电镀、坤鼎产业园等一批优质企业的新项目加快建设道路、雨污水、供电等配套设施，在道路等配套项目建设周期内采取定期上门服务、即时通讯等方式，为企业的项目建设提供全方位的支持。

城乡人居环境进一步改善。实施一批提升城市形象的重大民生工程。实施丁卯街道谷阳新村二区、大港街道港中新村五区及大港医院楼3个老旧小区改造项目，涉及1057户，楼栋25栋，建筑面积9.23万平方米，总投资2900万元。改造内容包括建筑立面出新、雨污管网改造、架空线规整、道路改造、新增停车位、新建健身广场、增设电瓶车充电桩、景观绿化围墙修缮等，改善人居环境，提升城市形象。

市政基础设施进一步完善。居安路、纬八路、百里环路等一批市政道路的建成，使城区出行面貌得到改善提升，为市民创造更加安全、便捷、舒适的交通环境。

创成镇江首家省级绿色建筑和生态城区区域集成示范。2023年，城镇绿色建筑占新建民用建筑比例达100%。新建绿色建筑面积70.6万平方米，其中二星及以上绿色建筑比例65%，运行标识比例30%。

完成省级节水型工业园区创建。通过园区创建工作进一步带动水资源与节水相关工作，推进用水户水平衡报告编制和节水载体创建等，使全区节水和水资源管理工作迈上新台阶。 （何建国　嵇庆才）

【城镇污水处理提质增效“333”行动】 2023年，经开区稳步推进城镇污水提质增效精准攻坚“333”行动，开展全域排水管网普查，以老旧小区、工业企业、小散经营户为重点切入点，坚持以源头污水治理为核心实施整改，全域境内河道水质得到显著提升。全年完成27号达标区建设，实施83家工业企业、4家事业单位、9家小散排水户雨污分流整治以及东方河、跃进河劣Ⅴ类水体整治，完成16个小区雨污分流整改，至2023年年底，全区共建成12个达标区，面积37.21平方千米，占城市建成区面积的70.1%。

（何建国）

【城市排涝】 2023 年，镇江经开区城乡建设局开展易淹易涝片区整治实施改造 3 处，疏通雨水管网 565 千米；通过扩大过水断面等方式，增强局部排涝能力，完成 38 处积水点改造。严格落实巡查、养护等工作，发现井盖缺失破损、防坠网损坏缺失等各类隐患 372 处，全部做到即查即改。 （何建国）

【城镇燃气安全管理】 2023 年，镇江经开区城乡建设局持续保持对瓶装燃气企业的重点监管，对照行业标准规范，提高检查频次，检查燃气场站 22 家次，发现整改一般隐患问题 70 处，在重大节假日期间，严格落实“三包干一统筹”工作要求，督促企业加强巡查、值守，严控安全风险、谨防事故隐患。同时，按照省市统一部署，推动完成瓶装液化石油气经营企业综合安全评价，不断督促企业提升安全管理水平。

加强经营配送监管，完善提升智慧燃气监管平台功能，落实“瓶码对应”“人脸识别”“充装—安检—配送闭环管理”等机制，确保气瓶全流程可查、用户安检全覆盖；协同交管部门，在全市率先完成统一制式液化气专用配送车上牌 31 辆，同步安装 GPS，并将车辆定位信息接入智慧监管平台，实现 24 小时全程定位、历史轨迹可查询的全方位监管；编制印发《镇江新区瓶装液化气配送服务人员“积分管理”实施办法》，对送气工建立“积分管理制度”，通过年度积分扣除制，来警醒、淘汰不合格的送气人员，不断提升从业人员整体素质。

强化执法力度，对燃气企业向无证经营人员供气、不遵循实名制销售、不履行安检责任等违法违规行为“零容忍”，立案查处涉燃气违法违规行为 4 项，处罚金 14.5 万元，查处违规送气工 1 名，吊销证件并列入“黑名单”。同时坚持严厉打击“黑气点”，处置取缔“黑气点”4 处，暂扣气瓶 45 只。

加强燃气安全宣传引导，印发宣传手册 8 万余份，推送燃气安全短信 22 万余条，联合燃气公司开展“燃气安全进园区”活动，不断加大宣传力度，提升居民用气安全防范意识。

（钱　非）

【物业管理服务水平提升】 2023 年，经开区城乡建设局通过“红色物业”助力物业管理服务提升，推进宜安苑、新茂苑、武将新居、航院 4 家党建引领物业市级示范点创建工作，落实“交叉任职”机制，建立党组织领导下的多方联动机制，切实解决业主关注的物业管理难点痛点。每季度开展全区 45 个拆迁安置小区考核，全年推进落实物业全覆盖考核整改 2240 条，完成整改 2143 条，整改率 95.7%，以考核促整改。强化物业企业信用信息管理，与镇江市物业管理企业诚信系统相关联，构建“诚信激励、失信惩戒”的市场环境。

（纪　翔）

城乡规划

【概况】 2023 年，镇江市自然资源和规划局经济技术开发区分局（简称经开区资规分局）受经开区管委会委托，开展了国土空间相关规划编制工作。

持续优化镇江经开区国土空间分区规划，形成草案。对近三年开展的落地上图方案、报批征地、成片开发方案编制、村庄规划编制、开发区边界划定等工作与国土空间分区规划衔接情况进行梳理，进一步优化分区规划，强化衔接和后续可操作性，形成镇江经开区国土空间分区规划草案，推进报批工作。

指导配合乡镇政府推进乡镇国土空间规划编制。经开区资规分局组织参加编制单位与乡镇的座谈和对接，探索镇规划成果编制内容与深度，指导开展方案编制等工作，形成了大路镇国土空间规划、姚桥镇国土空间规划初步方案。

完成镇江经开区2023年度预支空间规模指标落地上图方案编制工作。9月，按照《江苏省自然资源厅关于预支部门空间规模保障高质量发展的通知》要求，统筹经开区产业项目、民生项目及违法用地整改项目需求，经开区资规分局开展《2023年度镇江经开区预支空间规模指标落地上图方案》编制，于2023年10月编制完成并经经开区2023年第3次规联会审议通过、市自然资源和规划局专题会议审查通过后上报省自然资源厅。

开展控制性详细规划调整工作。为保障经开区产业项目用地、基础设施建设及违法用地整改需求，经开区资规分局开展2批23个地块控制性详细规划调整工作，并报市自然资源和规划局审议通过。 （吴沛芝）

【规划审批】 2023年，经开区资规分局办理建设项目用地预审与选址意见书31份，选址建设用地规模31公顷；办理建设工程规划许可证111件，总建筑面积58万平方米；审批规划总平面86个，总建筑面积86万平方米，其中产业类项目75个，建筑面积61万平方米，房地产及市政公用其他类11个，建筑面积25万平方米；办理规划核实305件，总建筑面积134万平方米。 （吴沛芝）

【经开区规联会】 2023年，经开区资规分局暨经开区规联会办公室组织召开规划联席会议5次，审议通过《电工器材厂宿舍地块周边路网方案》《2023年度镇江经开区预支空间规模指标落地上图方案》等议题13项。

（吴沛芝）

城乡重点建设工程

【概况】 2023年镇江经济技术开发区实施城建类政府投资项目28个，项目总投资6.87亿元，当年完成投资3.41亿元。实施了民生改善、安全提升、生态治理、产业配套等项目。 （何建国）

2023年镇江经开区城建类政府投资项目一览表

表17－1

序号	项目法人单位	项目集中建设实施单位	项目名称	项目主要建设内容	计划开竣工时间	计划总投资（万元）	2023年建设计划	
							形象进度	完成投资（万元）
总计（28）						68743		34148
一、民生改善						22059		10399
1	大港街道办事处	—	2022年大港街道港中新村二区老旧小区改造项目	1. 对大港街道范围内老旧小区进行封闭改造：缺损围栏修葺、主要出入口智能门禁道闸建设、次出入口活动式管控门建设；2. 对港中新村二区进行综合改造，面积5.32万平方米，小区内楼栋数13幢，涉及约370户，改造内容包括铺设沥青道路、建筑立面出新、景观绿化、雨污水管网改造、停车位优化、亮化工程等	2022年9月—2023年4月	1300	竣工	350
2	丁卯街道办事处	—	2022年丁卯街道谷阳新村三区老旧小区改造项目	对谷阳新村三区进行改造，建筑面积3.35万平方米，小区内楼栋数13幢，涉及约370户，包括停车位改造、绿化提升、雨污改造等	2022年9月—2023年4月	760	竣工	180

续表 17－1

序号	项目法人单位	项目集中建设实施单位	项目名称	项目主要建设内容	计划开竣工时间	计划总投资（万元）	2023 年建设计划	
							形象进度	完成投资（万元）
3	姚桥镇政府	镇江新区交通建设投资有限公司	兴隆村杨家桥重建工程	兴隆村杨家桥重建工程采用三跨过河，每跨 8 米预制空心板梁，桥宽 6 米，横断面为 0.5 米（墙式护栏）+5 米（行车道）+0.5 米（墙式护栏）	2022 年 10 月—2023 年 6 月	230	竣工	200
4	市场监督管理局	—	镇江经开区餐饮场所瓶装液化石油气转换管道天然气（“瓶改管”）工程	推进完成餐饮场所“瓶改管”120 户、经开区负责 120 户补贴、施工后的道路及绿化恢复（华润燃气根据用户需求进行管道敷设施工并通气）	2022 年 6 月—2023 年 12 月	269	竣工	169
5	丁卯街道办事处	—	2023 年丁卯街道谷阳新村二区老小区改造项目	对谷阳新村二区 16 栋建筑进行综合改造，改造建筑面积 5 万余平方米，改造内容主要包括道路工程、建筑立面改造工程、景观工程、路灯工程、给排水工程等	2023 年 7 月—2023 年 12 月	1865	竣工	1865
6	大港街道办事处	—	2023 年大港街道港中新村五区及大港医院楼老旧小区综合改造工程	对港中新村五区 9 栋建筑及大港医院 2 栋宿舍楼进行综合改造，改造建筑面积 2 万多平方米，改造内容主要包括室外工程、建筑物出新工程、雨污水改造工程等	2023 年 7 月—2023 年 12 月	1035	竣工	1035
7	姚桥镇政府	—	姚桥江堤衔接道路工程	新建农村道路（姚桥镇港南路往东至新建江堤），总长约 200 米，标准宽度 6～7 米	2023 年 8 月—2023 年 11 月	300	竣工	300
8	社发局	新区城投	新区第二实验小学新建工程	新建 6 轨制小学，36 个教学班，用地约 70 亩，建筑面积约 2.2 万平方米，建设教学楼、综合楼、食堂、风雨活动室、运动场等，包含土建工程、内装工程、安装工程、室外工程、水电煤气等配套工程	2023 年 10 月—2024 年 12 月	15000	基础完成	5000
9	北山陵园服务中心	公用建设	镇江新区生态示范墓区景观提升项目	对有倾倒危险的挡土墙拆除重建，对墓区内部风化严重及破损的道路修复，对墓区内部层差较大处砼 U 型槽拆除、修建安全栏杆，对倾斜凹陷严重的墓穴进行修整；完善墓区内部排水设施；打造办公楼及池塘周围景观；新建部分壁葬型墓穴、生态葬墓穴	2023 年 1 月—2023 年 12 月	1300	竣工	1300
	二、安全提升					11817		1560
10	镇江新区交通建设投资有限公司	镇江新区交通建设投资有限公司	长江中下游崩岸治理工程（江苏扬中河段二期整治）（镇江新区段）	对长江姚桥弯道 5800 米岸坡，以及小泡沙“裹头”及两缘 1085 米护岸进行抛石加固	2023 年 9 月—2026 年 10 月	10797	完成项目立项	540
11	新区公用	新区公用	镇江新区大路姚桥沿江重点闸站出江口清淤工程	对大路姚桥沿江 3 座重点闸站（龟山闸、大路闸、姚桥闸）出江口进行清淤	2023 年 2 月—2023 年 4 月	150	竣工	150
12	交通分局	新区公用	镇江新区乡村道临水、校车行经等危险路段生命安全防护工程	在乡、村道中临水、校车行经等危险路段增设护栏、标志标线、道口警示桩等生命安全防护设施，处理隐患里程 69.931 千米	2023 年 1 月—2023 年 6 月	400	竣工	400

续表 17－1

序号	项目法人单位	项目集中建设实施单位	项目名称	项目主要建设内容	计划开竣工时间	计划总投资（万元）	2023 年建设计划	
							形象进度	完成投资（万元）
13	新区水利站	—	2023 年度镇江新区水利工程安全管理提升项目	对团结闸、北港泵站、姚桥闸站的水利工程管理设施完善提升，主要内容包括对闸站管理区内的水利设施进行整理出新；新增河道断面桩及监测、沉降观测基准点设置；对闸站管理区域内的绿化查漏补缺；对闸站安全鉴定存在的问题进行整改；完善闸站管理区域内的公告牌、警示牌、水法规宣传、导视牌、流程图等标志标牌	2023 年 4 月—2023 年 10 月	180	竣工	180
14	丁岗镇政府	—	平昌宜居苑消防管网改造工程	对平昌宜居苑室外消防管网进行整体更换，管道更换为钢丝网骨架塑料复合管	2022 年 12 月—2023 年 3 月	290	竣工	290
	三、生态治理					19606		14368
15	大港街道办事处	—	2022 年城镇污水处理提质增效精准攻坚“333”行动达标区（大港片区）建设工程	对大港片区 9 个小区及周边进行污水提质改造，改造面积 2.8 平方千米，改造内容主要包括雨污分流改造、出户管和立管雨污分流改造、化粪池改造、监测井等附件改造、污水泵站整改工程等	2022 年 10 月—2023 年 6 月	4500	竣工	3150
16	丁卯街道办事处	—	2022 年丁卯街道“333”达标区建设工程	对丁卯达标区内部分小区进行污水提质改造，建设内容为雨污水管新建、修护、清淤，管线沿线附属设施新建、修复，以及路面绿化拆除、恢复，等等	2022 年 10 月—2023 年 6 月	3486	竣工	2486
17	大路镇政府	—	大路镇陶家巷（陶西）至北港河河道及陶东水系沟通工程	项目水系沟通工程实施长度约 1000 米，上口宽度约 3 米、下口宽度 1 米，深 2 米，主要建设内容为在二道堤西侧新开挖排水沟渠与北港河相贯通、新建过路箱涵（长 3 米、宽 3.5 米、高 1 米）和涵闸（长 2 米、宽 3.5 米、高 1 米）各一座等	2022 年 10 月—2023 年 6 月	300	竣工	200
18	大路镇政府	—	大路镇工业园区雨污水整治及环境提升工程	新建污水管网约 2000 米、新建雨水管网约 2000 米、路面修复 3000 平方米等	2022 年 12 月—2023 年 6 月	900	竣工	900
19	丁卯街道办事处	—	2023 年度丁卯街道“333”达标区建设工程	对丁卯达标区范围内剩余老旧小区（除 2019—2022 年已改造的）排水管网及其附属设施进行调查、清疏、检测、测绘，根据结构性及功能性缺陷进行改造，实现雨污分流	2023 年 7 月—2023 年 12 月	6000	竣工	6000
20	大港街道办事处	—	2023 年度大港街道“333”行动达标区建设工程	对 2022 年达标区内部分未完成的小区继续进行雨污分流排查以及污水提质，主要内容包括雨污分流改造、出户管和立管雨污分流改造、化粪池改造、监测井改造等；对 2023 年“333”工作任务 27 号达标区进行雨污分流排查以及污水提质，对东方河进行水质提升，对跃进河源头清淤，对机电园区进行雨污分流改造	2023 年 7 月—2023 年 12 月	4200	完成 60% 工作量	1500
21	大路镇政府	—	镇江新区大路镇 2023 年冬春水利建设项目	对北港河、北沙腰河、路西 2 号河滑坡进行整治，整治长度约 800 米；对永安中心河 3 座过路涵更新改造；新建张家弄涵闸 1 座；在西戴东头河与路西 1 号河之间新开河道 150 米；在东头河清淤约 300 米	2023 年 10 月—2024 年 4 月	220	完成 60% 工作量	132

续表 17－1

序号	项目法人单位	项目集中建设实施单位	项目名称	项目主要建设内容	计划开竣工时间	计划总投资（万元）	2023 年建设计划	
							形象进度	完成投资（万元）
四、产业配套						15261		7821
22	镇江新区交通建设投资有限公司	镇江新区交通建设投资有限公司	生物医药聚集区双峰地块配套道路工程	新建生物医药聚集区双峰地块南侧及东侧配套道路。双峰南侧道路：百里环路自西向东延伸，与规划二路连接，道路总长约 300 米，路宽 15 米（横断面为 2.5 米人行道＋10 米车行道＋2.5 米人行道）；双峰东侧道路：规划二路，道路总长约 400 米，路宽 15 米（横断面为 2.5 米人行道＋10 米车行道＋2.5 米人行道）。设计标准为城市支路，建设内容含道路、管网、路灯、交安设施、绿化等	2022 年 12 月—2023 年 10 月	3121	竣工	2121
23	镇江新区交通建设投资有限公司	镇江新区交通建设投资有限公司	居安路、纬八路路面及附属工程	居安路（纬七路至纬八路）长 295 米，宽 20 米（横断面为 3 米人行道＋14 米车行道＋3 米人行道）；纬八路（居安路至楚桥路）长 225 米，规划红线宽度为 30 米，展宽段红线宽度为 33 米（横断面为 2.5 米人行道＋3.5 米非机动车道＋2 米绿化隔离带＋14 至 17 米机动车道＋2 米绿化隔离带＋3.5 米非机动车道＋2.5 米人行道）。设计标准为城市支路，建设内容包括路面、排水、照明、绿化、交安设施等	2022 年 12 月—2023 年 10 月	1700	竣工	1400
24	建设局	—	蓬勃生物 110 千伏供电外线配套项目	新建蓬勃生物 110 千伏配套供电外线，含架空线路、电缆及土建等，线路路径总长约 2000 米	2022 年 9 月—2023 年 12 月	2600	竣工	2600
25	建设局	—	华科电镀园 35 千伏供电外线配套项目	新建华科电镀园 35 千伏配套供电外线，全线电缆形式，包含电缆本体及土建等，线路路径总长约 2000 米	2022 年 12 月—2024 年 12 月	500	完成项目前期工作	50
26	镇江新区交通建设投资有限公司	镇江新区交通建设投资有限公司	姚桥工业园 2023 年度市政道路建设工程	新建高楼路（瑞业路至瑞江路）长约 520 米，车行道宽 10 米，建设内容包括路面、绿化、交安设施、路灯、供水管道等；新建镇一路（高楼路至雄风工具厂南大门）长约 120 米，车行道宽 14 米，建设内容包括道路工程、排水工程、路灯、交安设施、绿化、供水管道等	2023 年 12 月—2024 年 9 月	1890	完成项目前期工作	700
27	镇江新区交通建设投资有限公司	镇江新区交通建设投资有限公司	绿蒲路（溪云路至项目规划出口）工程	新建绿蒲路（溪云路至项目规划出口）长约 250 米，车行道宽 10 米，建设内容包括道路工程、排水工程、路灯安装、交安设施、配套绿化等	2023 年 12 月—2024 年 9 月	950	开工建设	250
28	镇江新区交通建设投资有限公司	镇江新区交通建设投资有限公司	电工器材厂宿舍地块周边路网完善	新建美锦路（丁卯桥路至规划新阳路），长约 500 米，宽 8 米；新建新阳路西延（现状新阳路至苗家湾路），长约 350 米，宽 20 米。建设内容包括道路工程、挡墙工程、排水工程、路灯、交安设施、绿化等	2023 年 12 月—2024 年 12 月	4500	完成项目前期工作	700

（城乡建设局）

村镇建设

【概况】 2023年,镇江经济技术开发区推进自建房安全排查整治工作,排查农村自建房30055栋,其中经营性自建房1112栋,其他自建房28943栋,排查出17栋存在安全隐患的自建房;至2023年年底,17栋隐患房屋全部消险销号。持续推进农村危房整治,完成工程性解危31户,重点完成对2户低收入群体帮扶补贴危房改造托底,剩余22户农房均完成行政解危、人房分离。

(张　笑)

【传统村落保护】 2023年,镇江经开区积极推动乡村历史文化遗产保护和传承,统筹保护村落整体历史环境,延续历史文脉,创成省级传统村落1个(丁岗镇葛村),并全面实施传统村落挂牌保护工作。

(张　笑)

建筑市场管理

【概况】 2023年,镇江经开区城乡建设局加强建筑市场管理,规范行政处罚行为。规范执法流程和案卷制作,参加2023年度全市住建系统行政处罚案卷评比,获得第一等次。处罚结果通过"镇江市行政许可和行政处罚信息采集平台"予以公开公示。落实《关于推进涉企免罚轻罚清单加强柔性执法进一步优化营商环境的实施意见》,制定《涉企轻微违法行为不予行政处罚清单》和《涉企一般违法行为从轻减轻行政处罚清单》,并在经开区"圌山网"予以公开公示,助力提升区域营商环境。1—12月受理案件43件,立案处罚33件,处罚金额68.96万元。在受理的各类案件中,安全生产类17件、扬尘类9件、建设手续类9件、质量类5件、"三包一靠"(工程建设中的分包、转包、内包和挂靠)类2件、招标类1件。

(高乐旭)

【建筑工地专治行动】 2023年,镇江经开区城乡建设局推进建筑工地专治行动。开展节后复工安全检查、预防高处坠落专项检查、垂直运输设备专项检查、深基坑高支模等超危工程专项检查、安全生产月及消防专项检查、夏季高温专项检查、临时用电专项监督检查、脚手架专项检查、冬季施工消防安全专项检查,对辖区内的项目开展安全监督抽查247次,发现安全隐患441处,签发抽查记录表247份,签发安全整改通知书95份,签发停工整改通知书25份,移交处罚项目15个,涉及主要问题有作业人员安全技术交底不到位、临边防护不到位、临时用电未按规范要求布设、生活区临时设施防火间距不足、起重机械设备安全防护装置不灵敏等问题,所发现的安全隐患均已整改完成。

(高乐旭)

【安全生产基础设施强化推进年活动】 2023年,镇江经开区城乡建设局依据《镇江新区安全生产基础建设强化推进年行动工作方案》,开展"安全生产月"活动,组织学习习近平总书记关于安全生产重要论述和法规制度专题活动,组织实施施工安全和消防安全隐患排查整治行动,组织基坑(沟槽)坍塌、火灾事故等应急演练活动。落实"三包干一统筹"风险防控机制,派出督导检查组4个;派出督导检查270人次;检查经开区在建在监项目135项次;排查隐患162个,签发整改通知书54份,停工通知书12份,全部整改完成。

(高乐旭)

【房屋市政工程安全生产专项整治巩固提升行动】 2023年4月,印发《镇江新区房屋市政工程安全生产治理行动巩固提升实施方案》，至6月底，开展脚手架、预防高处坠落、垂直运输设备、临时用电、深基坑高支模等超危分部分项工程专项检查，对辖区内的项目开展安全监督抽查83项次，累计发现安全隐患153处，签发抽查记录表83份，签发安全整改通知书39份，签发停工整改通知书10份，移交处罚项目10个，所发现的安全隐患均已整改闭合，完成巩固提升行动第一轮全覆盖检查。7—10月开展夏季高温、临时用电、脚手架、预防高处坠落专项检查，对辖区内的项目开展安全监督抽查61项次，发现安全隐患95处，签发抽查记录表61份，签发安全整改通知书28份，签发停工整改通知书5份，移交处罚项目9个，按照行动方案时间节点完成第二轮项目全覆盖。11—12月开展冬季施工专项检查，建立长效机制，共检查34个项目，签发抽查记录表34份，签发安全整改通知书1份，发现安全隐患57处，已全部整改到位。（高乐旭）

【工地扬尘管控】 2023年，镇江经开区城乡建设局要求各在建工地严格对照“516”标准，加强裸土覆盖、晴天不间断开启降尘措施、出入口保洁等工作，并同步建立扬尘专管员制度。对内管理上明确监管责任人，将扬尘治理责任细化分解到个人，对因扬尘问题造成的严重后果严肃追究相关人员责任，提升扬尘监管治理效能。对巡查发现扬尘管控措施不到位的项目，第一次发现签发整改通知单要求立即整改，第二次发现签发处罚预警告知单，第三次发现签发停工通知书并移送处罚。全年开展工地扬尘巡查1318项次，下发整改通知19份，停工通知4份，移交处罚7件。（高乐旭）

【工程质量监管】 2023年9月，镇江经开区出台《镇江新区工程质量监督标准化工作体系》，进一步规范工程质量监督工作，完善质量监督管理体系，获得江苏省建设工程质量监督总站认可和推广。（高乐旭）

【建筑施工安全监管体系建设】 2023年1月，镇江经开区城乡建设局出台《关于进一步加强建设工程安全生产分类分级监管工作通知》，文件将建设工程分为4个类别，分别是领取施工许可、无施工许可、规划红线范围内、专项工程，对每类工程分别明确监管主体和监管流程，进一步消除监管盲区。2023年4月出台《关于印发〈镇江新区小型工程、专项工程安全监管工作实施及指导工作方案〉的通知》《小型工程及专项工程安全监管部门和建设主体安全责任履职清单手册》和《镇江新区小型工程及专项工程安全监管检查要点指导手册》，从建立联络机制、巡查机制、培训机制、研判机制、指导机制和工作流程等6个方面，指导属地、园区对小型建设工程和专业工程（简称纳管工程）的安全监管和细化纳管工程安全监管的工作内容和要点，规范纳管工程的安全监管行为，发挥建设行业主管部门牵头指导作用，防范纳管工程安全生产事故的发生。（高乐旭）

【绿色建筑及生态城区建设】 2023年，镇江经开区开展绿色建筑工作，建设绿色节能住宅。至年底，经开区新建民用建筑面积76.74万平方米，其中，绿色建筑面积76.74万平方米，城镇绿色建筑占新建民用建筑比例达100%。严格执行“预制三板”应用规定及装配式建筑发展规划，新开工各类装配式建筑总面积3.95万平方米，在新开工民用建筑总面积中占比30%。（何建国）

【表彰2022年度镇江新区建筑业优秀企业】 2023年3月28日，镇江新区管理委员会下发《关于表彰2022年度镇江新区建筑业优秀企业的通知》。经自愿申报、材料评审、集体讨论和社会公示等程序，对中国能源建设集团江苏省电力建设第三工程有限公司等14家建筑业企业授予“2022年度镇江新区建

筑业优秀企业”称号。（张　笑）

【房地产业】 2023年，镇江经开区全力护航房地产企业保交楼。坚持把“保交楼、保交付”作为重塑市场信心、稳住经济大盘的重要措施，完成丁卯悦园项目544套“保交楼”任务，维护购房人合法权益。

全年全区商品房累计批准预售7.87万平方米，比上年减少57.39%；其中商品住房累计批准预售5.58万平方米，比上年减少67.46%。至2023年年底，经开区商品房累计可售面积57.93万平方米，比上年减少18.76%，其中商品住房累计可售面积为17.05万平方米，比上年减少39.92%。

2023年，经开区实现商品房累计合同销售2150套（其中丁卯851套、大港1299套），合同销售面积22.29万平方米（其中丁卯8.55万平方米、大港13.74万平方米），销售套数比上年减少25.55%，销售面积比上年减少25.97%。其中，实现商品住宅（含别墅）累计合同销售1571套（其中丁卯503套、大港1068套），合同销售面积17.33万平方米（其中丁卯5.82万平方米、大港11.51万平方米），销售套数比上年减少37.51%，销售面积比上年减少36.29%。（纪　翔）

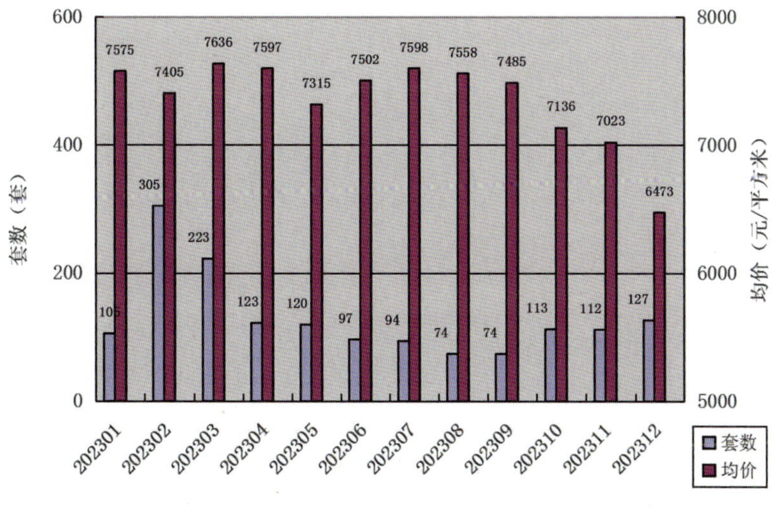

图17－1　经开区商品住宅（不含别墅类）月度成交图

（纪　翔　供稿）

市容管理

【概况】 2023年，镇江经济技术开发区综合行政执法局（简称经开区综合行政执法局）高质量完成道路保洁、市政设施管护、市容秩序管理、城市及综合行政执法等工作。以党建为引领，探索铁路道口“设备、作业、管理、环境”4个标准化管理制度，晋元大道铁路道口被授予全市唯一的省级“铁路道口路地共建标准化示范基地”称号。推进全国“双城共创”（文明城市、卫生城市）工作，全面完成16个省级垃圾分类小区、98个“四分类”小区建设任务。加强城市秩序管理，重点对擅自设置广告牌、随意倾倒建筑垃圾、违法建设、占道经营、带泥上路污染路面等违规行为进行查处。办理渔政违法案件32起、农资农产品违法案件5起，长江禁捕工作、农业案件查处走在全市前列。（魏敬升）

【专项整治】 2023年，经开区综合行政执法局围绕市容管理开展专项整治工作。一是牵头开展废品回收行业整治，关停废品回收站92处，整治提升27处，有效改善城市环境，完善和实施新的布点规划。二是建立健全违建防控制度，积极开展铁路沿线、占压燃气管道、工业企业内部违建等专项整治，依法处置重点小区违建，有效消除违建安全隐患。三是开展大型户外广告分类整治，排查广告牌111处，对符合规划要求的42处予以保留，其他予以拆除或依法立案查处。四是集中开展城市环境综合整治，完成新材料产业园保洁全覆盖，强化城市道路周边、边角地带毁绿种菜整治以及铁路沿线、港南路等区域环境整治，累计清理毁绿种菜 62 处，清理违规种地 3.8 万平方米，完成补植复绿近 1.9 万平方米，清理各类垃圾杂物约 300 吨。废品回收站整治提升、港南路沿线环境整治工作得到市委书记马明龙的批示肯定。（魏敬丹）

【市政设施管护】 2023 年，镇江经开区重视市政设施管护水平的提升。一是加大市政设施维护力度。全年累计维修路面 5.9 万平方米，路牙及树池长 7.6 千米，管护绿化 681 万平方米，提升城市形象。二是路灯节能改造序时推进。实施镇江地区规模最大的路灯改造合同能源管理项目，每年可节省电费 700 余万元。三是积极统筹发展和安全，新增市政养护工程防撞缓冲车，市政设施维修做到事前有方案、事中有措施、事后有检查，全年未发生一起安全生产责任事故。（魏敬丹）

【城乡环境卫生大扫除行动】 2023 年 5 月初，经开区开展“清洁美化家园　建设宜居新区”城乡环境卫生大扫除行动，推进新区城乡环境卫生面貌大提升。经开区综合行政执法局发挥主力军作用，在清扫保洁、市容市貌及垃圾处置等方面持续发力。对照全国文明城市测评标准和大气管控要求，督促各环卫单位不断加强城市主次干道及街巷日常精细化保洁，在对国控点周边道路按照不低于“4 + 12”机械作业模式进行洗扫与洒水的同时，日均出动 6 辆洗扫车、6 辆洒水车，以机械联合作业结合人工的方式，对 109 条路段有计划地开展“洗街抑尘”行动；加强垃圾分类管理考核，确保各种分类设施保持整洁并正常使用，对有害垃圾及可回收物、餐厨废弃物的清运到位及时，生活垃圾无害化处理率 100%；组织“宜地清”志愿服务队持续开展环卫志愿活动，清理各类城乡卫生死角，充分发挥环卫“兜底”作用。

经开区市场监督管理局下发农贸市场环境卫生整治行动实施方案，要求各市场主办方每月至少进行一次“搬家式”大扫除并做好每日市场卫生环境清洁工作，同时加大督促巡查力度，确保农贸市场环境卫生整治工作落实落细。经开区城乡建设局联合财政、环保等部门，每季度开展长效管护考核和河湖健康状况体检，对河道及两侧环境卫生定期利用无人机巡飞监管，对发现的问题跟踪督促限时完成整改；定期组织人员对物业服务小区开展环境卫生整治督查，督促整改小区环境卫生问题 20 余处，对于整改不力、工作不到位的物业服务企业，予以诚信扣分。新区交通分局加强国省干道沿线环境卫生的整治。经开区社会发展局以“四沿五旁”（“四沿”指铁路沿线、高速公路沿线、国省干道沿线、县乡道路沿线等重点线路；“五旁”指宅旁、村旁、田旁、路旁、水旁等重点点位）为重点区域，重点清理农村各类垃圾，常态化组织开展村庄公共区域积存垃圾综合治理，确保农村人居环境美观整洁。

（经开区综合行政执法局）

【路灯节能改造民生工程开工】 2023 年 3 月 10 日，镇江地区规模最大的路灯改造合同能源管理项目——镇江经开区路灯节能改造民生工程开工，经开区党工委副书记、管委会主任尹卫民，市城管局党委书记、局长吴海平，新区党工委委员、管委会副主任陆建林出席开工仪式。工程涉及大港片区 128 条道路，路灯灯杆 11592 基，需节能改造替换光源数量 18319 盏，改造完成后每年可减少用电 1000 多万千瓦时，节约电费约 700 万元。节能路灯光源采用石墨烯高效散热材料和高效散热技术大功率集成式 LED，以及高光效芯片和耐腐蚀耐酸碱玻璃透镜，使用寿命更长、透光率更好。通过连接智能照明控制系统，改造后的节能路灯实现远程开关、调光控制、自动故障定位及运行状态监控等操作，不仅提高维修效率，减少人力物力成本，还可通过智能化管理为市民打造更加优美舒适的照明环境，方便夜间安全出行。正式开工前期，完成滨江路、银山南路300多盏灯具试验性改造，节能路灯达到预期效果，后续改造工作计划6月底全部完工。（魏敬丹）

【爱心驿站建设】 自2017年开始，镇江经开区综合行政执法局以辖区新建环卫公厕管理用房为基础，结合环卫工人实际需求，精心打造爱心驿站，为环卫工人提供一处在酷暑严寒中小憩休整的场所。至2023年年底，全区已有20余座环卫爱心驿站陆续建成，服务涵盖800余名一线环卫工人。2023年，镇江经开区综合行政执法局进一步聚焦环卫工人的切实需求，对爱心驿站进行功能升级，添置血压计、充气泵、手机加油站、书报架等各类物品13套，并完善7个爱心驿站的标识标牌。发挥爱心驿站平台作用，动员社会爱心力量，组织环卫工人参与各类暖心关爱活动，举办元宵猜灯谜、环卫工人节、妇女节关爱等活动，提升和延展爱心驿站的功能和内涵，让爱心驿站不仅成为环卫工人日常的“歇脚地”，也成为滋润心田的“暖心港湾”。2023年12月，镇江经开区瑞城路环卫爱心驿站被全国总工会授予“最美工会户外劳动者服务站点”称号，镇江经开区圌山路、港南路、银山小学的3处环卫爱心驿站也相继获得江苏省2023年度“最美工会户外劳动者服务站点”荣誉称号。2021至2023年期间，镇江经开区共打造省级最美工会户外劳动者服务站点8处。（魏敬丹）

交通运输管理

【概况】 2023年，镇江市交通运输局新区分局（简称新区交通分局）围绕“五争一创”“三保三提升”工作要点，完成铁路沿线安全环境整治、农路提档升级，推进港口高质量发展、规范道路运输行业服务管理等各项重点工作，首次获得经开区高质量发展特别贡献奖，成立镇江经开区交通运输行业党委，建立健全行业党组织。做实“扩权赋能”，承接港口日常安全监管、行政许可初审职能；县乡道路行政审批许可权力下放；客运驾培行业厘清职责权限，落实日常监管。新区交通分局职能进一步健全，监管交通运输行业企业达1206家，交通运输行业发展进入新阶段。至2023年年底，镇江经济技术开发区有国省干线公路4条，总里程57.15千米，现有农村公路151.81千米（其中县道52.7千米，乡道54.96千米，村道44.15千米）；连镇高铁、镇瑞货运专线2条铁路过境，总里程达50千米，设有大港南站、瑞山站2个铁路场站；货物运输经营业户1015户、货车2416辆（其中蓝牌车辆146辆，黄牌车辆2270辆）；包车客运企业1家40辆营运客车；港口岸线7.6千米，有20家港口企业39个泊位；机动车维修经营备案企业60家；通用机场1个。（李肇聪）

【公路基础设施建设】 2023年，新区交通分局加强公路基础建设。一是促进提升农路通行品质，投资750万元实施姚丁线（X305）4.83千米提档升级工程，完成道路路面改造2.9万余平方米，对石桥集镇段等重要节点进行绿化提升，整体路域环境、农村人居环境得到显著改善。工程于2023年10月30日全线建成通车，方便人民群众出行，助力“三农”事业发展。二是促进提升农路安防水平，投资400万元完成临水、校车行经路线等15条乡道及16条村道危险路段近70千米农路生命安全防护工程，消除车辆通行隐患104处。（李肇聪）

【铁路沿线隐患整治】 2023年，新区交通分局推进铁路沿线安全环境整治。5月18日，全市开展铁路沿线安全环境整治工作，交通分局牵头经开区铁路沿线安全环境整治工作，采取“线上巡查+线下督查”方式，乘坐高铁巡查 13 次，召开 20 余次专题推进会和现场督办会，采取“挂图作战、清单交办、统一标准、限期整治”等措施，聚力点上攻坚，实现面上出彩，完成市交办问题整改 176 个，自查问题整改 112 个，整改完成率 100%，打造完成 5 个节点，研究制定区级抓总、乡镇街道各具特色的“1+5”长效治理方案。全年整治工作投入整治人员 7550 余人次、机械 1232 台班，清理棚点 782 个，拆除违章建筑物、构筑物 24860 余平方米，整治出新破旧建筑屋顶及外立面 16350 余平方米，清除白色污染物等各类垃圾 15320 余吨。铁路沿线安全环境整治和绿化提升荣获全市突出贡献二等奖。

（李肇聪）

【交通安全环保监管】 2023 年，新区交通分局突出抓好交通安全生产工作落实。一是编制经开区交通运输行业企业安全风险点管控责任手册，摸排“两客一危”（从事旅游的包车，三类以上班线客车，运输危险化学品、烟花爆竹、民用爆炸物品的道路专用车辆）、港口、机动车维修、普货运输企业和在库桥梁各类风险点 601 个，实现风险清单化管理。二是深化各类专项行动，推进专项整治巩固提升年和基础建设强化推进年“两个年”专项行动，推进重大事故隐患排查治理，做好重大活动期间和重要时间节点安全工作，开展各类专项执法行动，严格查处道路运输违法违规行为，出动 368 人次开展路检路查 60 余次，查获各类交通违法案件 89 件，罚款 26.82 万元。

推进港口船舶污染防治。一是盛华、金东、港务集团、大路港务 4 家干散货码头企业均制定扬尘管控“一企一策”方案，实现精准化管控。二是沿江 11 家码头企业均安装了岸电设施，并规范使用。易扬尘港口企业安装粉尘在线监测设备 22 套，针对干散货等易起尘货种的码头视频监控覆盖率 100%。

（李肇聪）

【服务行业发展】 2023 年，新区交通分局做好服务行业发展工作。促进港口岸线高效利用。一是加强规划引领。认真履行港口发展工作领导小组办公室工作职责，编制《镇江经开区港口高质量发展工作方案》。二是推动融合发展。印发港口岸线资源集约高效利用责任清单，明确工作内容和责任单位，加强港口岸线资源集约高效利用，促进大港港区港产城融合发展。

推进货运行业规范提升。一是探索危险品运输管理新模式。建成镇江经开区危险品道路运输集成管理（服务）中心，完善“预约—专业停车—入园五必查—装卸作业—驶离”工作流程，开发危货运输管理小程序，助力危险品道路运输行业安全稳定发展。二是助力提升多式联运运输能级。配合市交通运输管理局完成经开区 80 家重点工贸企业运输需求情况调研和分析，并召开片区工贸企业运输需求调研座谈会，为优化调整运输结构工作提供数据支撑；公铁联运取得实质性进展，新开通 1 条镇江至湖南的公铁联运路线。

加强机动车维修行业管理。一是紧盯重点，将 40 家汽车销售 4S 店汽车维修业务纳入管控，实现常态化管理服务。二是覆盖管理，市交通运输管理局简政放权，将机动车维修经营备案权限下放，交通分局分批逐步推进对近 150 家三类维修企业全覆盖备案管理。

推动客运行业提质增效。一是更新设施设备，推动经开区公交更新，投放 20 辆新能源公交车，全部到位投入运营。二是设立文旅专线，开通经开区公交旅游 1 号线，将圌山风景区等 7 个旅游景点“串珠成链”，同时解决沿线奇美化工、金东纸业、巴斯夫材料公司等企业职工的上下班公共出行难题。三是服务民生发展，设立“敬老爱老”公交 K005 专线，保障老年人等弱势群体的公共出行。

服务航空产业高质量发展。一是拓展大路机场功能，打造江苏首个 A 类飞行服务站，提供飞行计划申报、气象、空域、航路及救援信息，飞服站正式投入运行。二是服务项目建设，大路机场水上机场水域、陆域工程建设竣工验收，进入开通运营准备阶段。

（李肇聪）

水利建设与管理

【概况】 2023年，镇江经济技术开发区城乡建设局（简称经开区城乡建设局）围绕水利现代化建设目标，按照“立足基本、全面拓展、加快推进”的思路，狠抓各项工作落实。河长制工作提档升级，达成实体运作目标；水利工作基础不断夯实，水资源管理更为严格，创成镇江首家省级节水型工业园区；防汛抗旱措施扎实，全区实现安全度汛。长江禁采工作全面发力，实现长江（镇江经开区段）非法采砂行为基本禁绝目标；2023年，全区国、省考断面水质及水功能区达标率达到100%。 （嵇庆才）

【防汛抗旱】 2023年，经开区城乡建设局编制印发《特大暴雨城市防洪避险预案》；6月初干旱时段，加强预测预报预警、会商分析抗旱举措、科学调度水利工程，累计引水提水300小时，共计4000余万立方米；梅雨季强降雨期间，累计开展防汛抢险和交通管制12次，出动防汛人员200余人次，未发生一起人员伤亡。 （嵇庆才）

图17－2 2023年5月23日，新区召开全区防汛抗旱工作会议 （新闻中心 供稿）

【幸福河湖、生态河道建设】 2023年，经开区城乡建设局围绕“宜居、宜业、宜游”的建设目标和人民群众美好生活新期盼，塑造水清岸绿的河湖生态空间，彰显水韵新区风貌特色。着力打造7条（个）幸福河湖，累计建成幸福河湖15条（个）；城乡建设局党委书记项目以点带面，推动全区累计建成农村生态河道12条（段），长度46.03千米，覆盖丁岗、大路、姚桥三镇。 （嵇庆才）

【长效管护】 2023年，经开区城乡建设局投入1000多万元，保障水利长效管护。建立“每季度区级骨干河道全覆盖、镇村级河道抽查比例不低于50%”的考核机制，发布全区《新区河湖体检表》，推动护河治水落实落细。强化闸站管理考核，成功将团结闸、北港泵站、姚桥闸3座闸站创建为省级精细化管理工程。以“河长巡河、交办、督查”为切入点，率先完成水利部146项遥感图斑核查，提前拆除姚桥港临时钢便桥；全面开展违法违规占用长江岸线行为排查工作，制定专项整治方案，率先完成省市交办的10项长江岸线利用项目整治规范，累计拆除沿江违法违规建构筑物面积950余平方米；强化河湖日常巡查监管力度，实现巡查、考核全覆盖，杜绝整改问题死灰复燃，实现新增违建零增长。全区以《总河长令》为纲，各级河长全面效能履职，各级河长累计巡河达2837人次，印发交办督办单14份，各级河长履职率达100%。

（嵇庆才）

土地储备工作

【概况】 镇江经济技术开发区土地储备中心(简称土储中心)2008 年 11 月经镇江市政府批准成立,为直属经开区管委会的事业单位,业务上归口市自然资源和规划局管理。主要职责:负责依照镇江市土地利用总体规划和相关控制性规划,对《土地储备管理办法》所列可纳入土地储备范围内的镇江经济技术开发区区域内土地统一进行储备;对储备的土地进行前期开发、保护、管理、临时利用;按规定及时将完成前期开发整理的储备土地纳入市土地供应计划,由市自然资源和规划局统一组织供地等。主要工作:为扎实推进经开区高质量发展建设做好全区土地储备工作。一是配合产业发展,积极开展土地储备。围绕经开区产业布局、城市规划、项目建设的需要,发挥好储备中心土地供应的调节作用,提前谋划,科学编制年度土地储备计划;并按照省厅要求,做好土地储备监管系统的填报及维护工作。二是配合高质量发展,加快推进土地上市。推进各类用地上市,紧密联系招商、资规分局、建设等部门,做足做细各项土地上市前期工作,确保产业用地,成熟即上市。三是严格执行管护制度,做好地块的管护工作。加强名下储备土地的分类管护,防止侵占、破坏储备土地等行为的发生;加强储备土地日常巡查和监管,明确巡查人员,建立健全巡查台账,实现常态长效管理的建设等。

(魏　伟)

【土地收储】 2023 年,镇江经济技术开发区土地储备中心根据省自然资源厅通知要求,完成镇江经开区 2023 年度土地储备计划编制和上报工作 171 个项目,总面积 484.48 公顷;完成 5 宗 13.86 公顷土地收储工作。

(魏　伟)

【土地供应】 2023 年,镇江经济技术开发区土地储备中心落实新区发展总体规划的要求,切实做好土地供应工作,全年共完成土地上市 1244.5 亩,实现上市总收入 19.23 亿元,其中工业用地 23 宗 847.7 亩,经营性用地 7 宗 376.8 亩。

(黄佳良)

【土地一级开发】 2023 年,镇江经济技术开发区土地储备中心做好土地一级开发。一是场平项目:完成国美、西杰、港务联运等项目,10 宗 366 亩土地的场平工作。二是杆线迁移及供电配套项目:完成华源、宝马 4S 店、港务联运 3 宗项目地块杆线迁移,完成隐轴项目、坤鼎项目、日丰管项目的供电配套,实施双峰格雷斯海姆项目的供电配套工作。三是其他重点项目:实施天奈北侧护坡、亨峰隆北侧挡墙工程。

(魏　伟)

【文物勘探基础保障】 2023 年,镇江经济技术开发区土地储备中心完成 18 宗地块共计 718 亩的考古机械配合,落实文物勘探工作所需的基础保障工作,缩短文物勘探进场时间和发掘时间,确保文物勘探工作有序进行。完成文物勘探面积 800 亩。(黄佳良　魏　伟)

不动产登记

【概况】 2023 年,镇江经济技术开发区不动产登记交易中心(简称经开区不动产)办理首次登记 2852 件,转移登记 4564 件,变更登记 355 件,注销登记 45 件,更正登记 132 件,异议登记 1 件,查封登记 2348 件,其他登记 206 件,合并登记 7818 件,抵押登记 4771 件,合计业务量 23092 件。

(冯雨昕)

【全区首本土地经营权证颁发】 2023 年 12 月,经开区不动产主动靠前服务,上门为江苏润果农业发展有限公司宣讲政策,反复确认土地经营权证发证材料清单和审核要点，做到“一件事一次办”。12 月 29 日，经开区不动产完成全区首张土地经营权证的颁发，并为江苏润果农业发展有限公司暖心送证上门。全区首张土地经营权证颁发对农户来说意义重大，既能够保障承包农户的合法权益，防止其承包经营权受到非法侵害，又能提高土地利用效率和效益。该证对农村土地所有权和使用权进行清晰、明确的界定，对农业增产、农民增收、助推乡村振兴具有重要的现实意义。（冯雨听）

【“线上苏小登”服务提升】 2023 年，经开区不动产持续推进“互联网＋不动产登记”政务服务模式，为企业和群众提供多渠道、多形式的不动产登记便捷化网上服务，有效解决企业、群众异地办事“跨省跑”“折返跑”等难点堵点问题。经开区不动产全年在镇江市不动产登记交易网上办事大厅共办理预购预告、抵押权预告登记 343 件，商品房转移登记 9 件，抵押登记 749 件，注销登记 383 件，产权查询 36488 件，共计 37972 件，减少企业和群众办事往返大厅的次数。（冯雨听）

【交房（地）即发证】 2023 年，经开区不动产全面实现“交房（地）即发证”工作常态化、规范化。当年，经开区不动产为 4 处住宅小区业主提供“交房即发证”服务，办理证书 1170 本。为 22 家单位提供“交地即发证”服务，宗地面积 484.5 亩（32.3 公顷），其中，国有建设用地交地确认书、建设用地规划许可证、不动产权证书“三证齐发”22 本，“交地即发证”服务的企业数量在拿地企业数量中占比 100%。（冯雨听）

生态环境建设

综　述

【概况】　2023 年,镇江经济技术开发区以持续推动生态环境改善、更高标准打好污染防治攻坚战为目标,坚持高质量发展与高水平保护并进、污染防治与生态保护并重,工作取得实效。全区 $PM_{2.5}$平均浓度为 36 微克/立方米,年累计优良天数比率 75.4%,5 个国、省考断面水质均值稳定达标。突出环境问题整改力度加大。全面完成第二轮中央生态环境保护督察信访件整改销号工作。基础投入全面加强。2023 年开展六大类 101 项废气治理任务,超额完成市级下达 357 辆国三柴油货车淘汰工作任务,依托园区监测监控体系,实现异味精准溯源,精准治理。推进开展 8 项治水工程,统筹推进河道流域系统治理,着力防范汛期国、省考断面水质下降,保障断面达标。谋划 21 项环境基础设施项目,总计投资 32.7 亿元,涉及管网建设、危废处置、农村生活污水治理等,项目实施后有效提升区域生态环境水平。环境信访下降。相继印发《镇江新区生态环境和应急管理局环境信访工作机制》《镇江新区生态环境信访管理办法》等文件,有效规范信访调处。全年环境信访举报受理量 1118 件,比 2022 年下降 29.73%,其中,省级信访举报 8 件,比 2022 年增长 14.29%。

（生态环境和应急管理局）

【总河长调研水环境保护工作】　2023 年 4 月 13 日,市政协副主席、新区党工委书记路月中前往捆山河国考断面等地,调研全区水环境保护工作,推动全区水生态环境持续向好。当天,路月中一行首先来到捆山河国考断面,通过现场检查、听取汇报等方式,仔细查看国考断面水质,深入了解沿线排口治理、“河长制”工作落实等情况,要求属地与部门紧密配合、加强协作,持续强化水环境精准治理,对所发现问题及时上报、迅速整改、跟踪问效,标本兼治保证国考断面水质持续改善、稳定达标。

（生态环境和应急管理局）

【新区领导检查大气污染防治工作】　2023 年 1 月 9 日,镇江新区党工委副书记、管委会主任尹卫民检查大气污染防治工作,新区党工委委员、管委会副主任陆建林参加检查。尹卫民先后到跨江输电通道建设工地、新安德矿业公司、威狮轮胎汽修点等处,仔细检查工地扬尘、企业污染排放等情况,详细听取相关负责人关于环境问题整改计划的汇报。尹卫民要求,企业要落实污染防治主体责任,针对裸土未完全覆盖、作业扬尘污染等问题必须排定时间闭环整改,同时举一反三严格制定并落实常态化管控措施,加大环境基础设施投入力度,确保问题整改常态长效。尹卫民强调,属地部门要强化巡查监管,紧盯监测数据变化情况和群众反映问题,及时预警调度,帮助企业及时整改到位,同时常态化开展"回头看",对敷衍整改情况严肃执法问责,推动环境空气质量持续提高。

(生态环境和应急管理局)

【"安全生产月"暨"六五"环境日广场咨询活动】 2023年6月5日,镇江新区开展2023年度"安全生产月"暨"六五"环境日广场咨询活动。活动由新区安委办、环委办、总工会主办,大港街道协办。活动现场,通过设置展板、现场接受群众咨询、派发安全环保宣传册等多种形式开展面对面宣传,向群众发放生态环保法律法规知识、环境安全等宣传资料以及环保布袋以提高群众安全环保意识。消防大队工作人员还为居民讲解消防安全相关知识,同时开展灭火器使用、火灾逃生等技能培训;社发局组织人员开展现场心肺复苏、海姆立克法应急救护演示,指导居民掌握常用应急救护方法;综合行政执法局为居民讲解垃圾分类相关知识,发放宣传手册,指导市民开展垃圾分类。活动现场还组织少年儿童开展安全和环境保护绘画活动,提高儿童的安全环保意识。新区党工委委员、管委会副主任陆建林参加活动。

(生态环境和应急管理局)

环境质量和环境管理

【概况】 2023年,镇江经开区生态环境部门相继出台《镇江新区建设项目主要污染物排放总量指标审核及管理办法(试行)》《镇江新区排污许可证核发工作管理办法(试行)》《镇江新区环境信访工作管理办法(试行)》《镇江新区污泥(一般工业固废)利用处置单位系统备案管理办法(试行)》《镇江新区危废许可证审批管理办法(试行)》5项管理办法,明确总量平衡、排污许可证核发、环境信访、污泥利用处置、危废许可证审批等领域本级管理办法,提升经开区生态环保工作效率和生态环境治理水平。

2023年,经开区 $PM_{2.5}$ 浓度36微克/立方米,优良天数比率75.4%,5个国、省考断面水质均值稳定达标。

(生态环境和应急管理局)

【工业固废管理】 2023年,镇江经开区生态环境和应急管理局开展危废全生命周期监控管理,审核294家企业管理计划1000余次,全区278家涉废企业(不计集中收集体系小微企业数)产生危废99612吨,自行利用处置28179.27吨,委外转移71383.79吨。建立完善小微企业危废集中收集体系,全区有159家小微企业对接进入危废集中收集体系开展产废申报、转移等。开展经开区"无废城市"建设,编制印发《镇江新区"无废城市"建设实施方案(2023—2025)》,镇江市唯一危废刚性填埋场建成投运,完成9个"无废细胞"建设并获得市级命名、认定。开展新污染物治理,按照省、市工作部署,对约500家次企业完成2022年度化学物质环境信息统计调查工作。

(生态环境和应急管理局)

【土壤污染防治】 2023年,镇江经开区生态环境和应急管理局精准施策、系统谋划土壤污染防治工作。推进39家土壤重点单位完成土壤、地下水自行监测,完成16家单位土壤污染隐患排查"回头看";推进电镀园区周边耕地土壤监测分析,完成生态环境部土壤重金属督查交办的4类环境问题整改,完成7个重点地块土壤调查,全区建设用地安全利用率100%;完成化工园区地下水详细调查评估。2023年完成1个行政村农村生活污水治理任务，治理率为 68.4%，位居全市前列；推进完成 1 条农村黑臭水体治理，农村黑臭水体治理率达 80%；推进村庄垃圾清理整治专项行动，累计出动 130 余人次，督查发现垃圾倾倒 50 余处，下达交办提醒单 40 余次，所涉乱堆乱放垃圾均完成清理和整改销号；完成省生态环境厅督查暗访交办的 4 个农村环境整治问题整改；会同社发局印发《镇江新区畜禽养殖污染排查整治提升工作方案》，并对全区 10 家规模养殖场、19 家中小养殖场户进行排查，推进完成 7 个问题整改。

（生态环境和应急管理局）

【辐射安全监管和服务】 2023 年，镇江经开区生态环境和应急管理局共对 9 家单位辐射安全许可证申请进行现场核查，其中 2 家重领现场设施未达到环评要求撤回申请，其他 7 家被检查单位均满足发证条件，予以发证。2023 年，抽查 2 家企业，分别为国网江苏省电力有限公司镇江供电分公司、优利德（江苏）化工有限公司，抽查未发现问题。

（生态环境和应急管理局）

【生态环境基础能力建设】 2023 年，镇江经开区共谋划 21 个环境基础设施项目，总计投资 32.7 亿元，项目数和投资额全市第一。2023 年，经开区发挥政府资金激励作用，引导企业投入超 86%，对比 2022 年，项目数增加 13 个，投资额提升 27.54 亿元。

（生态环境和应急管理局）

【服务高质量发展】 2023 年，全区累计完成 22 家企业污染物总量指标回收，储备各类污染物指标 913.354 吨（二氧化硫 96.8 吨、颗粒物 182.7 吨、VOCs 47.8 吨、氮氧化物 64.1 吨；氨氮 104.6 吨、化学需氧量 314.9 吨、总磷 0.154 吨、总氮 102.3 吨），回收项目数和指标储备量全市领先，通过污染物减排，为区域产业结构“腾笼换鸟”“筑巢引凤”提供总量保障。主动配合招商部门进行项目招引、落户咨询 100 余次，实地考察重大项目 10 余次，提供项目选址意见 30 余条，否决一批不符合环境保护规划、污染严重、工艺落后的项目，引导绿色、可持续项目落地新区发展。精准高效服务企业。邀请市应急管理局和省级专家组为换领危化品安全生产许可证企业提供指导服务 50 余人次；依托化工实训基地组织对各化工医药企业主要负责人、安全总监和班组长开展工伤预防能力提升等培训 6 期，共计 500 余人次。现场或通过电话为招商部门及相关人员进行项目招引、落户咨询 100 余次。

（生态环境和应急管理局）

【环保入企帮扶行动】 2023 年，镇江经开区生态环境和应急管理局针对环境监管执法权上收市生态环境局的情况，联合区环境执法局持续开展环保入企帮扶行动，结合企业特征制定个性化“普法套餐”，将政策法规、技术服务、帮扶指导送到企业车间现场，邀请专家开办专题讲座 5 场，先后“点对点”帮扶企业 750 家次，入企指导 150 余家，促进企业生产经营与生态环境的和谐发展。开展大气专项检查，深入现场帮扶指导企业 200 余家，督促整改问题 400 余个。按照排污许可清单式检查，高标准严要求对全区 60 余家在建企业进行现场指导，填写现场核查意见单，推动解决涉水、涉气问题 39 个。

（生态环境和应急管理局）

【在线监控联网推动】 2023 年，镇江经开区生态环境和应急管理局持续强化以自动监控为核心的非现场监管，不断完善“统筹调度、督促落实、帮扶指导”工作机制，提升重点排污单位监管领域的管理效能，稳步推动全区生态环境质量持续向好发展。全年组织 57 家重点单位企业开展自动监控运行管理培训，至 2023 年年底，全区在线监控共联网企业数量 131 家，涉废水 118 家，涉废气 55 家，用电监控 139 家。（生态环境和应急管理局）

自然资源管理

【概况】 2023 年,镇江市自然资源和规划局经济技术开发区分局(简称经开区资规分局)围绕全区中心工作,服务大局,坚持发展是第一要务,把高质量发展“保”得更好,在守住耕地红线和生态底线的前提下,不断加大资源要素保障力度,与宏观经济政策同频共振、同向发力。一是坚持“项目跟着规划走、要素跟着项目走”。围绕经开区发展定位和发展需求提供坚实要素保障,推动全区高质量发展走在前列。全年供地 50 宗,供地面积 3407.8 亩,出让金 36.44 亿元;土地上市交易 11 期,1029.3 亩;获报 1 个批次 60 余亩,上报组卷 3 个批次报批 250 余亩。二是坚持高位协调保发展。在江苏省自然资源厅的协调组织下,从徐州购买占补平衡指标 200 亩,支持重点项目发展。三是积极探索保供机制。10 月,完成“标准地 + 承诺制 + 弹性出让”,实现一日内“三证”(国有建设用地交地确认书、建设用地规划许可证、不动产权证书)齐发的目标,进一步提高审批效能,优化营商环境。四是积极落实林地使用。全年审批林地 60 余亩,审批林木采伐蓄积量 1580 立方米,全力支持重点项目发展。 (综合科)

【耕地资源保护】 2023 年,经开区资规分局坚决扛起粮食安全政治责任,落实最严格的耕地保护制度,进一步夯实粮食安全根基,在国土空间规划编制中足额落实耕地和永久基本农田保护任务,完成国家下达耕地保护目标 8.86 万亩,划定永久基本农田 6.5 万亩目标任务。确保自然资源部开展的 2023 年度经开区耕地保护责任考核“首考”不失分,耕地调出调入补划面积 792 亩。一是开展基本农田储备区更新。完成经开区永久基本农田储备区更新工作,初步成果划入永久基本农田储备区面积 572 亩。二是组织耕地占补复垦项目验收。严格规范耕地占补平衡管理,加大补充耕地建设力度,申报立项入库耕地占补平衡项目 16 个,计划新增耕地 401 亩,项目复垦到位并通过区、市级验收,已申请省级验收备案。(综合科　管控利用科)

【生态增绿修复】 2023 年,经开区资规分局坚持山水林田湖草一体化保护和系统治理,科学开展植树绿化,加快推进废弃矿山生态修复工程,提升生态系统质量,巩固提升碳汇能力,全年绿化造林面积位列全市前三。一是超计划完成绿化造林任务。实施宕口三期、长江沿线金属工厂搬迁、北沙腰河沿线、临水侧荒滩等地块造林绿化,累计完成成片造林 321.3 亩,铁路沿线完成成片造林 360.3 亩,

图 18－1　林长制主题公园一角

（综合科　林业科　供稿）

补植 4000 余株；落实长江沿线森林质量提升 1844 亩。二是湿地修复稳步推进。全年完成湿地修复 100 亩的任务，申报新建省级绿美村庄 1 个。三是森林安全防控能力持续增强。新建成圌山森林防火高点监测云台 2 处，护林房 2 座，完成镇江经开区第一次森林火灾风险普查、美国白蛾监测和松材线虫全区普查及全区森林湿地系统外来入侵物种普查任务。四是“林长制”工作不断深入。出台林长制监督考核制度，建成首个林长制主题公园。（综合科　林业科）

【批而未供和闲置土地处置】 2023 年，经开区资规分局分类推进存量工业用地盘活利用和提质增效，全力推进批而未供和闲置土地处置。一是认真落实批而未供处置整改。扎实推进批而未供处置，全年完成 2268 亩处置任务，确保土地报批不受影响。二是全力推进闲置土地处置。支持企业选择适宜的用地方式，鼓励国有企业以多种方式盘活利用存量土地，全年处置闲置土地 259 亩。三是为新产业新业态做好服务保障工作。深入开展自然资源节约集约利用综合评价考核，推进自然资源节约集约示范区建设。

（综合科　管控利用科）

【全区林长制暨森林防灭火工作会议召开】 2023 年 11 月 24 日，镇江新区召开全区林长制暨森林防灭火工作会议。会议通报 2023 年全区林长制和森林防灭火工作开展情况，对下年度林长制和今冬明春森林防灭火工作进行部署。新区领导王忠参加会议并讲话，对做好下年度林长制和森林防灭火工作进行部署。

会议强调，要提高政治站位，把推行林长制作为一项重要政治任务统筹推进；严格落实森林防灭火行政首长负责制，增强做好森林防灭火工作的责任感、紧迫感和使命感。要坚决抓好落实，强化主体责任，建立健全林长网格化管理体系；推进森林防火基础设施和专业队伍建设；加强值班调度指挥，确保火情信息畅通；深化宣传教育，动员全社会力量做好森林防火工作。要增进协调能力，完善林长制组织体系和业务协作机制，各有关部门要按照职责分工各司其职，严格督查考核；结合督导检查结果及时通报，发现问题立即督促整改。区林长制工作领导小组成员单位和区森防指成员单位相关领导，各镇（街道、园区）分管领导，以及相关单位代表参加会议。（综合科　林业科）

图 18－2　2023 年 11 月 24 日，新区召开全区林长制暨森林防灭火工作会议（综合科　林业科　供稿）

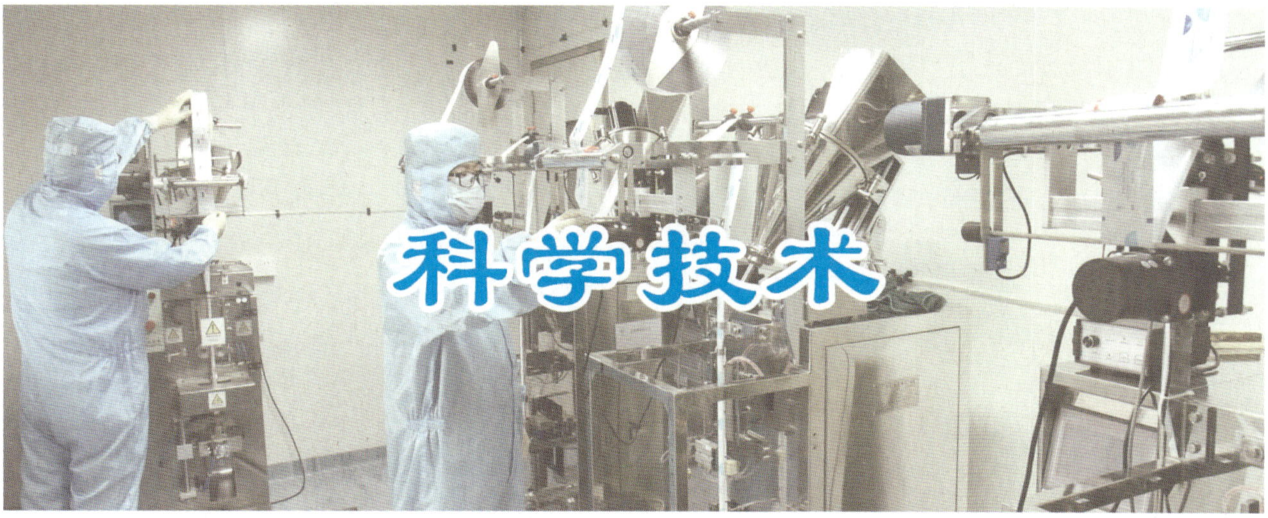

科学技术

综　述

【概况】　2023年，镇江经济技术开发区招引落户科技类、孵化类项目58个。以关键共性技术突破、新产品研发和质量提升为核心，激发企业技术中心创新活力，新增入库市级及以上重点技术创新导向计划22个；制定高企培育工作方案，推进高企申报挖掘工作，开展高企申报辅导工作，认定国家科技型中小企业397家，入库培育高新技术企业33家，认定国家高企88家；新建省级工程技术研究中心3家、市级工程技术研究中心42家。

（科信局）

2019—2023年镇江经开区科技创新主要指标基本情况表

表19－1

指　标	2019年	2020年	2021年	2022年	2023年
R&D经费投入占GDP比重(%)	2.8	2.82	2.83	2.84	2.86
高新技术产业产值占规模工业总产值比重(%)	60	60	60	62	65
累计省级以上研发机构(家)	112	121	128	135	140
发明专利授权量(件)	170	165	186	216	446
累计有效发明专利拥有量(件)	1386	1479	1607	1796	2241

（科信局）

科技创新基础建设

【创新环境优化】　2023年，镇江经开区开展实施《关于加快建设科技创新与人才高地的实施意见（2021—2025）》《镇江经开区鼓励企业运用股权吸引人才推进创新的政策措施》等一系列科技创新政策，降低企业研发成本，引导企业开放创新。开展高新技术企业认定、研发费用加计扣除、科技项目申报辅导等培训10余场，提高企业政策知晓率，帮助企业享受政策红利。常态化征集企业技术需求近60条，到东北、川渝、南京等地区对接吉林大学、四川大学、电子科技大学、重庆大学等国内重点高校院所，开展产学研活动10余场，导入高校院所科技成果300余条，新签订产学研合作协议40项。充分发挥“揭榜挂帅”机制政策红利，引导企业开展核心技术需求攻关，联合省产研院、省技交所、市科技局、生产力中心实地走访企业40余家，核实完善企业技术需求20余个。全年入选镇江市企业科技攻关（揭榜挂帅）技术需求库项目21项，占比全市第一。加速科技金融赋能，做优“科技金融进孵化器”“高企融资服务直通车”等服务品牌，全年累计开展科技金融进孵化器、融资沙龙等活动6场。（蔡　彧）

【创新主体规模壮大】 2023年，镇江经开区聚焦产业加速集聚人才项目，围绕特色主导产业，实施镇江经开区科技类和孵化类项目准入人才办法，成立2个专业招商队伍，畅通与省产业技术研究院、南大生命健康研究院、北交大长三角研究院等平台信息沟通渠道，招引科技人才类项目58个；发挥科技镇长团桥梁纽带作用，依托全区企业合作高校基础，新聘任科技副总37名；制定全年高企培育工作方案，市场化推进高企申报源挖掘工作，开展高企申报要点辅导工作。联合园区板块开展企业挖掘、培育、辅导工作，邀请高企评审行业资深专家，分批次、分领域为经开区申报企业进行面对面、一对一辅导，提升认定通过率。（钱　洁）

【技术创新】 2023年，镇江经开区强化研发理念导入，发挥研发费用加计扣除、省财政研发投入奖补等政策红利和政府科技计划项目资金引导作用，鼓励企业由“被动创新”向“主动创新”转变，全年建成省级研发机构3个、市级研发机构42个；强化研发归集指导，组织企业研发费用归集专题培训，借力月度、季度研发经费统计监测机制，帮助企业正确归集研发经费，充分享受政策红利。强化技术交易引导，组织技术合同交易登记工作培训，帮助企业充分享受免税政策，动态跟踪重点企业推进力度，召开技术转移工作推进会和技术交易培训会数十场，走访企业120余家，宣讲技术交易奖补政策，帮助企业充分享受免税政策，全年技术合同成交额突破40亿元。（唐文杰）

【省科技副总申报工作】 2023年，镇江经开区57名人才进行申报，申报量连续三年位居全市第一，最终37名人才成功立项科技副总。至2023年年底，镇江经开区累计立项科技副总188个，均具备博士学位或副高级以上专业技术职称。（蔡　彧）

【高端人才落地服务】 2023年，镇江经济技术开发区科学技术和信息化局（简称经开区科信局）坚持创新驱动主战略，聚焦科技创新平台打造、科技人才招引，挖掘企业高端科技人才需求，整合创新资源，完善校企合作交流平台，实现企业技术需求和高校院所科技成果精准对接，推动高层次人才、先进科技成果在经开区转化落地。拓展高端人才资源渠道。联系西安、武汉、北京等地高校、科研机构，掌握高端人才信息，定期推送给企业，借力科技镇长团、省产业技术研究院、省市产学研信息库、技术转移联盟等平台机构，拓展高端人才信息渠道。同时鼓励高层次人才带技术带项目与经开区企业开展合作，提前布局大数据、人工智能、纳米材料等风口产业，吸引高层次人才落户经开区企业，助力企业提升科技管理水平。

引导企业持续开展创新投入。制定出台经开区“十四五”新政，对引进高层次人才入选省“双创计划”科技副总，每个项目奖励5万元，发挥政府资金引导作用，支持企业开展产学研创新活动，加快产品研发和技术升级，以各类科技资金为杠杆助力企业开展产学研创新活动。对重点企业逐一上门走访，征集企业需求，加强分析研判，精准对接，实现企业由“被动创新”向“主动创新”转变，激发企业创新活力。

设立专班做好人才服务。建立全区企业技术需求信息库，摸清企业人才需求，利用集成管理指挥中心企业服务网格，分网格服务企业，每个网格派驻1个专业科技服务机构，配备1名科技服务专员，做好企业人才工作全流程服务。

建设科技成果转移转化平台。与省生产力促进中心开展深度合作，搭建科技成果转移转化平台，完善国家与省科技成果信息汇集与发放工作机制，对成果信息进行分类和挖掘。依托“技联在线”“圌山网”“镇江经开区发布”等媒介，常态化发布高校院所科技成果信息，联合园区板块、大院大所召开成果推介会。（蔡　琥）

【“专家企业行”产学研合作系列活动】2023年，经开区科信局借力上级科技部门、高校院所科技处、科技镇长团挖掘院校专家前沿项目，对接企业迫切需求，带领近50名技术专家到企业现场调研指导。其中，南京工业大学党委书记芮鸿岩带领材料科学与工程学院专家和经开区江苏索普新材料有限公司、万事达节能新材料（江苏）股份有限公司签署《高校毕业生就业创业实习实践基地建设协议书》并挂牌“南京工业大学就业创业实习实践基地”；江苏大学副校长张济建带领江苏大学医学院专家与海宏制药、威特药业、恒新药业等13家新区生命健康产业重点企业开展技术需求交流；向全区60余家企业推介江苏省产业技术研究院专业所最新技术成果。（蔡　琥）

【2023年度规模以上企业研发归集业务培训会】2023年5月10日，镇江经开区科信局主办召开“2023年度规上企业研发归集业务培训会”，200多家企业相关人员参与此次培训。培训会上，科信局对企业研发经费支出归集及填报要点工作进行详细讲解，指导企业规范制定研究开发组织管理制度，建立研发投入独立核算体系，编制研发费用辅助账。同时，介绍企业研发费用加计扣除、高企所得税减免、先进制造业增值税加计抵减、省财政研发投入奖励等政策。（罗　杰）

科技平台

【概况】2023年，镇江经开区在科技平台建设中，重视和加强科技企业孵化器、众创空间和企业研发机构以及专业科技服务、公共服务平台机构建设，把科技平台建设作为推进全区科技成果转化、培养高新技术企业和企业家的科技创业服务载体，作为国家创新体系的重要组成部分和创新创业人才培养基地，并取得显著成绩。至年底，全区建有孵化器10家、众创空间4家、市级及以上研发机构399个，推动促进全区科技进步和科学发展。（钱　洁）

【科技合作与交流】2023年，镇江经开区积极探索创新产学研新模式，围绕镇江重点产业发展趋势，通过共建创新联合体，进一步深化合作。联合市科技局，邀请江苏省产业技术研究院、南京航空航天大学，组织南航科研院、材料学院、机电学院、技术转移办公室到航天海鹰开展共建创新联合体建设对接。经过多轮次磋商，8月2日，由航天海鹰牵头，美龙航空参与，与南京航空航天大学、江苏恒神、江苏兆鋆共同签署创新联合体组建协议，成功打造全市首家创新联合体。该创新联合体将围绕航空复合材料部件研制、预浸料制备、新材及复合材料制品开发和应用等行业共性关键技术和“卡脖子”技术开展合作，整合各方资源，共享科研成果，进一步提升产品质量和技术创新能力。2023年，镇江经开区征集企业技术需求60余条，开展产学研活动10余场，导入高校院所科技成果300余条，帮助企业新签订产学研合作协议 40 项。

（蔡　琥）

【研发机构培育】 2023 年，全区申报省级企业工程技术研究中心 11 家，通过省市审核立项 3 家，申报立项率和成功率均居全市第一方阵。至年底，经开区累计建成省级研发机构 139 个，涉及新材料、新能源、装备制造、航空航天、生命健康、新一代信息技术等领域。当年申报镇江市工程技术研究中心认定名单中，镇江经开区 42 家企业名列其中，申报量、立项数保持全市第一方阵；辅导同舟螺旋桨、三维输送、赛尔尼柯等 6 家企业开展省工程中心绩效评价，全部通过评价，其中同舟螺旋桨绩效评价获评优秀。（蔡　琥）

【省级科技企业孵化器 2022 年度绩效评价工作】 2023 年 4 月，新区科信局按照《省科技厅关于开展 2022 年度江苏省科技企业孵化器绩效评价工作的通知》要求，完成区内省级科技企业孵化器 2022 年度绩效评价工作。2022 年，全区孵化载体围绕孵育孵化、国际合作、公共技术服务平台建设、产学研合作、科技成果转化、区域创新等方面开展服务工作，累计培育高新技术企业 30 家、科技型中小企业 96 家，在孵企业拥有有效知识产权 2187 件，授权知识产权 579 件，研发费用支出超 2.32 亿元。（钱　洁）

科技成果

【概况】 2023 年，镇江经开区围绕特色主导产业，畅通与省产业技术研究院、南大生命健康研究院、北交大长三角研究院等平台信息沟通渠道，全年招引落户科技类、孵化类项目 58 个，其中科技类项目 37 个、孵化类项目 21 个。2023 年，通过前期指南分析和后期申报辅导，帮助区内企业争取省市级科技计划项目 38 项，项目扶持资金达 1962 万元。

（钱　洁　许静静）

【新能源汽车电气绝缘材料研发生产项目】 该项目由姚恒玺团队投资于大港街道，主要针对新能源汽车行业，提供关键的电气绝缘材料，生产有机硅导热产品、有机硅防火产品和特种硅橡胶产品，为新能源汽车的安全提供保障。项目总投资 1000 万元，其中固定资产投资 500 万元。项目方拥有发明专利 9 件。项目于 2023 年正式落地开办，当年销售额达 3179.48 万元，纳税额达 294.35 万元，并成功申报为规上企业。（钱　洁）

【临床用医疗器械研发生产项目】 该项目由南京必好医疗器械有限公司投资于镇江国家大学科技园，主要研发组合式一次性子宫颈活体取样钳、妇科冷冻外科装置、可穿戴式胎心记录仪等产品，拟建设净化车间和工厂实验室。总投资 3000 万元，其中固定资产投资 1000 万元。项目方与江苏大学医学院开展合作，已落户智能装备园，场地装修已完成，准备正式运营。（钱　洁）

【镇江润纳光伏无机界面材料项目】 该项目由镇江润纳科技有限公司投资于镇江国家大学科技园，研发的界面材料主要应用于光伏领域的光伏导电浆料和光伏陶瓷浆料生产。项目一期总投资 300 万元，其中固定资产投资 150 万元。项目方与华东理工大学、北京工业大学开展合作，已落户科技孵化器并完成场地装修工作，准备正式运营。（钱　洁）

企业信息化建设

【概况】 2023 年，镇江经开区加快推进企业数字化应用，辅导航天海鹰、金海创等 21 家企业创成省星级上云企业；推进《镇江市制造业智能化改造和数字化转型三年实施方案（2022—2024年）》实施，完成90家规模以上工业企业“智改数转”诊断。（易 涛）

【企业网络化和智能化改造】 2023年，镇江经开区在企业数字化的基础上，推进企业网络化链接，指导江南化工、吉贝尔药业创成省工业互联网标杆工厂，认定数全市第一，中节能光伏云工业互联网集成平台创成全市唯一一家省工业互联网平台，新增泛沃科技、丹高电器和利信能源等3家企业通过两化融合管理体系贯标认定；加快推动企业智能化改造，指导索普新材料创成省级智能制造示范工厂，奥雷光电、金东纸业等7家企业车间创成省级智能制造示范车间，累计创成数全市第二。（易 涛）

教　育

综　述

【概况】 2023年,镇江经济技术开发区坚持教育优先发展战略,深化教育综合改革,持续改善办学条件,不断提高教育质量,持续推进"双减"(减轻义务教育阶段学生过重作业负担,减轻校外培训负担)和规范民办义务教育发展工作,完成丁卯片区施教区调整稳评,丁卯第三小学投入使用,首届招收4个班160余名学生;推进经开区第二实验小学建设,完成公办义务教育学校教室灯光改造。新招引教师97人,新增市级以上各类优秀教师31人;创建市级以上优质幼儿园2所,市级优质园占比95%以上;通过省学前教育"双普"发展督导评估、教育部"双减"督查,校外培训机构治理工作在国家、省"双减"日报上推广交流,义务教育公、民办学校实现高质量协同发展,全区教育事业持续、健康、快速发展,教育公共服务体系日臻完善,进入内涵发展新阶段。（徐迎春）

【学校及学生】 2023年,镇江经开区有各类学校48所,在校生32672名。各类学校中,有公办普通高中1所,初级中学3所,九年一贯制学校3所。初中在校生6111名,其中公办学校4850名、班级104个,平均班额47人;民办学校1261名、班级41个,平均班额31人。高中在校生2388名、班级数61个,平均班额39人。有普通小学10所,在校生17137名。其中公办学校15263名、班级332个,平均班额46人;民办学校1874名、班级61个,平均班额31人。幼儿园31所,在园人数7036名。其中公办幼儿园3658名、班级139个,平均班额26人;民办幼儿园3378名、班级132个,平均班额26人。（宋春晓）

【师资队伍】 2023年,镇江经开区有教职工3090人,其中专任教师2367人。普通中小学教职工1924人,其中专任教师1800人。小学专任教师1079人,公办小学师生比达1∶16.77,民办小学师生比为1∶11.09;初中专任教师521人,公办初中师生比达1∶12.86,民办初中师生比为1∶8.76;高中专任教师200人,师生比1∶11.942。幼儿园教职工1166人,其中专任教师567人,公办园专任教师293人,师生比1∶12.48;民办园专任教师274人,师生比1∶12.33。全区拔尖人才:省级以上特级教师5名,特级后备5名,市级名校(园)长4名,区级名校(园)长3名,市级学科带头人19名,市级骨干教师88名,区级骨干教师137名,市级教坛新秀20名。

2023 年,教师队伍建设取得新发展。新增正高级教师 1 人、江苏省教学名师 1 人。5 名教师获得“镇江市第三批特级教师后备人才”称号;2 人次获得江苏省小学教师基本功竞赛一等奖,1 人次获得江苏省小学优质课竞赛二等奖,多人次获市基本功、优质课一等奖;20 名教师获得“镇江市教坛新秀”称号,通过率 100%。获评实验教学精品课省优 1 节、市优 2 节,学科课程精品课省优 5 节、市优 6 节。（赵文霞）

【办学条件】 2023 年,镇江经开区普通中学占地 799.26 亩,绿化面积 261.36 亩,运动场地面积 164.34 亩,校舍建筑面积 29.96 万平方米,图书 362227 册,生均达 42.62 册;计算机 3532 台,机生比为 1∶2.41;固定资产总值 92935.3 万元。普通小学占地 578.73 亩,绿化面积 168.17 亩,运动场地面积 186.87 亩,校舍建筑面积 19.29 万平方米,图书 39.99 万册,生均达 23.34 册;计算机 2670 台,机生比为 1∶6.42;固定资产总值 75512.8 万元。幼儿园占地 276.67 亩,绿化面积 63.16 亩,运动场地面积 130.48 亩,校舍总面积 13.33 万平方米,图书 17.53 万册,生均达 25 册。全区中小学校舍全部达到抗震设防要求,教育装备均达到省级一类标准。

2023 年,完成经开区实验幼儿园消防设施升级改造工程,经开区第二实验小学新建工程开工建设。（庄　勋）

【特色品牌建设】 2023 年,经开区教育系统党建工作全面发力,体卫艺进一步发展。全区有 1 所学校获评江苏省中小学“一校一品”党建文化品牌项目,2 所学校获评镇江市优质“书记项目”,1 所学校获评江苏省中小学艺术教育特色学校,1 所学校获评镇江市中小学艺术教育特色学校,4 所幼儿园获评 2023 年度江苏省幼儿体育与健康教育实践基地。全年成功举办镇江市学生体质健康现场会、区中小学生运动会、区小学生合唱比赛、区校园足球联赛。

2023 年,经开区德育工作再上新台阶。创建市级学生社团建设优秀学校 13 所;省依法治校示范校 1 所;省“我是强国小主人”优秀组织奖 1 所;市社科讲读人种子学校 3 所;市校园慈善工程最佳项目 2 所;经开区教育系统全国中小学生禁毒知识活动获评镇江市优胜单位;9 所学校获评市级先进集体;市“宪法卫士”先进集体 5 所;市“新时代好少年”读书征文先进集体 4 所;市关工委优质化建设达标校 6 所;市教育系统关心下一代工作先进集体 4 所;省教育系统先进区家长学校总校 1 所。（怀　悦　李　月）

【“双减”工作】 2023 年,经开区“双减”工作得到纵深推进。开展“双减,我们在行动”系列教研活动,推进“新区宜学课堂”建设。积极研讨“镇江研学课堂新区表达”内涵,研制评价标准与手段,全面促进课堂教学改革。加强片区合作教研和质量调研。小学“东三镇”片区、大港片区、丁卯片区 3 个教学研讨片区,在片区负责人和学科教研员协同指挥下,指定学科负责人,定期进行片区教学研讨活动,定时定人定内容,各片区负责人定期召集区内教学管理人员商讨质量调研事宜,常态调研和期末考试调研相结合。成功举办镇江市研学课堂(小学)推进展示暨镇江新区第二届“宜学课堂”教学节(小学)活动。覆盖小学语文等 11 门学科,开设公开课的教师均为市区骨干教师,诠释新课标引领下的“新区宜学课堂”,推动“研学课堂”在新区教学中落地生根。（赵文霞）

【特殊教育】 2023 年,镇江经开区有特殊儿童少年 223 名(学前阶段 34 名,义务教育和高中阶段 189 名)。其中送教上门 21 名、特殊学校就读 10 名,6 名特殊学生接受教育评估,有 2 名特殊学生安置在市特教学校,其他学生就近安置随班就读。全年拨付融合教育资源中心经费 28.35 万元,5 个学前资源中心各1.35万元,6个中小学资源中心2.7万元,特殊教育指导中心5.4万元。特殊教育个性化教育有序推进,康教、医教活动全面启动,不断加大特殊教育师资培训力度,有3名教师参加省特殊教育师资资质培训。（赵翔鲲）

【教师节走访慰问】 2023年9月8日,经开区开展2023年教师节走访慰问活动。新区党工委委员、管委会副主任徐志华参加慰问。慰问组先后慰问大港中学退休教师代表赵师璧、新区实验小学教师代表周超、心湖高级中学教师代表曾金海。每到一地,慰问组都给教师代表送上鲜花和慰问金,并致以节日祝愿,感谢老师们在教育岗位上的默默付出,同时,勉励广大教职工继续发扬优良传统和作风,立足本职岗位、凝聚智慧力量,以精湛的教学点亮学生理想之光,以高尚的情操塑造教师的光辉形象。（教育体育科）

【第十九届枫叶国际教育博览会(镇江站)举行】 2023年11月28日,第十九届枫叶国际教育博览会在镇江枫叶双语学校举行。来自美国、英国、加拿大等10个国家的麦克马斯特大学、女王大学、谢菲尔德大学等50所海外高校及教育机构代表参加,与镇江枫叶双语学校学生和家长面对面交流,规划留学发展计划,实现学子和高校间双向选择。镇江经开区领导陈鹏飞、徐志华参加活动。（镇江枫叶双语学校）

学前教育

【概况】 2023年,镇江经开区为满足人民群众日益增长的教育需求,在学前教育的公益普惠、优质均衡上持续发力,区域幼儿园公共服务面、办园设施条件、保教质量水平等多项指标超国家、省定标准,其中学前教育供给达到每所幼儿园覆盖常住人口0.69万人,学前教育资源配置全市第一,学前三年教育毛入园率100%,优质园覆盖率95.4%,区域学前教育普及普惠优质发展目标圆满达成,被教育部办公厅认定为国家学前教育普及普惠县。至2023年年底,全区有幼儿园31所(含公办园15所、集体办园3所、民办园13所),每所幼儿园覆盖常住人口0.69万人,在园幼儿7036名,教职工1166名,在公办和普惠性民办园就读幼儿占比91.2%。（贾文芬）

【幼教资源优化】 2023年,经开区幼教资源进一步优化。丁卯童蕾蓝天幼儿园创成江苏省优质幼儿园,大港中心幼儿园、平昌幼儿园、大路中心幼儿园、银山幼儿园通过江苏省优质幼儿园复审,万科童蕾蓝天幼儿园创成镇江市优质幼儿园。至年底,全区优质园覆盖率提升至95.4%。推进大路二期、桂语蓝庭小区配套园建设工作,全区学前教育普及普惠率实现新增长。至年底,全区已实现公办省优质幼儿园全覆盖,幼儿园常住人口覆盖率、平均班额均超省定标准4个百分点。经过全面扩容增量,区域学前教育资源已从“基本供给公平”走向“全面供给均衡”。（贾文芬）

【幼教质量建设】 2023年,镇江经开区学前教育立足均衡发展、结对共建,通过“公办园+民办园”“名园+新园”“名园+弱园”结对形式,推进民办幼儿园品质发展。全年完成幼儿园半日保教质量调研全覆盖,通过片区教研与区域游戏共同体教研,以点带面推动课程游戏化项目,4个教研责任片区围绕游戏区建设、幼小衔接、一日生活优化、园本课程建设4个方面,邀请专家进园指导,开展全区、片区和共同体教研活动19次,邀请省、市专家进园指导6次。借助项目研究实现全区内涵发展再提升,2所幼儿园获评全国“家校(园)共育”数字化项目第三批示范校(园),

3 所幼儿园获评江苏省幼儿体育与健康教育实践基地，2 所幼儿园获评江苏省新时代体育美育基地校，1 所幼儿园获评江苏省优质幼儿园，4 所幼儿园通过江苏省优质幼儿园复审，1 所幼儿园获评江苏省陶行知研究会实验学校，1 所幼儿园成功申报镇江市基础教育前瞻性教学改革实验项目，3 所幼儿园成功申报镇江市《幼儿园保育教育质量评估指南》实验项目，3 所幼儿园获评镇江市平安校园建设先进单位，2 所幼儿园获评镇江市陶行知研究会实验学校，1 所幼儿园获评镇江市少儿体适能趣味田径培育基地。2023 年，经开区江苏省课程游戏化区域推进项目省级视导获评“双优”。 （贾文芬）

【幼教教师培养】 2023 年，镇江经开区推进幼教教师全员培训制度，开展不同层面全员培训，实现全员轮训；组织到杭州、湖州、南京、常州等地线下外出培训 6 次。组织研训活动 32 次，聚焦课程建设、游戏区建设、幼小衔接、卫生安全等内容，向更高质量、更高标准前行。年内，1 名教师入选镇江市第三批特级教师后备人才；4 名教师晋升高级教师；7 名教师入选镇江市幼儿园保教质量评估专家名单；4 名教师获评镇江市第四批教坛新秀；1 名教师获镇江市幼儿园优质教育活动评比一等奖；1 名教师在镇江市信息化教学优质课大赛一等奖；2 名教师获镇江市第六届足球特色幼儿园“童趣足球”教学评比特等奖；1 名教师在镇江市特殊教育教学技能竞赛中获一等奖。 （贾文芬）

【幼教交流学习】 2023 年度，经开区社发局承办镇江市幼儿园保教质量评估专家研修班专题培训活动，多所幼儿园多次接待镇江高等专科学校数百名学生跟岗学习。平昌幼儿园作为全市首个幼儿园代表在镇江市学生体质健康工作现场会中精彩亮相，受到与会人员的高度赞誉。瑞鑫幼儿园、龙泉幼儿园分别结对新疆生产建设兵团第四师可克达拉第一幼儿园、六十六团幼儿园，通过定期开展线上教研与交流，推进兵地学前教育携手发展。港口幼儿园、瑞鑫幼儿园、平昌宜乐幼儿园接待南京市乡村学前教育带头人培育站学员及项目管理组参观交流；全年，平昌幼儿园、葛村新苑幼儿园、姚桥中心幼儿园、瑞鑫幼儿园、港口幼儿园等共计接待数百人次入园观摩考察。 （贾文芬）

2023 年镇江经开区幼儿园情况一览表

表 20－1

名 称	性 质	所属镇(街道)	地 址	园长	开办时间
镇江经开区大港中心幼儿园	公办	大港街道	大港商贸广场西侧	魏 妍	1952 年 2 月
镇江经开区翠竹苑幼儿园	公办	大港街道	大港镇新禧路翠竹苑小区 62 幢	康培珍	2013 年 2 月
镇江经开区实验幼儿园	公办	大港街道	港南花苑新城苑 1 号	许建桃	2009 年 2 月
镇江经开区瑞鑫幼儿园	公办	大港街道	镇江经开区银河路 92 号	李海琴	2016 年 9 月
镇江经开区龙泉幼儿园	公办	大港街道	大港街道龙泉新苑小区南门	徐凌云	2018 年 9 月
镇江经开区港口幼儿园	公办	大港街道	大港港湾花园	朱小琴	1981 年 7 月
镇江经开区德美幼儿园	普惠性民办	大港街道	经开区周章路 11 号	李冬辉	2013 年 8 月
镇江经开区银山幼儿园	普惠性民办	大港街道	银山鑫城玫瑰苑 1 号	吕 枫	2009 年 2 月
镇江经开区大路中心幼儿园	公办	大路镇	大路镇瑞滨小区 29 号	何 莹	2015 年 8 月
镇江经开区姚桥中心幼儿园	公办	姚桥镇	姚桥镇东片北街 2 号	陈红霞	1957 年 8 月
镇江经开区石桥中心幼儿园	公办	姚桥镇	姚桥镇石桥村同兴路 12 号	陈红霞	1995 年 8 月

续表 20－1

名　称	性　质	所属镇(街道)	地　址	园长	开办时间
镇江经开区姚桥镇新苗幼儿园	集体办	姚桥镇	姚桥镇儒里街 1 号	张竹芳	2007 年 8 月
镇江经开区平昌幼儿园	公办	丁岗镇	平昌新城北角路 6 号	贺　静	2011 年 11 月
镇江经开区平昌宜乐幼儿园	公办	丁岗镇	平昌新城宜乐苑 33 栋	环荣仙	2017 年 9 月
镇江经开区平昌宜安苑幼儿园	公办	丁岗镇	平昌新城宜安苑小区	朱玲娣	2019 年 9 月
镇江经开区葛村新苑幼儿园	公办	丁岗镇	港南路 702 号	王建英	2016 年 9 月
镇江经开区丁卯中心幼儿园	公办	丁卯街道	丁卯纬一路北侧、经四路西侧	朱　琴	2018 年 9 月
镇江经开区武将新居幼儿园	公办	丁卯街道	丁卯楚桥路 69 号武将新居	马雪桃	2012 年 10 月
镇江市谷阳新村幼儿园	集体办	丁卯街道	谷阳新村二区	戴　娅	1999 年 9 月
镇江经开区江南世家幼儿园	普惠性民办	丁卯街道	丁卯桥路 168 号江南世家 7 号楼	李志娟	2009 年 8 月
镇江经开区美美体艺幼儿园	普惠性民办	丁卯街道	丁卯桥路 158 号瑞泰新城 11 幢	谢　雯	2005 年 9 月
镇江经开区马家山幼儿园	集体办	丁卯街道	丁卯纬五路 116 号	唐红平	1996 年 9 月
镇江市美林湾幼儿园	普惠性民办	丁卯街道	丁卯美林湾五区 15 幢	袁荣艳	2008 年 9 月
镇江经开区沃得新城幼儿园	民办	丁卯街道	丁卯桥路 200 号沃得花园 16 幢	华　璟	2009 年 8 月
镇江经开区百晟幼儿园	民办	丁卯街道	丁卯纬五路 8 号东锦花苑	邱　勤	2016 年 10 月
镇江经开区东方宝贝幼儿园	普惠性民办	丁卯街道	丁卯街道楚桥路楚桥雅苑 17 幢	黄　婷	2017 年 9 月
镇江经开区永隆育树家幼儿园	民办	丁卯街道	永隆城市广场骏景苑 4 栋	许　燕	2018 年 9 月
镇江经开区一外附属幼儿园	民办	丁卯街道	丁卯街道秋山路 101 号	陈金娣	2018 年 9 月
镇江经开区江南康馨幼儿园	普惠性民办	丁卯街道	丁卯康馨家园 17 栋	姚美华	2007 年 9 月
镇江经开区丁卯童蕾蓝天幼儿园	普惠性民办	丁卯街道	经八路 6 号	刘蓓蓓	2020 年 9 月
镇江经开区万科童蕾蓝天幼儿园	普惠性民办	大港街道	万科领域花园小区 26 幢	康国青	2022 年 2 月

（贾文芬）

【镇江经开区姚桥中心幼儿园】　镇江经开区姚桥中心幼儿园坐落于历史悠久、人文荟萃的镇江东乡，是一所具有 60 余年办园历史的公办园、省优质幼儿园。2018 年元旦幼儿园整体搬迁至小区配套幼儿园，按照 12 个班级设置，占地面积6480 平方米，建筑面积4880 平方米，户外活动面积 4800 平方米，在园幼儿 152 名，小、中、大各 2 个班级，按照“两教一保”配齐保教人员，各岗位人员均持证上岗，学历、资格证达标率为 100%。幼儿园努力践行“把童年还给孩子，把成长交给生活”的办园理念，以“生本、生活、生长”为课程理念，在自然有趣、多元融合、无限可能的环创理念下，不断探索、不断调适，创设了蕴含运动、冒险、探索、种养、扮演、艺术创造等多样化体验、学习的支持性环境。立足新农村课程资源的开发、利用、整合，依托江苏省“十三五”学会课题、镇江市“十三五”立项课题及江苏省“十四五”农村重点课题，致力于儿童视角的幼儿园乡土教育新实践，不断赋予园所“守本真，向和美”新内涵。幼儿园先后获评江苏省优质幼儿园、镇江市现代化先进幼儿园、镇江市第四批《3—6 岁儿童学习与发展指南》实验园建设项目先进集体、镇江市模范职工之家等。　（陈红霞）

【镇江经开区瑞鑫幼儿园】　镇江经开区瑞鑫幼儿园坐落于历史厚重、人文荟萃的镇江新区大港城区，2016年9月1日正式开园，是一所新成立的独立建制的小区配套公办幼儿园，是江苏省优质幼儿园。幼儿园设有三轨9个班，在园幼儿240余名；有教职工34人，配备园长和副园长各1名，专任教师18名，其中市学科带头人1人，市德育先进个人1人，市保教质量评估专家1人，市幼儿园内涵建设项目领衔人1人，区骨干教师1人，区优秀教育工作者2人。幼儿园立足内涵发展，坚持“以儿童为本，享快乐生活”的办园宗旨，秉承“以适宜环境，育完整儿童”的办园理念，以促进幼儿全面发展为根本目标，在省市级项目引领下，依托省市级课题研究，以园本化实施的“宜+”课程为载体，聚焦幼儿核心素养培养，以游戏体验为学习路径，在幼儿在园一日活动的有效组织、室内外适宜环境的创设中积极探索并有效支持幼儿学习与发展，促进保教水平高质量发展和园所内涵的高品质提升。开园8年来，幼儿园多次开展市级现场观摩活动，数十次接待省、市、区各姐妹园入园观摩学习，与新疆、陕西园所结对共建，多次面向全市分享办园经验。幼儿园先后创成江苏省第四批课程游戏化项目园（建设园）、镇江市第五批《指南》实验园（共建园）、镇江市首批《幼儿园保育教育质量评估指南》实践园。

（李海琴）

【镇江经开区丁卯中心幼儿园】 镇江经开区丁卯中心幼儿园地处镇江市丁卯开发区，南临正德路，东临望京楼路，西侧紧挨丁卯中心小学东校区，是一所教育部门主办的四轨制公办现代化幼儿园。幼儿园2018年9月正式开园。总占地面积6704平方米，建筑面积5519平方米，户外活动面积4300平方米，绿化面积1600平方米。园内现代化设施设备配套齐全，环境优美。幼儿园专任教师资格证持证率100%，大专以上学历100%，保育员高中以上学历100%，所有人员100%持证上岗，班级“两教一保”配置100%。幼儿园以“做悦心教育、育完整儿童”为办园理念，科学规划园所环境、扎实培养师资力量、有效开展园本研究、规范落实管理模式，以“悦历成长、悦享童年”为教育主线，致力成为环境雅致、管理规范、队伍整齐、质量上乘、社会美誉的省级优质幼儿园。幼儿园先后被评为镇江市优质幼儿园、镇江市现代化先进幼儿园、镇江市足球特色学校、江苏省餐饮质量安全示范学校、江苏省优质幼儿园、镇江市“五星”平安校园、镇江新区青年文明号、镇江市《幼儿园保育教育质量评估指南》实践园等。

（朱　琴）

义务教育

【概况】 2023年，镇江经济技术开发区全面推动落实义务教育学校党组织领导的校长负责制，姚桥中心小学的“三红三心（党旗红赓续‘初心’、杏坛红延续‘润心’、樱桃红接续‘爱心’）践行毛芊精神”获评江苏省中小学“一校一品”党建文化品牌项目。总投资1.4亿元的镇江市丁卯第三小学新建学校投入使用，计划总投资1.5亿元的镇江新区第二实验小学新建工程，于2023年年底启动建设。全区13所公办义务教育学校完成省定教室灯光改造任务。新招引教师91人，新增省教学名师1人、省正高级教师1人、市特优人才5人、市教坛新秀20人。顺利迎接教育部“双减”督查和市人大“双减”调研，2所民办义务教育学校招生摇号工作顺利完成。高度重视青少年身心健康发展，大力推进江苏省关注青少年生命健康“润心”行动，全面落实镇江市全员导师制，开展秋季开学、食品卫生、校车安全、消防安全等专项安全检查。（徐迎春　王竹平　朱　璟）

2023 年镇江经开区义务教育阶段中小学校分布情况一览表

表 20－2

序号	名　称	性质	所属镇(街道)	地　址	校　长	开办时间
1	镇江市伯先中学	公办	大港街道	镇江经开区大港街道赵声路 222 号	孙伟军	2010 年 9 月
2	镇江经开区大港中学	公办	大港街道	镇江经开区大港街道太平里 57 号	解红明	1985 年 9 月
3	镇江市科技新城实验学校	公办	丁卯街道	镇江经开区丁卯街道科技新城秋实路 16 号	王朝辉	2012 年 9 月
4	镇江市大路实验学校	公办	大路镇	镇江经开区大路镇新港东路 889 号	王红燕	2014 年 9 月
5	镇江第一外国语学校	民办	丁卯街道	镇江经开区丁卯街道石淙路 1 号	王　伟	2013 年 9 月
6	镇江枫叶双语学校	民办	丁岗镇	镇江经开区丁岗镇银山南路 127 号	王玉洲	2011 年 9 月
7	镇江市大港中心小学	公办	大港街道	镇江经开区大港街道圌中路 8 号	韦　群	1920 年 9 月
8	镇江经开区实验小学	公办	大港街道	镇江经开区大港街道东丰路 5 号	陈正伟	2004 年 9 月
9	镇江市丁卯中心小学	公办	丁卯街道	镇江市经开区丁卯街道瑞阳路 2 号	潘新民	1970 年 9 月
10	镇江市丁卯第二中心小学	公办	丁卯街道	镇江经开区丁卯街道正德路 21 号	王金芳	2018 年 9 月
11	镇江经开区平昌小学	公办	丁岗镇	镇江经开区平昌新城平昌路 8 号	孙　盛	1978 年 9 月
12	镇江市银山小学	公办	丁岗镇	镇江经开区丁岗镇银山西路 50 号	张　莺	2015 年 9 月
13	镇江市姚桥中心小学	公办	姚桥镇	镇江经开区姚桥镇瑞和路 64 号	蔡　磊	1912 年 9 月
14	镇江市石桥中心小学	公办	姚桥镇	镇江经开区姚桥镇石桥村同心路 12 号	王　雷	1964 年 9 月
15	镇江第一外国语学校附属小学	民办	丁卯街道	镇江经开区丁卯街道石淙路 8 号	马式先	2018 年 9 月
16	镇江市丁卯第三中心小学	公办	丁卯街道	镇江经开区丁卯街道张许路 9 号	潘新民	2023 年 9 月

（徐迎春）

【镇江经开区平昌小学】 镇江经开区平昌小学是镇江经开区平昌新城安置小区配套学校，2011 年 9 月由镇江市丁岗中心小学整体搬迁至平昌新城。2023 年年底，有 48 个教学班，学生 2172 人，在编教师 93 名，其中全国模范教师 1 名，市学科带头人 3 名，市骨干教师 4 名，市名校长 1 名，市教坛新秀 2 名，区骨干 15 名，50 余名青年教师获江苏省“优秀少先队辅导员”和市区级“十佳教师”“优秀教育工作者”“优秀班主任”“德育先进个人”等称号。

学校先后获评江苏省绿色学校、江苏省交通安全示范校、江苏省平安校园、江苏省中小学劳动教育特色校、镇江市行为规范示范学校、镇江市现代化小学、镇江市教科研先进单位、镇江市教育现代化先进小学、镇江市篮球传统学校、镇江市文明校园、江苏省健康促进金牌学校、“镇江市研学课堂”实验学校、镇江市智慧校园、镇江市“五好乡村教工之家”、镇江市“五星”平安校园等。学校秉承“赏识教育——为每一位孩子创造阳光人生”的办学理念，倾情打造“以诗歌渲染人生底色，用篮球强健学生体魄”的诗歌文化和篮球特色。校篮球队代表镇江经开区多次在省、市级比赛中荣获一、二等奖。

学校重视教师培养，通过“党建引领”“苦练内功”“搭台唱戏”“研教合一”“建名师工作室”等措施，建成 1 个名校长工作室、1 个名辅导员工作室、1 支“阳光筑梦”乡村教师研学联盟“四有好教师”团队，打造一批有影响力的平小名师，引导教师争做为学为事为人示范的“大先生”，突显教师发展“C 位”。2023 年，30 余名教师在市、区各级赛课中获得特等奖及一、二等奖。40 余名教师在市区级活动中上展示课、作讲座,获好评。18 位教师的论文在省市级刊物发表、获奖,学校有在研省级课题 4 个、市级课题 6 个。

学校挖掘具有地域特色的“劳动教育课程”“航空科技课程”“红领巾寻访课程”等课程,真正让德育课程的设置有益于学生的成长与发展,使校园德育体现出鲜活的生命力,全面推行“全员导师制”,立德树人,五育并举,把学生培养成为德智体美劳全面发展的社会主义建设者和接班人。学校劳动教育在 2023 年央视《开学第一课》展播;12 月获评江苏省中小学劳动教育特色学校。11 月,学校代表经开区参加镇江市大课间现场展示获好评。学校篮球队参加镇江市校园篮球联赛,女队获冠军;参加镇江市青少年三人制篮球赛,女队获冠军,男队获亚军。学校田径队获 2023 年区中小学田径运动会团体第三名。29 名学生获 2023 年市中小学实验能力大赛金奖、银奖。信息社团参加 2023 年全国师生信息素养提升实践活动,3 人获省二等奖,13 人次获市一、二等奖。 (张　娟)

【镇江市丁卯中心小学】 镇江市丁卯中心小学是一所多元发展中心小学,学校始创于 1970 年,系全日制公办学校。2023 年年底,有 37 个教学班,在校学生 1688 人。学校有教职工 102 人,其中本科学历教师 93 人,研究生学历教师 6 人;一级教师 52 人,高级教师 13 人;区级以上骨干教师 21 人,其中市骨干教师 4 人、区骨干教师 16 人、镇江市教坛新秀 1 人。学校占地面积 2 万平方米,建筑面积 1.1 万平方米,绿化面积 2407 平方米。

学校秉持“以人为本、持恒致远、和谐共生”的办学理念,把“为学生成才、促教师发展、让社会满意”作为办学目标,把党建工作作为实现新时代学校高质量发展的重要内容,紧密围绕“立德树人”的根本任务,赓续党的精神血脉,践行为党育人使命,牢记“国之大者”,矢志“百年树人”。在努力构建更加和谐的师生关系、钻研探索新时期教学方法、塑造学生健康健全人格的过程中,践行习近平新时代中国特色社会主义思想,不负总书记“系好人生第一粒扣子”的殷切期望。学校先后获评镇江市文明学校、镇江市德育先进学校、镇江市语言文字规范化示范校、镇江市教育现代化小学、镇江市十佳行为规范示范学校、江苏省教育装备现代化建设实验学校等。

2023 年,学校通过国家楹联育人基地验收,成功承办江苏省第三届青年教师教学竞赛,成立镇江市融媒体丁卯小学小记者站,获评镇江市中小学关工委优质化建设达标学校。学校教师屡获佳绩,潘逸潇老师获江苏省少先队辅导员专业技能大赛微队课特等奖;熊苏丹老师获镇江市第 25 届新秀杯小学英语青年教师优秀课评比一等奖;多名教师在市、区举办的教学技能大赛及优质课评比活动中荣获一、二等奖。学校学生全面发展,在“区长杯”足球联赛中,荣获小学男子甲组冠军;获区中小学生乒乓球比赛小学男子组团体第一;在区中小学生田径运动会中,荣获团体第四名。 (王宝娣)

【镇江市石桥中心小学】 镇江市石桥中心小学始创于 1964 年 9 月。2023 年,学校占地面积 9780 平方米。配备了现代化的教学设备,实现了办学条件的标准化和现代化。2023 年年底,学校有教学班级 8 个,学生 275 名,教职工 28 名,其中市骨干教师 4 名、区骨干教师 4 名。

学校确立以“田园风,成长乐”为主题的新田园教育为办学理念,秉承“真实”校训,努力培养健康、有爱、智慧、个性的新农村孩子。学校将“阡陌课程”和学科课程相结合,在课程实施中促进学生核心素养的提升。学校先后获得“江苏省小学课程基地”“江苏省平安校园”“江苏省少年书画辅导示范基地”“镇江市少年书画辅导示范基地”等称号。

学校严格按照“双减”政策,优化课后服务的规定,周密组织、规范操作,切实减轻家长负担，缓解学生学习压力，让学生快乐地学习，健康地成长。2023 年度，学校泥叫叫社团参加镇江市少代会学校特色展示活动获好评；学校依托华山泥叫叫丰厚的历史背景编排的情景剧《华山春泥》，代表经开区参加 2023 年第三届镇江市“群星奖”舞台艺术类暨小戏小品大赛评选活动获好评。

（朱文件）

【镇江市大港中心小学】 镇江市大港中心小学创办于 1920 年，至今有 100 余年的历史。2023 年年底，学校有 38 个教学班级，1900 多名学生，83 名教师，教师队伍中本科及以上学历占 100%，有市级学科带头人 3 名，市级骨干教师 4 名，区级骨干教师 8 名。近 30 名青年教师分别荣获市、区“优秀教育工作者”“优秀班主任”“德育先进个人”等称号。

学校坚持以办好人民满意的教育为宗旨，以“包容教育——相信自己，容纳他人”为办学理念；以“培养自信、包容、博学的港小人”为培养目标；以“真诚”为校训；以“开展国际理解教育”为办学特色；以“打好乒乓球，为港小加油”为体育特色。“民主、真理、创新、实践”八字校风激励着一代又一代港小人向着教育的更高境界继续迈进。2023 年度学校荣获江苏省中小学生“我是强国小主人”主题征稿活动优秀组织奖，获评全国青少年禁毒知识竞赛镇江市先进集体、镇江市教育系统关心下一代工作先进集体和江苏省无诈校园，四（3）中队荣获江苏省“英雄中队”称号，五（3）中队荣获“镇江市优秀少先队中队”称号。

（徐亚琴）

【镇江市大路实验学校】 镇江市大路实验学校创办于 2014 年，是一所九年一贯制学校，由原大路中心小学和原大路中学合并而成。建校以来，学校全面贯彻党的教育方针，依法治校，以德育人，注重实践，突出特色，恪守“为树人奠定基石，为成才积淀素养”的办学理念，践行“尊重、传承”的校训，全面实施素质教育，为学生终身发展奠基。2023 年年底，学校有 18 个教学班，教师 68 人，学生 687 人。教师队伍中正高级教师、特级教师 1 名；市级骨干教师 4 名；区级骨干教师 12 名。作为“排球”特色学校，学校利用九年一贯制的优势，从小学开始对校排球成员做到精心选材、科学训练、积极备战，形成一支敢打敢拼、具有一定影响力的排球队，连续多年进入镇江市区排球赛决赛，在 2023 年镇江市大课间评比活动中，学校荣获全大市一等奖。学校先后获评 A 级食堂和“四星”平安校园。

（黄春涛）

【镇江市姚桥中心小学】 镇江市姚桥中心小学创建于 1912 年，是一所百年老校。2014 年搬迁到占地 4.68 万平方米的新校区——瑞和路 64 号。2023 年年底，学校拥有教学班 13 个，学生 500 名，教职工 39 名。其中，高级教师 7 名，市学科带头人 1 名，市骨干教师 2 名，区骨干教师 9 名。

学校党支部 2020 年获评区“四星”先进党支部，2 次被评为经开区党员先锋岗；被镇江市委组织部评为市级党员示范岗；2 次被区社发局评为党建工作先进单位；被市委教育工委和市教育局评为教育行风建设十大亮点。学校培养了镇江市师德模范毛芋、镇江市劳动模范王静等一批名教师。

学校始终坚持“个个多彩、人人出彩”的办学理念和“向上”的校训，坚持以“师德、质量、特色”立校，形成“用心做事、真心做人”的校风、“读书健体，学做真人”的学风、“爱满天下，求真务实”的教风。学校历时 31 年打造的珠心算特色教学硕果累累。学校 2012 年获评中国珠心算实验基地，在江苏省级 11 次能力大赛中 6 次夺得团体冠军；在全国史丰收速算大赛上获团体一等奖，在全国第一、二届珠心算技术大赛中获团体一等奖，获奖师生曾受到国家领导人王光美、何鲁丽的接见。学校这一特色，多次被中央和省级媒体报道。

学校以其悠久的办学历史、丰硕的办学成果被收入《江苏省名小学》一书，办学业绩多次被收入《丹徒年鉴》《江苏教育年鉴》。学校获评江苏省实验小学、江苏省实施素质教育先进学校、江苏省科技特色学校、江苏省绿色学校、江苏省和谐教育优秀实验学校、江苏省平安校园、镇江市首批家校共育数字化示范校等。（王　亮）

普通高中

【概况】 2023 年，镇江经开区有高中 3 所，分别为镇江心湖高级中学（公办）、镇江枫叶双语学校（民办）和镇江第一外国语学校（民办），高中在校生 2369 名，专任教师 213 人。（宋春晓）

2023 年镇江经开区高中阶段学校情况一览表

表 20－3

学校名称	性质	所属镇（街道）	地　址	校　长	开办时间
镇江心湖高级中学	公办	丁岗镇	镇江经开区周章路 168 号	赵　勇	2018 年 9 月
镇江枫叶双语学校	民办	丁岗镇	镇江经开区银山南路 127 号	王玉洲	2011 年 9 月
镇江第一外国语学校	民办	丁卯街道	镇江经开区丁卯街道石淙路 1 号	王　伟	2013 年 9 月

（宋春晓）

【镇江心湖高级中学】 镇江心湖高级中学地处镇江经开区心湖湖畔，占地面积 10 万平方米，建筑面积 7.4 万平方米，绿化面积 3.4 万平方米，总投资 5 亿元。学校于 2018 年 9 月正式招生，已招收 6 届学生。2023 年年底，有 3 个年级 30 个班级，共 1495 名学生、155 名教职工。有正高级教师 2 人、高级教师 31 人、中学一级教师 54 人；江苏省特级教师 3 人，市级学科带头人 9 人，市中青年骨干教师9 人，区骨干教师 9 人，“169 工程”拔尖人才 10 人；2023 年获得市级表彰 6 人、区级表彰7 人。已有 3 届毕业生参加高考，取得优异成绩。（盛仕英）

【镇江枫叶双语学校】 镇江枫叶双语学校高中部分为国际高中班和普通高中班。国际高中班采取两方认证模式：枫叶世界学校课程得到世界两大权威认证机构 Cognia 和 UK ENIC 的认证及对标，对接全球，枫叶毕业生可以无缝对接全球大学，包括美英澳加及更多的亚洲、欧洲大学，还有国内中外合作办学项目，也包括国外在中国开办的大学。普通高中班办学理念：坚持国家教育方针和普通高中办学规律，办质量一流、特色鲜明、成绩突出、广受认可的江苏省星级高中名校。2023 年，商云菲、张昭华等 6 名教师分别获得镇江经开区“德育先进工作者”“十佳教师”“优秀班主任”等荣誉称号。（陶安娜）

【镇江第一外国语学校】 镇江第一外国语学校位于江苏省镇江市石淙路和秋山路相交之处，总占地面积 260 亩，总建筑面积 12 万平方米。镇江第一外国语学校高中部依托镇江第一外国语学校，创办于 2016 年，坚持“秉热爱之心去发现，持开放之心求融合，怀工匠之心琢大器，具通达之心向未来”的办学主张，致力于培养具有全球视野、人文情怀、创新精神、实践能力、外语特长的国际型特色人才。2023 年年底，高中部有任课教师 19 人，其中 80% 拥有硕士或同等学力、35% 拥有海外工作或留学经历。2023 年在校生 36 人，当年毕业、结业 16 人。（陈　倩　陈　凡）

卫生健康

综　述

【概况】 2023 年,镇江经济技术开发区卫生健康系统认真履行为人民健康服务的初心使命,积极深化医药卫生体制改革、全力推进健康镇江建设、筑牢公共卫生防线、提升医疗卫生服务质量,全方位全周期为人民群众提供健康服务,助力全区卫生健康事业高标准、高质量发展。

"乙类乙管"疫情防控扎实落实。围绕"保健康、防重症"的核心任务,科学落实新冠病毒感染"乙类乙管"措施,累计收治 1100 人次新冠患者,确保新冠重症患者应收尽收,平稳度过疫情流行高峰期;突显基层健康"守门人"职责,对 46210 名老年人、孕妇、儿童等重点人群实施分级分类管理,为居民提供健康监测、咨询和用药指导。

公共卫生体系建设持续加强。通过国家卫生城市复审,大路镇创成国家卫生镇,姚桥镇卫生院建成省级健康促进医院,创成 1 个省级健康社区,建成 2 个病媒生物防制示范点;基本公共卫生服务经费补助标准人均达到 98 元。所有基层医疗机构在"优质服务基层行"活动中均达到基本标准以上。90% 签约重点人群的电子健康档案向个人开放,脑卒中、慢阻肺、心肌梗死等慢性病患者签约率 72%。高血压规范管理率 78.3%,糖尿病规范管理率 72.7%,严重精神障碍患者规范管理率 98.17%、规律服药率 84.93%、面访率 96.03%,均较上年同期有所增长;推动村卫生室服务能力提档升级,丁岗镇留村村卫生室创成市级甲级村卫生室。开展"千医巡诊万村行"活动,组建 25 个巡诊团队进乡村提供义诊、健康宣教等 38 场次,提供诊疗服务 2815 人次、转诊服务 55 人次,2402 人接受健康宣教;对 80 家用人单位开展职业健康督查。完成 162 家规上企业年度职业病危害项目申报。委托第三方服务机构协助存在职业病危害的 380 余家企业开展职业病危害综合风险评估。1 人获评 2023 年度江苏省职业健康达人。区人民医院在"东三镇"(丁岗镇、大路镇、姚桥镇)3 家基层医疗机构开设"全—专"联合门诊 11 个,全年双向转诊接收上转住院患者 1747 人次、下转患者 28 人次。瑞康医院在 4 家基层医疗机构开设"刘方刚名医工作室",促进优质医疗资源下沉、惠及群众。

医疗质量安全持续改进。瑞康医院投资 2500 余万元,引进 O 型臂射线机、机器人导航全套设备,建成省内第一家数智骨科一体化平台;大路镇卫生院成立镇江"东三镇"无痛胃肠镜诊疗中心,依托镇江市第一人民医院胃肠镜诊疗中心姚俊专家团队推动经开区胃肠镜专科建设；平昌中心与千源康复团队正式签约，合作成立康复医学科，填补“东三镇”康复治疗的空白；区人民医院血透床位由14张增加至27张，丁卯中心血透中心20张床位投入使用，全区血液透析能力大大提升；区人民医院全年开展新技术、新项目27项，3项创新获得国家实用新型专利。瑞康医院超声科成功申报镇江市体育科研所科研项目，护理部成功申报发明专利1项，骨科成功创建市级临床重点专科建设单位；大港中心建成四级中医馆，姚桥镇卫生院建成中医药健康文化知识角。

重点人群健康持续保障。完成25368名65岁以上老年人免费体检。做好离休干部健康管理，定期提供健康咨询、康复指导和精神慰藉服务，累计管理17人、服务193人次。区内10家养老机构均与基层医疗机构签订医养结合合作协议，定期为养老机构老年人提供上门医疗服务。老年人运用智能技术专项普及累计培训636人次。江苏省老年友善医疗机构实现全覆盖。信缘康护理院建成全国医养结合示范单位。完成农村妇女宫颈癌、乳腺癌筛查6008人，完成率100%。发放叶酸912人，完成率228.18%。年报产妇数1044人，年报活产数1064人，早孕建册938人，早孕建卡率89.8%。产后访视1031人，产后访视率96.8%。完成32家托幼机构共8114名学龄前儿童的视力筛查工作。对6家托育机构实施动态管理，全年开展卫生评价、业务培训、指导检查5次。每千人拥有3岁以下婴幼儿托位数4个，完成年度目标任务。

卫生应急能力提质增效。完成清明节、黄明节、篮球赛、龙舟赛、音乐节等节日及体育赛事的医疗保障。组织卫生应急专业培训、综合演练及实训演练，提升各类卫生应急人员的理论与实战能力。参与经开区危化品中毒救治应急演练2次。累计完成859名初级救护员培训和4609名普及型应急救护培训，分别完成年度任务的107.3%和102.4%。

卫生健康综合监管不断强化。完成医疗机构年度校验及备案诊所换证工作。开展医疗美容、学校卫生、餐饮具集中消毒服务、医疗机构依法执业、医废处置等专项检查，共检查单位3522户次，出具各类卫生监督文书和检查表1000多份。全年办理行政许可447件，办结行政处罚案件29起，罚款金额19万元。同时结合优化营商环境要求，依法办理免予行政处罚案件1件。

人才队伍建设取得新进展。修订《镇江新区“十四五”医疗卫生人才引进奖励实施细则》《镇江新区基层卫生机构事业单位专业技术岗位聘用办法》，人才激励政策更加优化。开展省级、区级基层卫生骨干人才年度考核。放宽基层医疗机构卫技人员招录门槛，年内招录基层卫生人才13名。基层医疗机构卫技人员占比51.73%，比上年增长4.76%。

安全发展底线持续守牢。印发《关于在镇江新区卫生健康系统组织开展冬季安全生产专项治理行动的通知》《新区卫生健康系统安全生产重点领域专项整治巩固提升年行动的实施方案》《镇江新区卫生健康系统开展“生命至上，隐患必除”消防安全专项行动实施方案》等文件，联合经开区消防、生应局等部门或聘请第三方安全生产专家开展各类专项检查，排查各类医疗机构安全隐患60余处，均在限期内完成整改。开展全国第22个、全省第30个主题为“人人讲安全、个个会应急”的安全生产月宣传活动。

（陈贺涛）

【健康扶贫】 2023年，镇江经开区为所有77名建档立卡低收入人口建立居民电子健康档案，开展家庭医生签约服务，签约率100%。对71人开展免费健康体检，体检率92%。对慢病患者进行规范管理，其中高血压患者管理14人，糖尿病患者管理5人，重性精神病患者管理8人，管理率均为100%。

（陈贺涛）

【卫生健康对口支援】 2023年，镇江经开区出资10万元用于陕西省合阳县贫困地区留守儿童、困难家庭、大病患者以及残疾人家庭的临时救助、关爱关心等工作；6名医务人员完成对合阳县对口帮扶；接待合阳县10名医务人员到瑞康医院、基层医疗机构交流学习。人民医院1人赴新疆对口支援。

（陈贺涛）

【"中国医师节"庆祝大会】 2023年8月19日是第6个中国医师节，镇江新区举办2023年"中国医师节"庆祝大会，以"勇担健康使命，铸就时代新功"为主题，激励全区医务工作者弘扬"敬佑生命、大爱无疆、救死扶伤、甘于奉献"的崇高职业精神和抗疫精神。

庆祝大会以镇江新区卫生健康事业发展宣传片拉开序幕，展现近年来镇江新区卫生健康事业高质量发展的成果。全区医务工作者精心准备了一场文艺汇演。通过宣传片、现场颁奖、心得访谈、文艺节目表演、重温《中国医师宣言》等形式，体现新区卫生健康系统医务工作者恪守本职、无私奉献、勇毅前行的精神风貌。会上，对2023年度"医疗服务明星""抗疫标兵""十佳医师"获奖者进行颁奖。

附：

2023年度镇江新区"十佳医师""医疗服务明星""抗疫标兵"名单

"十佳医师"名单

（按姓氏笔画排序）

刁俊杰　镇江市姚桥镇卫生院

尹水文　镇江市第一人民医院新区分院

刘　婷　镇江新区丁卯街道社区卫生服务中心

刘元强　镇江瑞康医院

刘网儿　镇江市大路镇卫生院

杜国明　镇江瑞康医院

张　鑫　镇江市第一人民医院新区分院

柯丹霞　镇江瑞和老年病医院

殷　政　镇江新区平昌新城社区卫生服务中心

翟奇英　镇江新区大港街道社区卫生服务中心

"医疗服务明星"名单

（按姓氏笔画排序）

于方舟　镇江市第一人民医院新区分院

丰志兰　镇江信缘康护理院

田　松　镇江市大路镇卫生院

仲凌云　镇江新区大港街道社区卫生服务中心

张　勇　镇江市姚桥镇卫生院

张存喜　镇江市第一人民医院新区分院

陈之旃　镇江瑞和老年病医院

夏　伟　镇江市卫生监督所新区分所

高小焕　镇江瑞康医院

谭　燕　镇江瑞康医院

图21－1　2023年8月19日，镇江新区举办2023年"中国医师节"庆祝大会

（陈贺涛　供稿）

“抗疫标兵”名单

（按姓氏笔画排序）

许桂林　镇江意诺飞医学检验实验室
肖　潇　镇江市疾控中心新区分中心
张雯婷　镇江市仁济医院
张嘉钰　镇江新区丁卯街道社区卫生服务中心
宗　娅　镇江新区平昌新城社区卫生服务中心
袁　梅　镇江瑞康医院
殷　峰　镇江新区丁卯康美口腔门诊部
陶书珍　镇江新港医院
曹　怡　镇江新区臻牙乐口腔门诊部
戴伟荣　镇江市第一人民医院新区分院

（陈贺涛）

疾病预防控制

【概况】　2023年，镇江经开区积极开展传染病跟踪筛查，组织开展新冠疫苗基础免疫及加强免疫、血吸虫病排查防治、发热病人的血检检测、慢病管理等工作，确保人民群众健康安全。全年报告甲乙类传染病1016例，报告发病率379.50/10万，比上年上升390.04%；报告丙类传染病1442例，报告发病率538.61/10万，比上年上升218.32%。全区各学校学生群体中，发生流感、手足口病、水痘等疫情83起，发病人数843例，均进行调查处理，采取相应的控制措施，未出现疫情的扩散和蔓延。全年接种免疫规划疫苗38296剂次，接种率95.99%。开展各类人群HIV检测80920例，占总人口数的30.66%。完成门诊疑似肺结核病例转诊22例，转诊到位22例；发现活动性肺结核病人83例，规范管理病例83例。对全区2所小学80名8～10岁学生、各乡镇共57名孕妇开展人群碘营养监测及病情监测，同时开展碘盐市场碘盐监测，完成164份碘盐监测、137份尿碘监测。

（朱　红）

【查螺灭螺】　2023年，经开区完成江滩及内陆查螺2610万平方米，发现有螺面积180万平方米，解剖钉螺9370只，未发现阳性钉螺。完成化学灭螺面积626万平方米，环境改造14.2万平方米。

（朱　红）

【发热病人门诊】　2023年，经开区开展门诊发热病人血检11207人份，DDIA阳性者13人，对符合条件的阳性者进行吡喹酮正规抗虫治疗。加强对外来务工人员、出境归国人员发热病人的疟疾血检，制作血片777张，未发现阳性病人。

（朱　红）

卫生监督

【概况】　2023年，镇江经开区卫生监督工作通过健全网络、明确职责，实施“四化”（片区网格化、任务专业化、责任到岗化、图表清零化）管理模式，加强统筹调度，推进各项工作任务落实。

开展各类专项整治。医疗美容行业专项整治共检查生活美容场所46家，医疗机构4家，投诉举报和主动征集掌握的违法线索，跟踪处置率100%，办理普通程序1件。消毒产品市场专项整治检查14家单位，发现问题2个。对抗抑菌制剂进行市场样品抽检，发现有问题样品1件。学校卫生专项整治中对6家中小学校进行饮用水监督抽检，2家不合格；对托幼机构、校外培训机构、学校采光照明“双随机”抽检5家，合格1家。集中空调通风系统专项检查13家单位，出具卫生监督意见书3份。医疗机构依法执业专项检查91家医疗机构，覆盖率100%，发现问题65个，出具意见书28份。打击非法行医专项整治共立案2件，移送公安1件。医疗废物处置专项检查医疗机构全覆盖，发现问题15个，出具意见书9份；开展国家、省“双随机”监督抽检。对公共场所、学校卫生、医疗机构、传染病防治、放射诊疗、妇幼健康、职业卫生等均开展国家、省“双随机”监督抽检，完成率均达100%。开展用人单位职业卫生分类监督执法试点工作。对全区385家用人单位开展职业病危害综合风险评估工作，2023年年底完成30%。（陈国银）

【行政许可与监督】 2023年，经开区行政许可办件量447件。公共场所卫生许可证334件，其中，新证239件、延续90件、变更5件。医疗机构执业许可办件共60件，其中，执业许可9件、变更12件、注销3件、校验36件。执业医师注册共22件。放射诊疗新证5件，校验16件。全年结案行政处罚案件29起，其中，普通程序10起、简易程序18起、免罚程序1起，罚款金额19.378万元，有7件普通程序进入走程序阶段。在完成行政处罚的同时，结合优化营商环境要求，根据相对人的申请，当事人确实经济困难，依照法定程序，同意2名被处罚对象分期延期缴纳罚款。办理免予行政处罚案件1件。（陈国银）

卫生监测

【概况】 2023年，镇江经开区7个哨点医院规范开展哨点监测和网上信息填报，上报食源性疾病112例，完成任务数的101.82%。其中，区人民医院报告50例，瑞康医院报告10例，大港社区卫生服务中心报告11例，姚桥镇卫生院报告11例，平昌社区卫生服务中心、丁卯社区卫生服务中心、大路镇卫生院各报告10例。（李雯雯）

【食品安全标准宣传和咨询】 2023年，镇江经开区开展食品安全标准宣传和现场咨询活动，普及食品安全标准知识，提升居民食品安全意识。全年开展食品安全标准集中宣传2次，接受群众咨询近500人次，发放各类宣传资料1000余份。（李雯雯）

妇幼保健

【概况】 2023年，镇江经开区卫生健康系统规范开展新生儿访视和儿童健康管理工作，全区新生儿访视率达99.41%，0～6岁儿童健康管理率达98.24%，0～6岁儿童眼保健和视力检查覆盖率达到98.24%。完成“两癌”筛查6009人，发现宫颈癌前病变人数6人，早诊人数6人，早诊率85.71%，确诊宫颈癌患者1例。乳腺癌检查发现2例乳癌患者。完成叶酸发放新增人数1008人，超额完成市定任务。全区孕产妇“三抗”检测率100%，乙肝表抗阳性病例12例，梅毒2例，均对所生新生儿进行预防性治疗，未发现艾滋病孕产妇病例。全年首次签发出生医学证明628张，首次签发率为97.48%。全年进行产前筛查622例，新生儿疾病筛查644例，听力筛查636例，先天性心脏病筛查649例，确诊阳性3例，均进行随访。（陈贺涛）

爱国卫生

【概况】 2023年，经开区通过国家卫生城市复审，大路镇创成国家卫生镇，姚桥镇卫生院建成省级健康促进医院，创成1个省级健康社区，建成2个病媒生物防制示范点；组织各镇街道开展全国第35个爱国卫生月活动，共清理背街小巷垃圾32吨，清理楼栋小广告200多处，挖除朽木枯树56棵，对河道、沟渠等点位集中消杀8处，更换毒饵盒76处，免费发放鼠药及灭蟑螂药品约100公斤。（陈贺涛）

【健康科普作品比赛】 2023年镇江市健康科普作品比赛中，镇江瑞康医院杨柳获得二等奖，市一院新区分院朱昭静获得三等奖。在“健康镇江”优秀新闻作品评选中，市一院新区分院朱昭静获得二等奖，徐丹获得三等奖。 （陈贺涛）

医疗卫生服务机构

【概况】 2023年，镇江经开区有各级各类医疗机构91家，其中二级医疗机构3家，一级医疗机构8家，村卫生室（服务站）17个，公共卫生机构2家（疾控中心、卫生监督所，均为市级派驻机构），个体诊所、门诊部、厂矿医务室61家。全年各级医疗机构实际开放病床数1524张（其中区人民医院231张、瑞康医院256张、瑞和老年病医院100张、三镇卫生院179张，丁卯社区中心60张，信缘康护理院502张，仁济医院166张，新港医院30张），每千人拥有床位数5.68张。执业医师资格以上人员594人，每千人拥有2.2人。注册护士858人，每千人拥有3.2人。全科医生51人，每万人拥有1.9人。

全年全区总门诊138.11万人次，比上年增长6.3%，其中，区人民医院33.51万人次，比上年增长9.09%；瑞康医院25.68万人次，比上年增长11.64%；5家基层医疗机构73.16万人次，比上年增长4.29%。区内总住院2.38万人次，比上年增长32.87%，基层医疗机构住院人次比上年增长223%，其中大路镇卫生院住院人次比上年增长681.97%。 （陈贺涛）

2023年镇江经开区各级医疗机构卫生技术人员情况统计表

表21－1

序号	医疗机构单位名称	单位职工数（人）	卫技人员数（人）	医师数（人）	护士数（人）
1	镇江市第一人民医院新区分院	393	353	117	181
2	镇江瑞康医院	428	343	118	164
3	镇江瑞和老年病医院	129	108	17	37
4	镇江信缘康护理院	305	8	39	97
5	镇江市仁济医院	112	75	23	46
6	镇江新港医院	24	21	7	6
7	镇江新区大港街道社区卫生服务中心	52	43	17	13
8	镇江新区丁卯街道社区卫生服务中心	91	79	25	36
9	镇江新区平昌新城社区卫生服务中心	95	82	43	27
10	镇江市大路镇卫生院	57	41	19	14
11	镇江市姚桥镇卫生院	66	49	22	20
合　计		1752	1202	447	641

（陈贺涛）

【镇江市第一人民医院新区分院】 镇江市第一人民医院新区分院占地面积45.4亩，建筑面积2.4万平方米，核定床位400张，实际开放231张，职工393名（含大港街道社区卫生服务中心41名），中高级专业技术人员190名。医院设有临床、医技科室20多个，承办大港街道社区卫生服务中心，拥有128层CT、1.5T核磁共振、乳腺钼靶、奥林巴斯290胃肠镜，STORZ 3D腹腔镜等大中型医疗设备，万元以上设备300余台(套)。投资上千万元建立起医生工作站、电子病历、HIS、LIS、PACS、EMR等信息系统，建成基于B/S架构的医生工作平台、经开区区域影像中心和远程会诊系统。2023年，医院按照“错位发展、交叉融合、精益管理”的工作总基调，不断深化党组织标准化建设，持续推进“党建引领健康为民——一支部一品牌”提升行动，实施“双带头人”培育工程，5个党支部按期完成换届选举工作。开设“全—专”联合门诊共计11个，组织进学校、进企业、进社区，开展健康讲座和义诊活动40余次。加快重点项目建设，增强医院发展内生动力，完成康复训练大厅、血透中心改扩建工程，实行消毒供应外包服务，推动院区环境美化亮化。落实医疗服务持续改善，成立3个专家工作室，让全区百姓在“家门口”享受“三甲”的服务，开展新技术、新项目28项，完成省限技术重新备案3项。内镜逆行胰胆管造影术、急性缺血性脑卒中超早期静脉溶栓术、动脉穿刺置管术等技术，填补院内多项技术空白。在专科疾病“一病一品”服务的基础上，开展延续护理服务，选取糖尿病、高血压、慢阻肺等慢性病进行健康个案管理，其中，慢阻肺163例、高血压200例、糖尿病850例。助力发展老年护理服务，与基层医疗卫生机构联动，制定医养结合护理工作实施方案。举办第七届护理用具创新展示及交流比赛。1人完成新疆生产建设兵团第四师医院可克达拉院区对口支援，1人完成陕西省渭南市合阳县中医院援合支医工作。获得国家实用新型专利3项。

(朱昭静)

【镇江瑞康医院】 镇江瑞康医院总建筑面积5万平方米，核定床位450张，实际开放床位256张，设有临床、医技科室20余个，员工428人，其中专业技术人员343名，医师本科及以上学历占98%，高级职称占47%。医院拥有西门子1.5T磁共振仪、西门子128层螺旋CT机、数字减影血管造影(DSA)设备、西门子彩超机、GE四维彩超机、全自动化学发光免疫分析仪、全自动生化分析仪、腹腔镜、宫腔镜、手术显微镜、关节镜、麻醉机、呼吸机、生命监护仪等医疗设备。2023年，为提升急危重症患者的院前、院中救治能力，瑞康医院120急救站点正式挂牌运行，在全市急救站点年度考核中取得第二名的好成绩。引进飞利浦数字减影血管造影(DSA)X射线系统，开设介入手术室，为瑞康医院“胸痛中心”“卒中中心”两大“生命绿色通道”的开通奠定基础。骨科引进全省首套美敦力智能骨科一体化手术设备，医院骨科从此进入数智化时代，构建镇江市最高级别脊柱外科专家交流平台，成功开展镇江市首台脊柱机器人手术。中医科门诊正式开诊。医院成立高级专家会诊中心，与上海瑞金医院、南京市鼓楼医院邱勇教授团队等签订合作协议，汇聚内分泌科、骨科、甲乳外科、消化内科等多学科专家，形成定期坐诊、参与查房、疑难病例会诊及教学的完整模式。超声科成功申报镇江市体育科研所科研项目“肌骨超声应用于肩袖损伤的诊疗价值分析研究”，护理部成功申报发明专利“血透管路防掉落组件”。为进一步促进优质医疗资源下沉、惠及群众，瑞康医院先后与京口区社区卫生服务中心、丁卯街道卫生服务中心、平昌卫生服务中心、象山卫生服务中心、谏壁卫生服务中心建立深度合作，定期派遣优势学科医师到基层医疗机构坐诊、开设“刘方刚名医工作室”。医院成功创建江苏省老年友善医院，成功挂牌“江苏省职业健康学会副会长单位”“江苏省康复医学专科联盟副理事长单位”“江苏省儿童青少年脊柱侧凸防控联盟镇江防控中心”“镇江新区药品监管实训中心”；骨科成功创建市级临床重点专科建设单位，党支部被评为镇江新区“四星”先进党支部，护理部获镇江市护理健康科普短视频比赛二等奖和优秀奖、镇江市健康

促进科普能力比赛二等奖。（朱　丹）

【镇江新区平昌新城社区卫生服务中心】 平昌新城社区卫生服务中心占地面积1.7万平方米，建筑面积9800平方米，下设服务站、卫生室各1个，服务人口约5.8万人。核定床位100张，实际开放36张。在职职工95名，其中医技人员82名、高级职称26名、中级职称14名。设有全科诊室（内、儿科）、外科、妇产科、中医科、康复科、针灸推拿科、眼科、口腔科、预防保健科、慢病科、体检中心等临床科室，检验科、放射科、B超室、心电图室、胃镜室，以及功能检查室等，设中、西药房和中药配方颗粒智能药房；配备十万级层流手术室，拥有40排CT机、多功能彩超机、多参数心电图仪、24小时（远程）动态心电图仪、DR200U高频数字医用诊断X射线机、全景牙片机、自动血细胞分析仪、生化仪、奥林巴斯电子胃镜、碳13呼气检测仪、免散瞳眼底照相机、肺功能仪、超声骨密度仪、心电监护除颤一体机、二氧化碳激光治疗仪等先进医疗设备；中医馆具备较完善的中医诊疗设备，包括诊断、灸疗、拔罐、红外、牵引、中医电疗、中医磁疗、内热针治疗仪等一批中医治疗康复设备。2023年，第三次达到国家“优质服务基层行活动”推荐标准，再次通过省级健康促进医院复审，创成江苏省基层医疗机构五级中医馆，留村村卫生室创成甲级卫生室。持续推进家庭病床服务，全年签约服务12个家庭病床，按时按需做好上门服务，全年上门服务80人次。与瑞和养老中心等3家养老机构签订协议，每周上门，为老年人开展健康检查、健康咨询等服务，并提供就诊绿色通道，全年共计服务112人，医养结合工作落到实处。中心与镇江瑞康医院合作打造骨专科“刘方刚名医工作室”，开设赵培泉眼底疾病筛查联合门诊。完成康复科落地建设工作。选派医生刘仁赴陕西省渭南市合阳县开展对口帮扶工作。按要求做好住院医师规培管理工作，承接第2批2人次中医住院医师培训。护士陈玉玲获江苏省护理学会“百名优秀护士”荣誉称号。（宗　娅）

【镇江市大路镇卫生院】 镇江市大路镇卫生院占地面积1.46万平方米，建筑面积6600平方米，标准化病房及床位44张。设有全科、内科、外科、妇科、儿科、慢病科、口腔科、中医科、急诊科、感染性疾病科门诊，检验科、放射科、B超室、心电图室、胃镜室，以及公共卫生等科室；在职职工56名，其中高级职称10名，中级职称14名；拥有数字化X射线机（DR）、全自动生化分析仪、彩超、电子胃镜、血细胞分析仪、尿液分析仪、电解质分析仪、除颤仪、心电图机、骨密度测定仪、24小时动态心电图仪、24小时动态血压监测仪、麻醉机、监护仪等医疗设备。2023年，成立镇江“东三镇”无痛胃肠镜诊疗中心，开展无痛胃镜检查719例，无痛肠镜检查655例，普通胃镜检查117例，普通肠镜检查3例，内镜下黏膜切除术（EMR）住院237例，确诊胃癌10例、结肠癌8例、直肠癌2例，发现胃肠早癌24例。居民电子健康档案向居民开放5026份，家庭医生首诊签约率54.99%，慢病患者点单式签约服务359人。开展春、秋季查灭螺100万平方米。卫技人员医学继续教育培训参与率100%。落实《新区“十四五”卫生与健康发展奖励办法》，享受人才奖励15人，评选出2名省级骨干人才、5名区级骨干人才。派出1名主任医师赴陕西合阳县开展支医工作。（田　松）

【镇江市姚桥镇卫生院】 镇江市姚桥镇卫生院占地面积1.96万平方米，建筑面积7440平方米，下设3个村卫生室。核定35张床位，实际开放26张，有医务人员66名，设有内科、外科、口腔、全科、公卫科、疼痛科、体检中心等临床科室，拥有彩超、数字化X射线机、胃肠镜、全自动血细胞分析仪、全自动生化仪、血凝仪、24小时动态心电图机、肺功能仪等医疗设备，配备医生工作站、电子病历、医院信息系统（HIS）、自助挂号收费等信息系统。

2023年，医院门急诊104752人次，住院387人次。2023年通过省级健康促进医院评审，创建江苏省基层中医药文化知识角。

（秦荣华）

【镇江新区大港街道社区卫生服务中心】 镇江新区大港街道社区卫生服务中心占地面积7333平方米，有业务用房4500平方米，核定服务人口8万余人，中心下设2个城市社区卫生服务站。职工52名，其中主任医师1名、副主任医师5名、主治医师6名、全科医师9名。设有全科、妇科、中医科、康复理疗科、预防保健科、检验科、放射科、B超、心电图室、中西药房等，拥有500毫安X射线机、进口彩超机、生化分析仪、血细胞分析仪、心电图机、心电监护仪、快速血糖自动测定仪等设备，配备医生工作站、电子病历、医院信息系统（HIS）、自助挂号收费等信息系统。2008年被评为江苏省示范社区卫生服务中心，2011年被评为省级中医药特色社区卫生服务中心，2019年中医妇科被评为省级特色科室，2022年顺利通过优质服务基层行核验，荣获市级“老年友善医疗机构”称号。2023年，继续打造“柯梦笔团队”中医药特色服务，就诊1.96万人次。在优质服务基层行活动中再次通过国家基本标准核验、成功创建市四级中医馆。评选出2名省级骨干人才、2名区级骨干人才。门诊护士邵云主动请缨，到陕西省合阳县完成卫生援陕工作。医师翟奇英获经开区“十佳医师”称号，仲凌云荣获经开区“医疗服务明星”称号。

（贡　鹏）

【镇江新区丁卯街道社区卫生服务中心】 镇江新区丁卯街道社区卫生服务中心占地面积7000平方米，建筑面积5000平方米，下辖卫生服务站4个。有开放床位60张，职工90余名，其中中高级职称24名。设有全科诊室、外科、妇科、中医科、骨伤科、针灸科、康复理疗科、口腔科、慢病科、狂犬病门诊、体检中心等临床科室，有彩超机、心电图机、数字化X射线机、自动血细胞分析仪、生化仪、尿液分析仪、微量元素测定仪、骨密度测定仪、阴道镜等设备。2023年，中心门急诊171985人次，比上年门诊人次上升14%；出院215人次，比上年上升108%。年内，中心与江滨医院成立血液透析联合专家门诊，落实分级诊疗制度，与镇江市第一人民医院内分泌科建立“全—专”联合门诊、放射远程诊疗、老年病科联合病房。

（范廷娟）

【镇江信缘康护理院】 镇江信缘康护理院占地面积9600平方米，建筑面积1.9万平方米。设置床位502张，其中医治疗护理床位400张。设有内科病区、康复医学病区、临终关怀病区、老年养护区、阿尔茨海默病病区，为入住老人提供生活照料、医疗护理、康复促进、精神慰藉、临终关怀、预防保健、文化娱乐等服务。护理院配有高、中、初级职称的医护人员，并有三级甲等医院主任、专家参与查房诊治，聘请市级知名专家对各类老年慢性病治疗进行指导；设有内科、康复医学、药剂、检验、放射、预防保健、临终关怀等临床医技科室。2023年，护理院新入住老年人168名，总人数370人左右。通过省优质护理院及全国医养结合示范机构的评审工作，荣获“江苏省优质护理院”“全国医养结合示范机构”称号。与全市所有三级综合性医院和专科医院均签订“绿色通道双向转诊服务”协议，在老年人发生病情变化时立即转诊，使其得到及时有效的治疗。

（顾建元）

【镇江仁济医院】 镇江仁济医院有医务人员75名，具有高级职称12名、中级职称45名，具备精神卫生专业的执业医师7名。有200毫安数字X射线机、全自动血细胞分析仪、全自动生化仪、电解质分析仪、心电监护仪、彩超机、尿液分析仪、脑电图机、6导18导心电图机以及24小时动态心电图机和心理测评仪、生物反馈仪等医疗设备，设有精神科、老年病科、门诊部3个临床科室，核定床位200张，实际开放166张，其中精神科实际开放床位120张。2023年，门诊量2494人次，入院126人次，出院122人次。申请特困人员集中供养走访12人，报市民政局批准9人，其中流浪人员转城市特困1人。（杨荣赓）

【镇江瑞和老年病医院】 镇江瑞和老年病医院占地面积5400平方米，核定床位100张，实际开放100张。职工131名，专业技术人员106名。设有急诊科、老年病科、内科、外科、妇科、消化科、中医科、疼痛科、康复科、肿瘤科、眼科、耳鼻喉科等临床科室以及放射、影像、检验等辅助检查医技科室，拥有低辐射40排螺旋CT、高清度数字化X射线机、全自动生化分析仪、五分类血细胞分析仪、全自动免疫发光分析仪、飞利浦HD5彩超、奥林巴斯电子胃肠镜、耳鼻喉综合治疗仪、宫腔镜、腹腔镜、麻醉机、呼吸机等诊疗设备。2023年，瑞和老年病医院注重医学人才的培养和使用，全年外送进修4人次，主办全市首期医疗护理员培训班，36人取得江苏省护理学会颁发的医疗护理员岗位证书。开展各类健康教育及义诊、健康讲座23场次，受众2500余人。在全市二级以上医院住院病历质量专项检查中，医院5份病历甲级率为100%。全年组织8次消防培训、演练，提高全院防灾救灾能力。（刘亮娥）

【镇江新港医院】 镇江新港医院成立于2004年，是一家医保定点、民办非营利性综合医院。设有特色妇科、肛肠专科、中医内科、中医妇科、针灸推拿科、口腔科等特色专科，有迈瑞DS－70S彩色多普勒超声系统、伊士通DR系统、全自动心电图分析仪、全自动生化分析仪、麻醉呼吸机、利普(LEEP)刀、盆腔炎治疗仪、体外电场热疗机、HCPT全电脑多功能肛肠综合治疗仪等医疗设备。2023年，医院有正教授1名、博士生导师2名、主任中医师3名、副主任中医师1名、主治医师3名、主任中药师1名。2023年，医院继续深化与江苏大学附属江滨医院和南京中医药大学教授团队及镇江各名中医的合作，中医科门诊收入比上年增长28%。全年与银山鑫城社区卫生服务站开展各种健康教育及义诊共4场次，受众620人次，发放宣传资料880份。医院党支部再次被大港街道评为“四星”基层党组织。（陶书珍）

文 化

【概况】 2023 年,镇江经济技术开发区成功举办长江国际音乐节、张君秋纪念馆开馆仪式和张君秋大剧院首场演出,经开区知名度和美誉度实现新提升。丁卯马家山“悦读悦美空间”获评省级最美公共文化空间;大港戏曲协会、丁岗华墅马灯艺术团获评省级优秀群文团队;全年累计开展各类文化惠民活动 469 场,人均接受文化场馆服务次数 6.03 次,创历史新高。 (宣传统战部)

【全市暨经开区文化科技卫生“三下乡”集中服务活动举行】 2023 年 2 月 16 日,2023 年镇江市暨经开区文化科技卫生“三下乡”集中服务活动在姚桥镇举行。市委常委、市委宣传部部长、市委秘书长陈可可,市政协副主席、新区党工委书记路月中出席活动。由市委宣传部、市文广旅局、市科技局、市卫健委等 26 家单位组织的 7 个服务分团的 240 余人开展集中服务活动,为基层捐赠物资价值近 50 万元。活动入口处设有非遗展示区、家庭合照区、文娱表演区和体质测试区,丰富村民们的参与感和体验感。活动共带来“文明理论”“文化文艺”“农业科技”等七大类 26 项活动,让居民在家门口感受贴心服务。新区宣传统战部还开展新区非遗项目、历史文化名人推介,以及圌山炮台史料、“视觉新区”摄影图片的展览活动,并由新时代文明实践文化志愿者进行义务讲解。活动开始前,陈可可带队慰问姚桥镇姚镇村的 2 户贫困家庭,向他们送上党和政府的关怀温暖。 (宣传统战部)

【江苏省文艺志愿者走进新区】 2023 年 8 月 1 日,由中共江苏省委宣传部、江苏省文明办、江苏省文学艺术界联合会主办,江苏省文艺志愿服务中心、江苏省戏剧家协会、镇江新区新时代文明实践中心、镇江新区宣传统战部、镇江新区文化旅游局承办的“优秀文艺成果共享工程　江苏省文艺志愿者走进镇江新区”活动在经开区银山剧场内隆重上演,500 余名新区观众观看。2023 年,经开区始终保持坚定的文化自信和强烈的文化担当,通过深入挖掘优秀文化资源,打造小剧场等文化惠民基础设施平台,推动文化普及宣传,让优秀传统文化深入人心,不断提高群众文化获得感、幸福感和满意度。 (宣传统战部)

【镇江圌山炮台遗址环境提升工程竣工】 2023 年 8 月,历时两年的镇江圌山炮台遗址环境提升工程竣工。圌山炮台遗址将通过集体预约参观等方式，有序对社会公众开放。

作为江苏省省级文物保护单位，镇江圌山炮台遗址是中国近代史上反侵略战争少数保存至今的重要革命遗址之一，是见证鸦片战争镇江抗英保卫战的珍贵革命文物。镇江经开区立足遗址现场条件，在镇江市历史文化名城研究会、镇江新区大港历史文化研究会、扬中市博物馆等文博文史部门的大力支持下，围绕炮台遗址，通过小型展室长期举行"镇江圌山炮台史料图片展"，建设了以纪念镇江圌山炮台抗英保卫战180周年为主题的"浩气长存圌山关"纪念文化墙。（宣传统战部）

【纪念圌山炮台抗英保卫战180周年诗词征集评选活动颁奖式】 2023年9月15日，镇江新区举办纪念圌山炮台抗英保卫战180周年诗词征集评选活动颁奖式。2022年"七一"前夕，镇江新区开展纪念镇江圌山关抗英保卫战180周年诗、词、赋征集活动。征集活动得到国内众多诗词爱好者的积极响应，在镇江新区诗词楹联协会的大力支持下，共评选出12篇获奖作品，镇江市历史文化名城研究会副会长赵康琪的现代诗《重访圌山关》获特等奖。与会代表还和来自镇江博物馆、江苏大学出版社、镇江市苏颂研究会、镇江新区碧山堂文化服务中心等机构的理论宣讲志愿者到刚刚完成环境提升工程的江苏省文物保护单位圌山炮台遗址，追忆缅怀炮台守军抗击英国侵略者的英勇事迹。（宣传统战部）

附：纪念镇江圌山炮台抗英保卫战180周年诗词获奖作品

特等奖

重访圌山关

赵康琪

晨曦柔润的手指，从三角洲
无边的绿野上伸展过来，旋即
打开千古锁钥，峰脊连绵起伏
似奔马的光影，引我向
180年前那个炎夏的炮火驰去
在突出江岸的大矶头、二矶头前
猛然拽紧记忆的缰绳，古炮台
像那些守关勇士惊天动地之后的
沧桑风骨，与我久别多年
可识我在退潮的江滩上
捡拾锈迹斑斑碎弹片的少年模样？
从祖父再向前推三辈的祖先
即开始将抵御强敌的炮声藏在心胸
牵苍翠山风擦拭它的锈迹
取春潮秋涛滋养它的声响
已经喑哑的炮声，终于
生长出歌谣铮亮的音韵
和传说曲折动人的神奇

圌山关，我最初的峥嵘课本
重读时，穿越大江的"复兴号"高速列车
正沿着山麓划出一道白色弧线
迅疾将我的身影和思索带向遥远

一等奖

渔家傲·纪念圌山炮台抗英战180周年

赵家驹

浩荡江风春波澹，圌山不老守天堑。回首炮台飘烈焰。降英舰，中华国土谁能撼。

千里晴空何潋滟，一方水域衔菱芡。多少事民心是胆。生生念，今来与共初心鉴。

七律·圌山炮台（新韵）

赵俊梧

圌峰雄峙大江旁，利器怀藏斗志昂。
曾战英舶驱恶虎，又击倭艇战凶狼。
惊观白日依山尽，喜迓云帆越浪扬。
放眼河山多壮丽，忠魂永续向前方。

二等奖

鹧鸪天·雄关碧血

冷　城

滚滚硝烟夜色冥，怒涛拍岸鬼神惊。圌山淡月五峰暗，渔火炮台心眼明。

英寇至，土炮迎，雄关碧血染山青。悠悠江水奔流急，强我中华晖激情。

圌山炮台祭（下平一先）

康葆兴

抗英百八十年前，遗址圌山尚保全。
一炮命中英寇舰，几番击退盗贼船。
士兵拼死国人敬，都统自焚青史传。
敌毁炮台民众祭，耻当刻骨自笞鞭。

七律·圌山炮台观感（新韵）

王思武

圌山北麓五峰旁，炮设矶头守大江。
赫赫战功垂史册，丝丝遐想入诗章。
往昔佳话传千载，今日威名震四方。
亲睹飞龙腾两岸，时空鉴证铸辉煌。

圌山炮台

王昌卫

站在圌山炮台遗址
听
两块石碑诉说着
英雄往事
站在层层记忆之上
听炮声隆隆
听江水呜咽

俯视山下
江水似一面镜子
镜中
1842 年 7 月
圌山炮台硝烟正浓
炮声密集、杀敌声震耳
我站在时光之外
听来自一百八十年前的呐喊

纪念圌山炮台抗英 180 周年

李赶生

万里长江圌山关，抗英炮台立其间。
阅尽人间沧桑事，炮击英舰至今传。

三等奖

古炮台怀想

卫志平

英贼万里纵横行，欲取南京扼北京。
一炮轰鸣四野应，二舻回艄三江营。
可怜弹尽炮声咽，喜看名留龟岭青。
古炮魂萦两百岁，吊桥飞架世界惊。

注：鸦片战争爆发后，英军为控制运河漕运，扼住清廷咽喉，派舰溯江而上。1842 年 7 月14 日，至圌山关，预派二舰侦察，守关士兵开炮迎击，敌舰仓皇退却。东乡乡勇亦呐喊助战。后虽因装备落后、弹药耗尽而未能阻止英舰西进，但其抵御外侮、英勇不屈的精神永远激励着后人。今天，战场之上大桥飞架，多项技术世界领先，曾经的世界列强再也不敢在中国的大江上随意游弋了。

圌山关纪事——纪念镇江圌山关抗英保卫战 180 周年

任继顺

炮台当年筑矶头，抵御外侮防倭寇。
英舰冒犯入长江，圌兵炮击中尾首。
浪击龟公眉眼笑，风抚石婆无怅惆。
铭记历史时时醒，岂能淡忘家国仇？

注：龟公即龟山头。石婆即石婆婆，就在距炮台不远处，少时见过。

纪念镇江圌山关抗英保卫战 180 周年

仲荣山

圌山自古是战场，据峰扎寨固国防。
宋元明清平战事，历史记载渊源长。
近代英夷耀炮舰，妄想突闯圌山关。
圌山军民齐怒吼，江涛滚滚掀巨浪。
中华为息百年耻，一炮中舰敌胆寒。

七律·纪念镇江圌山关抗英保卫战 180 周年有感

环建文

煌煌神州明治逢，赫赫政党旗正红。
江南一隅五峰山，镇江百年圌山关。

当年抗英炮声隆，关台炮轰洗血仇。
而今犯我中华者，虽远必诛也无妨！

【经开区与张君秋京剧艺术研究会签订合作协议】 2023年9月，镇江经开区与张君秋京剧艺术研究会签订合作协议，共同建设张君秋大剧院和张君秋纪念馆，宣传、展示张君秋先生的生平事迹、艺术成就和卓越贡献，并开展张派京剧艺术公益演出，激励更多文化爱好者参与京剧艺术的保护传承和创新发展。

镇江拥有3000多年历史，是吴文化发源地之一，底蕴深厚，人杰地灵。20世纪卓越的京剧艺术家张君秋是镇江经开区诸多文化名人之一。张君秋（1920—1997年），京剧四小名旦之一，曾任中国戏剧家协会副主席，中国京剧艺术基金会名誉会长。在中国京剧发展史和现当代戏曲发展史上，张君秋是一位具有重要地位的表演艺术家，他师承前辈艺术精华，兼取众多剧种优长，在长期的表演实践中创造了风格独特、韵味独具的张派艺术，成为继梅、程、荀、尚之后京剧旦行的一个新流派。张君秋晚年致力于京剧艺术的保护和抢救工作，为京剧艺术的保护、传承和振兴作出了贡献。（宣传统战部）

【张君秋文化周活动开启】 2023年12月12日，由中共镇江市委宣传部、镇江市文化广电和旅游局及镇江经济技术开发区党工委、管委会共同主办的“寻‘根’故里·‘君’归有期”张君秋文化周活动正式启动。镇江市、经开区有关领导，张君秋京剧艺术研究会会长张学浩出席活动。2023年4月，张君秋之子张学浩与镇江市委宣传部联系，希望在张君秋的家乡建设张君秋大剧院、张君秋纪念馆，让张派京剧艺术发扬光大。张学浩经实地查看，最终决定选址镇江经开区周章路35号、心湖公园旁的银山剧场，将银山剧场改造升级，更名为张君秋大剧院，同时利用剧场现有空间建设张君秋纪念馆。至2023年年底，张君秋大剧院和张君秋纪念馆建成，张君秋大剧院成为镇江市第一个以名人姓名命名的大剧院，是一座蕴含镇江元素、镇江符号的地标性综合文化设施。张君秋纪念馆全面介绍张君秋成长历程、艺术成就、海内外荣誉等有关情况。张君秋文化周活动自12月11日持续至12月16日，文化周期间举行张君秋纪念馆开馆仪式暨张君秋大剧院首场演出、张氏后人寻访祖宅、京剧公益知识讲座及《百年巨匠》纪录片拍摄等活动。（宣传统战部）

【2023长江·泡泡岛音乐与艺术节举办】 2023年10月1日至2日，由市文广集团与上海复星体育联合打造的2023长江·泡泡岛音乐与艺术节在镇江新区心湖公园广场举行。本届音乐节坚守国际化、多元化品质，组建“国际+港台+内地”的强大演出阵容，除邀请到观众喜爱的流行歌手杨千嬅、陶喆，耳熟能详的民谣歌手赵雷、陈绮贞，风格独特的陈粒、安溥，各具特色的摇滚乐队SoulFa灵魂沙发、鹿洐人，承载了无数人青春记忆的鱼丁糸，以及深受当下年轻人青睐的说唱歌手张砚拙（Capper）等音乐人外，还特别邀请美国唱作歌手Hayd、日本摇滚乐队She Her Her Hers、印尼爵士二人组Galdive等海外知名歌手和人气乐队加盟。艺人阵容汇聚24组国内外知名音乐人，不同音乐风格碰撞交织，氛围多元包容，满足不同年龄层和身份属性的庞大乐迷群体需求。

除精彩的演出外，本届音乐节还引入美食文化街、创意集市等项目，各色小吃、文创产品琳琅满目；充电宝租借区、医疗保障点等设施一应俱全，还免费提供一次性雨衣、常规药品、藿香正气水、驱蚊液、热水等；近400名志愿者分工协作，做好医疗、安全、气象等各项服务保障工作，满足乐迷各种需求，最大程度提供舒适愉悦的音乐节体验。为期2天的音乐节，吸引来自全国各地的乐迷约6万人。（宣传统战部）

【2023 年度镇江新区区级地名文化遗产名录】 2023 年 5 月,镇江新区社会发展局公布 2023 年度镇江新区区级地名文化遗产名录。

1. 宜侯路:东起圌山路,西至通港路,长 5600 米,宽 30 米。宜侯路因“宜侯夨簋”而得名。宜侯夨簋上的铭文是第一份记载周人南迁的历史资料,宜侯夨将中原先进农业技术和礼乐带到了荆蛮之地,由此开启了中国的吴文化。宜侯是周天子分封的诸侯。西周建立后,为巩固统治,周天子实行分封制,即周天子把土地、平民和奴隶分封给亲属和功臣等,封他们为诸侯。周灭商后,将宜地(今江苏镇江新区)封给泰伯之孙,据郭沫若、唐兰考证,周章就是周天子分封出去的宜侯夨。宜侯夨簋是西周早期青铜器,该器通高 15.7 厘米,口径 22.5 厘米。浅腹,高圈足,腹上有四耳,耳上部作兽首状,张咬簋沿,呈现西周早期特征;腹部饰圆涡纹间夔纹,圈足为夔纹,有四扉棱,均呈现出西周早期铸造特征。器内铭文 12 行,约 126 字,残泐约 17 字。该器铭文涉及吴国建立初期,国家分封的有关内容,具有极高的历史价值。宜侯夨簋于 1954 年 6 月在江苏省镇江大港镇烟墩山出土,现藏中国国家博物馆。

2. 龙脊街:龙脊街坐落在华山村,长 300 米左右,宽 5 米。龙脊街因街面像巨龙脊背而得名。据《丹徒县志》记载,1000 多年前,古街上从街头到庙门口,有日杂小百货店、旅舍、茶馆、布庄、工艺绣品铺、酒坊、油坊、饭店、绸布店等商店 30 余家,逢年过节更是人流如潮,热闹非凡,是华山村“八宝”之一。龙脊街有着深厚的文化底蕴,与华山古村的银杏树遥遥相对,银杏树正是“龙头”。龙脊街上的青石板和镇江西津渡的青石板是同一个时期的,这样原汁原味的古街不可多得。到目前为止,龙脊街保存完好,它是华山古村落曾经繁荣的象征。

3. 圌山路:南起瑞城路,北至韩桥路,长 7200 米,宽 30~40 米。圌山路因临近圌山得名。据说,秦始皇听信阴阳先生的谗言,认为此地有“王气”,怕出圣人来夺他的江山,便根据“六书”造字法,专门造出“圌”字,表示这座山受到四面包围,“王气”就困死不能出,这块地方永远不会兴旺,故名圌山。但也有人提出这仅是传说,并没有确凿的证据,认为“圌”这个字读 chuí,是边陲的意思。圌山呈西北向,向东南延伸,山势陡峭,顶部为峭壁。该山由圌山、五峰山、龟山等山构成,主峰海拔 285 米,长约 6 千米,山北靠长江,有绍隆禅寺,山上有老虎洞,山东南有环山公路,山顶有明崇祯吏部郎陈观阳建的一座报恩塔。古代圌山是江防要地。唐代于圌山设谯山戍;宋代建圌山寨,抗金名将韩世忠在此屯兵御敌,其韩营、韩桥等遗址至今犹存,并已沿用为地名;明嘉靖年间,在圌山设游兵厅;清代改称为圌山关。圌山在近代史上留下了浓墨重彩的一笔。清道光二十年(1840 年),英国为倾销毒品鸦片,对中国发动侵略战争。其间,清政府为加强长江下游的防务,决定在镇江修建圌山关炮台,与焦山炮台、象山炮台形成掎角之势。圌山关炮台由圌山炮台、顺江洲的大沙炮台和江都的三江营炮台组成。三足鼎立的炮台设置,使圌山关炮台成为扼守长江咽喉地带的重要关口。

4. 洪溪路:洪溪路起于龙溪路,止于兴港西路,长 1600 米,宽 20 米。古语“洪溪”作为地名,与“大港”可以相配。“洪”即“大”,从“洪溪”到“大港”,地名发生了变化,从一个“大的支流”变为一个“大的码头”,这与社会生产力的发展密切相关。洪溪本是豁子口与车碾口之间的一段河流,豁子口外是一江横陈的抗金前线,车碾口里是四面环山的后勤基地。大港赵氏谱牒中常将“洪溪”写作“鸿溪”,“鸿”字反映了志南公赵子褫寄居大港不忘故土的家国情怀。大港始名洪溪,原系长江之滨一村落,因南宋初年,抗金名将韩世忠驻守圌山,为操练水师,开挖和疏浚了 36 处港汊,其中洪溪港规模最大,得名“大港”。

5. 韩桥:位于韩桥路,跨韩桥河,长

22 米，最大跨度 17 米。2014 年重新修建命名。韩世忠在此勒马造韩桥，因此得名。位于长江下游南岸，五峰山以南，圌山之西。宋金战争起，南宋抗金英雄韩世忠(1089—1151 年)在河北力抗金军，旋随高宗南下升至浙江西制置使。建炎三年(1129 年)冬，金兀术渡江，次年韩世忠领兵驻扎圌山。相传，一日部队下山不远便被河流拦住去路，韩世忠正准备下马察看时，士兵们已抬来 7 块长条石迅速架好桥，后人称之为韩桥。为纪念韩世忠这位抗金英雄，附近村落的居民便将村子定名为“韩桥”。

6. 丁卯桥：丁卯桥遗址位于镇江东郊。晋元帝司马睿之子司马怿镇守广陵(今扬州)，因运粮出京口河水浅涸而在此立埭，并于丁卯日建成桥，故名丁卯桥，距今已有 1600 余年的历史。该桥经清乾隆、道光年间 2 次修缮，两旁桥栏石板中央，一面刻有“丁卯桥”，另一面刻有“更新桥”。原桥为单孔圆形石拱桥，宽约 4 米，孔径 6 米，桥长 10 米许，桥中央护栏石板上刻有“丁卯桥”三字，未署名书写年代和姓名，是为漕运要港。1980 年，丹徒县因河道拓宽，桥的大半边被拆除，在桥旁新建公路新桥。现残存原丁卯桥东叠石金刚墙及桥基础叠石，部分桥拱圈石及金刚墙南有闸门凹槽两道，长约 8 米，高约 5.5 米。1982 年年初，在丁卯桥附近出土唐代晚期金银器窖藏 950 余件，其中有银烛论语酒令筹等著名文物。1987 年 5 月 7 日，镇江市人民政府公布丁卯桥遗址为镇江市文物保护单位。 （镇江新区社会发展局）

旅　游

【概况】　2023 年，心湖微度假文旅生活圈成功申报省级夜间文化和旅游消费集聚区建设单位；无国界航空跻身江苏省体旅融合发展示范基地；东乡云飏汤制作技艺、东乡跳马灯入选江苏省非物质文化遗产名录。

（宣传统战部）

【新春民俗游园会举办】　2023 年新春之际，镇江新区在圌山风景区举办新春民俗游园会，从腊月二十五日至元宵节，丰富多彩的迎新春群众文化志愿服务活动，让年味更浓、文化更盛。写春联送“福”字，书写出对新年迎祥纳福的美好心愿。文化惠民演出，每天演出 2 场。文化主题知识展，详细介绍中国传统节日种类及由来、镇江新区重点非物质文化遗产名录，让游客在游玩中了解中国传统文化。镇江新区非物质文化遗产体验活动，邀请非遗传承人进行“华山太平泥叫叫”展示互动，群众可以近距离赏非遗、学非遗，参与制作非遗作品。华山太平泥叫叫入选镇江市第一批非物质文化遗产传统美术类名录。有奖猜灯谜活动，百余条谜语涵盖物理化学、地名、传统文化等知识，丰富百姓文化生活，营造欢乐祥和的节日氛围，吸引众多游客前来参与。 （宣传统战部）

【“我在圌山‘郁’见你”系列文旅活动新闻发布会】　2023 年 3 月 3 日，镇江经开区召开“我在圌山‘郁’见你”系列文旅活动新闻发布会。发布会围绕“寻春、揽夏、访秋、品冬”主题，发布独具经开区特色的系列文旅活动。自 3 月 18 日起，以郁金香文化旅游节为开端，结合“寻春”主题，以“我在圌山‘郁’见你”为主线，邀请游客登圌山祈福、赏花海、逛游园庙会、品东乡美食，感受暖暖春意；在“揽夏”主题中，以“啤酒龙虾狂欢节”为主线，举办梦幻绿野、飞虎夏令营、心湖龙舟赛等活动，畅享自然亲为的旅游新模式；在“访秋”主题中，以“爱在黎明破晓时”为主线，邀游客共赏圌山日出，体验露营生活，望山看水忆乡愁；在“品冬”主题中，以“踏雪寻净，浴乐人间”为主线，带领游客看雪景、泡温泉，尝东乡羊肉、逛元宵庙会，感受最美冬日。 （宣传统战部）

【第十二届中信银行·郁金香节】 2023年3月18日,镇江新区第十二届中信银行·郁金香节在圌山脚下开幕。圌山风景区4000平方米的花田内20万株郁金香竞相开放,给游客带来一场争奇斗艳满眼春的视觉盛宴。活动现场设有"二龙戏珠"、快闪情景舞蹈《人间烟火》、高跷、变脸及舞狮等民俗文化表演,游客往来如织,热闹非凡。作为镇江新区2023年"寻春——我在圌山'郁'见你"系列文旅活动的首场盛宴,郁金香节持续至4月下旬,设置圌山风景区和心湖景区2个会场,融入餐饮、亲子、娱乐、会展等元素,打造汉服游园会、民俗文化表演、水上游乐、东乡美食街、航空体验等文化旅游项目。

江苏圌山旅游文化发展有限公司以郁金香节为契机,紧密围绕"一山一湖",整合资源优势,发掘消费潜力,联合新区东乡原味馆、途居露营、温泉酒店、大路机场等周边商家推出联票实体券,票根包含多个商家优惠福利券,以点带面,促成新区全域旅游深度融合。镇江新区党工委副书记陈鹏飞,镇江市文化广电和旅游局党委委员、文物局副局长周连锁,中信银行镇江分行副行长沈雪,镇江新区党工委委员朱涛,镇江新区旅游协会会长贺宏福参加活动。 (宣传统战部)

【镇江新区美食记之云飚汤】 长鱼汤,又名"云飚汤",历史悠久,是镇江新区大路镇地方传统美食。东乡长鱼汤制作技艺是镇江市级非遗保护项目,镇江新区兴国长鱼汤店的创始人许秋萍是东乡长鱼汤制作技艺传承人。古法长鱼汤制作需要经过八道工序:氽鱼、划丝、煮汤、炸丝、提浮、合汤、烩丝、配汤。长鱼汤的熬煮过程漫长,需煮透长鱼骨头,将长鱼骨头的营养完全释放在浓汤里面。"合汤"时打好的蛋花呈麦芒状,细如丝线,玲珑剔透,闲散流淌。长鱼汤入口清爽、滋润,定格东乡人记忆里的乡愁滋味,彰显东乡传统美食文化底蕴。"兴国长鱼汤"荣获"镇江十大农家菜"一等奖,该店也成为"大众点评镇江十大必吃榜"2022年入围餐厅、餐饮网红店等。

(宣传统战部)

【镇江新区美食记之白玉饼】 镇江新区姚桥镇"拾桥"手工白玉饼采用传统制作技艺,馅料选取当地当季青菜、苋菜、秧草、荠菜等新鲜蔬菜,辅加猪肉或油渣,荤素搭配。面皮仅使用小麦粉加饮用水,无任何添加剂,营养健康。包饼采用纯手工制作,菜馅率60%以上,烙熟的饼薄如蝉翼,拎起来能够看到对面的光亮,菜馅碧绿如茵,堪称艺术品。

(宣传统战部)

【镇江新区美食记之东乡羊肉】 镇江的东乡,是指镇江经开区的大港、大路、姚桥、石桥、儒里一带。这里的红烧羊肉十分出名。据说当年康熙下江南,陪同的大学士张玉书是镇江人,就用家乡这道美味招待康熙,使帝心大悦。此后,镇江府曾数次把东乡羊肉作为贡品呈奉朝廷。东乡羊肉制作时,必须选当地饲养1~2年阉割过的山羊,这种羊鲜味足、膻味少。将羊肉煮熟,拆骨干冻成羊糕,俗称"干板",然后切块配料烧至羊肉酥烂。因"鱼"加"羊"是为"鲜",所以东乡人用鱼或鱼汤和羊肉一同烹制,菜肴之鲜美不言而喻。

(宣传统战部)

体　育

【概况】 2023年,镇江经济技术开发区围绕现代化国家级开发区建设要求,把满足人民健身需求、促进人的全面发展、推进完善公共体育服务体系建设作为体育工作的重点,协调推进群众体育、竞技体育、体育产业稳步发展。至2023年年底,全区总体育场地设施面积118.69万平方米,其中田径场23个、足球场30个、游泳场馆11个、篮球场132个、排球场24个、乒乓球场96个、羽毛球场59个、健身房

44个、健身路径232套、晨晚练点129个、健身步道29条,人均拥有体育设施面积4.43平方米。全区13所学校田径场面积7.4万平方米,室外篮球场面积2.12万平方米,室外足球场面积3.7万平方米,室外排球场面积5018平方米,羽毛球场面积4206平方米。各校均配备健身房和体育馆,其中体育馆面积1.18万平方米。经常参加体育锻炼的人数比例达46%,国民体质监测合格率94%。全区逐步形成以健身站(点)为基础,以学校、镇(街道)、社区为重点,以社会体育指导员为骨干的基本格局。全区有各类体育社会组织33个。组织开展丰富多彩的全民健身活动,在全区上下形成政府主导、部门协同、社会支持、群众广泛参与的全民健身大众化良好氛围。 (杜云娜　宋坪芝)

【社会体育指导员队伍建设】 2023年,镇江经开区在丰富"10分钟体育健身圈"内涵和总体框架的基础上,推进社会体育指导员队伍建设,为丰富发展群众体育奠定基础。全区贯彻社会体育指导员技术等级制度,加强对社会体育指导员的培训。本着"先发展后规范"的原则,鼓励一部分热心群众体育工作的人员加入社会体育指导员队伍,采取"走出去、请进来,抓骨干、促全面"的办法,不断提高社会体育指导员的理论水平和业务素质。至年底,全区有社会体育指导员891名,其中,国家级社会体育指导员7名,一级社会体育指导员47名,二级社会体育指导员368名,三级社会体育指导员469名。 (杜云娜　宋坪芝)

【全民健身活动】 2023年,镇江经开区把开展基层健身作为推动全民健身的重要手段,吸引群众参与健身活动。坚持面向基层、面向群众,小型多样,因人、因时、因地制宜,开展形式多样的体育活动,利用健身月等活动,把科学健身指导送到社会、单位、企业、学校、农村。举办乒乓球、羽毛球、足球、游泳、广场舞海选赛和全民健身日交流展示、老年人体育节等群众体育活动。全年全区举办全民健身活动6场(次),参与人数近1.3万人次。

(杜云娜　宋坪芝)

【教体融合】 2023年,镇江经开区推进教体融合,彰显办学特色。至2023年年底,全区拥有国家级青少年体育俱乐部1个,国家级校园足球试点学校8所,省级体育项目传统校3所,市级体育项目传统校7所。各校结合自身办学特色,做到布局合理、结构优化。督促校园开展体育活动,利用每天1小时,增强学生体质。做好足球特色幼儿园创建工作。

(杜云娜　宋坪芝)

【第三届"心湖之光"龙舟邀请赛】 2023年6月21日,第五届镇江城市业余联赛龙舟比赛暨镇江新区第三届"心湖之光"龙舟邀请赛举行。来自江苏科技大学、镇江新区机关及镇(街道)、金融机构、国有平台等的10支参赛队伍参加。前三名分别被江苏科技大学队、瀚瑞控股队和丁岗岗上蛟龙队夺得,大港股份队和机关先锋队分获最佳优胜奖和最佳团队合作奖。 (宣传统战部)

社会生活

综　述

【概况】　2023 年，镇江经济技术开发区人力资源和社会保障局（简称区人社局）围绕高质量考核指标要求，强化稳就业举措，聚焦重点群体就业，进一步加强用工保障，助推全区持续高质量发展；开展企业职工养老保险、城乡居民养老保险、被征地农民基本生活保障、经营权置换保障和机关事业单位养老保险，提升社会保险覆盖面。依法开展劳动保障监察执法，维护用人单位和劳动者的合法权益；调处全区范围内的劳动人事争议案件，持续推进和谐劳动关系试验区建设。（解浩强）

就业创业

【概况】　2023 年，镇江经济技术开发区人力资源和社会保障局坚持以人民为中心的发展思想，立足自身职能，以促进高质量充分就业为主线，从最突出的问题着眼，从最具体的工作抓起，落实好各项惠民政策，不断提升公共就业服务效能。着力政策引领，持续加大就业创业政策宣传力度，通过线上线下相结合、点对点与集中连片相结合的宣传活动，进企业、进园区、进校园、进社区，送政策、送信息、送培训、送服务，做到政策“应知尽知”。着力重点群体帮扶，打造全区首个省级标准化“家门口”就业服务站，为求职者和用工企业提供规范化、精细化、精准化的服务保障，让就业困难群众就地就近就业。对标省级规范化零工市场建设要求，创建镇江经开区零工市场，满足群众多元化就业需求，促进就业增收。加大公益性岗位兜底安置力度，强化低收入群体等就业困难人员就业服务保障，以实际行动着力稳岗位、促对接、保重点、优服务、兜底线。着力创业扶持，变“人找数据”为“数据找人”，突出数据赋能，发挥基层人社“铁脚板”优势，对符合领取创业扶持政策的人员，主动进行摸排、宣传、办理，做到“应享尽享”。着力技能提升，进一步健全终身职业技能培训制度，坚持就业导向、适应市场需求，强化培训的针对性、实用性，推动职业技能培训扩容提质，着力提升劳动者职业技能素养，促进高质量就业。（解浩强）

【城镇就业创业】　2023 年，全区城镇新增就业 7023 人；扶持创业 1642 人，其中扶持农村劳动力自主创业 364 人，引领大学生创业 366 人，创业带动就业 5119 人，组织 SYB 创业培训 722 人。（解浩强）

【惠企政策落实】 2023年，全区发放用人单位招用就业困难人员、小微企业招用高校毕业生社保补贴和女职工产假期间社保补贴300.8万元；组织开展各类技能培训4024人次，发放补贴282.59万元。 （解浩强）

【重点群体就业】 2023年，全区实现就业困难人员再就业1504人；公益性岗位安置就业困难人员359人，发放补贴217.46万元；为3779人发放灵活就业社保补贴1879.99万元；开展离校未就业高校毕业生实名制调查登记210人，年末就业率93.3%；建成标准化“家门口”就业服务站1个。 （解浩强）

【基础人才引进】 2023年，区人社局围绕全区产业链布局人才链，坚持人力资源引进、培养和使用多管齐下，全力做好基础人才引进，满足企业发展需求。全年协助企业新引进大专以上学历6406人，完成全年指标的128.12%，其中本科以上2732人，完成全年指标的109.28%。 （解浩强）

【高技能人才培养】 2023年，区人社局聚力高技能人才培养。举办“圌山杯”职业技能竞赛2期，培养高技能人才476人，新增数字技能人才269人。1人入选“江苏工匠”，1家单位入选江苏省高技能人才专项公共实训基地，1人入选江苏省卓越技师（A类），3人入选江苏省卓越技师（B类），1个工作室入选江苏省乡土人才大师工作室，1人获评江苏省技术能手，1人入选镇江市首席技师，1个工作室入选镇江市技能大师工作室，7人获评镇江市技术能手。 （解浩强）

人力资源管理

【概况】 2023年，镇江经开区人力资源和社会保障局举办本地各类招聘48场次，其中专场招聘12场，参会企业1826家，提供岗位需求信息26386个，进场求职人员20652人，达成意向人数9610人。 （解浩强）

【新增企业用工】 2023年，经开区人社局建立企业服务专管员制度，联合企业网格、社会网格力量，协助企业解决用工难题，走访企业363家次，解决企业各类人力资源需求问题226个，协助企业新增用工11036人。 （解浩强）

劳动管理

【概况】 2023年，镇江经开区人力资源和社会保障局依法开展劳动保障监察执法，维护用人单位和劳动者的合法权益。劳动保障监察案件结案率100%，案件办理零逾期；主动监察用人单位360家，达年度目标户数102%；组织监察员参加2期省专职劳动保障监察员培训，开展2期基层劳动保障兼职监察员（协理员）业务培训、1期薪酬调查指导培训等专项培训；顺利开展清理整顿人力资源市场秩序专项行动检查、工伤保险专项检查、电镀园区企业专项排查；顺利开展最低工资调查和薪酬调查，调查企业40余家；开展根治欠薪专项巡查检查和隐患排查，巡查企业和项目超百余次；组织开展重点劳务派遣、劳务外包用工情况专项排查，排查用工单位、劳务派遣单位约50户次；甄别疑难工单45件，发布预警和工作动态23条，召开协调会近40次，及时处置33个工程项目和12个企业欠薪问题，未发生较大群体性事件；完成72家企业特殊工时审批及64家企业劳务派遣许可、变更审批。 （陶和鑫）

【劳动保障案件处理】 2023年，镇江经开区劳动监察大队共受理系统投诉举报案件615件，及时处理群体性案件14件，帮助415名职工追回各类工资待遇312.15万元。全年共接收全国欠薪线索平台线索479条，其中梳理初排工程建设领域线索168条，调查处置工程建设领域线索316条。接收处置“12333”根治欠薪栏目欠薪线索488条，登记来访建设领域欠薪线索110条。（陶和鑫）

【专项执法检查】 2023年，镇江经开区劳动监察大队适时开展执法检查。强化“双随机、一公开”部门联动执法，分别联合区生态应急局安监大队开展经开区生产经营单位劳务派遣人员和灵活用工人员专项检查，排查生产经营单位11家；联合区市场监督管理局开展清理整顿人力资源市场专项大检查，共检查20家人力资源公司；联合区司法局对2家律所进行相关劳动用工检查。顺利开展经开区生产经营单位劳务派遣人员和灵活用工人员专项检查、马路市场专项检查，主动监察用人单位360户，达年度目标户数102%，按照序时进度完成监察任务。（陶和鑫）

【根治欠薪工作】 2023年，镇江经开区劳动监察大队紧盯根治欠薪工作不动摇。发挥根治欠薪总牵头部门作用，组织5次根治欠薪工作专题协商汇报，就在建项目制度落实、农民工工资支付管理、建设工程劳动合同签订等有关农民工反映强烈、监管顽疾和监管过程不畅等热点难点问题开展座谈交流。加强部门联动，联合区城乡建设局、属地板块、法院等部门协同发力，协作解决在建项目欠薪问题，召开专题协商会约30场。就全国根治欠薪平台转办线索、省人社厅“12333”根治欠薪栏目、部省督办案件等工程建设领域重大疑难案件的查办情况、专项行动、在建项目联合巡查等工作进行交流。全年建设领域欠薪线索回复率98%，陆续解决一批农民工反映较为集中的工程项目欠薪问题，助推经开区根治欠薪工作“加速跑”。组织行业主管部门、园区板块，甄别疑难工单45件，发布预警和工作动态23条，召开协调会近40次，及时处置33个工程项目，及时处置湖润园项目、金东纸业项目、君和雅苑项目等12个项目的欠薪问题，未发生较大群体性事件。将全国平台欠薪线索化解作为重中之重，全年接收线索总量479条，均已办结。同时，联合住建部门开展“政策宣传进工地，关爱民工送清凉”活动，现场向农民工赠送夏季防暑降温用品，并宣传《保障农民工工资支付条例》等相关法规和规范性文件。（陶和鑫）

【劳动关系专项工作】 2023年，镇江经开区人力资源和社会保障局做好劳动关系专项工作。一是认真做好企业实行不定时工作制和综合计算工时工作制、劳务派遣等经营许可的审批工作，完成72家企业特殊工时审批、64家劳务派遣许可。同时结合业务办理实际，通过精简申报材料、压缩审批时限、加强业务指导等三方面措施，最大程度方便企业办事，减轻企业办事负担。二是协助辖区企业申报省市区级和谐劳动关系企业，3家企业获评省级和谐劳动关系企业，5家企业获评市级和谐劳动关系企业，21家获评区级和谐劳动关系劳动保障诚信单位。三是加强劳务派遣监管，研究劳务公司许可信息公开、信用管理办法、安全生产告知承诺制等事项，对辖区内劳务派遣单位开展年检核验工作，依法督促使用劳务派遣工，督促企业依法用工。（陶和鑫）

劳动仲裁

【概况】 镇江新区劳动人事争议仲裁院（简称区仲裁院）成立于2010年12月，系区人社局下属参照公务员管理的事业单位，主要职能为负责调处新区范围内的劳动人事争议案件，维护全区和谐稳定的劳动关系。成立以来，区仲裁院坚持科学规划、统筹兼顾、因地制宜、注重实效的原则，全面实施精细化管理，狠抓机构建设、效能建设、机制建设、队伍建设和信息化建设，着力打造功能齐全、环境一流、管理规范、高效运转的仲裁机构。

2023年，区仲裁院受理劳动仲裁案件784件，较上年增长25%。其中，涉及劳动合同的案件占26%，涉及劳动报酬的案件占44%，其他案件占30%。受理后审结783件，结案率99.9%。在案件处理过程中，严格按照法律法规进行裁决，维护劳动者和用人单位的合法权益。仲裁院注重调解工作，通过调解方式解决案件占比72%，缓解劳动关系紧张局面。全年处理15起群体性劳资纠纷，涉及员工162人，均得到妥善处置，未产生不良影响。（赵　晶）

【仲裁业务研讨和竞赛活动】 2023年，区仲裁院组织人员多次参加全市庭审观摩和疑难问题研讨活动，认真参与研讨，提出建设性意见和观点，提升工作能力和水平。仲裁院孙伟星、笪如涉参加全市仲裁员业务竞赛，获得“镇江市劳动人事争议仲裁员业务能手”荣誉称号。（赵　晶）

社会保障

【概况】 2023年，镇江经济技术开发区人力资源和社会保障局组织开展企业职工养老保险、城乡居民养老保险、被征地农民基本生活保障、经营权置换生活保障和机关事业单位养老保险，提升社会保险覆盖面。（施　峰）

【企业职工养老保险】 2023年，镇江经开区企业职工养老保险涉及9.74万人，其中参保人数6.9万人、享受退休待遇人数2.84万人。（施　峰）

【城乡居民养老保险】 2023年，镇江经开区城乡居民养老保险涉及人数2.55万人，其中参保人数0.18万人、享受退休待遇人数2.37万人。（施　峰）

【被征地农民基本生活保障】 2023年，镇江经开区发放征地保障生活费人数11021人，全年发放征地保障生活费1.18亿元。（施　峰）

【经营权置换生活保障】 2023年，镇江经开区发放经营权置换生活保障生活费人数16669人，全年发放置换生活保障生活费1.16亿元。（施　峰）

【机关事业单位养老保险】 2023年，镇江经开区机关事业单位养老保险涉及人数3976人，其中在职2574人，享受养老待遇1402人。2023年度缴纳养老保险费6438.47万元，职业年金3219.24万元，发放养老金1.16亿元。（施　峰）

【社保基金】 2023年，镇江经开区企业职工养老保险、工伤保险、失业保险、医疗保险和生育保险分别由镇江市社会保险基金管理中心新区办事处、镇江市医保基金管理中心新区办事处负责经办，统一执行镇江市各项社会保障政策。（施　峰）

民政事务

【概况】 2023年，镇江经济技术开发区社会发展局（简称经开区社会发展局）探索社会救助主动发现闭环管理机制，开发建设经开区综合社会救助管理服务信息平台，主动帮扶因病致困群众60余人，常态化关爱服务“一老一小一群体”8700余人；扎实推进省市民生实事工程，完成北山公墓改造提升，建成1个省级未成年人保护工作站并实现服务镇级全覆盖，升级改造社区综合服务中心3家、示范性乡村互助养老睦邻点2个、城市社区助餐点3个，实施老年人适老化改造

69户，2家精神障碍社区康复服务示范点通过省级验收。

（孙庭东　孙智芝　孙竹君）

图23－1　2023年12月20日，市民政局党委书记、局长聂美红（前右三）一行到镇江经开区专题调研民政工作

（李　闯　摄）

【社会救助】　2023年，全区认定低收入人口497户637人，其中，低保386户494人；特困对象57人，其中，分散供养13人，集中供养44人；低保边缘户52户80人；支出型困难家庭2户6人。重度残疾人560人，特殊困难残疾人55人，低保中残疾人199人。城乡低保标准提高至每人每月840元，全年累计发放各类救助资金1445.74万元，涉及民政救助对象2216人，临时救助60人次。

2023年，为特别困难群众开展“寒冬送温暖”“夏日送清凉”专项救助活动，发放米、油、棉被、风扇等物资，共计33545元。

（孙竹君）

【儿童福利】　2023年，全区有孤儿3人，全年发放孤儿基本生活保障资金8.16万元。其他困境儿童125人，其中，事实无人抚养21人，重病重残儿童104人。全年发放困境儿童生活补助费159.02万元。未成年人保护工作站（儿童关爱之家）实现镇（街道）全覆盖，丁岗镇创成省级示范性未成年人保护工作站。　（孙智芝）

【殡葬惠民】　2023年，全区殡葬惠民总人数1679人，区级配套支出资金180.04万元。

（孙智芝）

【婚姻家庭】　2023年，全区结婚登记842对，离婚申请561对、离婚登记414对，补领婚姻登记169对，2对家庭办理收养登记。婚姻家庭辅导成功率59%，优秀案例、优秀辅导员分别获省级推荐表彰。　（严　辉）

【社会组织管理】　截至2023年年底，全区新增民办非企业4家，有民办非企业113家；新增社会团体1家，有社团组织77家。每万人拥有社会组织10.46个。　（孙智芝）

【社区建设】　2023年，新成立大港街道振港社区，新建（改造）社区综合服务中心3个；推动“三张清单”落实落细，持续减轻基层组织负担，提升基层治理效能；引入参与式社区治理模式，引导居民自我解决“末梢”问题，经开区入选省民政厅新一轮“五社联动”机制创新试点单位。　（孙庭东）

【养老服务】　2023年，全区新增备案养老机构2家、新增床位数111张。至2023年年底，全区有养老机构10家，7家评定为2～5级养老机构，拥有机构养老床位1882张，平均每千名老人拥有养老床位数45张。其中,社会力量举办的养老机构床位数1732张,占机构养老床位数的92%,护理型床位占养老机构床位数100%,养老机构入住率51.2%。经开区社会发展局举办镇江经开区首届养老护理员职业技能竞赛,组织开展失能老年人家庭成员照护技能培训28人次;推行"智慧管家"模式,加强对特殊困难老人的探访关爱,为101名重点困难老年人提供每周不少于2次的关爱巡访服务。全年新增3家社区标准化养老服务中心,委托专业机构运营的养老服务中心达到34家,丁卯街道在全区率先实现标准化社区养老服务中心全覆盖;22家老年人助餐点累计提供助餐64757人次,为6770名高龄老年人、134名困难老年人提供居家上门服务,完成老年人家庭适老化改造69户。

（严　伟　张晓东　孙庭东）

图23-2　2023年10月18日,新区党政主要领导开展重阳节走访慰问活动　　（新闻中心　供稿）

2023年镇江经开区村(社区)居家养老服务中心一览表

表23-1

序号	镇(街道)	村(社区)	运营单位	地址	联系人	联系电话
1	丁岗镇	新茂社区	镇江新区悦和养老服务中心	平昌新茂苑社区居委会1楼	姜　倩	13852980521
2		宜乐社区	镇江新区悦和养老服务中心	平昌宜乐苑4幢2单元	姜　倩	13852980521
3		新乐社区	镇江新区悦和养老服务中心	平昌新乐苑57幢	姜　倩	13852980521
4		宜居社区	镇江新区悦和养老服务中心	平昌宜居苑16幢物业楼	姜　倩	13852980521
5		宜业社区	镇江新区丁岗镇瑞和居家养老服务中心	宜业社区物业大楼(平昌路122号)	夏　莉	13775365935
6		葛村村	镇江新区丁岗镇瑞和居家养老服务中心	原葛村卫生院	夏　莉	13775365935
7		新瑞社区	镇江新区丁岗镇瑞和居家养老服务中心	新瑞苑75栋1楼	夏　莉	13775365935
8		新怡社区	镇江新区丁岗镇瑞和居家养老服务中心	新怡苑40幢1~2楼	夏　莉	13775365935
9	大路镇	大路村	镇江市颐乐家养老产业有限公司	大路村老年协会院内	王　静	15050869656
10		东岳村	镇江市颐乐家养老产业有限公司	大路镇东岳村戴家组15号	高　璐	18360126550
11		长征村	镇江市颐乐家养老产业有限公司	大路镇长征村党群服务中心2楼	俞　妍	15862983020

续表 23－1

序号	镇(街道)	村(社区)	运营单位	地址	联系人	联系电话
12	姚桥镇	迎滨村	镇江新区姚桥镇光源社会工作服务中心	迎滨村迎中7组	张钰敏	13236361195
13		伏漕村	镇江新区姚桥镇光源社会工作服务中心	漕红12组(三桥卫生院)	张钰敏	13236361195
14		儒里村	镇江新区姚桥镇光源社会工作服务中心	儒里村11组(原儒里小学)	张钰敏	13236361195
15		石桥村	镇江新区姚桥镇光源社会工作服务中心	原石桥医院(通达路18号)	张钰敏	13236361195
16		姚镇村	镇江新区姚桥镇光源社会工作服务中心	姚镇村文卫路8号(原姚桥医院)	张钰敏	13236361195
17		瑞和花苑社区	镇江新区姚桥镇光源社会工作服务中心	瑞和花苑社区44栋3楼	张钰敏	13236361195
18	大港街道	伯先社区	镇江新区星瑞护养院	大港街道港口路1号	陈　艳	15896354067
19		港中社区	镇江新区大港街道星瑞居家养老服务中心	兴港东路9号	陈　艳	15896354067
20		港南社区	镇江新区悦心居家养老服务中心	港南花苑社区居委会2楼	蔡　阳	18912825730
21		紫竹社区	镇江新区悦心居家养老服务中心	紫竹社区居委会2楼	蔡　阳	18912825730
22		瑞鑫社区	镇江新区大港街道肆阅居家养老服务中心	瑞鑫嘉园南门瑞鑫社区2楼	王　琴	15996806060
23		兴港社区	镇江新区大港街道肆阅居家养老服务中心	兴港社区办公用房东侧	王　琴	15996806060
24		宜港社区	镇江新区大港街道肆阅居家养老服务中心	皓月苑南门宜港社区居民委员会	王　琴	15996806060
25		龙泉社区	镇江新区大港街道肆阅居家养老服务中心	龙泉社区17号门面房北	王　琴	15996806060
26		凤凰社区	镇江市颐乐家养老产业有限公司	凤凰社区居委会旁	蔡　阳	18912825730
27	丁卯街道	马家山社区	镇江信缘康护理院	丁卯车港路(原经九路)16号	胡欣璐	13952944335
28		丁卯社区	镇江瑞和健康产业发展集团有限公司	永隆城市广场馨景苑1栋旁	李　明	13805283355
29		戴家巷社区	镇江新区丁卯街道悦心居家养老服务中心	康泰花园小区23幢旁	何丽萍	18151907091
30		西苑社区	镇江新区丁卯街道悦心居家养老服务中心	丁卯街道首创悦府1期3幢103	何丽萍	18151907091
31		武将社区	江苏启扬养老服务有限公司	丁卯街道楚桥雅苑14栋	刘红叶	13805286513
32		谷阳社区	镇江新区丁卯街道瑞和居家养老服务中心	谷阳新村都市汇2号1~2楼	徐　雁	18352850156
33		潘宗社区	镇江市颐乐家养老产业有限公司	丁卯街道美林湾路6号3楼	林乐红	18773863071
34		蕴德社区	镇江市颐乐家养老产业有限公司	吾悦广场小区东区2幢1~2楼	张　昀	13305280822

(经开区社会发展局)

2023年度镇江经开区村（社区）居家养老服务中心考核情况表

表23－2

序号	镇（街道）	社区居家养老服务中心名称	运营机构名称	建设等级	考核结果
1	丁岗镇	丁岗镇新茂社区居家养老服务中心	镇江新区悦和养老服务中心	3A	优秀
2		丁岗镇宜乐社区居家养老服务中心	镇江新区悦和养老服务中心	2A	优秀
3		丁岗镇新乐社区居家养老服务中心	镇江新区悦和养老服务中心	2A	优秀
4		丁岗镇宜居社区居家养老服务中心	镇江新区悦和养老服务中心	2A	合格
5		丁岗镇宜业社区居家养老服务中心	镇江新区丁岗镇瑞和居家养老服务中心	3A	优秀
6		丁岗镇新怡社区居家养老服务中心	镇江新区丁岗镇瑞和居家养老服务中心	2A	合格
7		丁岗镇葛村村居家养老服务中心	镇江新区丁岗镇瑞和居家养老服务中心	2A	合格
8		丁岗镇新瑞社区居家养老服务中心	镇江新区丁岗镇瑞和居家养老服务中心	2A	合格
9	大路镇	大路镇大路村居家养老服务中心	镇江市颐乐家养老产业有限公司	3A	合格
10		大路镇东岳村居家养老服务中心	镇江市颐乐家养老产业有限公司	2A	基本合格
11		大路镇长征村居家养老服务中心	镇江市颐乐家养老产业有限公司	2A	合格
12	姚桥镇	姚桥镇迎滨村居家养老服务中心	镇江新区姚桥镇光源社会工作服务中心	2A	基本合格
13		姚桥镇伏漕村居家养老服务中心	镇江新区姚桥镇光源社会工作服务中心	2A	基本合格
14		姚桥镇儒里村居家养老服务中心	镇江新区姚桥镇光源社会工作服务中心	2A	基本合格
15		姚桥镇石桥村居家养老服务中心	镇江新区姚桥镇光源社会工作服务中心	2A	基本合格
16		姚桥镇姚镇村居家养老服务中心	镇江新区姚桥镇光源社会工作服务中心	2A	基本合格
17	大港街道	大港街道伯先社区居家养老服务中心	镇江新区星瑞护养院	2A	基本合格
18		大港街道港中社区居家养老服务中心	镇江新区大港街道星瑞居家养老服务中心	3A	合格
19		大港街道港南社区居家养老服务中心	镇江新区悦心居家养老服务中心	A	优秀
20		大港街道紫竹社区居家养老服务中心	镇江新区悦心居家养老服务中心	2A	合格
21		大港街道瑞鑫社区居家养老服务中心	镇江新区大港街道肆阅居家养老服务中心	2A	优秀
22		大港街道兴港社区居家养老服务中心	镇江新区大港街道肆阅居家养老服务中心	3A	优秀
23		大港街道宜港社区居家养老服务中心	镇江新区大港街道肆阅居家养老服务中心	2A	优秀
24		大港街道龙泉社区居家养老服务中心	镇江新区大港街道肆阅居家养老服务中心	2A	优秀
25		大港街道凤凰社区居家养老服务中心	镇江市颐乐家养老产业有限公司	2A	合格
26	丁卯街道	丁卯街道马家山社区居家养老服务中心	镇江信缘康护理院	3A	优秀
27		丁卯街道丁卯社区居家养老服务中心	镇江瑞和健康产业发展集团有限公司	3A	优秀
28		丁卯街道戴家巷社区居家养老服务中心	镇江新区丁卯街道悦心居家养老服务中心	2A	优秀
29		丁卯街道西苑社区居家养老服务中心	镇江新区丁卯街道悦心居家养老服务中心	2A	合格
30		丁卯街道武将社区居家养老服务中心	江苏启扬养老服务有限公司	3A	合格
31		丁卯街道蕴德社区居家养老服务中心	镇江市颐乐家养老产业有限公司	2A	优秀
32		丁卯街道潘宗社区居家养老服务中心	镇江市颐乐家养老产业有限公司	2A	优秀
33		丁卯街道谷阳社区居家养老服务中心	镇江新区丁卯街道瑞和居家养老服务中心	2A	优秀

（经开区社会发展局）

【地名管理】 2023年，丁卯桥入选省级地名文化遗产名录。韩桥路、洪溪路、宜侯路、龙脊街、圌山路入选镇江市级地名文化遗产名录。镇江经开区标准地名命（更）名情况见下表。

2023年镇江经开区标准地名命（更）名情况表

表23－3

标准地名	实体状况说明
蕴德路	位于镇江经开区丁卯街道，北起丁卯桥路，南转东至育德路，长416米，宽20米
瑞阳路辅路	位于镇江经开区丁卯街道，北起瑞阳路，南至丁卯桥路，长318米，宽3～5米
泰港路	位于镇江经开区大港街道，西起港中路，向东经过区中心敬老院至尽头，长284米，宽14米
金海路	位于镇江经开区大港街道，西起通港路，东至银河支路，长193米，宽14米
银河支路（变更起止点）	位于镇江经开区大港街道，北起银河路，南转东至赵声路，长991米，宽15米

（孙智芝）

残疾人工作

【概况】 2023年，全区共计办理残疾人证业务370人次，其中，本地户籍残疾人证办理348人次，异地跨省通办理22人次。全区持证残疾人3563人，其中，视力残疾493人，听力言语残疾328人，肢体残疾1778人，智力残疾452人，精神残疾411人，多重残疾101人。（严　伟）

【残疾人帮扶】 2023年，为117名0～14岁残疾儿童申报抢救性康复训练，为325名残疾人下发轮椅、助行器、盲杖等辅助器具，为敬老院特困老人配发36副眼镜，为21名残疾人免费安装假肢、矫形器，为197名精神病残疾人每人每年提供3000元的免费用药，为23名白内障患者免费提供检查和康复手术，为20名残疾人学生及残疾人家庭学生发放3.8万元的教育专项补贴，为48名残疾人发放机动轮椅车燃油补贴1.25万元，为20户残疾人家庭进行无障碍改造，为40名低保中重度残疾人提供400元/月标准的居家上门服务。新建残疾人社区康复室4家。新增残疾人实名制就业91人，净增残疾人实名制就业48人。（严　伟）

图23－3　2023年7月26日，市残联党组书记、理事长温小卫（左二）一行到经开区专题调研残联工作（严　伟　摄）

【"残疾人之家"建设】 2023年,全区新建成1家"残疾人之家",全区17家"残疾人之家"与社区养老服务中心实现资源共享、联建联创,全部由社会组织承接运营,为全区残疾人提供日间照料、居家托养、护理保健、康复服务、文娱活动、辅助性就业等服务,完成残疾人托养294人,提供辅助性就业服务160人,辅助性就业收入累计达到29.25万元。

(严　伟)

慈善事业

【概况】 2023年,镇江经济技术开发区慈善总会募集慈善资金916.11万元,其中捐赠收入389.45万元(一日捐83.65万元,企业捐赠305.8万元),增值收入269.54万元。慈善救助支出386.9万元,救助困难群众26856人次。与市慈善总会联合实施"圆梦助学""慈善助医""特困临救""健行行动""复明行动""温暖行动"6项救助项目,新区本级实施"教育未来""特困家庭大病救助""特困家庭捐赠家用电器"3项救助项目,与镇、街道联合实施"幸福家园"互助工程建设项目,与关工委、奇美化工联合实施"精准扶贫、助学成才"项目。"圆梦助学"项目,救助困难学生172人、金额74.43万元;"慈善助医阳光工程"项目,受助对象2669人次、金额79.17万元;"特困临救"项目,救助4005人次、金额77.4万元;"温暖行动"项目,受助困难家庭142人次、金额45.1万元;"教育未来"助学项目,救助困难学生81人、金额36万元;"特困家庭大病救助"项目,救助困难家庭174户、金额55万元;"奇美助学"项目,资助品学兼优学生103名、金额19.8万元。

(赵小莹)

【"慈善一日捐"活动】 2023年8月29日,镇江经济技术开发区举行"慈善一日捐"暨"99公益日"捐赠仪式。市政协副主席、经开区党工委书记路月中出席活动。来自经开区机关各部门、直属单位、国有公司、驻区单位、园区管办的党员干部参加仪式。上午9时15分,随着活动开始,大家依次将装有爱心款的信封投入募捐箱,举众人之力助推经开区慈善事业发展。经开区党工委、人大工委、管委会、政协工委全体领导参加活动。

(慈善总会)

应急管理

【概况】 2023年,镇江经济技术开发区进一步完善应急、减灾体系。完成"十四五"应急体系与能力建设规划中期评估,为推动规划后半程顺利实施明确工作方向。制定《镇江新区应急物资储备调用管理办法》,确保突发事件情形下应急物资调运及时到位。制定印发《镇江新区自然灾害风险会商研判制度(试行)》,加强自然灾害预警研判制度建设。组织开展"全国防灾减灾日""国际减灾日"等活动,增强全社会防灾减灾意识。

建成应急救援直升机临时起降点,进一步提升镇江经开区航空应急救援能力。完成全区20户以上自然村应急广播建设,确保预警信息发布到村到人。启动应急指挥中心标准化项目建设,提高全区灾害事故应急指挥处理能力。建立完善经开区自然灾害信息员AB角队伍体系,并开展专业培训,提高基层应急力量防灾减灾专业化水平。

(生态环境和应急管理局)

【镇江市2023年度企业应急救援技能比武竞赛在经开区举行】 2023年7月11日,镇江市2023年度企业应急救援技能比武竞赛在经开区举行。竞赛活动由市应急管理局、镇江经开区管理委员会主办,来自全市相关化工医药企业、重点工贸企业的24支队伍共120人参加竞赛。现场，各参赛队员把赛场当“战场”，通过速度、能力、耐心的比拼，将日常训练的看家本领一一展示，彰显应急救援队员冲锋在前、担当奉献的本色。竞赛评选出个人奖18名、团队奖6名。

（生态环境和应急管理局）

【实战化演练提升危化应急救援能力】 2023年8月11日，经开区开展化工园区氯甲烷泄漏中毒事故应急演练。演练模拟江南化工公司氯甲烷罐区C罐底部法兰在出料过程中发生泄漏，现场有毒气体检测仪显示浓度超标，1名绿化养护人员在发生泄漏时正在现场作业，导致其有中毒迹象。发现险情后，公司立刻启动一级应急救援响应，新区生态应急局、公安分局、消防大队、120医疗救护等部门单位接报警后迅速赶到，及时处置事故险情，避免了人员伤亡和危化品泄漏中毒及火灾爆炸事故的发生。演练历时约50分钟，各支应急队伍反应迅速、分工明确、措施得当、协作顺畅。应急演练结束后，专家组对演练中发现的问题、不足之处及取得的成效分别进行点评，希望各单位各部门根据改进建议进一步完善预案，着眼实战，提高应急处置能力。新区党工委委员、管委会副主任陆建林参加演练。

（生态环境和应急管理局）

消防救援

【概况】 2023年，镇江新区消防救援大队（简称新区大队）坚持以习近平新时代中国特色社会主义思想和习近平总书记授旗训词精神为指引，团结带领全体指战员同心奋斗、勇毅前行，出色完成“1·11”浩宇工具厂火灾、“5·19”金东纸业坍塌事故等应急救援处置任务，圆满完成“两节两会”、心湖音乐节等重大安保任务，维护火灾形势和队伍管理“双稳定”。大队获评江苏省优秀“戎耀之家”。

（吴云飞）

【消防管理】 2023年，镇江新区消防救援大队推动党委政府、行业部门、基层单位全面落实消防安全责任，经开区党工委、管委会10余次研究推进消防工作。扎实开展“生命至上，隐患必除”消防安全专项行动、消防安全重大风险隐患专项排查整治行动、电动自行车消防安全综合整治、冷库安全排查整治、燃气消防安全专项整治、“三合一”场所消防安全综合整治，深刻吸取上年“3·8”火灾教训，召集全区135家消防安全重点单位和新材料产业园区内47家化工企业进行集中约谈，会同区科信局、生态应急局印发《镇江新区电镀行业专项整治方案》，出台《电镀企业重大生产安全事故隐患判定标准》，推动园区36家企业增设火灾自动报警及喷淋自动灭火系统，有效降低火灾发生的风险。推动管委会投入95万元对全区规模较大的化工企业安装“智慧消防”系统，跟踪落实全区火灾风险较大的102家单位接入建筑消防设施远程联网监测系统，完成全区43个拆迁安置小区电动自行车火灾隐患排查，安装电动自行车智能集中充电停放点110处。围绕现实问题和实战需求，将丁卯消防站和化工实训基地建设列为2023年政府投资项目，投资经费近4000万元。结合化工园区消防装备建设标准，提请管委会拨付380万元用于购置2辆重型泡沫水罐消防车。推进经开区化工园1900余万元物资、器材验收工作，实现五大类10项民政救灾、应急救援、环境检测装备资源共享和统一调配，初步形成强大的灾害处置合力，提升灾害事故保障能力。

（吴云飞）

【联合市场监督管理局开展消防产品专项检查】 2023年2月，新区大队联合市场监督管理局深入辖区消防产品销售场所开展消防产品检查。检查组重点对销售的灭火器、应急照明灯、疏散指示标志、阻燃板等消防产品质量情况进行检查，现场判定质量是否符合国家标准，同时督促销售场所负责人坚决杜绝销售假冒伪劣产品，提高消防安全认识，注意辨别假冒伪劣消防产品，抵制、打击虚假产品，形成抵制假冒伪劣消防产品的良好氛围。专项检查共计检查消防产品供应商10余家、发现不合格产品11类，集中销毁1600余件，罚款2万余元。

（吴云飞）

图23－4　2023年3月10日，新区大队联合丁卯街道开展消防安全培训　　（吴云飞　摄）

【联合丁卯街道开展消防安全培训】　2023年3月10日，新区大队联合丁卯街道开展消防安全培训，辖区工业企业、大型商市场、住宅物业企业单位主要负责人参加。大队宣传员播放火灾案例视频，并结合近期火灾事故的特点和教训，向参训人员分析生活中常见的火灾特点，以及如果发生火灾如何正确逃生、火灾火场逃生中应当注意哪些事项等实用消防安全知识。同时采用“教员现场演示＋学员实际操作”的形式，进行现场授课，向参训人员介绍各种消防器械的名称及使用注意事项，对灭火器的种类、结构原理、操作使用进行详细说明，现场操作示范各种消防器械的使用方法，加深与会者对安全责任及消防安全工作的重要性的理解。　（吴云飞）

【联合辖区公安派出所开展群租房消防安全专项整治行动】　2023年3月，新区大队联合辖区公安派出所开展群租房消防安全专项整治行动。检查组通过“排查、整治、清退”的方式，到辖区群租房逐一上门核清房间、床位、租户人数等基本情况，重点对群租房内电器线路是否私拉乱接、线路敷设是否规范、厨房钢瓶灶具是否安全、是否采用泡沫夹芯板搭建附属房、电瓶车停放和充电等情况进行检查。针对检查中发现的问题，检查组责令租户立即予以整改，并要求各租户切实提高对消防安全工作的重视，加大日常防火巡查工作力度，经常性开展火灾隐患自查自清，做好消防安全管理，规范用火用电，严防各类火灾事故发生。此次行动检查社会单位50余家，发现火灾隐患或违法行为26处，督改火灾隐患或违法行为26处，参与办理行政处罚案件2起，罚款1万余元。　（吴云飞）

【新区管委会开展“五一”期间消防安全大检查】　2023年4月29日，新区党工委副书记、管委会主任尹卫民带队检查“五一”消防安全工作。尹卫民主任一行先后到江苏索普新材料科技有限公司、镇江奇美化工有限公司等单位，与相关单位负责人展开深入交流，详细了解单位“五一”节日期间生产经营、劳务外包、日常巡查、值班值守、应急处置等工作落实情况，实地查看江苏索普新材料科技有限公司液氯仓库和镇江奇美化工有限公司监控中心。新区党工委委员、管委会副主任陆建林，消防救援大队大队长纪洪和生态应急局、

新材料产业园主要领导参加检查。（吴云飞）

【约谈“6·11”火灾事故消防安全责任人】 2023年6月20日，新区大队约谈“6·11”火灾事故消防安全责任人。新区大队副大队长谢来新就“6·11”金之桥火灾事故进行总结，单位消防安全负责人围绕消防安全隐患问题及如何加强消防安全管理工作进行表态。就全面做好火灾隐患整改工作，副大队长谢来新提出具体要求：一是要高度重视隐患整改工作，吸取近期火灾事故教训，增强消防安全意识；二是进一步完善管理机制，采取有效措施加强单位火灾防控工作，加大消防宣传培训教育，从源头上增强单位抵御火灾的综合能力；三是要积极组织单位员工开展灭火和应急疏散演练，广泛开展消防安全“四个能力”（检查消除火灾隐患能力、扑救初期火灾能力、组织人员疏散逃生能力、消防宣传教育培训能力）建设，提高自防自救能力，确保本单位消防安全。（吴云飞）

【联合长航公安开展船舶火灾消防演练】 2023年11月16日，新区大队大港站联合长航公安开展船舶火灾消防演练。队站干部带领全体人员详细了解五峰山船厂的建筑结构、消防设施、重点部位、疏散通道等情况。随后，队指挥根据现场情况进行灾情假设，下达作战任务、人员分工及作战安全提示，各战斗小组分工明确、配合默契，有条不紊地完成灭火救援任务。通过演练，切实加强队站处置船舶火灾的应急实战能力，提高长航公安应急响应速度和处置事故能力，为辖区火灾形势稳定奠定坚实的基础。（吴云飞）

图23－5　2023年11月16日，新区大队大港站联合长航公安开展船舶火灾消防演练（吴云飞　摄）

退役军人事务

【概况】 镇江经济技术开发区退役军人服务保障体系包含1个区级退役军人服务中心，5个乡镇（街道）退役军人服务站，47个村（社区）退役军人服务站。2023年，丁岗镇退役军人服务站获评镇江市优秀镇（街道）退役军人服务站；姚桥镇儒里村退役军人服务站、大港街道金港社区退役军人服务站、龙泉社区退役军人服务站、丁卯街道戴家巷社区退役军人服务站获评镇江市优秀村（社区）退役军人服务站；新创建江苏省优秀“戎耀之家”1家（经开区消防救援大队）。2023年，经开区接收符合政府安排工作条件退役士兵并全部妥善安置；接收自主就业退役士兵，组织开展返乡欢迎仪式和适应性培训，适应性培训参训率100%。（程礼红）

【"创响江苏"春风行动退役军人专场招聘会】 2023年2月15日，镇江新区社会发展局联合区人力资源和社会保障局开展2023年镇江新区"创响江苏"春风行动退役军人专场招聘会。有58家企业参加专场招聘会，提供1145个就业岗位，涵盖机械工程师、产品销售、设备操作员、质检员、安保等多种类型的工作岗位，有558人进场求职，其中退役军人112人。（严海峰）

图23-6 2023年2月15日，镇江新区社会发展局联合新区人力资源和社会保障局在新区人才市场组织退役军人专场招聘会（秦乙民 摄）

【退役士兵返乡欢迎仪式举行】 2023年3月1日，镇江新区社会发展局和姚桥镇退役军人服务站工作人员，在高铁大港南站举行迎接退役士兵光荣返乡仪式。为光荣返乡退役军人披上绶带、送上鲜花、组织合影留念，增强退役军人荣誉感、自豪感。（严海峰）

【烈士祭扫和烈士纪念日公祭活动】 2023年清明节期间，镇江新区社会发展局在北山烈士纪念园组织烈士墓祭扫活动，经开区各镇人民政府、街道办事处、学校、机关等相关单位在北山烈士纪念园组织祭扫活动，缅怀革命先烈，弘扬烈士精神。

2023年9月30日，镇江新区在北山烈士纪念园举行烈士纪念日公祭活动。上午9时，向革命先烈敬献花篮仪式正式开始。伴随着雄壮的《义勇军进行曲》，全场齐声高唱中华人民共和国国歌。国歌唱毕，全场肃立向烈士默哀。市政协副主席、新区党工委书记路月中，新区党工委副书记、管委会主任尹卫民敬献花篮。新区领导朱晓阳、徐志华参加活动。（严海峰 秦乙民）

【优待证签约仪式】 2023年4月18日，镇江新区社会发展局携手镇江瑞康医院在瑞康医院会议室举行镇江新区退役军人和其他优抚对象优待证合作协议签约仪式，共同为退役军人和其他优抚对象提供优质优惠服务。协议生效后，退役军人及其家属（配偶、子女、父母、配偶父母）、"三属"（烈士遗属、因公牺牲军人遗属、病故军人遗属）人员持优待证在瑞康医院体检，享受5折优惠（胃肠镜及核磁共振除外）。（梁鹏飞）

【结对认亲仪式】 2023年6月15日，镇江新区社会发展局联合镇江市圌山公益服务中心，在新区退役军人服务中心组织开展集中结对认亲仪式。镇江新区社会发展局机关党支部和经开区圌山公益服务中心功能型党支部分别与4户"三属"家庭结对，并颁发结对认亲证书和亲情卡。让"三属"人员充分感受党和政府及社会各界的温暖和关怀。（梁鹏飞）

【慰问走访驻地部队】 2023年春节和"八一"期间，镇江新区组织开展走访慰问驻地部队活动，落实军地互办实事项目，为驻地部队购买电子显示屏，总计21.5万元。

7 月 24 日，市政协副主席、新区党工委书记路月中到驻区某部队，详细了解官兵们的训练、工作和生活情况，对广大官兵长期以来关心和支持新区经济社会发展表示感谢，希望他们继续发扬特别能吃苦、特别能战斗、特别能奉献的优良品质，为全面推进中国式现代化新区新实践作出更大贡献。7 月 29 日，新区党工委副书记、管委会主任尹卫民到镇江市消防救援支队，向全体消防救援人员表达节日的慰问和祝福。新区人大工委主任经山河到武警镇江支队，为部队官兵送上节日祝福，并详细询问部队建设和训练等情况。新区政协工委主任孙家政到新区人武部，向全体官兵致以节日祝贺和亲切问候。新区领导陈鹏飞、朱晓阳、张荣海、陆建林、王忠、周勇、张成分别参加慰问。

（秦乙民）

图 23－7　2023 年 6 月 15 日，镇江新区社会发展局联合镇江市圌山公益服务中心，在新区退役军人服务中心组织开展集中结对认亲仪式　（梁鹏飞　摄）

【退役军人文体竞赛】　2023 年 8 月 11 日，镇江新区社会发展局组织退役军人与新区消防救援大队消防员开展文体竞赛活动。比赛开始前，来自新区各镇、街道的 20 多名退役军人观摩消防员单人架设 6 米拉梯、纵深灭火救人等演练。竞赛活动中，20 多名退役军人和消防员组成 9 支队伍展开激烈角逐。参赛选手们先后进行引体向上、跳绳、三人四足跑和拔河比赛，既展示良好的团队协作能力，又展现队伍的整体力量。新区党工委副书记陈鹏飞出席活动并为获奖队伍和个人颁发奖牌证书。

（秦乙民）

【老兵宣讲活动】　2023 年 11 月，镇江新区社会发展局组织 4 位退役老兵进社区、进部队、进校园进行红色宣讲，共开展红色宣讲活动 6 场，引导社会各界传承红色基因，厚植爱国情怀。约 500 名群众参加宣讲活动。

（秦乙民）

丁岗镇

【概况】 丁岗镇位于镇江经济技术开发区南部，东连经开区姚桥镇，南与丹阳市丹北镇、丹徒区黄墟镇相接，西邻京口区谏壁镇，北接经开区大港街道。2023 年，镇域面积 35.36 平方千米，下辖 4 个行政村、9 个基层社区，常住人口 5.2 万人。

2023 年，完成规模以上工业产值 105.41 亿元，完成率 102.1%，比上年增长 12.38%，首次突破百亿大关。重点服务业及规模以上批发、零售业增长强劲，分别实现增长 31.6%、13.7% 和 19.6%。完成固定资产投资 30.5 亿元，完成率居全区第三，其中制造业投资 15.3 亿元，新签约投资 1.8 亿元。完成一般公共预算税收收入 1.75 亿元。完成新签约亿元以上项目 11 个，利信电池技改、宝韵新能源、联博新能源等一批主导产业项目成功落地，新能源产业类项目占比达 54.55%，创历史新高。获得经开区 2023 年度“五争一创”第二名、经开区 2023 年度高质量绩效考核一等次。

（肖文磊）

2023 年丁岗镇各村(社区)基本情况表

表 24－1

序号	各村(社区)名称	面积(平方千米)	村(社区)党委(总支、支部)书记	村(社区)主任	年集体收入(万元)	办公电话	当年获区级以上荣誉	当年考核结果
1	丁岗村	1.33	孙笠志	孙笠志	443.69	0511－83568050	—	全镇村排名第一
2	留村村	6.5	赵　兵	赵　兵	112	0511－83568053	镇江市乡村旅游特色村	全镇村排名第二
3	葛村村	5.7	解　雷	解　雷	202.26	0511－83568055	江苏省传统古村落；镇江市乡村振兴工作先进集体	全镇村排名第三

续表 24－1

序号	各村(社区)名　称	面积(平方千米)	村(社区)党委(总支、支部)书记	村(社区)主任	年集体收入(万元)	办公电话	当年获区级以上荣誉	当年考核结果
4	纪庄村	0.34	翟伟强	翟伟强	230	0511－88905056	—	
5	新茂社区	0.29	王怀昊	殷　忠	—	0511－80868009	镇江市首批法治小区建设示范点；镇江市文明实践巾帼志愿阳光站	全镇社区排名第一
6	新乐社区	0.18	何建国	何建国	—	0511－80868199	保留第十六批省级民主示范法治社区（保留）；镇江市优秀校外辅导站	全镇社区排名第二
7	新瑞社区	0.23	陈金发	吴海波	—	0511－83567300	2022 年度区级平安法治先进村、社区；镇江市示范小剧场；镇江新区优秀校外辅导站	全镇社区排名第三
8	新怡社区	0.11	朱培俊	—	—	0511－80868128	镇江经开区“四星”先进党支部；镇江经开区平安法治先进村、社区	
9	心湖社区	0.43	张建春	张建春	—	0511－83560707	镇江经开区平安建设先进集体	
10	宜乐社区	0.26	杨继林	—	—	0511－87059467	—	
11	宜居社区	0.38	刘　霞	刘　霞	—	0511－83563668	2022 年度党建引领物业管理服务工作市级示范点	
12	新润社区	0.16	曹　虹	—	—	—	—	
13	宜业社区	0.19	贾建国	王海涛	26.99	—	—	

（肖文磊）

【项目人才建设】 2023 年，丁岗镇科技创新、领军人才 2 个项目指标完成率居全区第一。入选全区唯一 1 名国家级人才，入选省级人才 4 名，占全区三分之一。领瑞新材料入选国家级专精特新“小巨人”企业，荣获“国家知识产权优势企业”称号。天奈科技获评省四星级上云企业，荣获 2023 年镇江市市长质量奖，同时，市重点实验室项目获批立项。中节能成功申报全市关键核心技术人才攻关联合体，是全市唯一申报成功企业。（肖文磊）

【农业和农村工作】 2023 年，丁岗镇乡村振兴走深走实，累计播种粮食作物 2.71 万亩，超额完成全年下达任务。积极培育高素质“新农人”队伍。深化村企共建，探索“订单农业”，建设留村村订单基地 50 亩。挖掘增收渠道，完成村集体经营性收入 979.13 万元，比上年增长 5.1%。农民人均可支配收入 3.55 万元，增长 7.3%。创成省级荣禾家庭农场绿色优质农产品基地。圆满承办 2023 年经开区秋收秋种暨村企共建现场会。农村面貌绽放新颜，以心湖国信北地块、丁岗小学旧址、断山墩遗址等特色节点打造为代表，一体推进村庄垃圾清理、高铁及港南路沿线环境整治等专项行动。完成农村人居环境问题整改 1100 余件，清理农村垃圾 1500 吨、秸秆等农业生产废弃物 5.62 吨、建筑垃圾 681 吨、河塘 22 条、沟渠 19.2 千米，整治残垣断壁、破损房屋 30 处。完成高铁沿线交办整改问题 45 件，清理各类堆积物 1.07 万吨、修整破旧屋面 0.6 万平方米。取缔关停废品收购站 20 家，占全镇废品收购站总量的 95.24%。

（肖文磊）

【社会民生】 2023 年，丁岗镇完成新增城镇就业 810 人。开展 80 岁以上老年人政府购买上门服务 1.03 万人次。累计发放各类奖扶、救助、慰问资金等 269.55 万元，各类涉军费用 343 万元。创成 2023 年度“15 分钟医保服务圈”省级示范点。建成丁岗镇未成年人保护工作站、新怡社区居家养老服务中心。

（肖文磊）

【综合治理】 2023 年，丁岗镇分层分类推进重点行业、重点企业和村（社区）《安全风险点管控责任手册》编制，累计梳理各类风险点 3022 个。平稳推进平昌临时疏导点关停及丁岗新街菜场启用，摊贩一次性搬迁率 97.5%。全年越级进京访登记量比上年较大幅度下降，赴各级信访登记量比上年下降 38%，连续 4 个季度在全区正向排名第一。镇级“一站式”矛调中心通过市级验收，化解各类矛盾纠纷 933 起。新茂社区获评 2023 年镇江市首批法治小区建设示范点。

（肖文磊）

【融资项目推进】 2023 年，丁岗镇加强融资项目推进工作。建立“日调度 + 周会商”机制，及时协调工作推进中的问题，累计对接各类银行及金融机构 38 家，谋划推动各类融资项目 107 个，提前 7 个月完成目标任务。全年完成融资认定 67.71 亿元，完成任务量的 169.27%，比上年增长 48.58%，占全区五分之一，其中，信贷类占比 81.87%，超全区 0.57 个百分点。

（肖文磊）

【党建引领】 2023 年，丁岗镇以党建引领末梢疏通工程为抓手，构建“镇党委—村（社区）党总支—中心户（信息员）—居民”的组织体系，选配中心户、信息员 1517 名，打造“百姓客厅”“乐学小院”“星光里”等党群服

图 24－1　2023 年 6 月 19 日，市委书记马明龙（右一）到丁岗镇新茂社区调研

（丁岗镇　供稿）

务站36个，创建中心户“二四六”（“两必到”：有突发事件必到、有矛盾纠纷必到；“四必访”：孤寡老人必访、困境儿童必访、特困家庭必访、社区矫正对象必访；“六必看”：服务范围内六类一般性安全风险点每日必看，即公共设施有无磨损破坏、消防设施有无缺损堵塞、水电管网有无老化锈蚀、电梯楼道有无私堆乱接、外墙顶层有无坠物隐患、住宅车库有无液化气瓶）工作法，探索“时间银行”积分奖励，搭建党员“双报到双服务”平台，形成组织下延、阵地进楼、服务到家的基层治理新格局。全年推进末梢疏通三级事项处置1.67万件，其中，村（社区）主动发现问题1.17万件、主动处置问题1.16万件，同比均提高8%。实现安置社区物业费收缴505.17万元，同比增长32.01%，达历史新高。作为全区率先试点社区，新茂社区党建引领末梢疏通工程成效得到市、区两级充分肯定，先后被《人民日报》《新华日报》等省级以上媒体宣传报道15次，被新华社智库《要情动态》专篇刊发。累计接待各级调研考察47批次、1320余人次。其中，省委第五巡回督导组组长姜金兵，市委书记马明龙，市委常委、政法委书记许文，市委常委、组织部部长张娟，副市长王文生，市政协副主席、经开区党工委书记路月中，经开区管委会主任尹卫民等领导调研指导。主题教育期间，《丁岗镇党群同心“治荒”》作为经开区唯一党建引领基层治理案例，被省委主题教育简报第59期采用。新茂社区党建引领末梢疏通工作成效入选经开区唯一正面典型案例。（张　萍）

【“五级人大代表统一接待选民日”活动】 2023年11月3日，根据镇江市人大常委会的统一部署要求，丁岗镇开展镇江市“五级人大代表统一接待选民日”活动。活动以“牢记嘱托　感恩奋进——稳企惠民促发展”为主题，选民代表积极建言、各抒己见，聚焦村集体经济发展、社会治理体系创新、城市管理优化、文化保护传承等民生问题提出意见和建议，反映当前群众呼声和愿望。4个选民接待点有70名各级人大代表参与接待选民。人大代表现场接待选民85人，收集意见建议93条。代表们发挥代表作用，与选民共同探讨解决问题的方法和措施，重点解答问题8条。对现场没有解决的问题进行记录，经过分类整理后，及时转交相关部门，做到事事有落实、件件有回音。镇江市人大常委会副主任、党组成员戴非平，新区人大工委副主任马云明，新区党工委委员、招商中心党组书记、招商中心主任吴江，江苏润果农业发展有限公司董事长魏巧，镇江市绿色食品办公室主任、镇江市农业农村局农田建设管理处处长黄杰文，新能源产业园管理办公室党组书记、主任、丁岗镇党委书记王引，丁岗镇党委副书记、镇长（提名）、新能源产业园管理办公室党组副书记陈坚，丁岗镇人大主席耿静，在丁岗镇政府选民接待点接待选民。（丁岗镇）

【荣禾家庭农场绿色优质农产品基地】 镇江经开区丁岗荣禾家庭农场成立于2016年10月，基地面积9720亩，以优质粮油为主导产业，各类机具数量66台套，稻麦日烘干量200吨，精米日加工量25吨，实现稻麦生产“耕、种、管、收、烘干、初加工”于一体的全程机械化生产经营模式。2021年以来，荣禾农场获评市级“全程机械化+综合农事”服务中心、市级平安农机示范服务组织、省级示范家庭农场等，共建江苏大学国际人才教育实践基地、银山小学劳动教育实践基地、镇江新区“新农人”教育实践基地。2023年创建绿色食品（大米）基地，获得“省级示范家庭农场”和“亚夫田间课堂”称号，粮食总产量超1万吨，全年总收益约650万元。（谢　涛）

【镇江丹高电器有限公司】 镇江市丹高电器有限公司为国家高新技术企业，成立于2003年4月，位于镇江经开区新能源产业园内。占地面积3.76万平方米，建筑面积2.85万平方米，职工220人，其中工程技术人员29人。公司是高压开关和变压器行业的会员单位，被镇江市人民政府授予“重合同守信用”企业称号，在江苏股权交易中心科创板挂牌，公司主要生产35千伏及以下电压等级的各种环氧树脂浇注和SMC模压绝缘件、互感器、旋转隔离开关和接地开关、电力电缆附件等四大类产品，为高低压开关、断路器等输变电设备配套。已获国家发明专利7件，实用新型专利36件。研发的新型电子式电流互感器荣获中国机械工业科学技术三等奖。通过ISO 9001质量管理体系认证、知识产权管理体系认证、两化融合管理评定，“丹高”为江苏省著名商标。2023年，应税销售6293.81万元，纳税402.6万元。（卫倘萌）

【江苏领瑞新材料科技有限公司】 江苏领瑞新材料科技有限公司成立于2012年7月，是专业从事高强高模超高分子量聚乙烯纤维无纬布、芳纶纤维无纬布复合材料及制品（防弹芯片、防弹衣、防弹插板、防弹头盔、防刺芯片、防刺服、防爆毯、防爆罐、防弹装甲板、抗毁板等）、特种改性电线电缆材料等产品的集研发、制造、销售、服务于一体的高新技术企业。公司建有工程技术中心，拥有自主知识产权专利50余项，其中发明专利18项，承担多项国家级、省级科技研发项目，同时与四川大学、东华大学、江苏大学等相关高校和科研院所开展产学研合作，与江南大学合作共建有限元工作站开展仿真实验。先后获评高新技术企业、国家级专精特新“小巨人”企业、江苏省专精特新中小企业、镇江市专精特新产品、江苏省民营科技企业、国家警用装备标准化技术委员会委员单位、武器装备科研生产单位和保密资格单位等。并通过GJB 9001C国军标管理体系、ISO 9001质量管理体系、ISO 14001环境管理体系、ISO 45001职业健康安全体系、五星级售后服务管理体系认证。公司配有高强聚乙烯纤维、芳纶纤维连续复合线、自动化裁床、300吨～5000吨硫化压制机、激光裁切机等生产设备，可根据客户需求进行个性化设计与定制。依托高端科研和制造平台，十多年来公司为各种行业用户提供切实可靠、高效的人体安全防护产品及单向（UD）复合材料。公司具备完善的质量保证体系，产品通过公安部一所、三所，兵器工业五十三所、二〇八所，以及国家电线电缆质量监督检验中心等国家级专业权威机构的检测认证，产品远销欧美、中东、东南亚的30多个国家和地区。2023年，完成应税销售8627万元，纳税321.7万元。（卫倘萌）

【江苏海飞生物科技有限公司】 江苏海飞生物科技有限公司创建于2018年，注册资本3377.7813万元，是一家基于合成生物学技术进行生物制造的创新平台企业，2021年获评国家高新技术企业。公司主要致力于天然化合物的生物合成制造，用合成生物学的技术与方法，设计、研发、制造天然化合物及新型生物材料，产品广泛应用于医药、健康产品、饲料添加剂、食品、化妆品等行业。公司核心团队具有长期从事生物发酵及生物技术的背景。作为技术创新型企业，公司掌握合成生物学的核心技术，拥有各类专利20余项，并与江南大学、江苏大学、江苏科技大学等建立产学研合作。公司于2021年开始建设生物智能制造项目，项目总投资2.95亿元，占地面积约70亩，总建筑面积约3.1万平方米，在生产智能化、工艺标准化、成本精细化等方面打造国内生物工程新标杆。项目建成投产后将年产5000吨氨基葡萄糖、2000吨虾青素、30吨透明质酸等生物产品，年销售额6亿元，利税近1.5亿元。（卫倘萌）

大路镇

【概况】 大路镇位于镇江新区东部，总面积

41.67 平方千米，耕地 1687 公顷。下辖村民委员会 9 个、村民小组 269 个。2023 年，全镇户籍户数 10610 户、人口 28057 人，男女性别比例 0.92∶1。乡镇从业人数 9526 人。全镇有工业企业约 450 家，其中规模以上工业企业 36 家。2023 年完成规模以上工业总产值 10.7 亿元，完成固定资产投资 9.7 亿元，完成一般公共预算收入 7322 万元。

（胡　凡）

2023 年大路镇各村基本情况表

表 24－2

序号	各村（社区）名称	面积（平方千米）	村党委（总支、支部）书记	村主任	办公电话	年集体收入（万元）	当年获区级以上荣誉	当年考核结果
1	大路村	5.64	赵安庆	赵安庆	0511－83721621	353.51	法治建设先进单位；镇江市文明村“四星”党支部	—
2	小港村	6	王志强	王志强	0511－83724445	245.22	2023 年镇江市村级示范档案室；2023 年新区“书香社区”；2022 年度镇江新区五四红旗团支部	全镇第一
3	薛港村	6.5	姚荣寿	姚荣寿	0511－83724291	163.24	镇江市档案管理示范村；镇江经开区乡村振兴先进集体	—
4	东岳村	2.3	杨云鹏	杨云鹏	0511－80281697	473.15	江苏省生态文明村；江苏省人居环境整治示范村；江苏省特色田园乡村	全镇第三
5	西戴村	3.38	蒋玉峰	蒋玉峰	0511－83726768	143.83	—	—
6	照临村	3.7	—	—	0511－88050588	34.89	—	—
7	宗张村	3.93	—	—	0511－83570992	119.67	—	—
8	武桥村	5.12	孙兆彬	孙兆彬	0511－88903556	284.68	镇江市三八红旗集体；经开区平安法治先进村	全镇第二
9	长征村	4.5	王承俊	王　峰	0511－89886741	164.72	2023 年镇江经开区平安建设先进集体；经开区平安法治先进村	—

（胡　凡）

【经济发展】 2023 年，大路镇完成亿元以上项目签约 6 个，其中 3 亿元以上项目 2 个，外资项目 1 个。完成限额以上批发业销售额 23.24 亿元。新增 10 家“四上”单位，其中工业 4 家、批零住餐 4 家、服务业 1 家、建筑业 1 家。高新技术企业入库申报 2 家，贯标创建覆盖率 100%，全年完成研发费用 2079.8 万元。科技型中小企业申报完成 30 家，技术合同交易额完成1.126亿元。完成发明专利授权4件，专利许可合同备案数12件，专利质押1800万元，发明专利维持率98%，国家级人才申报2人。（胡　凡）

【民生实事】　2023年，大路镇完成工业园区雨污水管网建设4.6千米。实施农路路域环境提升工程，新建农路16千米，修补农路1000平方米。完成新港老旧小区“瓶改管”工程。新建西戴村“一事一议”道路2730平方米，完成5.71千米高铁沿线整治问题25个。新增城镇就业280人次，创业担保贷款8笔，初始创业补贴2笔，人才购房补贴申请2人。新增“暖心居保”品牌建设，建成“15分钟医保服务圈”。全年发放尊老金99.8万元，居家养老上门服务人数1236人，服务率97.25%。累计发放救助金300.96万元。开展绿色阅读等各类“护苗”活动15场次，举办文艺演出、文化活动90场次，镇域群众接受文化场馆服务累计10万余人次。（胡　凡）

【乡村振兴】　2023年，大路镇成功创建国家级卫生镇。东岳村创成经开区首家省级特色田园乡村。完成7000亩高标准农田项目建设，总建成面积1.95万亩，创成市级高标准农田建设示范乡镇。全年新招引规模以上农业项目2个，在建粮食烘干仓储项目1个。牧原农牧有限公司成功创成国家生猪调控养殖基地。新增市级示范家庭农场2家，省级百佳示范农场1家，区级以上新型农业经营主体数量30余家。圆满完成450亩闲置土地整理任务。（胡　凡）

【社会治理】　2023年，大路镇受理群众矛盾纠纷235件，调解成功229件，调解成功率97.5%，其中调解复杂疑难纠纷8件。两会期间“零非访”，全年排查化解矛盾纠纷320件，化解矛盾272件，钝化矛盾31件。成功化解历史积案4起。上级交办重复信访治理案件化解率100%。宜地民生小程序满意率达100%。全面调处各类劳资纠纷23起，帮助农民工追回拖欠工资97万余元。（胡　凡）

【法治建设】　2023年，大路镇开展法治宣传、普法活动40余场，受众18000余人次，发放法治宣传材料15000余份，为群众提供法律咨询130余项。开展“援法议事”，培育“法律明白人”26人，解决群众法律问题84件。7个行政村法治文化广场布展法治内容3000余条；组织召开民情恳谈会20次。研究制定《大路镇2023年法治建设工作计划》。全年调研督查法治建设工作2次。（胡　凡）

【镇江新区中信铜材厂】　镇江新区中信铜材厂始建于2002年，生产经营地在镇江新区大路镇，有员工100余人，是一家专业从事铜材研发、制造和加工的企业，主要生产各种规格、型号的铜排、异型铜排、无氧铜杆，年产销3万余吨。工厂生产的导电铜母排广泛用于各大小电厂、各电站、核电站、水电站、风力电站等高科技、新能源产业，产品远销浙江、上海、四川、山东、安徽、云南、新疆等各省市。2018—2022年，工厂连续五年获得“全国铜排加工企业优质供应商十强”称号，先后荣获“江苏省质量信得过企业”“江苏省AAA级重合同守信用企业”“镇江新区工业企业A类企业”“资信AAA级”等荣誉称号；注册“江苏省著名商标”，申报21项专利。公司已通过GB/T 19001—2016/ISO 9001：2015质量管理体系认证，产品严格按照国家质量管理体系进行生产，以确保质量。2023年，工厂应税销售合计2698万元，纳税额合计227万元。（镇江新区中信铜材厂）

【江苏鸿锦新能源有限公司】　公司成立于2021年8月，注册资金1000万元，生产经营地在镇江新区大路镇滨江大道1099号，主要从事光伏模块框架的研发、生产与销售。公司于2021年年底试生产,2022年年初正式投产,2022年10月进入规模以上工业企业行列。2023年申报成为科技型中小企业。2023年,实现产值15717万元,比上年增长192%,在全镇规上工业企业中产值排名第一,应税销售13948万元,纳税额合计88万元,比上年增长226%。（江苏鸿锦新能源有限公司）

【镇江五峰山船厂】 镇江五峰山船厂成立于1992年7月,由海军装备修理部全资控股,在职员工约400人,生产经营地位于大路镇长征村,主要从事军舰、船舶修理,为大路镇规模以上工业企业、产值总量支柱企业、船舶修理龙头企业。2023年,实现工业产值1.23亿元,应税销售1.83亿元,纳税额合计102万元。

（镇江五峰山船厂）

【江苏英杰铝业有限公司】 江苏英杰铝业有限公司成立于2015年10月,主要从事铝型材、散热器、桥架母线等产品的生产,为大路镇铝型材、散热器行业的龙头企业,取得发明专利50件。2023年,实现产值7042万元,应税销售6081万元,纳税额合计67万元。

（江苏英杰铝业有限公司）

姚桥镇

【概况】 姚桥镇地处镇江东郊37千米处的扬子江畔,东与扬中市隔江相望,南和丹阳市毗邻,西与丁岗镇相连,北邻大港港口。周边有泰镇高速、泰丹高速、江宜高速等多条高速公路。2023年,镇域面积55.88平方千米,耕地面积2600公顷,长江岸线21.83千米,下设12个行政村、1个居委会,户籍人口4.29万人。

2023年,姚桥镇完成一般公共预算收入8623万元,比上年增长14.5%;累计完成规模以上工业总产值26.4亿元,比上年增长18.4%;固定资产投资完成13.3亿元(其中制造业投资完成12.9亿元),比上年增长32.7%;规模以上企业培育新增13家,比上年增长160%。实施精准招商,2023年签约亿元以上项目5个,实现10亿元重大项目零的突破,提前5个月完成全年招引任务。全年完成新审批项目3个,新开工项目3个,新竣工项目4个。（童中健）

2023年姚桥镇各村(社区)基本情况表

表24－3

序号	各村(社区)名称	面积(平方千米)	村(社区)党委(总支、支部)书记	村(社区)主任	年集体收入(万元)	办公电话	当年获区级以上荣誉	当年考核结果
1	姚镇村	5	吴　明	吴　明	105.59	—	—	—
2	仲宝村	4.86	陈　刚	陈　雨	138.57	0511－83388986	—	—
3	迎北村	2.75	梁　勇	梁　勇	160	0511－80872955	—	—
4	迎滨村	4.2	曹　程	曹　程	169.07	0511－80987757	2023年度经开区平安法治先进村(社区)	—
5	大东村	8	陶小平	陶小平	105	0511－83383607	—	
6	三桥村	4.2	杨　军	杨　军	293.07	0511－83382292	—	—
7	伏漕村	5.6	王跃华	王跃华	145.06	0511－83386938	—	—

续表 24－3

序号	各村(社区)名　称	面积(平方千米)	村(社区)党委(总支、支部)书记	村(社区)主任	年集体收入(万元)	办公电话	当年获区级以上荣誉	当年考核结果
8	石桥村	6.2	朱海燕	朱海燕	127.87	—	2023 年度镇江经开区乡村振兴先进集体；2023 年度经开区平安法治先进村(社区)	—
9	华山村	3.9	邱伟诚	邱伟诚	124.73	0511－83757005	—	—
10	茂华村	5	徐　杰	徐　杰	89.49	0511－88727090	2023 年度经开区平安法治先进村；市政府基层立法联系点	—
11	兴隆村	4.5	张国祥	张国祥	145.38	0511－83753437	—	—
12	儒里村	4	孙李美	孙李美	266.49	0511－83753415	江苏省美丽家园省级示范点；优秀管理先进单位；镇江市乡村振兴先进集体；美丽家园镇江市级示范点；2023 年度经开区平安法治先进村(社区)	—
13	瑞和花苑社区	0.28	郭　琳	郭　琳	—	0511－80872955	党建引领物业管理服务工作省级示范点	—

(童中健)

【农业和农村工作】 2023 年，姚桥镇完成 2022 年市乡村振兴示范镇项目验收，儒里村成功申报 2023 年市乡村振兴示范村。创成全镇 3.06 万亩江苏省绿色优质水稻基地，特色农机化率提升至 72%。全年小麦收获 2.96 万亩，水稻栽植 3.18 万亩。栽种大豆 4500 亩、带状复合物 160 亩、油菜 4600 亩。新增建设高标准农田 2500 亩，提升改造高标准农田 4000 亩。年内检测样本 4806 个，农产品追溯主体 267 个，追溯产品 124 个。2023 年，共计排查河塘 533 个，沟渠 542.3 千米；起底 28 个不合规废品回收站，全部督促整改到位；摸排残垣断壁、破损房屋 219 处，全部完成整改；清理农村积存垃圾 3428.3 吨，包括秸秆等农业生产废弃垃圾 1233.4 吨，清运建筑垃圾 593.7 吨；镇级耕保补贴发放 377.88 万元。镇级一次性补贴发放 65.03 万元。

(杨文艳)

【社会事业】 2023 年，姚桥镇开展慈善集中救助 487 人，发放慰问金 18.49 万元。针对 60 岁以上困难群众和 80 岁以上群众开展上门服务，共计 1530 人次，覆盖率 94.6%，满意率 97.13%。“放管服”改革持续深化，39 项公共服务事项集中纳入便民服务中心办理，政务服务水平迈入“只进一扇门”“一站式”服务新阶段。全年完成新增城镇就业指标 520 人；完成就业困难人员认定 242 人，其中帮助申领灵活就业社保补贴205 人；开展就业援助月活动 3 期，对离校未就业高校毕业生就业帮扶 19 人；对五类困难群体(低收入人口、残疾人、特困职工家庭成员、零就业家庭成员、长期失业人员）就业帮扶 11 人；完成公益性岗位安置困难人员 20 人。成功创建市级“15 分钟医保服务圈”；建设村级医保公共服务点 12 个，均完成建设目标。组织开展大型传统文化活动 6 场；开展培训、讲座、社教活动 32 场；完成文艺播种 24 场。（徐　峰）

图 24－2　2023 年 1 月 9 日，姚桥镇党员干部参加学习贯彻党的二十大精神新区党工委宣讲团姚桥镇宣讲报告会

（吴　倩　摄）

【平安法治】　2023 年，姚桥镇累计开展“美好生活·法典相伴”、《中华人民共和国宪法》讲解、“苏解纷”等主题法治宣传活动 15 场，累计发放宣传材料 2000 余份，悬挂横幅 60 余条；组织村社区人民调解员和“法律明白人”，开展“苏解纷”“援法议事”业务能力培训，累计提供法律咨询服务 40 余人次，推送法律常识、典型案例 200 余次，申请法律援助 9 起。全年累计调处各类矛盾 900 余件，其中疑难复杂矛盾 19 起，组织推荐 4 名优秀调解员和 8 篇调解案例参与区级评选，1 篇获评区级优秀人民调解案例。全年完成 3 个村省级民主法治示范村复核工作，7 个村社区创成区级平安法治示范村，拍摄制作的网格员微电影《我是网格员　就在你身边》成为全区入围市级优秀短片，《姚桥镇儒里村以“儒”带“法”助力法治乡村建设》援法议事案例入选司法部案例库。（徐秀丽）

【基层党组织建设】　2023 年，姚桥镇围绕“做实党支部”工作要求，累计开展学习 316 次，其中上门送学 112 次，结对共学 31 次，流动党员参加学习 246 人次，新经济组织、新社会组织、新就业群体党员参加学习 363 人次。扩充调整定村（社区）干部队伍，制定 6 项职责任务清单，41 名机关干部定期下沉强化镇村双向联系。持续开展“双报到、双服务”活动、深化“三个一线”（党旗飘在一线、堡垒筑在一线、党员冲在一线）行动，与主题党日相结合，组织 5 个机关支部 85 名党员到挂钩村（社区）开展农村环境整治、助农等志愿服务 10 余场。全镇范围内对 35 个党支部进行调整，党支部书记平均年龄从 50 岁下降至 41 岁，大专及以上学历占比从 51% 上升至 93%。通过“个人自荐、党员群众推荐、村（社区）党组织把关”三步规范选配中心户 205 户、信息员 507 名。稳妥推进村民小组长换届，完成 8 个村 66 组的村民小组长换届工作。（杨　颖）

【东吴医药镇江批发配送结算中心】　2023 年，姚桥镇签订东吴医药镇江批发配送结算中心项目，项目总投资 10 亿元，其中固定资产投资 7.1 亿元，铺货流动资金 2.9 亿元。新增工业用地 100 亩，总建筑面积 10 万平方米，其中 3 栋仓库 8.75 万平方米，一栋办公楼 1.25 万平方米。项目将建成最大储存规模可达 10 万件西药、2 万件中成药、3 万件医疗器械、1 万件中药材的物流配送中心。项目

完全达产后，预计年药品批发配送结算额为56亿元，产品毛利率约6%，预计年利润1.1亿元，年税收6200万元。

（东吴医药镇江批发配送结算中心）

【江苏瑞尔隆鼎实业有限公司】 江苏瑞尔隆鼎实业有限公司于2013年10月成立，注册资本2.5亿元，位于镇江经开区姚桥镇瑞业路6号。公司主要从事精密汽车零部件（如ABS/ESC阀体及涡轮增压器叶轮）生产，公司产品为奔驰、宝马等全球48家汽车品牌配套，基本覆盖全球主流汽车品牌市场，渠道优势突出，行业影响显著。公司主导产品ABS/ESC阀体配套大陆集团、爱德克斯、采埃孚、比亚迪、长城等国内外知名车企和零部件制造商，是大陆集团亚洲TOP10优秀供应商。涡轮增压器用叶轮产品配套博格华纳、盖瑞特等知名涡轮增压器制造商，瑞尔成为国内第一家涡轮增压器叶轮配套生产的民营企业。公司拥有各类尖端设备400余台，其中大部分是来自德国、日本、瑞士等知名厂家的主流产品，在精密加工、数控编程、高速铣削、材料热处理、检测技术等方面有着很强的积累。公司先后通过IATF 16949质量管理体系认证、ISO 14000环境管理体系认证。获评江苏省民营科技企业、江苏省专精特新中小企业、江苏省企业技术中心、镇江市技术改造示范企业、镇江市绿色工厂等，拥有知识产权专利90余项。2023年，江苏瑞尔隆鼎实业有限公司、江苏中科瑞尔汽车科技有限公司、江苏瑞尔隆盛叶轮科技有限公司应税销售7.9亿元，工业总产值8.2亿元，纳税总额2167.5万元。

（江苏瑞尔隆鼎实业有限公司）

镇江国家大学科技园管理办公室（丁卯街道）

【概况】 镇江国家大学科技园管理办公室和镇江经开区丁卯街道合署办公[简称大学园管办（丁卯街道）]。下辖社区8个，常住人口近11万人。2023年完成“四上”企业培育79家（超过前三年总和），工业总产值141.7亿元，占全年指标的105%，比上年增长10.9%；完成全口径固定资产投资50.7亿元，其中制造业固定资产投资29.2亿元，分别占全年指标的126%和111%，比上年增长32%和34%；完成限额以上零售业销售额64.87亿元（占全区94%以上），比上年增长7.4%。2023年完成一般公共预算收入8.83亿元，累计签约亿元项目招引14个，投资总额约31.12亿元，实际到位外资及港澳台资1.01亿美元。

（赵博文）

2023年丁卯街道社区基本情况表

表24－4

序号	各村（社区）名称	面积（平方千米）	社区党委（总支、支部）书记	社区主任	办公电话	当年获区级以上荣誉	当年考核结果
1	潘宗社区	2.88	潘银银	潘银银	0511－88885568	镇江市示范档案社区	第一等次
2	蕴德社区	2.4	尹　飞	尹　飞	0511－88811766	省级节水型小区（东壹小区）	第一等次
3	西苑社区	5.8	戴　伟	戴　伟	0511－80290036	—	第一等次
4	武将社区	4	戴　伟	—	0511－80823381	镇江经开区平安法治社区	—

续表 24－4

序号	各村（社区）名 称	面积（平方千米）	社区党委（总支、支部）书记	社区主任	办公电话	当年获区级以上荣誉	当年考核结果
5	戴家巷社区	0.56	张　健	张　健	0511－85588160	全市优秀退役军人服务站	—
6	谷阳社区	1	裔志荣	裔志荣	0511－88890007	—	—
7	丁卯社区	0.75	张　兵	—	0511－89985269	江苏省“扫黄打非”进基层示范点；镇江市标准化“家门口”就业服务站；优秀社区家长学校（家庭教育指导服务站）；镇江经开区平安法治先进村社区	—
8	马家山社区	1.26	王　红	王　红	0511－80861217	省级“红石榴家园”精品单位；省级最美公共文化空间	—

（赵博文）

【营商环境优化】　2023 年，大学园管办（丁卯街道）优化营商环境。召开“‘丁’紧目标加油干　‘卯’足干劲谱新篇”高质量发展大会、汽车及零部件产业链企业座谈会、船舶海工装备及光电子产业座谈会等，和百余家企业共解难题、共商合作、共谋发展。完成国有载体出清 6 万平方米，主动牵头破解中心研发区及孵化器载体公共设施配套等重点问题，高频次深入金斯瑞、阿雷蒙、泛沃等头部企业及蓬勃、大照、金海创等重大项目现场走访调研，帮助企业纾困解难。优化调整“政银企共建＋”六大工作专班，对接 21 家银行金融机构，锚定船舶、汽车零部件和生命健康产业，全方位、多层次、分领域开展融资项目梯队建设，全年共计放款 75.88 亿元，认定完成 64.46 亿元，完成全年指标 40 亿元的 161.15%。　（杜　静）

【科技创新】　2023 年，大学园管办（丁卯街道）所属的镇江国家大学科技园、创业宜园蝉联省级孵化器绩效评价 A 类，国家大学科技园现代服务业集聚区位列全市省级高质量发展集聚示范区首位。牵头成立全市科技企业孵化载体联盟，镇江国家大学科技园科技创新展示馆正式投入运营。全年组织申报国家级人才 32 人、省“双创”人才 10 人、省科技副总 30 人、市金山英才 22 人，入选市金山英才 8 人。组织高新技术企业认定 48 家；全年完成研发经费投入 6.45 亿元；完成技术交易额 11.61 亿元，共培育科技型中小企业 199 家，培育国家级专精特新“小巨人”企业 4 家，创新型中小企业 98 家；完成科技项目招引 30 个。协助好未来、金斯瑞等重点企业申请相关产业扶持及资金补贴共 6025 万元。依托“两网融合”网格化和末梢疏通工程推进机制，全年指导、帮办、协调企业项目各类事项 200 余件。　（郑　吉　陈　诚）

【城市管理和建设】　2023 年，大学园管办（丁卯街道）做好城市建设和管理工作。推进文明城市和卫生城市复审迎检，加快形成全面、全域、全民的常态化创建格局。全年整治提升 2 家、关停取缔 17 家废品回收站，累计拆除违建约 3980 平方米，在多个重点路段出入口安装视频监控设备，全面提升城管执法效能。对重点区域开展铁路沿线环境整治工作，打造功能定位更适宜、生态水平更高的铁路沿线景观示范点。出台《关于提升丁卯片区重点路段城市治理水平的实施方案》，成立纬五路城市治理专项行动工作领导小组，分阶段、分步骤、分层次探索、建立和完善美食街区长效管理机制。

成立河湖管理“随手拍”工作群，强化河道管理，在区级河道长效管护考核中获得综合第一。扎实推进华东泰克西异味整治、县控大气站点周边大气质量管控及裸土扬尘、道路集尘、餐饮油烟污染治理等工作，其中华东泰克西异味投诉量比上年下降25%。全面做好秸秆焚烧防控，实现片区秸秆“零焚烧”。推进“智慧消防”网络体系建设，率先在全区建设“智慧消防”中心，推进区内企业安装烟感报警装置。紧抓燃气钢瓶、老小区及高层建筑、电瓶车充电、大型市场商超等领域消防安全管控，解决江南世家消防管网缺水、东方郦岛重大消防隐患及边城悦都荟、明乐迪KTV等场所的一批突出风险隐患问题。

城市照明中心项目全部完工。完成总投资1865万元的谷阳新村二区和总投资760万元的谷阳新村三区老小区提档升级，完成总投资3500万元的2022年“333”达标建设工程扫尾和总投资6000万元的2023年“333”达标建设工程，涉及22个住宅小区、1所学校及1个工业园区的雨污水分流改造，累计实施区域约9.96平方千米。

（周振阳　唐　蓉）

【民生保障】 2023年，大学园管办（丁卯街道）打造“知年俗、品年味、传文化”三节主题实践品牌，全年开展各类群众文化活动40余场，完成接受公共文化场馆服务共42万人次，获市委、市政府授予“创建国家公共文化服务体系示范区”荣誉称号。构建“10分钟阅读圈”全民阅读品牌，引进老约翰、樊登读书等品牌进驻，全民阅读率超90%。推进行政审批事项进驻丁卯便民服务大厅，成功创建“四色管理”省级儿童“关爱之家”和市级标准化就业服务站。完成“15分钟医保圈”省级测评，成功创建市级示范点。组织开展3场招聘会，提供220个就业岗位，全年新增城镇就业2045人。劳动保障提质增效，处理化解各类劳资纠纷和农民工工资清欠矛盾401起。

（孙维清　李　闯）

【法治建设】 2023年，大学园管办（丁卯街道）完成街道公共法律服务中心达标建设，建立“金牌调解员”、第三方法律专家常态化驻地办公值班值守制度，全年累计完成各类矛盾事项调解187起，面对面接待群众公共法律咨询服务超200人次。全年相关法治活动在《新华日报》《江苏法治报》《镇江日报》等媒体发表宣传稿件40余篇，其中《党建引领+数字赋能　打造村居资产“良法善治”新格局》和《探索“人民调解+”模式　筑牢基层治理阵地》被“学习强国”采用。丁卯街道人民调解委员会获“江苏省优秀人民调解委员会”“全省公调对接工作成绩突出单位”“全国模范人民调解委员会”等荣誉称号。省委常委、政法委书记刘建洋，市委书记马明龙，市委政法委书记许文对“一站式”多元解纷平台经验做法给予高度肯定。

（滕延福）

【信访工作】 2023年，大学园管办（丁卯街道）建立“调解+信访+法庭”联动调处机制，落实党政领导“课题式”接访工作制度，统筹推进组织领导、人民调解、司法确认与职能部门有效融合，真正使矛盾纠纷及时就地解决在一线窗口。全年接待咨询、调解300余人次。整合司法、公安、人社、城管、法庭等九支执法力量，建立“九长议治解难题”工作机制，以解决问题、破解难题推动基层治理提质增效。

（凌逸兰）

【党建工作】 2023年，大学园管办（丁卯街道)加强基层党建工作。一是建强建优基层组织堡垒。持续优化完善党组织覆盖体系,形成“社区党委—党支部—中心户—信息员”的组织架构,将党群阵地前延,形成“5分钟党群服务圈”,设立支部活动站点31个、前哨点72个。常态化开展“家门口”党群服务,累计开展群众喜闻乐见的党群服务活动273场次。不断强化社区工作者职业化体系建设,完善考评机制、畅通晋升渠道,社区工作人员“双全”社工比例达91.5%,全面提高社区服务能力和水平。组织开展“微感悟”分享、微党课、中共二十大主题知识竞赛等,进一步激发基层党员干部担当作为、干事创业的内生动力。二是保质保量推进末梢疏通。实现末梢疏通全域覆盖,依托纬五路美食街、永隆商业街、吾悦广场的商业集聚效应,推动末梢疏通与街区和商圈深度融合。会同中国电信镇江分公司,借助翼安居平台,开发丁卯党建引领末梢疏通云平台,赋能末梢疏通信息化、智慧化,实现居民端、管理端、中心户(信息员)端、企业(商户)端横向贯通、纵向融合、上下联动。以丁卯社区永隆城市广场为试点,先行先试打造完整居住社区,构建“15分钟生活圈”。三是从深从细抓好思想引领。采取“集体学习+轮流领学+研讨交流”模式,分时段、分专题、分层次深入学习党的二十大精神、习近平新时代中国特色社会主义思想等内容。全年党工委中心组召开集中学习研讨13次、学习专题27个;赴枫桥、仙林、世业洲开展现场教学,探寻新时代“枫桥经验”。四是有力有效净化政治生态。严格落实“两个责任”清单,定期召开党风廉政建设和反腐败工作会议,强化节日提醒,通过召开警示教育大会、观看警示教育片等活动,强化学习教育宣传,做到早提醒早预防。持续保持正风肃纪反腐的高压态势,紧盯群众身边腐败和不正之风,聚焦执法执纪、物资采购、招投标等重要领域和关键环节,严查党员干部违纪违法问题,党员干部的纪律意识、规矩意识进一步增强。（傅安琪　余倩芸）

【全区首个标准化社区居家养老服务中心全覆盖】 2023年2月18日,随着蕴德社区AA级居家养老服务中心正式运营,丁卯街道在全区率先实现居家养老服务中心全覆盖。街道下辖的8个社区,均已完成居家养老服务中心建设,其中AA级5家,AAA级3家。

（李　闯）

【江苏吉贝尔药业股份有限公司】 公司创建于2001年,是一家专业从事药物研发、制造,以创新药为主的医药技术企业。2020年5月18日,公司正式登陆上海证券交易所科创板,证券简称吉贝尔。经过多年发展,公司形成以升白药物利可君片、复方抗高血压一类新药尼群洛尔片等高新技术产品为主的多元产品系列,并正致力于治疗抑郁症、肿瘤、胃病等疾病的创新型药物的研发,以满足市场和临床用药的需求。2010年被评为国家火炬计划重点高新技术企业。公司先后成立江苏省抗肺癌与乳腺癌工程研究中心、江苏省微丸制剂药物工程技术研究中心、江苏省博士后创新实践基地、江苏省企业院士工作站,并建有江苏省企业技术中心,具备强大的科技创新能力和坚实的科研基础,先后获评江苏省重点企业研发机构、江苏省科技型中小企业,并通过江苏省民营科技企业认定。公司建有超百人规模的专业研发团队,构建以复方制剂研发技术、氘代药物研发技术、脂质体药物研发技术为支撑的研发技术平台,开启一系列创新性药物的研发工作。至2023年年底,公司拥有23件发明专利授权,其中美国与欧洲专利各2件。取得6个新药证书,6个高新技术产品,2个国家重点新产品;参与起草利可君片、尼群洛尔片、醋氯芬酸肠溶片等多个产品的国家药品质量标准。2023年,公司应税销售7.73亿元,纳税额7381万元。

（江苏吉贝尔药业股份有限公司）

【恩坦华汽车零部件(镇江)有限公司】 公司成立于2000年5月31日，是恩坦华集团在中国的全资子公司，是一家以提高产品品质和性能为目标，为全球客户提供创新智能产品和服务的工程制造型企业。公司专业从事汽车门锁、玻璃升降器、马达电机的现代化生产、制造和研发。有员工370人，拥有各类专业技术人才达百余人。公司先后获“镇江新区发展十强企业”“镇江市十佳安全工厂”“镇江市绿色排放企业”等荣誉称号。主要客户有福特、马自达、现代、大众等。公司获得“一汽大众A级供应商”“上海大众A级供应商”“福特Q1供应商”“海马A级供应商”等称号。2023年，公司应税销售11.82亿元，纳税额6989万元。

［恩坦华汽车零部件(镇江)有限公司］

【江苏金斯瑞生物科技有限公司】 公司是由留学归国博士、省“双创”人才创建的创新型生物研发型企业，是在镇江建立的研发生产基地、全球卓越的生命科学研发与生产服务提供商，是全球广受认同的生命科学研究与应用服务及产品供货商，提供广泛而综合的服务及产品组合。企业主营业务为生命科学CRO业务，包括分子生物学、多肽合成研发两大平台，拥有业内领先长/难度DNA合成能力和速度，提供上游测序到临床前研究服务，降低成本，加快疫苗及生物药研发，打破国际垄断；拥有自主研发的PepPower多肽合成平台，最快可实现3天内交付，弥补业内交付周期过长的问题，同时自主研发的PepHTS高通量全自动多肽筛选平台，解决药物肽筛选周期长、成本高的问题。企业拥有员工近1000人，其中本科以上学历占75%左右。企业建有企业技术中心、企业工程技术研究中心、企业工程研究中心等省级研发机构，近两年先后获评国家专精特新“小巨人”企业、国家高新技术企业、国家医药健康行业领军企业、国家服务外包百强企业、江苏省专精特新产品、江苏省技术服务先进型企业、江苏省服务贸易重点企业、江苏省生产性服务业领军型企业、江苏省星级上云企业、江苏省智能制造示范车间、江苏省先进制造业和现代服务业深度融合示范试点企业、江苏省产教融合示范试点企业、江苏省级疫情防控重点保障企业等。2023年，应税销售7.85亿元，纳税额1579万元。

（江苏金斯瑞生物科技有限公司）

大港街道

【概况】 大港街道是镇江新区管委会所在地，东与大路镇交界，南与丁岗镇毗邻，西至新材料产业园，北临长江。总面积66.3平方千米，下辖社区11个、行政村4个。2023年，街道辖区总户数22947户、总人口51481人（其中男性24962人、女性26519人）。街道工业企业486家，全年规模以上工业产值513.4亿元，一般公共预算收入7亿元。

（谈　瑞）

2023年大港街道各村(社区)基本情况表

表24－5

序号	各村(社区)名　称	面积(平方千米)	村(社区)党委(总支、支部)书记	村(社区)主任	年集体收入(万元)	办公电话	当年获区级以上荣誉	当年考核结果
1	北角村	5.8	王新国	—	13	0511－83174051	—	
2	大港村	1	龚　剑	—	60	0511－83371065	—	

续表 24 －5

序号	各村（社区）名称	面积（平方千米）	村（社区）党委（总支、支部）书记	村（社区）主任	年集体收入（万元）	办公电话	当年获区级以上荣誉	当年考核结果
3	甸上村	4.3	胡建军（主持工作）	—	40	0511－83368666	—	基本整建制拆迁
4	港中社区	0.3	田　猛	傅小怡	18	0511－83121561	江苏省五四红旗团支部	
5	伯先社区	1.5	何　珀	—	12	0511－83377811	镇江新区 2022 年度平安法治先进、社区；经开区“书香社区”；镇江市优秀校外教育辅导站；经开区平安法治先进社区	
6	港南社区	0.31	陈　平	陈平	47.6	0511－83174352	—	
7	凤凰社区	1.1	陈　辉	丁发东	27	0511－83379700	—	街道第三名
8	银山社区	2.2	孙建勤	孙建勤	5.12	0511－83331570	—	
9	金港社区	1.2	卜澄宇	卜澄宇	23.1	0511－83371922	市平安法治先进村（社区）；经开区平安建设先进集体	
10	兴港社区	0.24	唐界飞	朱　蕾	2.12	0511－83375130	—	
11	瑞鑫社区	0.5	蒋　丽	严红珍	21.92	0511－80987580	经开区平安法治先进村（社区）	街道第一名
12	紫竹社区	2	孔善和（主持工作）	—	3.8	0511－83378490	区“五星”退役军人服务站	
13	龙泉社区	0.72	顾　涛	顾　涛	3.2	0511－83375768	党建引领物业管理服务工作省级示范点；经开区平安法治先进村（社区）	街道第二名
14	宜港社区	1.5	陈庆云	陈庆云	55	0511－83379980	经开区平安法治先进村、社区；省健康社区	
15	大百资产管理办公室	3.4	张素文	—	130	0511－88691120	—	

注：大百资产管理办公室是负责大百村整建制拆迁后集体资产管理和善后工作的机构。　（谈　瑞）

【经济发展】 2023 年，全年规模以上工业产值 513.4 亿元，规上批发业销售额 125.2 亿元；全口径固定资产投资 57.8 亿元，其中，制造业固投 39.9 亿元，位列全区第一；一般公共预算收入 7 亿元。新签约亿元以上产业类项目 12 个，其中 30 亿元项目 1 个、10 亿元项目 1 个、亿元项目 8 个；新审批项目 8 个、新开工项目 12 个、新竣工项目 5 个，超额完成全年任务。全年新招引科技类项目 8 个。

（吴闽江）

【科技人才建设】 2023 年，大港街道申报海外人才项目 17 人；申报省“双创”人才 1 人；认定省科技副总 6 人；申报市金山英才 7 人，入选市金山英才 4 人。申报高新技术企业 29 家，实施规模以上企业“智改数转”诊断 24 个，研发经费支出 12.8 亿元。发明专利授权 86 件，完成率 187%；专利质押金额 1.74 亿元，完成率 227%；高新技术企业贯标创建覆盖率 100%；新增贯标绩效评价合格企业 3 家，完成率 150%。认定省级工程技术研究中心 1 家，市级工程技术研究中心 11 家；认定省级专精特新中小企业 5 家，省智能制造车间 2 家。（杭　程）

【城乡建设】 2023 年，大港街道顺利通过五年一次国家卫生城市复审验收；坚持问题导向、目标导向、结果导向，以“一部四沿五旁”为重点深入开展人居环境整治，清理各类垃圾 100 余处，共 4800 余吨；扎实开展废品回收站整治，关停取缔废品收购站 24 处；拆除各类违章建筑 32 处、7000 余平方米；整治占道经营、店面外溢、流动摊贩 1300 余次；拆除违规广告 65 块、面积 1338 平方米；开展15 次环境卫生集中整治行动，清理杂物约 760 吨，修复破损道路 1000 余平方米，新增停车位近 400 个，更新各类公益广告 250 余处，群众投诉量环比下降 25.45%、撤单率提高 5.98%，满意度上升 3.52%。（史　剑）

【社区建设】 2023 年，大港街道提升服务群众质效，宜港社区获评 2023 年度省级健康社区，龙泉社区入选省级红色物业示范点；新成立振港社区，旨在打造便民惠民的智慧服务社区和高标准设计的社区党群服务中心。新建一家 AA 级居家养老服务中心（凤凰社区），改造提升一家 AAA 级居家养老服务中心（宜港社区），街道 1.3 万名 60 周岁以上老人成功实现“家门口”养老；建成全区首家省级精神障碍康复服务示范点——港南社区康乐家园，瑞鑫社区新建 1 家“残疾人之家”，全年组织残疾人参与辅助性就业人数 86 人，就业人数达 8305 次，占全区辅助性就业总人数的比重超过 45%。（黄　婷）

【民生事务】 2023 年，大港街道全年新增城镇就业 1720 人，完成全年目标的 101.6%；安置临时性公益岗位 62 人，占全区总量的比重超过 50%；办理就业登记证 2132 余份，创业扶持 62 人，进行失业人员调查跟踪 1843 人，调处劳资矛盾 127 起；办理居民养老保险 163 人，办理居民医疗保险 21325 人，退休工人认证 15000 余人，征地生活费认证 11000 余人。完成扬子江路油烟改造工程，根治困扰群众多年的餐饮油烟问题；投入 1500 万元对大港医院宿舍楼与港中新村五区实施综合改造，新增停车位 80 余个，增设电动车充电棚 300 平方米；投入近 1000 万元对东方河、跃进河进行河道清淤、生态修复以及排水管网改造，整理绿化用地 2 万余平方米，成功改善水体水质。（郜初晓）

【社会治理】 2023 年，大港街道实体化运行平安办，强化警民联防联治责任制，实现派出所民警兼任村（社区）副书记全覆盖；持续推进“安港”行动，常态化开展防范电信网络诈骗、打击涉毒涉娼、保障妇女儿童权益等专项工作。全年街道矛盾纠纷解决率全区排名第一，矛盾纠纷调解率全区排名第二，网格知晓率全区排名第二，公众安全感满意度达 98%。显著提升集成管理工作质效，全年承办省、市 12345 热线共服务群众诉求 6042 件，按时办结率 99%，回访群众满意率 95%；收集和解决企业及项目诉求 550 余件，处置率 100%；上报并处置民生热点问题 18185 件，处置率 100%。积极化解信访老案，结合“突出信访问题攻坚化解年”及“百日攻坚”行动，全年实体性化解 A 类“骨头案”3 件、B 类重点案件 2 件、初信初访案件 6 件，全年未新增顽固性信访案件。（谈　瑞）

【“五级人大代表统一接待选民日”活动】 2023 年 11 月 3 日，大港街道开展镇江市“五级人大代表统一接待选民日”活动。活动设街道人大代表联络工作站、龙泉新苑社区及宜港社区3个接待点,52名选民代表参加选民接待活动。活动以座谈会形式为主,围绕“牢记嘱托 感恩奋进——稳企惠民促发展”主题,引导代表认真履行职责,发挥代表作用,深入基层主动联系选民,聚焦群众所思所想所盼,汇聚高质量发展的正能量,为街道各项事业快速发展建言献策。在接待现场,选民代表们就小区内涝、公共基础设施配套、道路维修等群众关切的热点难点问题提出自己的意见和想法。人大代表们一边认真听取意见建议,一边详细记录,并予以互动交流。活动共收集意见、建议和诉求42件,现场解答重点问题35件。

镇江市委常委、市政府常务副市长、党组副书记秦海涛,市审计局局长、党组书记吴晓彤,镇江新区人大工委主任经山河等24名省、市、区三级人大代表到接待点参加活动。

(何瑞琴)

【凤凰社区AA级居家养老服务中心揭牌仪式举行】 2023年8月1日,大港街道凤凰社区居家养老服务中心揭牌仪式举行。凤凰社区居家养老服务中心占地面积200平方米,内设老年食堂、阅读空间、日间照料室、心理咨询室、康复训练室、多功能活动区等,开展以助餐助浴、日间照料、文化娱乐、居家上门服务为主要内容的综合性社区居家养老服务。该中心辐射周边逸翠园、御都花园和明发盛世家园3个居民小区,常住人口共2200户、7500余人,其中60岁以上老年人约800人,80岁以上老年人约180人。凤凰社区党委书记陈辉发表致辞,经开区社发局副局长于晓飞和大港街道办事处副主任蒋希共同为居家养老服务中心揭牌。

(黄 婷)

【道达尔润滑油(中国)有限公司】 道达尔润滑油(中国)有限公司镇江工厂成立于1999年,位于镇江新区大港港韩路,注册资本1487.04万美元,初期占地约43亩,主要经营车用和工业用润滑油及相关产品的生产、加工、销售。2016年,新增二期用地57亩,进行再次扩产。2014年,公司以股权出资的形式全资控股天津、广州两家工厂,成功完成道达尔能源国内润滑油业务的整合,实现道达尔润滑油的统一销售,公司地区总部效应得以显现。2016年3月,公司被江苏省商务厅授予“江苏省跨国公司功能性机构”称号。2019年9月被江苏省商务厅认定为跨国公司在苏地区总部。

2023年,道达尔润滑油(中国)有限公司全年实现产值22.73亿元,上缴税金7195.81万元。 [道达尔润滑油(中国)有限公司]

【孚能科技(镇江)有限公司】 孚能科技(镇江)有限公司成立于2018年8月,由科创板上市公司孚能科技(赣州)股份有限公司100%控股,注册资本26.35亿元,是镇江经开区重点引进的战略性新兴领域民营性质的高新技术企业。公司总投资160亿元,占地面积626.67亩,员工4000余人。公司核心产品为高能量密度、高安全性、低成本、长循环三元软包锂离子动力电池。产品主打中高端乘用车市场,与戴姆勒奔驰、广汽集团、TOGG、Mahindra、JOBY等建立长期稳定的合作关系,产品主要销往欧洲、南亚等地。2023年,孚能科技动力电池全球市场装车量排名第七,连续六年蝉联软包锂离子动力电池国内出货量第一。近年来,公司先后获评江苏省锂离子动力电池智能制造工厂、江苏省锂离子电池电芯智能制造车间、江苏省锂离子电池模组智能制造车间、江苏省工业控制系统安全防护三星级企业、镇江市绿色工厂等,建设国家CNAS认证实验室、镇江市新能源汽车用动力电池及电池系统企业重点实验室、镇江市新能源汽车动力电池工程技术研究中心、镇江市企业技术中心等。2023年,公司产值为128.67亿元,销售首超百亿元,比上年增长32.24%。

[孚能科技(镇江)有限公司]

【金东纸业(江苏)股份有限公司】 金东纸业(江苏)股份有限公司(简称金东纸业)地处江苏省镇江大港,1997 年 5 月 18 日正式成立,占地 5.18 平方千米,现有员工3000 余名,总投资 39.95 亿美元,注册资本 162.61 亿元。

金东纸业产品远销至海外多个国家和地区,企业运营稳步提升,连续多年登上中国制造业 500 强企业、中国轻工业 200 强企业、中国轻工业造纸行业十强企业等排行榜。曾获评国家环保百佳工程、国家环境友好企业、国家资源节约型环境友好型企业首批创建试点企业和国家重点行业清洁生产示范企业,同时荣获"国家火炬计划重点高新技术企业""全国五一劳动奖状""江苏省绿色发展领军企业""江苏省优秀劳动关系和谐企业""镇江市市长质量奖"等中央、省、市级各类奖项逾 300 项。

2023 年,金东纸业连续第五年获得镇江市慈善奖"最具爱心慈善捐赠企业"称号,金东义工成为"大爱镇江"响亮名片,金东员工为社会志愿服务超过 43 万小时。迄今,金东纸业缴纳税金近 90 亿元,慈善捐赠超 1.3 亿元。2023 年,企业实现产量 210.9 万吨,比上年增长 7.19%;销量 211.5 万吨,比上年增长 7.43%;产值 127.07 亿元,比上年增长 8.75%。 [金东纸业(江苏)股份有限公司]

【镇江东方电热科技股份有限公司】 镇江东方电热科技股份有限公司成立于 1992 年 12 月 8 日,注册资金 14.88 亿元,是一家专业从事各类高性能电加热器研发与制造的高新技术企业。公司总部位于镇江新区大港五峰山路 18 号,占地约 1203 亩。公司下辖 20 个分子公司和控股公司,职工 3000 余名。公司于 2011 年在深交所上市,是镇江市首家创业板上市公司。公司主要生产销售电加热器系列、光伏及新能源核心装备、锂电池材料等产品,应用于家用电器、电动汽车、多晶硅制造、石油、天然气、通讯、化工、核电、军工、电力轨道列车、船舶、机械、医疗卫生、航空等领域。

公司先后荣获"中国驰名商标"、江苏省"名牌产品"、国家级"绿色工厂"、国家级"知识产权优势企业"、国家"火炬计划项目"、全国"守合同重信用企业"、中国资本"金桥奖"、"最值得信赖上市公司"、江苏省专精特新产品、江苏省"小巨人"企业、江苏省"质量信用 AAA 级企业"、江苏省"企业技术中心"、"江苏精品"认证、"镇江市市长质量奖"、江苏省"先进基层党组织"、江苏省"党支部书记工作室"、镇江市"五星"标杆党支部等荣誉和称号。2023 年,总资产 72.7 亿元,营业收入 41.06 亿元,纳税 3.52 亿元。

(镇江东方电热科技股份有限公司)

模范人物

魏　巧

镇江新区富农农机机械化专业合作社理事长，2023年全国农业农村劳动模范。简历参见《镇江新区年鉴（2023）》第227页。

（年鉴编辑部）

尹　坚

镇江经济技术开发区招商七局局长，2023年获"全国归侨侨眷先进个人"称号。

女，1974年10月生，江苏丹阳人，无党派人士，江苏大学系统工程专业博士。2000年10月进入镇江经济技术开发区招商局工作，2021年4月任招商七局局长。从事招商引资工作20余年，她引进或参与引进德国巴斯夫、英荷壳牌、法国道达尔、比利时索尔维、瑞典山特维克、奥地利菲舍尔、芬兰瓦锡兰、瑞士科莱恩、美国恩坦华以及中节能、航天海鹰、光大集团等世界500强及国际知名企业。作为镇江市侨联委员，她积极联系海外亲属，与外企管理人员、技术人员密切联系，为镇江市招商引资和对外贸易提供力所能及的帮助。

（解茗宇）

赵吴刚

镇江奇美化工有限公司消防员，2023年获江苏省五一劳动奖章。

1992年3月生，江苏镇江人，大专学历。2016年入职镇江奇美化工有限公司，任企业消防员。他运用自身在武警消防部队掌握的知识和经验，参与公司组建企业专职消防队、应急中心，牵头制定企业消防员出警处置、训练、值班制度及消防车作业指导书，带领协助公司消防队及应急反应小组（ERT）人员进行体能及消防应急训练，多次在第一时间赶到事故现场配合处置，为公司的消防能力提升作出贡献。

（经开区总工会）

朱美路

镇江市丹高电器有限公司注射车间班长，2023年获镇江市五一劳动奖章。

1977年12月生，江苏镇江人，初中学历。在基层一线13年，工作中刻苦钻研、脚踏实地，熟练掌握本岗位所需的基本技能和业务内容，年年被公司评为优秀职工、先进工作者。他每天抽出时间学习技能知识并取得钳工高级技能证书。他对公司注射凝胶成型机的传热工艺方法进行优化改造，改变原产品温度难以控制的突出问题，节省时间，降低公司生产成本，使生产率增长30%。他主动加班加点钻研改造设备，2022年通过对现有设备的改造，使技术部同事研发的66千伏的新产品成功生产，为公司增收500多万元产值，节省购置新设备费用60多万元。

（经开区总工会）

景玉莲

镇江高鹏药业有限公司水杨酰胺车间蒸氨工，2023年获镇江市五一劳动奖章。

女，1981年5月生，江苏镇江人，中专学历。自2006年4月进入公司以来，她爱岗敬业、刻苦钻研，努力学习岗位操作规程，帮助岗位员工理解和掌握各项技能。工作中吃苦耐劳，不计较个人得失。她针对日常工作中环保处理存在的问题，提出建议并与班长、车间主任商讨，制定出母液水回收循环套用改造方案，减少三分之二用水量。她积极出谋划策解决回收料潮湿滴水造成的环境污染问题，提高产品回收率，降低物耗，减少污水排放，取得良好经济效益，多次被公司评为先进工作者。（经开区总工会）

孙　楠

江苏华龙精密智造股份有限公司总经理，2023年获镇江市五一劳动奖章。

1981年10月生，博士学历。他组织建立公司铸铁型材技术研究中心，主动承担柱塞泵专用铸铁型材的开发工作，经过不懈努力，终于成功开发出柱塞泵专用铸铁型材，一举打破进口铸铁型材在液压基础材料行业的垄断地位，改变了大流量中高压液压系统若干关键核心零件材料依赖进口的现状，在节能减排与国际国内经济双循环方面取得优良成效。他领导的公司铸铁型材研究中心获得省工程技术中心认定。公司采用新型绿色水平连铸技术，参与起草《水平连续铸造铸铁型材》（JB/T 10854）行业标准，并加入美国球铁学会（DIS），在美国设立研发中心，向多家世界500强企业供货，多次被评为优秀供应商。2020年，连铸柱塞泵专用型材获中国铸造学会创新成果奖。（经开区总工会）

王　康

镇江经开区航天海鹰（镇江）特种材料有限公司装配制造技术中心涂胶密封组组长，2023年获镇江市五一劳动奖章。

1988年11月生，江苏徐州人，本科学历。2023年获得镇江市航空航天钳工技能大赛第一名。作为装配部门的技术标兵及带头人，他掌握丰富的装配经验，2012年以来带领团队完成18架份C919后机身后段、8架份副翼、MOC4试验件装配任务。为保证试飞节点，2020年3月，他主动请缨去南昌外场参与10101架后机身后段失速改装工作，其间带领团队争分夺秒，最终保证APU的安装节点，得到商飞客户认可，获得研制批团队三等奖。

（经开区总工会）

荣誉榜

·2023年镇江经开区组织工作获镇江市荣誉榜·

基层党建

1. 被确定为2023年度基层党建“十佳书记项目”1个

镇江经开区党工委——党建引领末梢疏通工程

2. 被确定为2023年度基层党建“优质书记项目”1个

镇江经开区丁岗镇党委——打造党建引领末梢疏通工程“平昌样板”

3. 2023年度新增“五星”党支部1家

镇江经开区丁岗镇新茂社区第一片区党支部

4. 2023年度新增“五星”标杆党支部2家

市公安局经开区分局丁卯派出所党支部

航天海鹰（镇江）特种材料有限公司第二党支部

5. 被评为全市第三批“千名领先”村(社区)书记2人

王志强　镇江经开区大路镇小港村党总支书记、村委会主任

张　健　镇江经开区丁卯街道戴家巷社区党委书记、居委会主任

招才引智

1. 入选2023年镇江经开区科技副总37名

凌宏杰　宋佳男　张文兵　史　惠
曹　瑞　刘泽健　张　辉　李炳强
柏宇星　杨文静　李丽霞　肖文娅
王禹程　张秀莲　许　芸　虞菊萍
吴雪莲　张瑞龙　杨　亮　杨　治
袁赛赛　耿阿蕾　孔庆红　郝金辉
王星星　熊　君　王颖洁　沈曼曼
王楚扬　吕维维　孙　涛　石　剑
王文波　杨　瑶　王晓军　王　维
姜　靓

2. 入选镇江市优秀人才工作站企业

镇江东方电热科技股份有限公司

江苏东方瑞吉能源装备有限公司

江苏天奈科技股份有限公司

中国能源建设集团江苏省电力建设第三工程有限公司

镇江奇美化工有限公司

江苏吉贝尔药业股份有限公司

江苏金斯瑞生物科技有限公司

中节能太阳能科技(镇江)有限公司

金东纸业(江苏)股份有限公司

航天海鹰(镇江)特种材料有限公司

镇江江南化工有限公司

菲舍尔航空部件(镇江)有限公司

孚能科技(镇江)有限公司

江苏美龙航空部件有限公司

镇江贝斯特新材料股份有限公司

万事达节能新材料(江苏)股份有限公司

镇江润晶高纯化工科技股份有限公司

江苏奥雷光电有限公司

镇江赛尔尼柯自动化有限公司

江苏逸飞激光设备有限公司

(经开区组织部)

·2023年镇江经开区巾帼光荣榜·

一、省级荣誉

江苏省三八红旗手

魏　巧(江苏润果农业发展有限公司首席企业专家)

江苏省三八红旗手(集体)示范工作室

心芽爱心工作室(由省三八红旗手姚桥中心小学王静、市三八红旗手标兵姚桥镇朱海燕、市三八红旗手姚桥镇孙李美共同发起成立)

江苏省农村妇女“双学双比”巾帼示范基地

镇江经开区丁岗荣禾家庭农场

江苏省女大学生就业创业实践基地

江苏润果农业发展有限公司

美丽家园省级示范点

镇江市姚桥镇儒里村

江苏省最美家庭

包程花家庭(江苏瀚瑞投资控股有限公司)

二、市级荣誉

镇江市三八红旗手

丁　玲(镇江经开区科学技术和信息化局党组成员、副局长)

刘　莹(镇江市丁岗镇新茂社区党总支副书记)

镇江市三八红旗集体

莱特丝(江苏)新材料科技有限公司连续线车间

镇江市农村妇女“双学双比”巾帼示范基地

市级巾帼示范家庭农场(种粮大户)镇江经开区丁岗荣禾家庭农场

镇江市“在你身边”文明实践巾帼志愿阳光站

丁岗镇新茂社区“芳华”文明实践巾帼志愿阳光站

美丽家园市级示范点
镇江市姚桥镇儒里村
镇江市级女大学生就业创业实践基地
江苏润果农业发展有限公司
镇江市最美"文明实践"妇女微家
开发区人民法院"镜园木兰"妇女微家
镇江市最美家庭
印小平(丁岗镇)　刘　莹(丁岗镇)
张　斌(姚桥镇)　于　洋(大港街道)
陈玉洁(丁卯街道)　贾永霞(教育系统)
郁斌斌(税务系统)
镇江市书香家庭
孙胜男家庭(丁卯街道)
吴寅文家庭(教育系统)
赵夕珍家庭(教育系统)
"镇有一手"科技创新女党员示范岗
镇江东方电热有限公司技术部部长杨晓萍
镇江市妇联系统创新工作项目
"巾帼创新科技行动"
镇江市优秀妇联干部
徐永梅(大港街道)
朱　霞(丁卯街道)
镇江市优秀妇联执委
冷秀琴(丁岗镇)　葛　欢(大港街道)
赵　妍(大路镇)　朱　儒(姚桥镇)

(经开区妇工委)

·镇江经开区获全国、江苏省、镇江市集体荣誉和个人荣誉·

2023 年镇江经济技术开发区集体获全国性荣誉一览表

表 25－1

荣誉获得单位	荣誉名称	授予单位或组织机构
丁卯街道人民调解委员会	全国模范人民调解委员会	司法部
金东纸业(江苏)股份有限公司	2022 年重点用水企业、园区水效领跑者	工业和信息化部、水利部、国家发展改革委、市场监管总局
航天海鹰(镇江)特种材料有限公司装配班组	2023 年全国工人先锋号	中华全国总工会
江苏润果农业发展有限公司	农业农村信息化示范基地	农业农村部
镇江新区新材料产业园	2023 高质量发展化工园区(30 强)	中国石油和化学工业联合会化工园区工作委员会
镇江经开区瑞城路环卫爱心驿站	最美工会户外劳动者服务站点	中华全国总工会
镇江新区大港街道科技创新和投资促进局	首批参加"千企百城"商标品牌价值提升行动的商标品牌指导站	国家知识产权局

2023 年镇江经济技术开发区集体获省级荣誉一览表

表 25－2

荣誉获得单位	荣誉名称	授予单位或组织机构
镇江经济技术开发区	江苏省知识产权建设示范园区	江苏省知识产权局
镇江新区	江苏省食品安全示范区	江苏省食品安全委员会
镇江新区	第二批江苏省数字乡村试点地区	省委网信办、省农业农村厅
东乡云飚汤制作技艺	江苏省第五批省级非物质文化遗产代表性项目名录(传统技艺)	江苏省政府

续表 25 –2

荣誉获得单位	荣誉名称	授予单位或组织机构
竹马(东乡跳马灯)	江苏省政府第五批省级非物质文化遗产代表性项目名录扩展项目名录(传统舞蹈)	江苏省政府
江苏天奈科技股份有限公司	一项专利获优秀奖	江苏省政府
丁岗镇	2022 年度全省基层党员冬训工作示范乡(镇、街道)	中共江苏省委宣传部、中共江苏省委组织部
镇江市公安局新区分局	全省平安建设先进集体	江苏省委政法委
镇江国家大学科技园现代服务业集聚区	省级高质量发展集聚示范区	江苏省发展和改革委员会
镇江新区心湖微度假文旅生活圈	第三批省级夜间文化和旅游消费集聚区建设单位	江苏省文化和旅游厅
镇江新区新材料产业园	江苏省节水型工业园区	江苏省水利厅、江苏省工业和信息化厅
航天海鹰(镇江)特种材料有限公司团总支	江苏省五四红旗团支部(团总支)	共青团江苏省委
开发区法院党组	全省法院首批“五好五强”领导班子	中共江苏省高级人民法院党组
开发区法院	公共机构节能低碳示范单位	江苏省发展和改革委员会等单位
江苏吉贝尔药业股份有限公司	江苏省五一劳动奖状	江苏省总工会
江苏天奈科技股份有限公司研发一组	江苏省工人先锋号	江苏省总工会
中节能太阳能科技(镇江)有限公司	书香企业	江苏省总工会
镇江公安局新区分局丁卯派出所	第九批省学雷锋活动示范点	江苏省委宣传部
镇江同舟螺旋桨有限公司	2023 年度省级工程技术研究中心绩效考评优秀考评	江苏省科技厅
镇江新区消防救援大队	江苏省优秀“戎耀之家”	江苏省退役军人事务局
镇江新区大港消防救援站	全省基层建设先进消防救援站	江苏省消防救援总队
国家税务总局镇江经济技术开发区税务局	江苏省示范档案室	江苏省档案局
国家税务总局镇江经济技术开发区税务局	江苏省按比例安排残疾人就业工作表扬单位	江苏省人民政府残疾人工作委员会
国家税务总局镇江经济技术开发区税务局“宜税行”工作室	江苏省三八红旗(集体)示范工作室	江苏省妇女联合会
《镇江新区年鉴(2022)》	2023 年全省年鉴质量评定二等年鉴	江苏省地方志编纂委员会办公室
大路镇东岳村徐家	江苏省特色田园乡村	江苏省住建厅
大路鸿渔家庭农场	江苏省百佳家庭农场	江苏省农业农村厅等
镇江新区姚桥双寅畜牧养殖场、镇江新区姚桥守信养殖家庭农场、镇江鲁氏畜禽养殖有限公司	省级生态健康养殖示范场	江苏省农业农村厅
江苏新港农业科技有限公司	省级农业生产全程机械化智能化示范基地	江苏省农业农村厅
江苏润果农业发展有限公司	高素质农民实训基地	江苏省农业农村厅
镇江新区丁岗荣禾家庭农场	省级示范家庭农场	江苏省农业农村厅

续表 25 –2

荣誉获得单位	荣誉名称	授予单位或组织机构
镇江牧原农牧有限公司	省级智慧牧场	江苏省农业农村厅
姚桥镇儒里村	省美丽家园省级示范点	江苏省妇女“双学双比”竞赛活动领导小组
姚桥镇儒里村	优秀管理先进单位	江苏省广播电视总台(集团)
丁卯街道马家山社区“红榴家园”	省级“红石榴家园”精品单位	江苏省民族宗教事务委员会
丁卯街道马家山社区图书室	省级最美公共文化空间	江苏省文化和旅游厅
镇江经开区圌山路环卫爱心驿站	江苏省2023年度最美工会户外劳动者服务站点	江苏省总工会
镇江经开区港南路环卫爱心驿站	江苏省2023年度最美工会户外劳动者服务站点	江苏省总工会
镇江经开区银山小学环卫爱心驿站	江苏省2023年度最美工会户外劳动者服务站点	江苏省总工会
大港街道司法所	“法律明白人”培育工作成绩突出集体	江苏省司法厅
镇江经济技术开发区招商中心	第23届江苏省青年文明号	江苏省创建青年文明号活动组委会
镇江新区中小企业融资担保有限公司	江苏省2022年度融资担保机构三十佳	江苏省信用担保协会
镇江大路通用机场	江苏省综合交通运输学会优秀会员单位	江苏省综合交通运输学会、江苏省综合交通运输协会
镇江新区平昌新城邻里中心资产经营管理有限公司(邻里中心平价生鲜菜场)	2023年度党建引领促经济增效益先进市场	江苏省市场管理协会
镇江新区心湖微度假文旅生活圈	第三批江苏省文化和旅游消费便捷支付示范区	中国银联江苏分公司
江苏银山宜创运营管理有限公司	广告企业信用评价综合服务类AAAA级	江苏省广告协会
镇江东方电热科技股份有限公司	“江苏精品”企业	省质量发展委员会联合省市场监督管理局等八部门
镇江新区丁岗镇	2023年度“15分钟医保服务圈”省级示范点建设单位	江苏省医疗保障局
丁岗镇葛村村	江苏省级地名文化遗产(古村落地名)	江苏省民政厅等
丁岗镇新乐社区	2022年省级民主示范法治社区	江苏省司法厅
大港街道港中社区团支部	江苏省五四红旗团支部	共青团江苏省委
大港街道龙泉社区	党建引领物业管理服务工作省级示范点	江苏省委组织部、省住建厅
大港街道宜港社区	省健康社区	江苏省爱国卫生运动委员会办公室
姚桥镇瑞和花苑社区	党建引领物业管理服务工作省级示范点	江苏省委组织部、省住建厅
丁岗镇葛村村	江苏省传统古村落	江苏省住建厅
丁岗镇新乐社区	省级民主示范法治社区	中共江苏省委全面依法治省委员会办公室江苏省司法厅、江苏省民政厅
大路镇东岳村	江苏省生态文明村、江苏省人居环境整治示范村、江苏省特色田园乡村	江苏省生态环境厅、省农业农村厅、省住房和城乡建设厅
镇江科技新城实验学校	江苏省优秀少先队集体	江苏省少工委
镇江第一外国语学校	江苏省艺术教育特色学校	江苏省教育厅

2023年镇江经济技术开发区集体获镇江市荣誉一览表

表25－3

荣誉获得单位	荣誉名称	授予单位或组织机构
镇江新区	2020—2022年度镇江市金融生态优秀市（区）	中共镇江市委、镇江市人民政府
镇江新区纪工委	镇江市深入打好污染防治攻坚战先进集体	中共镇江市委、镇江市人民政府
姚桥镇人民政府	镇江市深入打好污染防治攻坚战先进集体	中共镇江市委、镇江市人民政府
丁岗镇	2022年度推进高质量发展先进镇	中共镇江市委、镇江市人民政府
丁岗镇	2022年度镇江市社会治理现代化先进镇、街道	中共镇江市委平安镇江（市域社会治理现代化）建设领导小组
丁岗镇人民政府	全市乡村振兴先进集体	中共镇江市委、镇江市人民政府
丁岗镇人民政府	2022年度信访突出问题攻坚化解先进单位	镇江市信访工作联席会议
丁卯街道	2022年度镇江市社会治理现代化先进镇、街道	中共镇江市委平安镇江（市域社会治理现代化）建设领导小组
瑞肯耐特流体控制系统（镇江）有限公司	2023年度产业发展“金山奖”	中共镇江市委、镇江市人民政府
镇江东方电热科技股份有限公司	2023年度产业发展“金山奖”	中共镇江市委、镇江市人民政府
江苏常青树新材料科技股份有限公司	2023年度产业发展“金山奖”	中共镇江市委、镇江市人民政府
江苏润果农业发展有限公司	2023年度产业发展“金山奖”	中共镇江市委、镇江市人民政府
镇江贝斯特新材料股份有限公司	2023年度产业发展“金山奖”	中共镇江市委、镇江市人民政府
江苏天奈科技股份有限公司	2023年度科技创新“梦溪奖”	中共镇江市委、镇江市人民政府
中节能太阳能科技（镇江）有限公司	2023年度科技创新“梦溪奖”	中共镇江市委、镇江市人民政府
镇江经开区众钠硫酸铁钠钠离子电池正极材料项目招引团队	2023年度重大产业项目招引奖	中共镇江市委、镇江市人民政府
镇江经开区航发优材高温合金技术中心二期项目招引团队	2023年度重大产业项目招引奖	中共镇江市委、镇江市人民政府
蓬勃生物抗体药及基因细胞治疗药物研发生产基地项目推进团队	2023年度重大产业项目推进奖	中共镇江市委、镇江市人民政府
联博年产20万吨新能源汽车电驱动核心零部件智能制造项目推进团队	2023年度重大产业推进奖	中共镇江市委、镇江市人民政府
江苏金斯瑞生物科技有限公司	2023年度企业引才用才“伯乐奖”	中共镇江市委、镇江市人民政府
江苏金斯瑞蓬勃生物科技有限公司	2023年度企业引才用才“伯乐奖”	中共镇江市委、镇江市人民政府
孚能科技（镇江）有限公司	2023年度企业引才用才“伯乐奖”	中共镇江市委、镇江市人民政府
姚桥镇儒里村	镇江市乡村振兴先进集体	中共镇江市委、镇江市人民政府
大路镇大路村	镇江市文明村	中共镇江市委、镇江市人民政府
上海旻艾半导体有限公司（瀚瑞控股二级子公司）	上海临港新片区2022年度第二批次专精特新企业	中国（上海）自由贸易试区临港新片区管理委员会
镇江经济技术开发区招商中心	镇江市五一劳动奖状	镇江市总工会
江苏天诺道路材料有限公司	镇江市五一劳动奖状	镇江市总工会
江苏天奈科技股份有限公司	镇江市五一劳动奖状	镇江市总工会

续表 25 －3

荣誉获得单位	荣誉名称	授予单位或组织机构
瑞肯耐特流体控制系统(镇江)有限公司	镇江市五一劳动奖状	镇江市总工会
镇江奇美化工有限公司行政管理部	镇江市工人先锋号	镇江市总工会
索尔维(镇江)化学品有限公司索尔维双氧水事业部生产部门B班	镇江市工人先锋号	镇江市总工会
江苏无国界航空发展有限公司飞机维修工程学院	镇江市工人先锋号	镇江市总工会
镇江日月照明有限公司安全闸站部	镇江市工人先锋号	镇江市总工会
镇江美达塑胶有限公司行政办公室	镇江市五一文明班组(科室)	镇江市总工会
江苏瀚瑞投资控股有限公司	镇江市五星级“工会好食堂”	镇江市总工会
江苏瀚瑞投资控股有限公司	市级女职工康乃馨服务站	镇江市总工会
开发区法院	全市法院新闻舆论工作先进集体	镇江市中级人民法院
开发区法院	全市法院书记员岗位业务技能竞赛团体组织奖	镇江市中级人民法院
镇江经济技术开发区集成管理指挥中心	镇江市“五星”党支部	中共镇江市委党的建设工作领导小组
丁岗镇新乐社区校外教育辅导站	镇江市优秀校外教育辅导站	镇江市关心下一代工作委员会、镇江市精神文明建设指导委员会办公室
大港街道伯先社区校外教育辅导站	镇江市优秀校外教育辅导站	镇江市关心下一代工作委员会、镇江市精神文明建设指导委员会办公室
镇江经济技术开发区集成管理指挥中心	镇江12345政务服务便民热线2023年度优秀成员单位	镇江12345政务服务便民热线管理工作联席会议办公室
丁卯街道办事处	全市档案工作先进集体	镇江市档案局、镇江市档案馆
丁卯街道丁卯社区	2023年度镇江市标准化“家门口”就业服务站	镇江市创业就业工作领导小组办公室
镇江经开区综合行政执法局市容环卫科	2023年度全市城管工作先进集体	镇江市城市管理(综合行政执法)局
镇江经开区城市管理大队大港中队	2023年度全市城管工作先进集体	镇江市城市管理(综合行政执法)局
镇江经开区姚桥镇综合行政执法局	2023年度全市城管工作先进集体	镇江市城市管理(综合行政执法)局
镇江经开区应急管理综合行政执法大队	2023年度镇江市应急管理综合行政执法比武竞赛团体一等奖	镇江市应急管理局
江苏瀚瑞投资控股有限公司	全市档案工作先进集体	镇江市档案局、镇江市档案馆
江苏圌山农业科技有限公司“圌绿”品牌南粳46	第三届“镇江好大米”金奖	镇江市农业农村局、镇江市农科院、镇江市农学会
镇江新区旅游集散服务中心有限公司	镇江市金牌导游工作室	镇江市文化广电和旅游局
镇江新区旅游集散服务中心有限公司	镇江市暑期研学系列活动优秀线路	中共镇江市委宣传部
镇江新区平昌新城邻里中心平价生鲜菜场	镇江市2023年度放心消费创建示范单位	镇江市放心消费创建活动领导小组办公室、镇江市市场监督管理局
镇江新区平昌新城邻里中心(侬家农品生鲜市场丁卯店)	镇江市2023年度放心消费创建示范单位	镇江市放心消费创建活动领导小组办公室、镇江市市场监督管理局
镇江枫叶园林工程有限公司	先进基层党组织	中共镇江市城市管理行业委员会
镇江枫叶园林工程有限公司	镇江市“五争五建”常态长效提升行动示范点	镇江市精神文明建设指导委员会办公室、镇江市城市管理局
镇江新区公用环境服务有限公司	志愿服务示范站点	中共镇江市委宣传部

续表 25－3

荣誉获得单位	荣誉名称	授予单位或组织机构
镇江经开区审计局	镇江市优秀内审项目	镇江市审计局
丁岗镇留村村	镇江市乡村旅游特色村	镇江市文广旅局
丁岗镇宜居社区	党建引领物业管理服务工作市级示范点	镇江市住建局
丁岗镇新瑞社区	镇江市示范小剧场	镇江市文广旅局
丁岗镇新茂社区	镇江市首批法治小区建设示范点	镇江市委依法治市办
丁岗镇新茂社区	“芳华”文明实践巾帼志愿阳光站	镇江市妇女联合会
大路镇薛港村	镇江市档案管理示范村	镇江市档案局、镇江市档案馆
大路镇小港村	镇江市档案管理示范村	镇江市档案局、镇江市档案馆
镇江新区姚桥兴达农业机械服务专业合作社	“全程机械化＋综合农事”服务中心	镇江市农业农村局
镇江经开区应急管理综合行政执法大队	2023 年度镇江市应急管理综合行政执法比武竞赛团体一等奖	镇江市应急管理局
镇江市大港中心小学	镇江市优秀少先队中队	共青团镇江市委等
镇江经开区实验小学	镇江市优秀少先队中队	共青团镇江市委等

2023 年镇江经济技术开发区个人获市级（含部门）以上荣誉一览表

表 25－4

荣誉获得者	荣誉名称	授予单位或组织机构
开发区法院　陈萍萍	全国法院办案标兵	最高人民法院
江苏瀚瑞投资控股有限公司　姜长宝	全国无偿献血志愿服务奖一星级	中华人民共和国国家卫生健康委员会等
国家税务总局镇江经济技术开发区税务局　贾蓓	全国税务系统业务比武非税收入岗（个人赛）第一名	国家税务总局
镇江市公安局经济技术开发区分局　赵欢	全省优秀人民警察提名奖	江苏省公安厅
开发区法院　任荣兴	全省法院打击整治养老诈骗专项行动先进个人	江苏省高级人民法院
开发区法院　朱萍香	全省法院办公室工作先进个人	江苏省高级人民法院
开发区法院　刘庆国	全省法院司法警察工作先进个人、全省法院党的二十大维稳安保工作先进个人	江苏省高级人民法院
江苏瀚瑞投资控股有限公司　吴敏	江苏省优秀工会工作者	江苏省总工会
镇江市正源智能科技有限公司　戴小斌	2023 年度江苏省退役军人优秀志愿者	江苏省退役军人事务厅
镇江经开区生态环境和应急管理局　周燕	2020—2022 年全省生态环境信访工作先进个人	江苏省生态环境厅
镇江经开区生态环境和应急管理局　臧小震	2023 年度全省应急管理综合行政执法工作先进个人	江苏省应急管理厅
镇江经开区审计局　周斌	江苏省先进内审人员	江苏省审计厅
国家税务总局镇江经济技术开发区税务局税政科　周韫琪	2022 年度按比例安排残疾人就业工作表扬个人	江苏省人民政府残疾人工作委员会
镇江经济技术开发区白蚁防治技术研究有限公司　龚扣根	2023 年度江苏省白蚁防治行业先进个人	江苏省房地产业协会

续表 25－4

荣誉获得者	荣誉名称	授予单位或组织机构
镇江心湖高级中学　曾金海	江苏省教学名师	江苏省教育厅
镇江经开区平昌小学　周丹	江苏省优秀少先队辅导员	江苏省教育厅
镇江经济技术开发区招商三局局长　朱东东	2023 年度镇江市“十佳招商能手”	中共镇江市委、镇江市人民政府
镇江经济技术开发区招商一局局长　王恺悌	2023 年度镇江市“十佳招商能手”	中共镇江市委、镇江市人民政府
镇江经济技术开发区招商六局局长、丁卯街道办事处副主任　李红	2023 年度镇江市“十佳招商能手”	中共镇江市委、镇江市人民政府
镇江经济技术开发区建设工程质量安全监督站　朱启伟	镇江市深入打好污染防治攻坚战先进个人	中共镇江市委、镇江市人民政府
镇江经开区生态环境和应急管理局　栗杨	镇江市深入打好污染防治攻坚战先进个人	中共镇江市委、镇江市人民政府
镇江新区丁卯街道办事处综合行政执法局　单鹏宇	镇江市深入打好污染防治攻坚战先进个人	中共镇江市委、镇江市人民政府
镇江鸿欣船务有限公司　孙洁	市五一文明职工	镇江市总工会
莱特丝(江苏)新材料科技有限公司　庄昱炜	市五一文明职工	镇江市总工会
镇江市公安局经济技术开发区分局　王亚琴	市五一巾帼标兵	镇江市总工会
镇江市公安局经济技术开发区分局　刘振华、严莹、刘亿文、刘裕、丁元龙、周叶、赵前	市五一技术标兵	镇江市总工会
城乡建设局人防地震科　唐宇凯	2023 年度镇江市安全生产工作先进个人	镇江市安全生产委员会
江苏瀚瑞投资控股有限公司　吴敏	镇江市央企国企十佳工会主席、职工互助保障工作先进个人	镇江市总工会等
江苏瀚瑞投资控股有限公司　周沿序	镇江市“贯彻二十大奋进新征程”百姓名嘴风采展示活动总决赛优秀奖	中共镇江市委宣传部
镇江经开区审计局　周斌	镇江市内审先进个人	镇江市审计局
江苏瀚瑞投资控股有限公司　时荣	镇江市城管系统先进个人	镇江市城市管理局
城乡建设局人防地震科　唐宇凯	2023 年度镇江市安全生产工作先进个人	镇江市安全生产委员会
镇江经开区生态环境和应急管理局　余宏杰	镇江市应急管理综合行政执法比武竞赛个人一等奖	镇江市应急管理局等
开发区法院　史元昭	全市法院新闻舆论工作先进个人	镇江市中级人民法院
开发区法院　张璇	全市法院书记员业务标兵	镇江市中级人民法院
江苏瀚瑞投资控股有限公司　姜长宝	优秀志愿者	镇江市红十字会
镇江经济技术开发区行政执法局　冯亦、李锦河	全市城市管理行业优秀党务工作者	中共镇江市城市管理行业委员会
镇江经济技术开发区行政执法局　洪雷	镇江市第二届“最美城管人”	中共镇江市城市管理行业委员会、镇江市城市管理(综合行政执法)局
镇江经济技术开发区行政执法局　韩飞	全市城管系统先进个人	镇江市城市管理(综合行政执法)局
镇江经济技术开发区行政执法局　郦菡昀、谢秋红、赵云娟、郑辉、刘佳、卢洪峰、钱程、王海健	全市城管系统先进个人	镇江市城市管理(综合行政执法)局

续表 25－4

荣誉获得者	荣誉名称	授予单位或组织机构
镇江经开区平昌小学　张娟	镇江市“十佳教师”	镇江市人民政府
镇江经开区实验小学　程嘉	镇江市优秀少先队辅导员	共青团镇江市委
镇江市姚桥中心小学　王玥	镇江市师德先进个人	中共镇江市委教育工作委员会
镇江经开区实验小学　孙婵	镇江市师德先进个人	中共镇江市委教育工作委员会
镇江经开区丁卯中心幼儿园　朱琴	镇江市师德先进个人	中共镇江市委教育工作委员会
镇江科技新城实验学校　李棚	镇江市优秀教育工作者	镇江市教育局
镇江市大路实验学校　徐丽	镇江市优秀教育工作者	镇江市教育局
镇江经开区平昌幼儿园　贺静	镇江市优秀教育工作者	镇江市教育局
镇江经开区大港中心幼儿园　贯文芬	优秀援疆教师	新疆生产建设兵团第四师可克达拉市教育局
镇江经开区姚桥中心幼儿园　祁玲玲	镇江市“十佳教师”	镇江市教育局
镇江经开区平昌幼儿园　张强	镇江市第四批教坛新秀	镇江市教育局
镇江经开区瑞鑫幼儿园　李海琴	幼儿园保教质量评估专家	镇江市教育局
镇江市大路实验学校　冷元媛	2023 年第四季度“镇江好人”	镇江市精神文明建设委员会办公室

注：根据各单位上报资料汇总，享受镇江市劳动模范以上待遇的列入人物简介。

（年鉴编辑部）

重要会议报告

锚定航向 久久为功
深入推进中国式现代化镇江经开区新实践

——2023 年度镇江经开区党工委全体(扩大)会议报告(摘录)

路月中

(2024 年 1 月 13 日)

一、深入学习贯彻习近平新时代中国特色社会主义思想,"五大攻坚战"取得阶段性成果

2023 年,面对内外部环境的深刻变化,党工委坚持把深入学习宣传贯彻党的二十大精神、习近平总书记对江苏工作重要讲话重要指示精神和开展学习贯彻习近平新时代中国特色社会主义思想主题教育,作为贯穿全年工作的主题主线,一体谋划、一体推进,在市委、市政府的坚强领导下,中国式现代化镇江经开区新实践实现良好开局。

过去的一年,我们扎实开展学习贯彻习近平新时代中国特色社会主义思想主题教育,紧跟核心的航向更加坚定。把开展主题教育作为全区政治生活头等大事,坚定拥护"两个确立"、坚决做到"两个维护",深刻感悟新思想新理念的真理伟力,更加坚定了"全心全意为人民服务"的宗旨意识,牢固树立了正确政绩观。全区累计开展中心组学习 150 余场次,调研走访 700 余次,梳理问题 218 条,成果转化 256 条,形成了润果党支部、航发优材党支部等学用结合的典型案例。

过去的一年,我们坚决扛起产业担当,高质量发展的质效更加凸显。经济运行稳中有进、回升向好,全年地区生产总值预计增长 6.8%;一般公共预算收入完成 40.4 亿元;规模以上工业增加值预计同比增长 9%;实际到位外资 1.35 亿美元,全市占比近 1/3;

完成外贸进出口总额368.6亿元，全市占比超1/3。全年新签亿元以上项目72个、总投资328亿元，蓬勃生物、亨峰隆、众钠等一批优质新项目落户经开区。积极践行投行思维，参与联博、航材院等项目股权投资，取得了良好效果。常青科技成为上交所主板注册制首批挂牌企业。持之以恒优化产业项目全周期服务，上半年省重大项目全部开工、三季度市重大项目全部开工。固定资产投资同比增长5.5%，省市重大项目投资完成率全市第一。以科技创新汇聚发展动能，全年入库科技型中小企业397家，认定高企88家，新增国家级专精特新"小巨人"7家，工业技改投资总量全市第一，高技术外资在全市占比超60%。

过去的一年，我们深入推进"政银企共建+"，金融安全的防线更加稳固。把防范化解金融风险作为最大的政治任务，全力以赴降成本、优结构，"千斤重担众人挑"的氛围更加浓厚。九大园区板块组建政银企工作专班，与30余家金融机构开展共建活动150余场。牢牢守住流动性安全，债务结构进一步优化。

过去的一年，我们全面推广手册机制，安全环保的基础更加坚实。在34个行业领域实施推广《安全风险点管控责任手册》，排查审核风险点10万余个，事故起数、死亡人数实现"双下降"，全年未发生较大以上及有影响的化工事故。持续改善生态环境，试点编制《生态环境风险点管控责任手册》，优良天数比率同比上升，国、省考断面稳定达标。全面完成中央环保督察交办信访件、长江经济带反馈问题整改，全区环境信访投诉量同比下降29.8%。

过去的一年，我们探索"新农人"发展模式，乡村振兴的亮点更加突出。在全市率先成立"新农人"发展联盟，为各类"新农人"主体争取农业项目9个，到位资金700余万元。以"订单农业"带动农民增收，建设订单基地245亩，争取共建资金117.7万元；4个经济薄弱村总收入突破700万元，全区村集体经营性收入同比增长5.8%，前三季度全区农村居民人均可支配收入同比增长6.8%，增幅全市第二。持续抓好农村人居环境整治，高质量完成铁路沿线安全环境整治，打造了连镇铁路沿线成片绿化造林、断山墩遗址公园等5个特色亮点节点，乡村面貌不断提升。

过去的一年，我们持续深化末梢疏通工程，社会治理的合力更加集聚。通过激发基层党员活力、带动群众共同参与，推进党建引领末梢疏通工程与基层治理、文明城市创建、全域管理等工作相结合，基层治理的效率更高了，联系服务群众的反响更好了，群众的幸福感获得感更强了，全区投诉类工单首次同比下降，解决群众"急难愁盼"5000余件。坚持走群众路线，运用法治思维攻坚积案化解，成立平安建设专项资金，全区越级进京访量登记人次较2019年下降78.3%，十余件"骨头案""钉子案"得到有效化解。

这一年，政治生态风清气正。持之以恒加强作风建设，营造良好干事创业氛围。干部队伍活力迸发。破除身份壁垒，坚持凭实绩用干部，优化基层干部队伍结构。红色宣传声音嘹亮。"党建引领末梢疏通工程""新农人、新农机、新服务"等特色鲜明的经开区经验多次登上新华社智库内参。成功举办长江国际音乐节，建成运营张君秋纪念馆和大剧院，极大提升了经开区知名度和美誉度。民生幸福底色更浓。全年实现城镇新增就业人口7200人。完成党组织领导的校长负责制和幼儿园联合党支部优化设置，人均拥有体育场地面积稳居全市前列。建成综合社会救助管理服务信息平台，健全主动发现困难群众闭环管理机制，实现未成年人保护工作站镇级全覆盖。创成江苏省食品安全示范区和全市首家省级节水型工业园区。团结局面持续巩固。人大工委聚焦发展大局，精心组织"优化营商环境、助力产业项目攻坚"专项评议，为全区高质量发展凝聚智慧、贡献力量。政协工委围绕担负起

"落实下去、凝聚起来"政治责任的主题,广泛凝聚共识,推动形成合力。全面做好新时代党的统一战线工作,落实"同心 +"五大专项行动,孚能科技创成全市唯一省级"红石榴就业行动"示范企业。工会、共青团、妇联等群团组织作用进一步发挥;党管武装、国防动员取得新进展;成功举办外事嘉年华等活动,取得良好成效。

2023 年,我们接续奋斗、砥砺前行,经历了风雨洗礼,看到了美丽风景,取得了沉甸甸的收获。回顾一年的工作,我们真切感到,成绩的取得,根本在于以习近平同志为核心的党中央坚强领导,根本在于习近平新时代中国特色社会主义思想的科学指引,得益于省委省政府、市委市政府的关心支持,归功于全区上下的共同奋斗。是金融机构的倾力支持让经开区发展信心倍增。农业银行、工商银行、建设银行等二十多家银行与经开区携手共建、共谋发展,为防范金融风险、推动产业发展作出了巨大贡献。是企业的自信自强让经开区发展动力倍增。孚能、中节能、东方瑞吉产值增幅达到 18% 以上,索尔维贡献财税 2. 3 亿元,蓬勃生物支撑到位外资 9400 万美元。优利德获国家级绿色工厂,天奈科技荣获 2023 年度镇江市市长质量奖。是人民群众的共建共治让经开区发展活力倍增。人民永远是我们战胜一切困难挑战的最大依靠。1684 名中心户、3498 名信息员积极参与社会治理,永隆城市小区"Tony 李"自发为居民提供免费上门理发服务、瑞鑫社区居民自发打扫楼栋前的垃圾、新茂社区居民自发清理地下车库积水,涌现出一批群众身边的治理模范。是党员干部的无私奉献让经开区发展底气倍增。大家直面挑战、攻坚克难,不惧风雨、守望相助,在平凡岗位上作出了不平凡的贡献。政法战线不顾安危、不辞辛劳,牺牲一家团聚换来万家安宁;税务、交通、消防、供电等驻区单位立足全区、服务大局,为经开区发展注入了强劲动能;党群战线披星戴月、坚守岗位,默默无闻做着大量幕后工作,甘当无名英雄。

二、坚定信念、凝聚共识,在学思践悟新思想中汲取奋进力量

总结经验、坚定自信,是为了更好地再出发。主题教育期间,通过对新思想新理念的深入学习,沉到一线调查研究,以及对正反面典型案例的深刻剖析,我们越来越清醒地认识到:产业转型发展的任务还很艰巨,干部队伍作风还有不尽如人意的地方,基层治理水平还有待进一步提升;我们越来越深切地感受到:习近平新时代中国特色社会主义思想是经开区发展的根本遵循和前进指引,只有践行新思想、新理念,"五大攻坚战"才能不断取得新突破,统筹发展和安全才会更富成效。

第一,始终坚持党建引领。实践证明,不坚持党建引领就把不准政治方向。无论是"政银企共建 +",还是末梢疏通工程,能够取得显著的成效,关键是党员干部冲在一线、干在一线,关键是各级党组织把党旗插在一线、堡垒建在一线。立足新征程,经开区作为经济发展、改革先行的前沿阵地,只要坚持党建全面引领"五大攻坚战",就能推进中国式现代化镇江经开区新实践走深走实、取得更大成果。

第二,始终坚持实事求是。实践证明,不坚持实事求是就找不到问题突破的路径。经开区发展进程中,经历过一段脱离实际、大干快上的阵痛期,形成了沉重历史包袱。近年来,我们坚持实事求是,紧抓主要矛盾,在调研和实践中不断调整完善工作思路,紧贴实际提出了打好"五大攻坚战"的战略部署并取得了阶段性成果。立足新征程,我们只要用好实事求是方法论,坚持问题导向,心无旁骛谋发展、锲而不舍抓落实,就能乘风破浪、扬帆远航。

第三,始终坚持创新驱动。实践证明,不坚持创新驱动就稳不住经济发展基本盘。去年,化工等传统行业下行压力加大,对各项产出指标都带来了影响。正是得益于近年来我们坚持不懈培育新兴产业,依靠着新能源、航空航天、生物医药等产业的快速增长,才保持住了经济回稳向好的态势。立足新征程,我

们只要坚持创新驱动，以新质生产力引领高质量发展，依靠新技术激活新动能、拓展新领域、开辟新赛道，就能拼出惊喜、创造奇迹。

第四，始终坚持人民至上。实践证明，不坚持人民至上就践行不了为人民谋幸福的初心使命。我们坚持走好群众路线，听民声、察民情、解民忧，不断把人民对美好生活的向往变为现实。立足新征程，我们只要牢牢把握人民立场，办好群众牵肠挂肚的民生大事，做好群众天天有感的关键小事，干群同心、其利断金，就能砥砺前行、无往不胜。

三、保持战略定力，创新工作路径，奋力推动“五大攻坚战”实现新突破

今年是中华人民共和国成立75周年，是全面完成“十四五”规划目标任务的关键之年，也是全面贯彻落实“四个走在前”“四个新”重大任务的深化之年，做好今年工作至关重要。

经开区工作的总体要求是：坚持以习近平新时代中国特色社会主义思想为指引，全面贯彻党的二十大精神和习近平总书记对江苏工作重要讲话重要指示精神，坚持稳中求进、以进促稳、先立后破，牢固树立和践行正确政绩观，坚持实事求是的方法论，更好统筹发展和安全，以党建全面引领“五大攻坚战”取得新突破，深入推进中国式现代化镇江经开区新实践。

经济社会发展的预期目标是：地区生产总值同比增长6.3%，一般公共预算收入同比增长7%，一般公共预算税收收入同比增长10.9%，规模以上工业增加值同比增长8%，固定资产投资同比增长6%，社会消费品零售总额同比增长7%，居民收入增长与经济增长同步，完成市定安全环保等约束性指标。

（一）推动高质量发展攻坚战实现新突破

全区上下要完整、准确、全面贯彻新发展理念，坚决落实产业强市“一号战略”，不断积蓄高质量发展新动能。

1. 持续提升项目发展质量。聚焦“四群八链”产业布局，紧盯央国企、500强、上市公司、行业头部企业，狠抓产业链项目招引。按照省、市要求，举办有特色的航空航天产业活动。抓投资要有未来感，坚持运用“投行思维”，更加注重项目性价比，充分发挥比较优势，吸引和撬动一批成长性好、科技含量高、具有上市潜力的优质企业落户经开区。推动更高水平对外开放，加强外资项目招引力度。确保全年新签约亿元以上项目不低于72个，其中10亿～30亿元项目不少于8个，30亿元以上项目不少于3个，新设投资主体项目占比达60%，新招引外资项目占比不低于15%，实际利用外资占比不低于全市30%。

2. 全力做强科技创新支撑。聚焦新型工业化和新质生产力发展方向，推进设备生产线、技术工艺等实施迭代更新，实现规上企业免费诊断全覆盖，推动存量企业“智改数转网联”培育项目不少于30个。针对产业发展需求梳理编制科技招商产业图谱，精准引入高技术人才团队，帮助企业新签订产学研合作协议不少于20项。推进大学园银湖科创载体建设和中瑞园区载体升级。全年建设市级及以上研发机构10个，招引科技人才项目55个，培育科技型中小企业380家，高企70家，新增专精特新企业、制造业单项冠军企业5家，全面完成国家、省、市级人才指标。

3. 着力打造一流营商环境。落实“镇合意”服务要求，常态化开展暖企大走访，构建亲清政商关系，持续优化营商环境。着力提升项目推进服务效能，推动重大项目办高效运作，持续优化项目审批和服务推进机制，及时协调解决项目开工、建设的矛盾问题，确保省重大项目上半年开工率100%，市重大项目三季度开工率100%。统筹做好土地、能耗、环境容量等资源保障工作，力争全年完成土地挂牌上市800亩以上，推动出清盘活“僵烂闲”项目10个。

（二）推动防范化解金融风险攻坚战实现新突破

防范化解金融风险仍然是当前乃至今后

一段时期内经开区最大的政治任务，必须统一思想、凝聚共识，化债也是政绩。

1. 持续深化“政银企共建+”。瀚瑞控股要扛起主体责任，加强业务指导，统筹用好各类资源，聚焦万亿国债投放方向，谋划一批匹配度高的长期项目。各园区板块要深入对接金融机构，抢抓政策窗口，积极谋划储备新项目，争取获得更多新的融资产品。

2. 深入推进国企改革。坚持向改革要活力，向市场要效益。加大公租房、物流大厦、圌山温泉等存量资产整合盘活力度，围绕园区运营探索开展增值服务；做优产业投资、资本运作等市场化业务板块，推动国有上市公司做大做强，不断增强国企自身造血功能。全力提升现代经营能力，持续推进经理层任期制和契约化管理，全面激发各层级企业改革转型的活力与动力。紧盯关键环节，强化内控管理，做好巡视巡察“后半篇文章”，加快历史遗留问题化解，确保国有资产保值增值。

3. 全力做好对上争取。在资金、政策、资源和考核上，争取省市部门和金融机构更多的理解与支持。统筹推进“削峰、降色、破冰、强基、提升”五大行动，主动谋划一批有省市资金支持的经营性项目，全力压降融资成本。

（三）推动安全环保攻坚战实现新突破

以深化《手册》机制运用为抓手，推动生态环境持续改善、安全生产形势稳定向好。

1. 加强《手册》机制运用。围绕敏感领域、敏感区域、敏感企业及项目，对生态环境问题进行拉网式排查，尽快建立《生态环境风险点管控责任手册》，压实部门、属地、企业的环保管控责任，牢牢守住生态环境底线。持续深化《安全风险点管控责任手册》，重点关注新领域新业态新风险，对所有纳入管控的风险点定期研判分析，督促责任主体加大投入、升级改造，逐步消除风险或降低风险等级，同时做好风险动态更新，确保《手册》在风险管控上继续发挥更大作用。

2. 全力守牢生态环保防线。聚焦环保薄弱环节，补齐短板弱项，全面提升生态环境治理和风险防范能力，持续推动落实五个方面管理制度，谋划、实施、储备一批生态环境基础设施建设项目。力争完成16个小区雨污分流改造，确保地表水国考、省考断面水质优Ⅲ比例达到100%，$PM_{2.5}$浓度、优良天数比率达到市级考核要求，圆满完成省级生态环境保护督察各项工作。

3. 全面压实安全生产责任。持续深化“1+X”安全生产责任体系，不断优化约谈、督办、通报、警示提示、履职述职“五项制度”，常态化落实“三包干一统筹”机制，全面压实各方安全责任。聚焦事故多发、隐患集聚地区和单位，全力扭转怕投入、怕损失、“等靠拖”的思想，严格落实隐患整改责任。进一步健全基层应急办机构，充实人员力量，完善工作机制，常态化落实好安全生产和消防监管。

（四）推动乡村振兴攻坚战实现新突破

以“村银企”共建为切入口，学习应用浙江“千万工程”经验，培育发展更多“新农人”，全面推进乡村振兴。

1. 扎实推动农业发展。牢记“国之大者”，保障粮食安全，推进6500亩高标准农田建设，合理用好代征代管土地，延续粮食种植面积、单产、总产“三增”势头。以农业全产业链建设为主线，在延链、强链、补链上寻找发展空间，加大对外招商力度，全年新招引涉农项目不少于5个。筹建“新农人”高质量发展试验区，探索未来农业生产、经营、管理、政策扶持等新模式，落实“三个中心”建设要求，以“新农人”培育带动产业发展，实现一二三产业融合，促进农民增收致富，助力乡村振兴。

2. 大力推进富民强村。深化“村银企”共建，在三桥、儒里、兴隆、西戴四个经济相对薄弱村开展试点，引导金融机构、企业与村集体合作，重点发展订单基地打造、农产品精深加工、仓储物流等项目，切实找准“村银企”利益联结点。开展村集体经济提质增效三年行动,支持村级自主经营,推进闲置资产盘活,增强产业"造血"能力。鼓励各镇加大对村级班子的考核、奖励和调配力度,调动村级自主能动性。

3. 打造生态宜居和美乡村。统筹推进污水治理、河道建设、垃圾处置、厕所革命等重点任务,持续推动农村人居环境提质扩面,确保村庄环境整治100%达标。支持引导儒里、葛村、留村等村庄改善乡村风貌、浓厚乡土味道、体现农村特点,争创省级特色田园乡村、省级宜居宜业和美乡村。遵循乡村发展规律,加快三镇国土空间规划编制,支持有需求的农民改善住房条件。大力推进农文旅融合,把张君秋大剧院、圌山、东岳村等"景点"与麦田、稻田文化串联起来,打造一些有意境的"打卡点",让更多的人走进乡村,感受不一样的风景。

(五)推动社会治理攻坚战实现新突破

深化党建引领末梢疏通工程,坚持问题导向,践行群众路线,用好法治思维,扎实推动经开区社会治理水平和治理能力现代化。

1. 全领域运用末梢疏通工程。针对商品房、失管小区、管理混乱的街区,找准选好中心户、信息员,通过优化服务、协调矛盾、多办实事,彻底打通痛点堵点。在三镇两街道围绕文明城市创建、全域管理、信访化解、城市管理等工作,全面推广末梢疏通工程。依照现有末梢疏通的框架,在四家功能园区中探索运用,重点把安全环保、企业服务等贯穿其中,实现企业诉求和政府要求的信息畅通,切实提升服务企业效能。

2. 全力践行新时代"枫桥经验"。推动区镇两级矛盾调处"一站式"服务中心有效运行,努力实现95%以上的矛盾纠纷在基层得到化解。压实重点信访事项包案领导责任,发挥信访联席会议优势,用好公检法专业力量,再化解一批历史遗留问题。确保进京、赴省、去市访量下降,初信初访调处成功率上升,坚决完成全国两会等重大活动的保障工作,守牢"四个不发生"底线。

3. 全面加强平安经开区建设。打造治安防控闭合圈,开展经开区雪亮工程第三期建设,实现党政机关、校园社区、园区企业和人员密集场所"人车识别"点位全覆盖。深化危险化学品、特种设备、道路交通、群租房、消防等领域安全隐患排查整治,提高公共安全治理水平。严厉打击电信网络诈骗,放大"援法议事"基层法治品牌效应,推进社会治理现代化先进镇(街道)和平安法治村(社区)建设。大力推进食品安全智慧化监管,积极推广校园"智能阳光食堂"、外卖网络餐饮"阳光厨房",守护好群众"舌尖上的安全"。

在打好"五大攻坚战"的同时,我们要坚持"十个指头弹钢琴",统筹兼顾抓好各项工作。突出就业优先,把促进青年特别是高校毕业生就业放在更加突出位置,统筹做好退役军人、农民工等重点群体就业,支持发展灵活就业,确保零就业家庭动态清零。优化公共服务,加快推进医养结合发展,促进普惠托育服务,完善基层体育设施,推动教卫文体等各项事业稳步提升;以"社会救助服务质效提升年"行动为抓手,提升主动发现和精准帮扶能力。加力城市建设,全力实施老旧小区改造,探索便捷停车、建筑垃圾处置路径,打造纬五路、新禧路等特色街区,不断完善城市功能。聚焦群众关切,充分发挥集成中心平台作用,全面完善社会治理功能板块,优化流程、缩减层级,提高效率,务实解决群众"急难愁盼"问题。

四、持之以恒加强党的领导和党的建设,纵深推进全面从严治党

认真落实习近平总书记关于新时代党的建设的重要指示精神,毫不动摇坚持和加强党的全面领导,坚决扛起主责抓好主业,切实把全面从严治党落实到各方面,为推进中国式现代化镇江经开区新实践提供坚强保证。

2023 年镇江经济技术开发区组织机构和负责人名单

党工委

党工委书记　路月中
党工委副书记　尹卫民
陈鹏飞
朱晓阳
党工委委员　范存建(2 月止)
张荣海
田茂松
陆建林
徐志华
潘大春
王　忠
周　勇(2 月任)
朱　涛
张　成
邱乔森
蒋红武
吴　江

人大工委

人大工委主任　经山河
人大工委副主任　马云明
刘　巍(11 月止)

管委会

管委会主任　尹卫民
管委会副主任　范存建(2 月止)
张荣海
陆建林
徐志华
潘大春
王　忠
周　勇(2 月任)

政协工委

政协工委主任　孙家政
政协工委副主任　张春华

党政办公室

主　　任　贡振华
副 主 任　黄小军(9 月任)
陶祥学
陈　涛
彭　鹏(9 月止)
胡　敏
高海涛

纪工委(监察工委)

纪工委书记、监察工委主任　田茂松
纪工委副书记、监察工委副主任　任驭阳
陆海栋
纪工委委员、党工委巡察办主任　高红银
纪工委委员、派驻行政审批局纪检组组长　张和荣

组织部

部　　长　邱乔森
常务副部长、非公有制企业和社会组织工作委员会书记　姚海峰
副部长、机构编制委员会办公室主任、机关党委书记　易芳琴
副 部 长　孙胜男

宣传统战部

部　　长　蒋红武
常务副部长、网信办主任、文明办主任　黄建同
副部长、文旅局局长、民宗局局长　郭永娣

政法委

书　　记　朱晓阳
常务副书记　孙建成
副书记、信访局局长　黄　进
副书记、司法局局长　朱雪林

主任科员　宋卫杰
　　　　　孙国斌
副主任科员　张建中
　　　　　　蒋银海

人大工委办公室

主　　任　曲海国
副 主 任　罗永云
　　　　　宋淑蓓

政协工委办公室

主　　任　王　文
副主任科员　王广林

经济发展局

党委书记局长　周　涛（援疆）
　　　　　　　管　理（6 月任）
党委委员、副局长　冯晓波
　　　　　　　　　施凌云
　　　　　　　　　周习华
　　　　　　　　　杨卫华（9 月任）

科学技术和信息化局

党组书记、局长　管　理（6 月止）
　　　　　　　　蒙呈魁（6 月任）
党组成员、副局长　王有平
　　　　　　　　　丁　玲
党组成员（挂职）　冯昭中（11 月任）
主任科员　蔡正宝

社会发展局

党委书记、局长、农工办主任　徐仁兰
党委委员、副局长、民政局局长　于晓飞
党委委员、副局长、教育督导室主任
　　　　　　　　　　　　　　赵　勇
党委委员、副局长　凌　皓
　　　　　　　　　葛欣鹏
　　　　　　　　　胡晓辉
党委委员、副局长、退役军人事务局局长
　　　　　　　　　　　　　　刘顺鑫
党委委员　陈　戟
党委委员　胡光汉
党委委员（挂职村第一书记）　郭　伟

财政局

党组书记、局长　朱　萍
副局长（挂职）　黎　霞
党组成员、副局长　鱼鸿林
　　　　　　　　　李海俊
　　　　　　　　　李牧寒

地方债务管理办公室
（国有资产监督管理办公室）

主　　任　黎　霞
副 主 任　徐　惠
　　　　　李联芳（6 月任）

集成管理指挥中心

主　　任　吴　江
副 主 任　王丽娜
　　　　　万兆栋

人力资源和社会保障局

党委书记、局长　徐子荣
党组成员、副局长　朱熙璠
　　　　　　　　　朱翠霞

审计局

党组书记、局长　夏　璟
副 局 长　占丰福
　　　　　王镇军

城乡建设局

党委书记、局长　王开吉
党委委员、副局长　陈国新
　　　　　　　　　赵　宏
　　　　　　　　　曹建霞
　　　　　　　　　冷淑云
党委委员、综合服务科科长
　　　　　　　　　吴卫民（6 月任）

综合行政执法局

党组书记、局长　陶　伟
党组副书记、副局长　马文琦
党组成员、副局长　张兴龙
　　郭建华
　　吴少华
　　陈　军

市场监督管理局

党组书记、局长　赵建平
党组成员、副局长　包　剑
　　孙高明
　　张　瑞
　　毛建军
党组成员　姚光达

行政审批局

党组书记、局长　方　莉
党组副书记、副局长　胡曦甸
党组成员、副局长　邱祥林
　　王永吉
　　孔红专
　　王　政
党组成员　仇　会

生态环境和应急管理局

党组书记、局长　顾祥刚(8月止)
　　刘冬冬(8月任)
党组副书记、副局长　李洪斌
党组成员、副局长　卢　辉
党组成员、安监大队大队长　臧小震
党组成员、应急管理科科长　赵　晗

总工会

主　　席　张静明

团工委

书　　记　裴溪纹

妇工委

主　　任　张　芸

镇江经济开发区人民法院

党组书记、院长　张子敏
党组副书记、副院长　钱晓龙(1月任)
党组成员、副院长　李仁福
　　朱莉莉
党组成员、审判委员会专职委员
　　吴　茜(10月任)
党组成员、政治部(督查室)主任
　　蔡　琦(10月任)
党组成员、执行局局长　蒋　平

新能源产业园管理办公室
(丁岗镇　平昌社区管理服务中心)

新能源产业园管理办公室党组书记、主任，
　　丁岗镇党委书记　王　引
丁岗镇党委副书记、镇长，新能源产业园
　　管理办公室党组副书记(兼)
　　唐　凯(10月止)
丁岗镇党委副书记、镇长，新能源产业园
　　管理办公室党组副书记
　　陈　坚(10月任)
丁岗镇人大主席　耿　静
平昌社区管理服务中心主任　孙雪飞
新能源产业园管理办公室党组副书记、
　　副主任　彭　鹏(10月任)
新能源产业园管理办公室党组成员、副主任
　　唐　伟
丁岗镇党委副书记　朱　艳
丁岗镇党委组织委员　张　敏
新能源产业园管理办公室党组成员，
　　丁岗镇党委委员、纪委书记
　　张　杰
丁岗镇党委委员、人武部部长　常加祥
丁岗镇党委政法委员　朱　丹(6月止)
　　朱志刚(6月任)
丁岗镇党委宣传统战委员(挂任镇江市委
　　统战部非公经济处副处长)
　　解立文
丁岗镇党委委员、派出所所长　纪　勇
丁岗镇副镇长　嵇　虹

平昌社区管理服务中心副主任

陶卫东

徐　鹏

朱　丹（6 月任）

刘瑞庭

王林辉（6 月止）

朱志刚（6 月止）

丁岗镇副镇长　贺俊勤（6 月任）

平昌社区管理服务中心副主任

戴婷婷（6 月任）

丁岗镇副镇长（挂任霍尔果斯经济开发区兵团分区招商局副局长）

董　梁

丁岗镇副镇长　解亚娟

李牧寒（10 月止）

丁岗镇副镇长（挂职）　张贝蕾

许　婷

丁岗镇主任科员　胡通海

大路镇

党委书记　杨　江

党委副书记、镇长　赵春雨

人大主席　张继明

党委副书记　赵　华

党委委员、副镇长　贾华敏

党委组织委员　刘　臣

党委宣传统战委员　徐　驰

党委委员、纪委书记　朱　磊

党委政法委员　吴莉华

党委委员、人武部部长　杨　锐

党委委员（挂职）　陆振东

副 镇 长　朱　莲

杨　亮

周　勇

副主任科员　陈志强

姚桥镇

党委书记　刘冬冬（9 月止）

唐　凯（9 月任）

党委副书记、镇长　张　超

人大主席　卢宏升

党委副书记　邱文彬

党委委员、纪委书记　吴昀洁

党委委员、人武部部长　朱　庆

党委组织委员　崔东晓

党委委员、副镇长　邓振威

党委政法委员　仲文辉

党委宣传统战委员　谢宏峰

党委委员（挂职）　陈彤彤

党委委员（挂职）　王文俊（9 月任）

副 镇 长　庄　园

付泓润

赵　丽

副主任科员　朱旭俊

任龙平

朱　平

张建平（11 月止）

大港街道

党工委书记　夏志远

党工委副书记、办事处主任　王红军

人大常委会主任　田银军

党工委副书记　吴　剑

徐立萍

党工委委员、纪工委书记　於　平

党工委委员、人武部部长　戎中华

党工委宣传统战委员　吕　赟

党工委政法委员　孙　毅

党工委组织委员　王逸辰

办事处副主任　吴卫民（6 月止）

蒋　希

王伟亮

张海峰（6 月任）

刘　学（6 月任）

国家大学科技园管理办公室（丁卯街道）

大学园管办党组书记、主任，丁卯街道党工委书记　蒋峻青

大学园管办党组副书记，丁卯街道

党工委副书记、办事处主任 朱 渊
丁卯街道人大工委主任 黎伟龙
大学园管办党组副书记、副主任，丁卯街道政协联络委员会主任 王宏军
大学园管办党组副书记、副主任 施为民
丁卯街道党工委副书记 金钟华
丁卯街道党工委委员、人武部部长 滕宏旗
丁卯街道党工委委员、办事处副主任 华雨新
陈应亮
大学园管办党组成员，丁卯街道党工委委员、纪工委书记 杨 勇
大学园管办党组成员，丁卯街道党工委宣传统战委员 王 维
丁卯街道党工委组织委员 丁国珍
丁卯街道党工委政法委员 尹若健
大学园管办党组成员、副主任 杨德山
丁卯街道办事处副主任 杨锦辉
石 印
大学园管办副主任 李 红
主任科员 邱国方
谢 勋
副主任科员 毛惠彬

新材料产业园管理办公室

党委书记、管理办公室主任 顾祥刚（8 月任）
谢恒福（援陕）
党委副书记、管办副主任 夏建敏
党委委员、管办副主任 管绍兵
刘红玲（9 月止）
张 平
管办副主任（挂职） 单学凌（8 月止）
陶 阳（8 月任）

航空航天产业园管理办公室

党委书记、主任 夏志远
党委副书记（挂职） 徐升华
党委委员、副主任 陈 琳
周佳锋
白金鑫（10 月任）
党委委员 葛荣军
党委委员 徐林涛
主任科员 赵建国

镇江综合保税区管理局

党组书记、局长 潘 栋
党组成员、副局长 赵 红
赵 晨
党组成员、经济发展科科长 王林辉
党组成员、综合建设科科长 张俊峰

中瑞生态产业园管理办公室

主 任 茅苏燕
副 主 任 李德福
朱忠元

招商中心

党组书记、主任 吴 江
党组成员、常务副主任 朱 科
党组成员、副主任 洪 璐
蒋海燕

土地储备中心

主 任 陈 立
副 主 任 颜 艳
黄 飞

不动产登记交易中心

主 任 金钟华（6 月任）
副 主 任 戴婷婷（6 月止）
孙小云
隋海鹄

江苏瀚瑞投资控股有限公司

党委书记、董事长 王茂和
党委副书记、总经理 顾 珣
党委副书记 吴 敏

党委委员　安明亮
　　　　　巫洪文
党委委员、纪委书记　王　卓
党委委员、副总经理　薛　琴
　　　　　　　　　　田苗青
财务总监　盛丽华

检察院

党组书记、检察长　高　鹏(4 月任)
党组成员、副检察长　王祥英
　　　　　　　　　　何　伟
　　　　　　　　　　林丽俊
派驻纪检组组长　陈　戟

公安分局

党委书记、局　长　范存建(2 月止)
　　　　　　　　　周　勇(2 月任)
党委委员、政治处主任　吴　芸(2 月止)
　　　　　　　　　　　李　杭(3 月任)
党委委员、副局长　王　怒(2 月止)
　　　　　　　　　郦佳梅(2 月任)
　　　　　　　　　李振银(6 月任,挂职)
　　　　　　　　　张　峰(12 月止)

资规分局

党组书记、局长　胡佩成(5 月止)
党组成员、副局长　吴根林

税务局

党委书记、局长　殷　欣(10 月任)
党委副书记、副局长　朱迎峰
党委委员、副局长　殷海涛
　　　　　　　　　李月兰
　　　　　　　　　周利斌(8 月任)
党委委员、纪检组组长　周利斌(8 月止)
　　　　　　　　　　　汪建忠(8 月任)

交通分局

党支部书记、局长　杨　骏
党支部委员、一级主任科员　周建平
党支部委员、副局长　钱　晨

消防救援大队

党委书记、政治教导员　李步红
党委副书记、大队长　陈　俊
党委委员、副大队长　谢来新
党委委员、大港消防救援站政治指导员
　　　　　　　　　　　　吴云飞
党委委员、大港消防救援站站长　贺海龙

慈善总会

会　　长　经山河
副 会 长　刘　巍(11 月任)
　　　　　张红庆
　　　　　印腊梅
　　　　　吴春平

关工委

主　　任　仲新福
副 主 任　赵衡泽
　　　　　郭荣祺
　　　　　印腊梅

（以上资料由各单位提供）

2023 年镇江经济技术开发区国民经济和社会发展报告

·综合质效·

1. 地区生产总值

2023 年，实现地区生产总值 869.95 亿元、同比增长 7.1%，人均 GDP 32.62 万元、同比增长 4.7%。其中，第一产业增加值 7.08 亿元、增长 2.8%；第二产业增加值 544.79 亿元、增长 6.5%；第三产业增加值 318.08 亿元、增长 8.2%。

2021—2023 年 GDP/人均 GDP

表 26－1

年 份		2021 年	2022 年	2023 年
GDP(亿元)		775.89	826.71	869.95
国民经济三次产业占比结构(%)	第一产业	0.8	0.8	0.8
	第二产业	63.6	64.1	62.6
	第三产业	35.6	35.1	36.6
人均 GDP(万元)		29.31	31.15	32.62

2. 财税收入

2023 年，实现一般公共预算收入 40.41 亿元、同比下降 7.1%，其中，一般公共预算税收收入 32.31 亿元、同比增长 5.9%。制造业企业入库总税收 37.12 亿元，同比增长 1.46%，服务业总税收(包含信息技术服务业、租赁和商务服务业、居民服务和其他服务业)5.61 亿元，同比增长 22.22%；税占比 79.9%，较上年提高 9.7 个百分点。

2019—2023 年财税指标情况表

表 26－2

指 标	2019 年	2020 年	2021 年	2022 年	2023 年
一般公共预算收入(亿元)	51.4	52.5	52.8	55.98(同口径)	40.41

3. 工业发展

2023 年，实现工业应税销售 1267 亿元、同比增长 3.8%。全年销售亿元及以上工业企业 145 家，实现销售 1167 亿元，其中百亿级企业 3 家，实现销售 372 亿元;30 亿～100 亿元企业 4 家，实现销售 186 亿元;10 亿～30 亿元企业 12 家，实现销售 203 亿元。2023 年培育销售增量超亿元工业企业共 28 家。

2019—2023 年规模工业销售指标情况表

表 26－3

指 标	2019 年	2020 年	2021 年	2022 年	2023 年
工业应税销售(亿元)	1002	1005	1104	1220	1267

2023 年工业销售二十强企业

表 26 – 4

排名	企业名称	排名	企业名称
1	孚能科技(镇江)有限公司	11	江苏东方瑞吉能源装备有限公司
2	镇江奇美化工有限公司	12	镇江东方电热科技股份有限公司
3	金东纸业(江苏)股份有限公司	13	江苏正丹化学工业股份有限公司
4	中节能太阳能科技(镇江)有限公司	14	优利德(江苏)化工有限公司
5	江苏通达铜材有限公司	15	江苏天奈科技股份有限公司
6	镇江均和重工有限公司	16	恩坦华汽车零部件(镇江)有限公司
7	镇江联成化学工业有限公司	17	江苏索普新材料科技有限公司
8	镇江江南化工有限公司	18	江苏常青树新材料科技股份有限公司
9	道达尔润滑油(中国)有限公司	19	凯迩必机械工业(镇江)有限公司
10	索尔维(镇江)化学品有限公司	20	江苏聚由新材料科技有限公司

2023 年工业利税总额二十强企业

表 26 – 5

排名	企业名称	排名	企业名称
1	金东纸业(江苏)股份有限公司	11	合瑞迈材料科技(江苏)有限公司
2	江苏天奈科技股份有限公司	12	镇江东方电热科技股份有限公司
3	江苏东方瑞吉能源装备有限公司	13	镇江南帝化工有限公司
4	索尔维(镇江)化学品有限公司	14	孚莱美科(江苏)环境科技有限公司
5	江苏吉贝尔药业股份有限公司	15	镇江贝斯特新材料股份有限公司
6	江苏常青树新材料科技股份有限公司	16	特耐斯(镇江)电碳有限公司
7	瑞肯耐特流体控制系统(镇江)有限公司	17	江苏聚由新材料科技有限公司
8	恩坦华汽车零部件(镇江)有限公司	18	镇江艾康医疗器械有限公司
9	镇江东方电热有限公司	19	江苏万隆化学有限公司
10	江苏金斯瑞生物科技有限公司	20	镇江赛尔尼柯自动化股份有限公司

2023 年工业纳税二十强企业

表 26 – 6

排名	企业名称	排名	企业名称
1	索尔维(镇江)化学品有限公司	8	恩坦华汽车零部件(镇江)有限公司
2	江苏东方瑞吉能源装备有限公司	9	镇江南帝化工有限公司
3	镇江奇美化工有限公司	10	瑞肯耐特流体控制系统(镇江)有限公司
4	江苏常青树新材料科技股份有限公司	11	道达尔润滑油(中国)有限公司
5	江苏天奈科技股份有限公司	12	孚能科技(镇江)有限公司
6	江苏吉贝尔药业股份有限公司	13	优利德(江苏)化工有限公司
7	江苏超跃化学有限公司	14	特耐斯(镇江)电碳有限公司

续表 26－6

排名	企业名称	排名	企业名称
15	凯途必机械工业(镇江)有限公司	18	镇江东方电热科技股份有限公司
16	镇江赛尔尼柯自动化股份有限公司	19	阿雷蒙汽车紧固件(镇江)有限公司
17	江苏万隆化学有限公司	20	镇江南华糖业有限公司

2019—2023 年主要产业应税销售情况表

表 26－7　　单位:亿元

指　标	2019 年	2020 年	2021 年	2022 年	2023 年
合计	1002	1005. 3	1104	1220. 2	1267. 1
新能源	28. 4	21. 2	42. 6	143	238. 4
新材料	30. 8	43. 1	46. 9	58. 3	91. 4
生物医药	23. 1	28. 5	31. 2	39. 2	38. 9
航空航天	9. 0	8. 8	12. 4	13. 1	18. 0
船舶	42. 6	41. 1	42. 6	53. 7	53. 6
绿色化工	412. 5	371. 2	477. 7	454. 3	359. 6
造纸	128. 4	120. 4	129. 8	149. 1	146. 5
汽车零部件	83. 3	75. 4	79	81	74. 0
其他	243. 9	295. 6	241. 8	228. 5	246. 7

4. 服务业发展

2023 年,社会消费品零售总额 150. 3 亿元、同比增长 7. 8%;实现规模以上服务业企业营业收入 85. 6 亿元,其中交通运输、仓储和邮政业 37. 8 亿元,信息传输、软件和信息技术服务业 1. 25 亿元。

2019—2023 年服务业主要指标基本情况表

表 26－8

指　标	2019 年	2020 年	2021 年	2022 年	2023 年
服务业增加值占 GDP 比重(%)	35. 6	36. 5	35. 6	35. 1	36. 6
社会消费品零售总额(亿元)	128. 15	118. 4	138	139. 3	150. 3
限上批发零售业销售额(亿元)	124. 2	116. 6	197. 6	231	269. 2
限上住宿餐饮业营业额(亿元)	3. 95	1. 5	1. 6	1. 83	1. 9
港口集装箱运量(万标箱)	41. 52	37. 3	43. 5	37. 8	40
港口货物吞吐量(万吨)	10199	11664	13585	12657	15178

5. 企业培育

2023 年,新增规模以上企业 198 家,其中工业企业 47 家,批零住餐及重点服务业企业 136 家,房地产及建筑业企业 15 家;新增国家级专精特新“小巨人”7 家,同比增长 75%,列全市总量第一。累计认定国家级单项冠军 1 家,国家级专精特新“小巨人”企业 12 家、省级 43 家、市级 53 家。获省委、省政府表彰优秀企业和企业家各 1 个,均列全市第一。

2019—2023 年规模企业培育基本情况表

表 26－9

指　标	2019 年	2020 年	2021 年	2022 年	2023 年
新增规模工业企业(家)	32	47	51	40	47
新增规模贸易及服务业企业(家)	21	42	48	53	136
销售超亿元工业企业(家)	111	124	139	146	145
销售超 10 亿元工业企业(家)	16	18	19	22	19

2023 年新增“四上”企业基本情况表

表 26－10

指　标	合计	工业	建筑业	房地产业	批零住餐业	重点服务业
新增数(家)	198	47	15	0	107	29
期末数(家)	917	447	56	41	256	117

·创新发展·

1. 科技创新

2023 年，招引落户科技类、孵化类项目 58 个，新增省企业技术中心 2 个、市企业技术中心 12 个。以关键共性技术突破、新产品研发和质量提升为核心，激发企业技术中心创新活力，新增入库市级及以上重点技术创新导向计划 22 个；系统化制定高企培育工作方案，市场化推进高企申报挖掘工作，专业化开展高企申报辅导工作，认定国家科技型中小企业 397 家，入库培育高新技术企业 130 家，认定 88 家；新建省级工程技术研究中心3 家、市级工程技术研究中心 42 家；新增获评镇江市市长质量奖企业 1 家，新增验收通过省级标准化试点项目 1 个。获批江苏省知识产权建设示范(园区)，新增国家知识产权优势示范企业 4 家。

2019—2023 年科技创新主要指标基本情况表

表 26－11

指　标	2019 年	2020 年	2021 年	2022 年	2023 年
R&D 经费投入占 GDP 比重(%)	2.8	2.82	2.83	2.84	2.85
高新技术产业产值占规模工业总产值比重(%)	60	60	60	62	65
累计省级以上研发机构(家)	112	121	128	135	140
发明专利授权量(件)	170	165	186	216	446
累计有效发明专利拥有量(件)	1386	1479	1607	1796	2241

2. 服务创新

(1) 金融服务

以金融赋能高质量发展为主线，落实政银企常态化对接和金融“白名单”制度，围绕特色金融产品、新区重点产业、重大项目融资需求举办政银企对接会、普惠金融园区行经开区专场、金融惠企沙龙等活动 9 场。2023 年，经开区特色金融产品“园区保”累计为全区 434 家企业提供贷款 29.58 亿元。截至 2023 年年末，新区驻区银行金融机构存款余额为 791.30 亿元，同比增长 8.12%，各类贷款余额为 964.82 亿元，同比增长 18.59%。

其中：制造业投放 222.66 亿元，同比增长 4.01%；普惠金融投放 117.53 亿元，同比增长 31.76%。2023 年，经开区获评 2020—2022 年度镇江市金融生态优秀市（区）。

（2）集成服务

围绕“一核两网三集成”综合治理体系，聚焦“一窗受理、一网兜底、一呼就应、一键通办”，不断完善集成服务，优化经开区营商环境；设立 283 个综合网格，55 个企业项目服务专属网格，参与网格管理的专、兼职网格员 2600 余人；党建与网格同步设置、同步配备、同步推进，集中受理、办理、处理广大群众诉求及企业项目需求 8.9 万余件，综合响应率 100%、满意率 96.6%；涉企诉求即诉即办，24 小时在线处置，咨询、建议类问题做到“1 小时受理、2 小时办结”，其他类诉求 48 小时办结，全年企业诉求实际解决率 99% 以上、企业满意率 100%。

（3）审批服务

持续优化“审管执信监”闭环管理模式。以项目审批、监管等全流程服务为主线，以数据共享为核心，实现审批监管无缝衔接及时推送，使监管效能最大化。依托“审管执信监”平台，创新“信用 + 告知承诺 + 容缺审批”模式，提升企业便利度。持续提升审批服务效能。以项目全周期服务思维为指导，实施“清单制 + 承诺制 + 信用制”和重大项目“容缺后补”工程建设项目改革，大大缩短项目审批时间。累计完成各类审批和备案事项 606 件，开展现场踏勘 74 次，召开专家及其他评审会 54 次，开展专题上门服务 64 余次，帮助企业解决在报批报建、竣工验收阶段的难点问题 40 余条。发放施工许可证 69 本，总建筑面积 56.2 万平方米，合同造价 17.3 亿元，完成联合竣工验收备案 42 件 149 栋建筑，总建筑面积 78.8 万平方米。持续推进涉审中介改革。全面加大网上中介超市推广力度，运用中介超市平台共发布采购公告 181 条，中标率约 85%。

·协调发展·

1. 农业农村

推进农田、农机、农艺、农服“四位一体”高效融合，完成高标准农田 0.7 万亩建设目标。2023 年粮食种植面积 12.81 万亩、总产 6.01 万吨，新认定省级绿色优质农产品基地 4.05 万亩。在全市率先成立“新农人”发展联盟，魏巧获评全市唯一卓越“新农人”，入选全国农业农村信息化示范基地 1 家，获批省级数字乡村试点，入选全省“百佳家庭农场”1 家，开展家庭农场主养老保险补贴试点。推进村庄垃圾清理专项行动，获评省级生态宜居美丽乡村 2 个，大路镇东岳村创成省级特色田园乡村。开展“村企共建”行动，全区村集体经营性收入同比增长 5.1%，农民人均可支配收入增长 7.3%。

2. 就业创业

2023 年，新增城镇就业 7023 人，实现就业困难人员再就业 1504 人；公益性岗位安置就业困难人员 359 人，发放补贴 217.46 万元；为 3779 人发放灵活就业社保补贴 1879.99 万元；开展离校未就业高校毕业生实名制调查登记 210 人，年末就业率 93.3%；建成标准化“家门口”就业服务站 1 家。

扶持创业 1642 人，其中扶持农村劳动力自主创业 364 人，引领大学生创业 366 人，创业带动就业 5119 人。组织 38 家企业开展各类技能培训 4024 人次，组织 SYB 创业培训 722 人，发放补贴 282.59 万元。

2023 年实现居民人均可支配收入 57023.9 元、增长 5.3%，其中，农村、城镇常住居民人均可支配收入分别为 35468.2 元和 62418.9 元，分别增长 7.3% 和 4.6%。

·绿色发展·

以持续推动生态环境质量提高、更高标准打好污染防治攻坚战为目标，坚持高质量发展与高水平保护并进、污染防治与生态保护并重。一是打赢污染防治攻坚战。2023 年全区 $PM_{2.5}$浓度 36 微克/立方米，空气质量优良天数比例 75.4%，氮氧化物减排 480 吨，VOCs 减排 342 吨，化学需氧量减排 336 吨，氨氮减排 18 吨。二是筑牢生态环境优势。2023 年共谋划 21 个环境基础设施项目，总计投资 32.7 亿元，项目数和投资额全市第一。全年累计完成 22 个项目污染物总量指标回收，储备各类污染物指标 633 吨，回收项目数和指标储备量全市第一，为优质项目招引增添绿色优势。年度完成绿化新增造林 21.42 公顷，完成湿地修复 50 亩。三是加快推进"无废城市"建设。基本完成《镇江新区"无废城市"建设实施方案(2023—2025 年)》编制，全市首个危废刚性填埋场完成竣工验收，开展"无废细胞"试点建设 9 个。

2019—2023 年污染物排放强度指标基本情况表

表 26－12

指 标	2019 年	2020 年	2021 年	2022 年	2023 年
$PM_{2.5}$平均浓度(微克/立方米)	46.0	37.1	35	33	36
空气质量达到二级标准的天数比例(%)	69.8	82.8	78.9	75.5	75.4

·开放发展·

1. 对外开放

2023 年，实现到位外资及港澳台资 1.35 亿美元、同比下降 30.9%。进出口总额 368.6 亿元、全市占比 37.4%，其中出口额 235.3 亿元、全市占比 31.7%。新增服务外包企业 3 家，完成服务外包执行额8.21 亿美元、增长 6.4%，其中离岸服务外包执行额 2.21 亿美元、增长 4.5%。

2017—2023 年对外开放主要指标完成情况表

表 26－13

指 标	2017 年	2018 年	2019 年	2020 年	2021 年	2022 年	2023 年
产业类实际到位外资及港澳台资(万美元)	49010	33600	22683	28013	28704	19481	13462
进出口总额	39.91 亿美元	39.4 亿美元	39.33 亿美元	246.7 亿元	274.8 亿元	391.9 亿元	368.6 亿元
其中:出口额	17.89 亿美元	18.55 亿美元	19.69 亿美元	115.7 亿元	128 亿元	240 亿元	235.3 亿元

2. 招引建设

2023 年，新签约亿元以上项目 72 个，项目总投资额约 328 亿元，其中 10 亿元以上项目 12 个。实现固定资产投资 215.1 亿元、增长 5.6%。其中，工业投资 164.6 亿元、同比增长 10%；高技术产业投资 49.2 亿元、同比下降 10.5%，投资额占全市高技术产业投资的 27.9%。新审批、新开工、新竣工亿元及以上产业类项目分别完成 41 个、42 个和 31 个。市重大项目共完成投资 167.2 亿元，年度任务完成率 105.2%，完成率排名全市第一。

3. 人才集聚

2023 年，经开区创新开展"双引双服务"，全面保障科技创新与人才"两大高地"建设。全年有效申报国家级人才 57 人，入选国家级人才 1 人、江苏省"双创计划"12 人(含博士 3 人)、省科技副总 37 人、镇江"金山英才"产业强市领军人才计划 26 人(全市占比 24.56%)、镇江"金山英才"计划·"圌山"

专项16人，组建并入选市级关键核心技术人才攻关联合体1个。

·共享发展·

1. 民生事业

2023年，丁卯第三小学投入使用，有序推进新区第二实验小学建设，全面完成公办义务教育学校教室灯光改造；全区新招引教师93人，新增市级以上优秀教师31人；创建市级以上优质幼儿园2所，市级优质园占比达95%以上；顺利通过省学前教育“双普”发展督导评估、部“双减”督查，校外培训机构治理工作在国家、省“双减”日报上推广交流。

高分通过国家卫生城市复审，大路镇创成国家卫生镇，新创省健康促进医院1家、省健康社区2家、四级中医馆1家。建成“东三镇”无痛胃肠镜诊疗中心、平昌康复医学科、姚桥颈肩腰腿痛专科以及市一院新区分院标准化血透中心、瑞康数智骨科诊疗中心，以重点特色专科引领推动新区医疗服务能力全面提升。探索社会救助主动发现闭环管理机制，开发建设新区综合社会救助管理服务信息平台，主动帮扶因病致困群众38人；常态化关爱服务“一老一小”8747人，未成年人关爱服务站镇街道全覆盖；新增农村养老机构2家、评定等级养老机构3家、标准化社区居家养老服务心4家；创成省级精神康复示范社区2个，残疾人就业工作获省政府残工委通报表扬。全面完成退役军人安置、就业创业工作，适应性培训率、安置率和有就业意愿人员就业率均为100%。

2. 社会稳定

2023年建成3个镇江市社会治理现代化先进镇（街道）、20个新区平安法治先进村（社区）。组织开展反邪教警示宣传教育130余场。稳评备案数49个，位居全市第一。丁卯街道人民调解委员会被评为全国模范调委会并形成“12369”工作法。新建2个法援工作站、3个法援联络点，全年受理法援案件268件，同比增加300%，获全市法援案件质量评估第二名。新创省级民主法治示范村（社区）2个，6个社区分别获评省、市“援法议事”活动优秀范例。

·党的建设·

党建引领末梢疏通工程成效初显。探索党建引领末梢疏通与基层治理、文明城市创建、街区治理、全域管理相融合的路径，先后改建党支部68个，设立党群服务站325个，选配中心户1684名，信息员3498名，解决群众“急难愁盼”5077件，同比增长近30%，党员组织生活参会率提高25.7%，党员参与治理比例提升33.2%，平昌物业费收缴总额同比增长57%，越级进京访量登记较2019年下降66.2%，党员群众满意度得到明显提升，并被新华智库专题刊发。

党建引领基层建设导向更加鲜明。积极推进党建引领乡村振兴，放大魏巧“新农人”品牌效应，在全市率先组建“新农人”发展联盟，建成人才服务站点12个，“新农人”队伍建设被省组工信息刊载；选派6名“第一书记”，4个经济相对薄弱村年集体收入超700万元。大力推进产业链党建，围绕“四个一”产业，成立党建联盟，组建“链上吹哨队”，深入107个重点产业项目，解决矛盾问题276个。开展“暖‘新’四季”活动，完善提升吾悦商圈党建、纬五路街区党建内涵，组织活动16次，推行各类服务30余项，惠及新就业群体500余人。

党建生态持续优化提升。深入落实“五责联抓”工作体系，党工委主要领导带头，先后17次调研、推进重点党建工作，并把党建引领末梢疏通工程作为基层党建书记项目、主题教育调研课题、正面典型剖析调研案例，深入20多个各类型基层进行调研推动，示范带动各级党组织书记切实履行第一责任。在全区组织系统开展“三比三争”活动，探索建立基层党建质量发展指数、组织工作量化指标考核，先后开展集中理论学习、警示教育15次，考学11次，组织学习政策法规22条。

·2019—2023年镇江经开区和镇江市各辖市区国民经济主要指标完成情况·

1. 镇江经开区近五年国民经济主要指标完成情况

2. 2023年镇江市各辖市区主要经济指标完成情况

3. 2023年各镇（街道）、园区主要经济指标完成情况

镇江经开区近五年国民经济主要指标完成情况

表26－14

指标		2019年	2020年	2021年	2022年	2023年
国内生产总值	总量（亿元）	664.7	683.6	775.6	826.71	869.95
	增幅（%）	6.5	3.7	10.9	3.2	7.1
其中：1. 第一产业（亿元）		6.17	6.37	6.48	6.96	7.08
2. 第二产业（亿元）		421.99	427.96	493.47	529.49	544.79
3. 第三产业（亿元）		236.54	249.27	275.94	290.26	318.08
人均GDP（元）		257736	259034	293121	311495	326190
一般公共预算收入	总量（亿元）	51.41	52.5	52.8	55.98（同口径）	40.41
	增幅（%）	2.0	2.1	0.6	0.98	-7.10
税收收入占一般公共预算收入比重（%）		79.3	76.6	83.3	76.8	79.9
工业应税销售	总量（亿元）	1002	1005	1104	1220	1267
	增幅（%）	2.1	0.3	9.8	10.5	3.8
规模工业产值	总量（亿元）	962.7	898.8	1102.8	1234.6	1278.1
	同口径增幅（%）	0.4	3.3	20.8	10.9	3.2
规模以上工业企业营业收入	总量（亿元）	956.8	864.5	1093.6	1210.1	1220.8
	同口径增幅（%）	2.6	2.3	23.9	9.54	0.7
新增"四上"企业数（家）		57	98	109	96	198
其中：工业企业		32	47	51	40	47
批零住餐及重点服务业		21	42	48	41	136
建筑业		0	4	7	3	15
房地产业		4	5	3	0	0
"四上"企业期末数（家）		588	634	693	731	917
其中：工业企业		347	370	384	397	447

续表 26－14

指　标		2019 年	2020 年	2021 年	2022 年	2023 年
批零住餐及重点服务业		161	186	225	158	373
建筑业		37	36	40	41	56
房地产业		43	42	44	44	41
服务业增加值占 GDP 比重(%)		35.6	36.5	35.6	35.1	36.6
社会消费品零售总额	总量(亿元)	128.2	118.4	138.0	139.3	150.3
	同口径增幅(%)	5.6	－1.2	16.5	1	7.8
固定资产投资	总量(亿元)	—	—	187.7	203.8	215.1
	同口径增幅(%)	3.1	11.2	18.1	8.6	5.6
进出口总额	总量(亿元)	393339(万美元)	246.7	274.8	391.9	368.6
	增幅(%)	－0.2	－8.8	11.4	42.6	－6.0
其中:出口	总量(亿元)	196931(万美元)	115.7	128	240	235.3
	增幅(%)	6.1	－14.3	10.6	87.4	－1.9
产业类实际到位外资	总量(万美元)	22683	28013	28704	19481(商务部确认口径)	13463(商务部确认口径)
	增幅(%)	－32.5	23.5	14.3	39.6	－30.9
R&D 支出占 GDP 比重(%)		2.8	2.82	2.83	2.84	2.85
万人发明专利拥有量	总量(件/万人)	60.26	66.23	61.56	68.08	84.03
	增幅(%)	19.16	9.91	－7.1	10.59	23.42
农村常住居民人均可支配收入	总量(元)	26734	28312	31284	33055	35468
	增幅(%)	8.8	5.9	10.5	5.7	7.3
城镇常住居民人均可支配收入	总量(元)	51404	53285	57623	59674	62419
	增幅(%)	8.2	3.7	8.1	3.6	4.6
常住人口(万人)		25.79(修正数)	26.39	26.47	26.54	26.67
户籍人口(万人)		18.46	18.37	18.29	18.26	18.17
城镇化率(%)		85.77(修正数)	86.66	87.02	87.23	87.59

2023 年镇江市各辖市区主要经济指标完成情况

表 26－15

地区	地区生产总值		规模工业增加值		规模以上工业利税总额		规模以上工业利润总额	
	总量(亿元)	同比(%)	总量(亿元)	同比(%)	总量(亿元)	同比(%)	总量(亿元)	同比(%)
全　市	5323.55	6.3	–	7.00	348.64	5.4	241.91	4.4
经开区	869.95	7.1	–	9.2	75.56	－22.5	57.86	－30.2
京口区	600.49	7.4	–	2.0	17.31	－19.5	12.38	－17.3
润州区	300.05	6.8	–	－7.3	4.13	－27.8	3.08	－30.5
丹徒区	484.94	3.7	–	－1.1	21.99	－6.0	11.67	－20.5
高新区	145.32	6.5	–	7.1	5.12	－46.0	3.50	－55.9
丹阳市	1500.68	6.5	–	7.3	105.78	4.4	70.70	4.7
扬中市	630.45	8.9	–	14.9	85.05	53.8	61.25	91.1
句容市	791.67	5.5	–	6.9	33.70	104.2	21.47	194.5

地区	实际利用外资及港澳台资		社会消费品零售总额		房地产开发投资		商品房销售面积	
	总量(万美元)	同比(%)	总量(亿元)	同比(%)	总量(万平方米)	同比(%)	总量(万平方米)	同比(%)
全　市	33917	－37.0	1481.74	8.6	–	－7.0	–	－4.3
经开区	9951	－48.9	150.25	7.8	–	－15.4	–	－0.9
京口区	220	－95.5	317.97	9.3	–	－7.7	–	1.5
润州区	142	－91.0	151.16	10.5	–	0.5	–	－0.9
丹徒区	614	－63.9	77.14	5.3	–	－17.7	–	－4.0
高新区	2181	－28.9	25.46	8.6	–	7.7	–	－1.9
丹阳市	15721	16.4	391.84	8.1	–	－6.1	–	－7.0
扬中市	3395	33.4	173.95	9.6	–	9.8	–	－11.7
句容市	1693	－75.4	193.96	8.4	–	－12.5	–	－3.5

续表 26－15

地区	新增市场主体户数		新增登记注册个体工商户数		城镇居民可支配收入		农村居民可支配收入	
	总量(户)	同比(%)	总量(户)	同比(%)	总量(元)	同比(%)	总量(元)	同比(%)
全　市	62536	－7.0	42794	－6.7	64601.9	5.0	35466.3	7.1
经开区	5471	－6.7	3898	－5.8	62418.9	4.6	35468.2	7.3
京口区	7199	－21.3	4970	－18.6	64923.1	4.9	–	–
润州区	7871	－8.9	4614	－16.6	63354.4	4.9	–	–
丹徒区	6582	－6.7	4602	－2.3	62893.6	4.6	31910.4	7.0
高新区	1257	－7.6	671	－0.3	62000.6	4.7	–	–
丹阳市	17523	－8.2	12593	－8.2	64717.9	5.2	36759.3	6.9
扬中市	5249	2.8	2929	0.4	71302.4	5.0	40743.0	7.4
句容市	11359	3.9	8517	5.2	62269.1	4.9	32081.3	7.0

地区	固定资产投资		工业固定资产投资		服务业固定资产投资	
	总量(亿元)	同比(%)	总量(亿元)	同比(%)	总量(亿元)	同比(%)
全　市	–	3.0	–	17.8	–	－12.1
经开区	–	5.6	–	10.0	–	－14.1
京口区	–	8.8	–	16.9	–	4.5
润州区	–	－1.8	–	35.7	–	－4.9
丹徒区	–	－6.7	–	8.0	–	－20.2
高新区	–	－3.5	–	14.0	–	－10.3
丹阳市	–	9.4	–	19.7	–	－8.1
扬中市	–	14.8	–	21.6	–	－1.6
句容市	–	－0.4	–	31.3	–	－13.2

2023 年各镇(街道)、园区主要经济指标完成情况(一)

表 26－16

板块	规模工业产值		规模工业销售收入		规模工业利润	
	总量(亿元)	增幅(±%)	总量(亿元)	增幅(±%)	总量(万元)	增幅(±%)
合　计	1278.1	3.2	1220.8	0.7	637734.9	－23.7
大港街道	513.4	14.6	502.5	16.7	356216	149.6
姚桥镇	26.4	15.2	24.6	6.5	9185	－12.8
大路镇	10.7	7.5	10.1	－3.2	328	增长 1077 万元
新能源产业园(丁岗镇)	105.4	13.5	96.8	－0.5	35414	－75.2
大学科技园(丁卯街道)	141.7	10.9	133.0	6.6	161238	5.7
综保区	17.9	30.6	16.3	23.1	20346	65.1
新材料产业园	417.9	－14.7	397.5	－17.4	62143	－84.1
航空航天产业园	31.5	28.2	28.4	21.5	－18165	增亏 1096 万元
中瑞产业园	13.1	41.7	11.7	38.5	11030	490.0

2023 年各镇(街道)、园区主要经济指标完成情况(二)

表 26－17

板块	固定资产投资	制造业投资	新签约项目列统投资
	总量(亿元)	总量(亿元)	总量(亿元)
全　区	215.1	153.3	19.1
大港街道	57.8	39.9	2.3
姚桥镇	13.3	12.9	1.7
大路镇	9.7	8.1	1.5
新能源产业园(丁岗镇)	30.5	15.3	2.3
大学科技园(丁卯街道)	50.7	29.2	6.0
综保区	4.9	2.5	1.0
新材料产业园	22.2	19.8	2.6
航空航天产业园	21.4	21.4	1.2
中瑞产业园	4.4	4.2	0.5

2023 年各镇(街道)、园区主要经济指标完成情况(三)

表 26 – 18

板块	产业类实际到位外资及港澳台资	新签约亿元以上项目
	总量(万美元)	总量(个)
合　计	13462	69.5
大港街道	811	12
姚桥镇	0	5
大路镇	10	6
新能源产业园(丁岗镇)	647	11
大学科技园(丁卯街道)	10090	14
综保区	72	2.5
新材料产业园	1540	7
航空航天产业园	56	6
中瑞产业园	236	6

重要文件选辑和题录

关于印发《镇江新区安全生产和生态治理专项资金管理办法(试行)》的通知

各镇人民政府、街道办事处,新区各有关部门、直属单位、驻区单位:

为规范和加强新区安全生产和生态治理专项资金使用、管理和监督,提高财政资金使用效益,经第 9 次管委会常务会议同意,现将《镇江新区安全生产和生态治理专项资金管理办法(试行)》印发给你们,请各责任主体严格对照该办法执行,加强协调组织,按照各自职能分工、各负其责、密切配合,协同做好专项资金的使用和管理工作。

镇江新区党政办公室

2023 年 7 月 6 日

镇江新区安全生产和生态治理专项资金管理办法(试行)

第一章　总　则

第一条　为规范和加强新区安全生产和生态治理专项资金使用、管理和监督,提高财政资金使用效益,根据《中华人民共和国预算法》、《中华人民共和国安全生产法》、《江苏省生态环境保护专项资金管理办法》(苏财规

〔2020〕23号)、《镇江市市级安全生产和应急管理专项资金管理办法》(镇财工贸〔2020〕34号)、《镇江市市级生态环境保护专项资金管理办法》(镇财规〔2019〕4号)等规定,制定本办法。

第二条　本办法所称新区安全生产和生态治理专项资金(以下简称“专项资金”),是指由新区财政预算安排,用于引导积极开展安全生产、应急管理、污染防治和生态环境保护的专项资金。年度专项资金规模根据新区安全生产、生态治理相关规划及当年财力情况综合确定。

第三条　专项资金的使用管理遵循“突出重点、体现公益、公开透明、强化引导、注重绩效”的原则。

第二章　管理职责

第四条　区生态应急局、区财政局按照各自职能分工、各负其责、密切配合,协同做好专项资金的使用和管理工作。

(一)区生态应急局主要负责:会同区财政局制定专项资金管理办法;制定专项资金年度使用计划并报送管委会;建立专项资金项目库;组织年度专项资金项目申报、审核和监督检查;组织开展项目绩效评价等工作。

(二)区财政局主要负责:配合区生态应急局制定专项资金管理办法;负责专项资金年度预算安排;配合区生态应急局向管委会报送专项资金年度使用计划;监督专项资金使用和管理情况;开展财政绩效评价和结果运用等工作。

第五条　项目单位依法组织项目实施,负责承担项目的真实性和合规性审核责任;确保项目实施的质量、进度和安全;负责项目实施和资金使用的规范管理;主动接受和配合相关部门做好项目审计、检查验收和绩效评价工作。

第三章　支持范围

第六条　专项资金重点围绕国家、省、市、区安全生产、生态治理部署要求,完成节能减排任务、解决突出污染环境问题、提升区域环境质量、加强区域环境保护能力建设、开展安全生产隐患排查治理、应急管理、防灾减灾救灾、风险隐患防范、城市安全发展等方面工作,具体支持范围包括:

(一)水污染防治项目。根据国家水污染防治行动计划和省、市、区工作方案,支持重点流域水污染防治、良好水体生态环境保护、工业集中式污水处理设施及管网建设、区域生态功能区保护、重点河道水质提升和生态基流保障、排污口治理、河长制工作等。

(二)大气污染防治项目。根据国家大气污染防治行动计划和省、市、区工作方案,支持国控站点运行保障、燃煤污染控制、工业污染治理、机动车(船舶)污染治理、餐饮油烟、扬尘治理、秸秆禁烧、噪声污染防治、农业大气氨排放试点地区氨排放控制等。

(三)土壤污染防治项目。根据国家土壤污染防治行动计划和省、市、区工作方案,支持耕地周边重金属污染源防控、历史遗留污染源整治、建设用地和农用地土壤污染状况调查、土壤污染风险管控、土壤治理修复、地下水污染防治、生态损害评估、固废应急处置等。

(四)城区和农村环境治理项目。支持城乡建筑装修垃圾治理;支持城区餐厨垃圾治理、生活垃圾分类治理;支持与解决农村环境问题密切相关的生活污水治理、黑臭水体治理、生活垃圾治理(含垃圾收集中转安全能力提升)、水产养殖治理、畜禽养殖污染治理等。

(五)环保能力建设。支持区域环境质量和污染源监测、自动监测、监察执法、清洁生产、排污许可、污染监控、环境信访、环境应急、环境科研规划、环评技术评估等环保能力保障和建设项目,建成项目的运维等其他管理性支出。

(六)安全生产风险隐患排查治理。根据国家、省、市及区年度安全生产重点工作,支持危险化学品、工贸、城镇燃气、建筑施工和水利等重点行业以及重大危险源、粉尘涉爆、有限空间、消防安全等重点领域和公共安全领域内隐患和风险开展整治和评估,支持安全标准化及化工过程管理体系建设推广费用等。

（七）安全生产监管监察能力建设。支持全区应急管理执法、监测、防护等所需装备建设及执法规范化建设，支持全区安全生产的宣传、教育、培训、载体和实训基地建设等。

（八）应急管理和救援能力建设。支持应急指挥平台、监测预警能力建设、应急通信保障体系建设、技术支撑设施设备的建设以及运行维护等，支持应急规划及预案体系建设、应急救援队伍建设、应急装备和基地建设、应急救助、应急物资储备、应急救援演练及各类事故的调查处理和评估等。

（九）综合防灾减灾项目。支持自然灾害防御基础设施建设维护、基层信息员队伍及减灾能力建设、防灾减灾知识宣传教育培训、自然灾害应急抢险救助、冬春受灾困难群众救助、城乡自然灾害保险购置等。

（十）安全生产奖励。根据新《安全生产法》第十九条规定，主要用于经管委会批准奖励在改善安全生产条件、防止生产安全事故，参加抢险救护等方面取得显著成绩的单位和个人；公民举报、投诉重大事故隐患经确认属实的，按照相关规定，对举报、投诉人给予奖励。

（十一）专业技术服务。支持与安全生产和生态治理相关的专家评审、检查、咨询费用，中介机构评估、审查、检查、专项整治等技术服务费用。

（十二）国家、省、市及管委会规定的其他安全生产或生态治理项目。

第七条　专项资金不支持范围：

（一）城市绿化、环境卫生等城市基础设施建设项目。

（二）企业应当与主体工程同时设计、同时施工、同时投产使用的安全生产、污染防治等设施建设。

（三）以城镇生活污水为主要处置对象的集中式污水处理设施建设项目。

（四）相关部门人员经费和公用经费支出及楼堂馆所建设。

（五）环境信用管理明确不得申报专项资金的生态环境类失信企业。

（六）其他与安全生产、应急管理、污染防治和生态环境保护不直接相关的项目。

第四章　执行管理

第八条　项目严格按照“公开申报、逐级审核、结果公示、集中支付”的程序进行管理。原则上应在每年3月份前完成项目申报、审核、公示等工作。除区级部门及镇（街道）、园区项目外，其他项目补助比例原则上不超过项目总投资的30%。

（一）项目申报。符合条件的项目单位向区生态应急局申报项目，区生态应急局会同区财政局对申报材料进行初步审核，主要对申报项目的内容、投资额、必要性等进行审核。

（二）资料报送。对通过初审的项目，项目单位将相关材料报送至区生态应急局，区生态应急局对申报材料的完整性、合规性等审查。

（三）信用承诺。专项资金申报实行信用承诺制，项目申报单位要对自身的信用状况、申报材料的真实性以及违约责任作出书面承诺。

（四）项目评审。区生态应急局会同区财政局组织专家对申报项目材料进行综合评审或委托具备资质条件的第三方机构组织合规性审查。

（五）研究确定。区生态环境保护委员会、安全生产委员会根据材料审核、专家评审情况及本年度新区安全生产和生态治理重点工作目标，结合上一年度专项资金绩效评价结果，提出专项资金年度使用计划，报管委会批准后执行。

（六）结果公示。区生态应急局将审定后的专项资金年度使用计划在镇江新区管理委员会官方网站上公示，公示时间为7个工作日。

（七）资金拨付。对公示无异议的项目，由区生态应急局根据资金年度使用计划向区财政局提出书面用款申请，区财政局应按照国库集中支付的有关管理规定，及时审核、拨付专项资金。

第九条　区生态应急局、区财政局应严格执行管委会审批的专项资金使用计划。涉及政府采购的，按照政府采购有关规定执行。对执行中因临时性、突发性而必须安排但未列入年度使用计划或执行中需要变更调整的项目及资金，需报经管委会批准。

第五章　监督管理

第十条　区生态应急局、区财政局要切实加强专项资金的监督管理，建立健全资金绩效评价制度，评价结果书面向区生态环境保护委员会、安全生产委员会报告，并作为专项资金支持政策调整和预算安排的重要依据。

第十一条　项目实施单位应加强专项资金管理使用，自觉接受财政、审计、纪检监察以及上级部门的监督检查。对存在违法违规行为的，依照《中华人民共和国监察法》《中华人民共和国预算法》《财政违法行为处罚处分条例》《江苏省财政监督条例》等规定追究相应责任；涉嫌犯罪的，移送司法机关处理。

第六章　附　则

第十二条　本办法自 2023 年 7 月 1 日起施行，有效期 2 年，2014 年 6 月 14 日印发的《镇江新区生态治理专项资金管理办法》（镇新管办发〔2014〕66 号）废止。

第十三条　本办法由镇江新区党政办公室解释，具体解释工作由党政办公室商生态环境和应急管理局、财政局开展。

关于表彰 2022 年度镇江新区建筑业优秀企业的通知

镇新管发〔2023〕8 号

各建筑业企业：

为加快全区建筑产业现代化进程，提高建筑施工企业经济效益和综合实力，不断增强市场竞争力，全面推动全区建筑行业健康快速有序发展。根据《关于开展 2022 年度镇江新区建筑业优秀企业申报工作的通知》，按照“科学、公开、公正、公平”原则，经自愿申报、材料评审、集体讨论和社会公示等程序，决定对中国能源建设集团江苏省电力建设第三工程有限公司等 14 家建筑业企业授予“2022 年度镇江新区建筑业优秀企业”称号。

希望受到表彰的企业珍惜荣誉，再接再厉，不断开拓进取，为镇江新区建筑业蓬勃发展增添新的动力。

附件：2022 年度镇江新区建筑业优秀企业名单

镇江新区管理委员会

2023 年 3 月 28 日

附件：

2022 年度镇江新区建筑业优秀企业名单

表 26－19

序号	企业名称
1	中国能源建设集团江苏省电力建设第三工程有限公司
2	江苏一览建设工程有限公司
3	江苏镇江现代建安工程有限公司
4	镇江市给排水工程有限责任公司
5	江苏镇江智海安装工程有限公司
6	镇江振建建设有限公司
7	江苏青岭建设工程有限公司
8	江苏百汇基础建设有限公司
9	江苏圖峰建设有限公司
10	镇江华之康建设有限公司
11	江苏瀚瑞工程有限公司
12	锐海宏森（江苏）建设工程有限公司
13	江苏省镇江经济开发区公用事业有限责任公司
14	江苏森飞建设工程有限公司

关于开展2023年度全区镇村企档案工作规范化建设的通知

通知〔2023〕12号

各镇人民政府、街道办事处：

为贯彻落实《江苏省机关团体企业事业单位档案工作检查评价办法》及实施细则、《2023年镇江市档案工作要点》要求，推进全区镇（街道）、村（社区）、企业（以下简称"镇村企"）档案规范化建设不断深入。经研究，决定在2022年试点建设的基础上，在全区镇村企全面开展档案工作规范化建设。有关事项通知如下：

一、工作目标

通过镇（街道）、村（社区）、企业各级档案工作规范化建设，实现镇（街道）、企业档案管理工作符合《江苏省机关团体企业事业单位档案工作检查评价办法》要求，实现村（社区）档案管理规范化建设、常态化开展，2023年实现全区50%村（社区）档案工作规范化。充分发挥档案记录历史、服务现实的重要作用。

二、规范化建设内容和标准

1. 镇（街道）、企业应按照《江苏省机关团体企业事业单位档案工作检查评价办法》所附《江苏省机关团体企业事业单位档案工作检查评价细则》开展规范化建设。《细则》共100条，每条1分，获85分及以上为优秀，可确定为"江苏省示范档案室"；获75分及以上为良好，可确定为"江苏省规范档案室"；获60分及以上为合格，60分以下不合格。

2. 村（社区）应按照《村（社区）档案工作检查清单》开展规范化建设，检查清单共23条，主要内容包括工作机制、档案人员管理、档案基础业务、档案信息化和保密4个方面，分为示范、规范、合格、不合格4个等级，至少21项合格且无一票否决项可确定为示范档案室单位，至少19项合格且无一票否决项可确定为规范档案室单位，至少16项合格且无一票否决项可确定为合格档案室单位，少于16项为不合格单位。

三、工作安排

列入本年度检查名单的镇（街道）和村（社区），要对照各自标准和要求开展工作，要明确责任人员，按时推进，确保顺利通过检查验收。

1. 调查摸底阶段（5—6月）：各单位应明确档案工作分管领导、责任部门和责任人，对照工作标准开展调查摸底，镇（街道）要对现有档案室开展清点，确保各类文书、照片、实物和业务档案"应入库尽入库"。各村（社区）应确定档案库房地点，自行建设档案库房的应符合有关标准，同时应结合自身实际制定《分类方案》和《保管期限表》并送区档案馆审核，同时广泛收集各类应入库内容，并对管辖范围内的群众开展动员，征集能反映本村（社区）特色的有关档案。各镇（街道）应于6月底前对照《江苏省机关团体企业事业单位档案工作检查评价细则》报送自查情况；各村（社区）应于5月31日前上报《分类方案》《保管期限表》和摸底情况调查表，区档案馆将根据摸底情况及时开展业务指导和培训。

2. 整理自查阶段（7—10月）：镇（街道）应对有关档案开展清点、整理、补充、入库，明确集中保管村（社区）档案的镇（街道）应提前规划，准备好相应设备设施，做好村（社区）档案接收入库准备。村（社区）要按照区档案馆确认后的《分类方案》《保管期限表》，有序开展各类材料的整理归档，并于9月底前对照《村（社区）档案工作检查清单》开展自评打分，区档案馆适时开展现场业务指导和培训。

3. 检查验收阶段（11—12月）：市、区档案馆组成检查组，对各单位进行现场检查验收，并提出整改意见，各单位应于规定期限内完成整改。区档案馆将于 12 月底前公布检查结果并上报。

四、工作要求

1. 加强组织领导。镇村企档案工作规范化建设由新区档案馆牵头开展,并已纳入年度党建考核,纳入年度检查名单的镇(街道)、村(社区)要充分认识此项工作的重要性和紧迫性,将档案工作规范化列入年度工作重点,建立工作网络、明确工作责任、加强经费和保障、扎实认真开展档案梳理整理归档,确保按时通过检查。

2. 明确职责分工。档案工作开展需要单位内部各部门的密切配合协作,各镇(街道)、村(社区)要加强统筹规划、组织协调,所有业务科室(部门)都要树立及时归档的良好意识,积极收集整理自身业务档案,主动配合整理归档,确保散落在业务部门或个人手上的各类资料"应归档尽归档"。

3. 加强宣传发动。各镇(街道)、村(社区)要充分发挥群众的主动性和积极性,要广泛发动、深入挖掘,收集具有本镇(街道)、村(社区)特色的、反映本镇(街道)、村(社区)历史的各类文档、照片、实物等材料,不断丰富档案馆藏。

镇江新区党政办公室
2023 年 5 月 15 日

关于调整镇江新区被征地农民基本生活保障标准的通知

各镇人民政府、街道办事处,新区各有关部门、驻区单位:

根据《关于确定 2023 年度城乡低保、特困人员保障标准的通知》(镇民发〔2023〕17 号)文件精神,结合新区实际,决定对我区被征地农民基本生活保障标准进行调整,具体调整办法如下:

一、新区被征地农民基本生活保障标准统一按下列标准调整执行:

第二年龄段(男 16 周岁以上至 40 周岁,女 16 周岁以上至 35 周岁)被征地农民生活补助费从每月 538 元调整为 551 元;

第三年龄段(男 40 周岁以上至 50 周岁,女 35 周岁以上至 45 周岁)被征地农民生活补助费从每月 301 元调整为 308 元;

第四年龄段(男 50 周岁以上至 60 周岁,女 45 周岁以上至 55 周岁)被征地农民生活补助费从每月 512 元调整为 524 元;

第五年龄段(男 60 周岁以上,女 55 周岁以上)被征地农民养老金从每月 902 元调整为 924 元。

二、对大港、丁卯街道范围内老征地安置领取生活费人员(2001 年前征地人员),其生活补助费发放标准调整如下:

就业并参加企业职工养老保险的老征地安置人员生活补助费从每月 512 元调整为 524 元。

原生活补助费为每月 902 元的人员,调整为每月 924 元;原生活补助费为每月 847 元的差额发放人员,调整为每月 869 元。

三、标准调整执行时间为 2023 年 7 月。

四、根据《镇江新区"万顷良田"项目家庭土地承包经营权置换生活保障工作的实施意见(试行)》(镇新管发〔2012〕202 号)规定,"万顷良田"置换生活保障人员生活补助费、养老金标准随被征地农民基本生活保障标准同步调整。

镇江新区党政办公室
2023 年 11 月 3 日

2023 年镇江经开区重要文件题录

表 26－20

序号	文件名	发文号	发文日期
1	关于成立镇江新区城市更新土地片区开发利用领导小组的通知	镇新办函〔2023〕3 号	2023 年 1 月 20 日
2	关于公布 2023 年度镇江新区管委会和部门(单位)法定主动公开内容的通知	镇新办发〔2023〕3 号	2023 年 3 月 2 日
3	关于调整镇江新区城市管理协调委员会成员的通知	镇新办函〔2023〕10 号	2023 年 3 月 27 日
4	关于表彰 2022 年度镇江新区建筑业优秀企业的通知	镇新管发〔2023〕8 号	2023 年 3 月 28 日
5	关于做好第五次全国经济普查工作的通知	镇新管发〔2023〕14 号	2023 年 4 月 18 日
6	关于调整新区城乡生活垃圾分类和治理工作联席会议组成人员的通知	镇新办函〔2023〕14 号	2023 年 6 月 3 日
7	关于印发《镇江新区城区排水防涝应急预案(2023 年修订)》的通知	镇新办函〔2023〕16 号	2023 年 6 月 6 日
8	关于成立镇江新区铁路沿线安全环境专项整治工作领导小组的通知	镇新办函〔2023〕21 号	2023 年 6 月 7 日
9	关于印发《镇江新区安全生产和生态治理专项资金管理办法(试行)》的通知	镇新办发〔2023〕27 号	2023 年 7 月 6 日
10	关于成立镇江新区第五次全国经济普查领导小组的通知	镇新办函〔2023〕23 号	2023 年 7 月 25 日
11	关于印发《镇江新区特大暴雨城市防洪避险预案》的通知	镇新办发〔2023〕33 号	2023 年 8 月 14 日
12	关于印发《2023 年镇江新区与合阳县对口协作共建实施意见》的通知	镇新办发〔2023〕34 号	2023 年 8 月 31 日
13	镇江新区党政办公室关于印发《镇江新区水生态环境保护“十四五”规划》的通知	镇新办发〔2023〕37 号	2023 年 10 月 10 日
14	关于印发《镇江新区危险化学品事故应急救援预案(2023 年修订)》的通知	镇新办发〔2023〕38 号	2023 年 10 月 12 日
15	关于印发《镇江新区“十四五”生态环境保护规划》的通知	镇新办发〔2023〕39 号	2023 年 10 月 20 日
16	关于调整镇江新区被征地农民基本生活保障标准的通知	镇新办发〔2023〕41 号	2023 年 11 月 6 日

索 引

说 明

一、本索引采用主题分析方法编制。标引词中机构、单位名称用简称。经开区机构、单位名称前不加“镇江经开区”“经开区”或“区”。标引词按第一字汉语拼音音序排列；第一字相同，按第二字排列，依次类推。

二、类目、分目（次分目）名称用黑体字标明。标引词后的阿拉伯数字表示内容所在页码，数字后的字母 a、b 分别表示第一、二栏。标引词后第二个页码起，表示该索引参见内容所在位置。

三、为方便读者检索和理解，本索引内各目次名称与正文内标题名称略有出入；另括号内文字亦作解释说明之用。

A

B

D

E

F

J

K

L

M

N

P

Q

R

S

X